［清］蘭州府志校釋

QING LANZHOU FUZHI JIAOSHI

［清］陳士楨 修　塗鴻儀 纂

高國祥 校釋

甘肅文化出版社
甘肅・蘭州

圖書在版編目（CIP）數據

［清］蘭州府志校釋 /（清）陳士楨修 ；涂鴻儀纂 ；高國祥校釋. -- 蘭州 ：甘肅文化出版社，2024.12
ISBN 978-7-5490-2957-0

Ⅰ.①清… Ⅱ.①陳… ②涂… ③高… Ⅲ.①蘭州－地方志－清代 Ⅳ.①K294.21

中國國家版本館CIP數據核字(2024)第048135號

［清］蘭州府志校釋

QING LANZHOU FUZHI JIAOSHI

陳士楨 | 修　塗鴻儀 | 纂　高國祥 | 校釋

責任編輯 | 李浩强　史春燕
封面設計 | 馬吉慶

出版發行 | 甘肅文化出版社
網　　址 | http://www.gswenhua.cn
投稿郵箱 | gswenhuapress@163.com
地　　址 | 蘭州市城關區曹家巷1號 730030（郵編）

營銷中心 | 賈　莉　王　俊
電　　話 | 0931-2131306

印　　刷 | 甘肅日報報業集團有限責任公司印務分公司
開　　本 | 787毫米×1092毫米 1/16
字　　數 | 419千
印　　張 | 34.25
版　　次 | 2024年12月第1版
印　　次 | 2024年12月第1次
書　　號 | ISBN 978-7-5490-2957-0
定　　價 | 188.00元

［清］蘭州府志校釋·序

高國祥

一、蘭州沿革述略

蘭州，《禹貢》雍州之域，周爲西羌地。秦始皇三十三年（前二一四年）置榆中縣（在今蘭州市東岡鎮一帶），屬隴西郡。西漢昭帝始元六年（前八一年）置金城郡，治允吾縣。東漢屬隴西郡。魏、後魏因之。隋開皇元年（五八一年），立蘭州，置總管府，蘭州之名自此始。隋大業十三年（六一七年）爲「西秦霸王」蘭州人薛舉據爲都城。唐武德二年（六一九年）平之并置蘭州，廣德元年（七六三年）陷吐蕃。宋元豐四年（一〇八一年）收復，屬秦鳳路。金因之，屬臨洮路。元省縣入州，屬鞏昌路。明洪武初降縣，成化十三年（一四七七年）復爲州。

清初，因明制。康熙五年（一六六六年），甘肅巡撫移駐蘭州，蘭州遂爲省會。時蘭州隸屬臨洮府，按清律州縣重大刑事案件必須解府解司，「紆回往返，尤爲未便」①。乾隆三年（一七三八年），時任甘肅巡撫的元展成上《請改府治疏》：「甘省會城建在蘭州，有廳州而無郡縣，較之他省規模殊未畫一。

①清元展成《請改府治疏》。

且廳係佐貳，專司税務、茶法并地方職責，遇有通省公事及重大案件，必須飭委印官，以一州而兼理首府、首縣之事，未免竭蹶。」進而陳之利弊及遷移方案與銀耗，「易地經理，錢糧、訟獄及一切公務具無庸增減紛更，一轉移間殊多便益」，提出「將臨洮府知府及附府之狄道縣移駐省城蘭州，原駐蘭州之知州移駐狄道，同原轄之金、河、渭三州縣及移駐蘭城之縣，具隸移駐蘭城之府管轄。其府州縣所屬之經歷、州判、吏目、典史等官，具隨府州縣移駐」。七月十五日奉旨「該部議奏」，十一月二十二日奉旨「依議」，十二月十六日内閣鈔出大學士伯鄂等奏請蘭州府與臯蘭縣名，得准。至是，蘭州府設立，治臯蘭縣。

蘭州府隸屬州縣與原臨洮府略有出入，轄狄道州、河州、臯蘭縣、渭源縣、金縣、靖遠縣二州四縣，其中靖遠縣爲蘭州立府之初由鞏昌府撥入。一百七十五年後即民國二年（一九一三年），府廢。

二、《蘭州府志》源流及校勘中發現的問題

移府蘭州之前，臨洮府《志》由明代王中創修，之後有成化伍天賜纂修《臨洮府志稿》本（卷帙不詳）、正德三年（一五〇八年）雍謂纂修《重修臨洮府志》本（卷帙不詳）、嘉靖七年（一五二八年）熊爵纂修《臨洮府志》十卷本、萬曆三十三年（一六〇五年）唐懋德纂修《臨洮府志》二十六卷本，以及清康熙二十六年（一六八七年）高錫爵修、郭巍纂《臨洮府志》二十二卷本六種。其中前四種散佚，後兩種存世。萬曆本全帙孤存日本國會圖書館，已爲今之絶唱。

移府蘭州之後，至廢府，惟有清道光十三年（一八三三年）陳士楨纂本。陳士楨，字秋竹，又字仲幹，生卒年不詳，江蘇通州（今江蘇省南通市通州區）人。清嘉慶十九年（一八一四年）進士，「仕皖六年，調甘肅歷知碾伯、寧夏」（清光緒《通州直隸州志・人物志》），道光六至八年（一八二六至一八二八年）任皋蘭知縣，八至十一年（一八二八至一八三一年）任蘭州知府，後擢平慶涇道。

陳士楨本距高錫爵、郭巍二十二卷本已有一百四十餘年，「歷年久遠，更多殘缺」（陳士楨序）。時任陝甘總督的楊遇春在其序中感慨：「試登堞樓，眺苑川，望龕谷，緬首陽、長樂之墟，吊枹罕、鸇陰之野，歷歷然全郡在目，抗懷廢興，百感交集……矧百年來，山河關塞之夷險，水泉原隰之變遷，風俗制度之轉移，人物户口之損益，安得謂臨洮有《志》而蘭州可無《志》也。」

清道光八年（一八二八年）陳士楨知蘭州府，下車之初便着意搜集史料，以備輯纂。十年冬（一八三〇年）始編，十二年（一八三二年）書成。至於《蘭州府志》修纂者，陳士楨在序中交代得比較清晰，「公務稍暇，乃延涂琴舫同年，專司其事」。涂琴舫即「新修蘭州府志銜名」任編輯的涂鴻儀，江西新城縣（今江西省大余縣新城鎮）人，原四川潼川府遂寧縣知縣，與陳士楨同爲嘉慶十九年（一八一四年）進士。因此説，《蘭州府志》由陳士楨主持編修，執筆者爲涂鴻儀。

《蘭州府志》（以下简称《府志》）凡十二卷首一卷。卷一、二地理志，包括沿革（附表説）、疆域、形勝（附關堡）、鄉里、山、川（附水利）、古迹和風俗八目；卷三建置志，包括城池、公署、學校（附書院）、郵驛、津梁、倉儲六目；卷四祠祀志（附冢墓）；卷五田賦志，包括户口、正項、雜税、物産、蠲賑（附卹政）五目；卷六武備志（附歷代兵事）；卷七、八官師志，包括題名（附藩封世職）、宦績二目；卷九、十人物志，包括賢達、忠節、孝友、行誼、文學、武略、流寓、列女八目；卷十一選舉志，包括薦辟、進士、舉人、拔貢、武進士五目；卷十二雜紀，包括祥異、軼事、辨訛三目。卷首有凡例、圖考、新修蘭州府志銜名。卷前有道光十二年（一八三二年）閏九月陝甘總督楊遇春序、甘肅布政使方載豫序和蘭州知府陳士楨序。卷後無跋。首葉牌記：「道光十三年歲次癸巳鐫，蘭州府志，板存蘭州府署」。白口單魚尾，四周雙欄。半葉九行，大字單行二十字、小字雙行四十字。

《府志》在修纂和刊刻過程中，存在部分文字誤訛，舉例如下。

《府志》卷一「地理志上」沿革門，載榆中縣金代沿革，原文：「金大定間昇爲縣，至大間置金州，領龕谷、定遠二縣。」文中「至大」（元武宗年號）既非金代年號，又非清代避諱，而且在《志》中多處出現，甚覺突兀。據《金史》記載，金州爲正大三年（一二二六年）置，即金代第九位皇帝哀宗完顏守緒年號。因此可以推定，原刻誤將「正大」刊爲「至大」。

《府志》卷十「人物志下」武略門，「王淵……權知鞏州寧遠砦。諸羌入寇，經略司討之，表淵總領岷山蕃兵將，興師城澤州。羌悉衆來争，淵奮擊，大破之，追至邈州城。」《宋史·列傳》（第一百二十八）校勘記：「邈川城，原作『邈州城』。按本書卷八十七《地理志》，熙河蘭湟路無『邈州城』而有邈川城，即湟州……此『邈州』當爲『邈川』之誤。」依《宋史》勘之。

此外，單一文字刊誤較多，例如《府志》卷八「官師志下」宦績門，龐參「遂九千里轉糧」的「九」

字，按《後漢書·龐參傳》勘「乃」；張守約，字希彦，其「彦」屬原刊誤，據《宋史·本傳》勘「參」；原文「拜金川」，按《方輿紀要·臨洮府》勘「邦金川」；原刊鄭驤《招邊録》，勘《拓邊録》。以及「辨」勘「辯」、「芒山」勘「邙山」、「江良臣」勘「汪良臣」、「濂」勘「廉」等，不一一例舉。

《府志》整葉刊刻順序紊亂，是清代官修志書中比較少見的錯誤。卷十一「選舉志」第二十三頁（舉人）與三十三頁（拔貢）刻板錯葉。内容錯版，而頁碼順連，極易給閱讀造成混亂。本次整理按正確順序調整。

另外，《府志》使用文字借代習慣比較嚴重，例如「俛」代「俯」、「沿」代「沿」、「沈」代「沉」、「籍」代「借」、「喻」代「遥」、「解」代「懈」、「樵」代「譙」、「僇」代「戮」等，以及大量異體字，應該説這些都是古代著述較爲普遍的現象，在整理時逐一校勘。

三、歷史上的蘭州社會

（一）歷史上的蘭州地緣戰略地位

蘭州位於隴中黄土高原，黄河出星宿海，東經瑪曲西入青海境，東出積石至蘭州折而北上，形成河湟與河西地區鎖喉之勢。其西接湟水，東枕崛吴，南控番夷，北扼河西。據河而立，閉關鎖塞，阻衢西北，河西塵絶。自西漢昭帝始元六年（前八一年）建郡以來，歷代均視爲戰略要地。

據《史記·衛將軍驃騎列傳》記載，漢武帝元狩二年（前一二一年）秋，霍去病征河西，命大將李息「城河上」，即在黄河南岸築「金城」，此爲蘭州城之始，城址即今西固區黄河南岸。當時蘭州北拒匈奴，爲鏑鋒之壘，西垂邊障，隨着中央政權經營西域及開發河湟地區，金城的地緣政治地位日顯突出，逐漸成爲中原進入河湟與河西地區最重要的地緣戰略屏障。

漢魏時期，鮮卑乞伏氏自漠北南出大陰山，徙居金城郡。前秦苻堅時，拜乞伏鮮卑酋長乞伏司繁爲鎮西將軍，駐勇士川（今甘肅省榆中縣東北）。司繁死，子國仁代鎮。三八三年淝水之戰後，國仁招併諸部集衆十餘萬，於三八五年建立西秦，築勇士城爲都。「置武城、武陽、安固、武始、漢陽、天水、略陽、漒川、甘松、匡朋、白馬、苑川十二郡，築勇士城以居之。」（《晋書·乞伏國仁載記》）三八八年六月乾歸繼位，遷都金城（今甘肅省蘭州市西固區黄河南岸）。四一二年乞伏熾磐再徙都枹罕（今甘肅省臨夏市東北）。至四三一年一月乞伏慕末降夏，西秦於清代蘭州府轄區内先後立國四十七年（三八五至四三一年），在中國歷史上産生了重要影響。東晋時期，西秦在北方諸國中雖然國土面積狹小，但地緣戰略地位十分重要。南有東晋，北有後凉，西有吐谷渾，東有後秦，列强環伺，是東晋西抵河湟和河西諸羌的戰略臺地。

唐前期的甘肅，尤其河西地區是絲綢之路的必經之地，貿易繁榮、土地肥沃、物産豐富，「自安遠門西盡唐境凡萬二千里，閭閻相望，桑麻翳野，天下稱富庶者無如隴右」（《資治通鑒》二一六卷）。玄宗天寶十四載（七五五年）安史之亂後，吐蕃借機東掠河湟，據蘭州盡有河西。《資治通鑒》記載：「吐蕃既得河湟之地，土宇日廣，守兵勞弊，以國家始因用胡爲邊將而致禍，故得河隴之士約五十萬人，以爲非族類也，無賢愚，莫敢任者，悉以爲婢僕，故其人苦之。及見倫[1]歸國，皆毛裘蓬首，窺覷墻隙，或搥心隕泣……」唐人剃髮易服，屈身爲奴，悲慘至極。「州人皆胡服臣虜，每歲時祀父祖，衣中國之服，號慟而藏之。」（《新唐書·吐蕃傳》）

宋熙寧元年（一〇六八年），王韶上《平戎策》三篇，詔授主持熙河開邊之務。五、六年（一〇七二、一〇七三年）收復極具戰略地位的熙、河、宕、岷、疊、洮六州，置熙河路。至此，延續三百餘年的「河湟之耻」終於得雪，恢復了安史之亂前由中原王朝控制這一地區的局面。

宋以後，尤其進入明清，隨着西部疆域的拓展，戰略縱深的加大，雖然蘭州前沿重心逐漸後移，但特殊的地理位置，對掌控甘肅，乃至青海、新疆等仍具有重要的戰略地位。

（二）蘭州歷史人口與經濟發展

第一，清代税賦與人口發展。

人口在古代政權延續和社會發展上具有決定性的作用。明清以前，蘭州地廣人稀，攻城略地，搶占

① 倫，指崔倫。《新唐书》（卷八十九列傳第十四）：「寶應二年，以右庶子使吐蕃，虜背约，留二年，執倫至涇州，逼爲書約城中降，倫不從，更囚邏娑城，閲六歲，終不屈，乃許還。」

人口資源，是政權之間博弈的重要因素。在歷史資料中，蘭州歷史人口尚無相對準確的比對數據，主要原因是各時期轄區的頻繁變化和域内各建制缺乏完整準確的統計數據。

史籍載，蘭州歷史人口曾出現過兩次高峰，一是在西漢，二是在清代。此外，歷代蘭州人口均在數千或萬餘，最少時，即北宋元豐四年（一〇八一年）王韶河湟開邊至崇寧年間，金城郡僅存「户三百九十五，口九百八十一」（《宋史·地理志》）。

西漢是蘭州清代以前社會發展最爲繁榮的時期。地理上爲西出長安的首要重鎮，具有開拓河西、經營西域的橋頭堡作用。隨着河西四郡的建立和絲綢之路貫通，蘭州社會相對穩定，經濟相對繁榮，因而帶來了人口的增長。當時金城郡領十三縣，轄地約今蘭州永登、西固、榆中、紅古，以及積石山、臨夏、夏河和青海東部地區。「户三萬八千四百七十，口十四萬九千六百四十八」（《漢書·地理志》），約占全國六千萬總人口的百分之零點一五。

清代早期，西部疆域已抵葱嶺，蘭州成爲全國版圖的地理中心，遠離戰事，加之近百年的休養生息，人口穩步遞增，形成有史以來的最好水平。尤其是雍正元年（一七二三年）清政府正式實行「攤丁入畝」以後，直接促使人口呈幾何性增長。據乾隆三十七年（一七七二年）册報，蘭州「户六萬零二百七十六，口四十萬零五百四十六」。道光十年（一八三〇年）册報：蘭州府二州四縣總計人口三十二萬七千一百二十六户、二百四十二萬五千四百九十三人。其中臯蘭縣七萬三千一百七十户、四十六萬七千八百一十六人，狄道州七萬一千四百三十二户、五十一萬六千八百七十六人，渭源縣二萬二千零三十九户、十七萬三千四百一十六人，金縣三萬八千五百六十四户、三十二萬零九百八十六人，河州八萬五千五百二十六户、六十九萬八千一百九十六人，靖遠縣三萬六千三百九十五户、二十四萬八千二百零三人。道光十三年（一八三三年）《保甲局册》：僅皋蘭「漢民户八萬七千二百八十六，口四十七萬八千二百九十四；回民户四千八百七十六，口二萬四千八百六十三」。約佔道光十四年（一八三四年）全國人口「四亿零一百萬八千五百七十四口」（《清實録·道光朝實録》卷二六一）的百分之零點一二。

「攤丁入畝」是清初一次賦税制度的重大改革，它是康熙提出的「滋生人丁，永不加賦」政策的進一步發展，在很大程度上減輕了人民的賦役負擔，促進了人口的增長和社會經濟的繁榮。雍正以後，賦税主要分正項與雜項兩種形式。由於地域特點，蘭州正項征收形式主要有銀、糧、草三種；雜項主要有額外學租銀、課程額銀、地租額銀、藥價及解費額銀、茜草價銀、鋪墊額銀、朝覲額銀、土鹽課銀、當税銀、牙帖、磨課額銀、年例盤纏銀、商税銀、茶税銀等十四種。

蘭州正項税賦，據《府志》載，清道光十二年「統計府屬實征：糧六萬一千六百二十五石七斗四升三合三勺，耗糧九千二百四十三石八斗六升一合五勺；銀四萬四千七百四十六兩七錢七分三厘，耗銀六千六百九十八兩四錢四分三厘四毫；草一萬八千一百二十二束九分五厘」。雍正五年（一七二七年），甘肅全省全面執行「以糧載丁」的税賦政策，蘭州按康熙五十年（一七一一年）丁册載二十萬九千八百九十一丁核税，均攤畝（含征耗）税糧五斗一升七勺、銀三兩七錢七厘六毫、草一分三厘。

道光時期，蘭州府雜項賦税總計銀三千六百七十九兩一錢三分七厘，遇閏加至三千七百三十五兩四錢六分六厘。這其中不包括商税和茶税。商税銀一般無定額，「每兩抽銀三分」，即百分之三的税率，應該説較輕的税賦在一定程度上促進了商業資本的發展。

茶税，源於茶馬互市。唐時回紇入貢，即以馬易茶。宋熙寧間踵行之，所謂「摘山之産，易廄之良，無害而有利者也」。明代，爲控御西番，於河州設茶馬司，金牌差發。弘治末，都御史楊一清言：「我朝納馬，謂之『差發』，如田之有賦，身之有庸，非虐使於番。因納馬而酬茶，體尊名順，非互市交易之比。且西番爲中國藩籬，其人本非孝子順孫，徒以資茶於我，絶之則死，故俛首服從。此制番之上策，前代略之而我朝獨得之者也。頃自金牌制廢，私販盛行，失利垂六十年，豈徒邊方乏騎乘之用？將來彼番無資於我，跳梁自肆，將生意外之憂。撤藩籬之固，甚非計也。請申明舊制，使番族各供差發。」蓋河、洮二州，實爲西番之襟要。故茶、馬二司，特設於此，至今藉其利云。（《讀史方輿紀要》卷六十）

清康熙後，番族嚮化，邊口無事。乾隆年間，罷中馬之制，令商納税銀，以蘭州道主理其事，分西、莊、甘三司，蘭州屬甘司。道光間，蘭州府「額引九千九百八十二，每引一税茶十封，以一封交茶、九封折銀（每封三錢，共改折銀二兩七錢），共征茶九千九百八十二封、銀二萬六千九百五十一兩四錢」（《府志》）。由此可見，茶税在蘭州賦税中的突出比重，超過正項税銀百分之五十，更是其他雜税之和的八倍以上，是地區税收的重要來源之一。

第二，蘭州歷代水利工程。

蘭州府轄兩州四縣，有大小河流經境者數十支，以黄河、渭水、洮水、湟水、阿干河、大夏河六支爲主，其餘則匯入主河或斷流境内。蘭州歷史上的重要水利工程，主要基於以上河流。

蘭州水車是境内重要的黄河水利。《皋蘭縣志》云：「言水利於皋蘭宜莫如黄河者，郡人段續創爲翻車，倒挽河流，以灌田畝，致有巧思。」段續，字紹先，號東川，蘭州段家臺（今蘭州市東方紅廣場西口）人，明嘉靖二年（一五二三年）癸未科進士，歷官雲南道御史、湖廣參議、密雲兵備副使等。其宦歷南方時，見土民製旋轉筒車，利用流水之力，提水灌田。卸官故里，捐資研仿，遂於嘉靖三十五年（一五五六年）功成。黄河兩岸鄉民紛紛效仿，逐漸成爲蘭州黄河之濱的主要灌溉手段。

臨洮洮河改道工程。清牛運震《洮堤紀功碑》曰：「狄道之爲城，適當水衝，洮從城西來而走其北，抱城若却月。然舊道出西傾山下，遷而益東，城且倒影其中。每伏秋泛漲，高浪叠湧，彯沙礐石，萬馬砰訇，崩雷動激，城中屋瓦皆震，官吏民人睽睽狂顧，懼將爲魚。或營巢結筏，置嬰兒其上，以待水退。不則相率持香，長號乞靈河伯。蓋自康熙三十年間，河徙迄今數十年，洮水之爲狄城患也劇矣哉！」於是爲保障民生計，乾隆十年（一七四五年）時任郡守州牧上狀請於朝「濬河故道、築堤防」。翌年「興工春三月，訖成夏四月」。塞新河鑿故河，利水道殺水怒，築小壩以滚水，建大壩以障水。濬河深五尺，引長八百零四米，寬一百零二米。極大地緩解了洮城數十年覆水之患，「於是洮水去城，依沿山下，唯唯汱流，若有神靈使之。國中五尺童子，歌舞出樵汲，毋望洋驚也」。

據《府志》不完整記載，洮河兩岸清代開鑿及清前遺用之渠多達數十處，其中灌溉面積較大的有抹邦渠、宏濟橋渠、楊家莊渠、邊梁孫三姓新渠、新渠（新店子）、舊渠（何鄭家渠）、古城渠、田家嘴渠、泰石鋪開渠、税家灣開渠、康家崖渠、王侯溝渠和皇后渠等，總灌溉面積約二十萬畝。此外，尚有十户渠、安家河渠、李家灣渠、靈石寺渠、八哈斯渠、水溝門渠、馬家灣渠、新店渠、新添鋪渠、包家嘴渠、沙溝門渠和黑石山寨渠等未計入統計。

阿干河源出馬銜山，自分水嶺分爲二派，東入金縣爲浩亹河，北入臯蘭縣阿干峪爲阿干河。阿干河自南傍城直瀉黄河，因兩岸「居民多爲水磨，灌地幾百頃，故又謂之『水磨溝』」。據明陳祥《蘭州衛重修水利記》記載，阿干河築渠有三：「一自龍尾山麓，經關王廟下灌東川田圃，隨渠勢有力者置水硙焉。一自西郭入注東、西、南三面隍塹，以固城垣禦突衝。一自高崖子經古峰寺，下灌西川田圃。」後有總制都憲過暇蘭州，允蘭州衛之請，疏通西郭故道。甫彌月間，「隍塹周滿，溝渠所經，凡官民蔬圃暨藝業者，無不霑其利」。

又，明彭澤《溥惠渠記》：正德十四年（一五一九年）秋，慈利丁侯璿知蘭州，到任之初，即興阿干河水利。「乃節公費措材木，爲槽五十餘，將佈之東、西二渠，以溥其惠。」翌年，「巡撫陝西右副都御史安肅鄭公陽撫莅兹土」，督隴右道文武諸官協辦，爲槽凡百四十有四。九月渠成，泄灌兩月，民情大慰。彭澤在《記》後感慨：「若夫導大河之水，如寧靈溉東、西二川，以續此渠於永久，尚有待云。」

大夏河爲洮河支流，源於河州關外，匯流之前，河州土地俱仰賴其水滋潤。《府志》載，自清康熙六年（一六六七年）至乾隆三年（一七三八年）的七十一年中，開長渠近十道，引大夏河水灌田無數，民盡受其利。

明清兩代，蘭州地區修建各類水利工程數百處，至道光年間總灌溉面積約達一百一十萬畝，已成爲農業收穫的基礎保障。

第三，蘭州歷代驛站與橋梁。

蘭州地處河西走廊東端，黄河經其北上，形成通往西、北兩方的天然屏障，因此，開路通驛、重壘治橋是歷代治地方者的首要之務。

明清時期，蘭州驛道以蘭州城南關蘭泉驛爲中心，主要分佈爲東、西、南、北四路，總里程約六百三十千米。其中東路經今榆中縣定遠驛、清水驛，至定西市安定區的秤鈎驛，總里程約八十五千米。西路經沙井驛、苦水驛至武威安遠驛，總里程約五十五千米。南路經摩雲驛、沙泥驛至臨洮縣洮陽驛，再經窑店驛、渭源縣慶平驛至隴西縣通遠驛，總里程約二百千米；洮陽驛迤南經定羌驛、和政驛至河州鳳林驛，總里程約九十五千米。北路經蔡河驛、寬溝驛、三眼井驛至紅水縣丞屬白墩子驛，總里程約一百九十五千米。蘭州府驛道以蘭州爲中心，呈散射狀向周邊延伸，并以驛站爲連接點，路路相通，形成了社會經濟發展的基礎交通網絡。

橋梁渡口在歷史上是陸路交通的重要組成部分，這在具有戰略地位的蘭州，尤爲突出。蘭州府屬二州四縣，歷史上架設橋梁、建設渡口已無法統計。據《府志》記載，清道光時期，全府主要橋梁二十三座，其中臯蘭縣有鎮遠橋、西津橋、惠遠橋、西秀橋、沙井橋、先登橋、船底岡橋、橋兒溝橋。狄道州有永寧橋、宏濟橋、太白橋。渭源縣有鍬谷橋、清源橋、通順橋、永濟橋、官堡渭橋。金縣有浩亹橋、神濟橋。河州有大夏橋、寧河橋、永濟橋、通濟橋。靖遠縣有索橋。主要渡口十三渡，其中臯蘭縣有白石頭渡、條城渡、鐘家河渡、新城河渡、八盤河渡、小寺溝渡；河州有黄河積石關上渡，黄河刺麻川、蓮花寨下渡，以及蓮化、哈腦、黑城、潘家四渡。

蘭州「鎮遠橋」是跨越黄河通往河西和青海的重要通道，也是明清兩代蘭州乃至西北地區最爲重要的橋梁。明洪武五年（一三七二年）宋國公馮勝建浮橋於蘭州城西七里，九年（一三七六年）移建城西十里，名曰「鎮遠」。明弘治兵部尚書馬文升曾言：「陝西之路可通甘凉者，惟蘭州浮橋。敵若據此橋，則河西隔絶，餉援難通，則斯橋之關係誠重矣。」其重要軍事價值不言而喻。是橋「用巨舟二十四艘，横亘河上，架以木梁，周以欄楯，上鋪平板。南北兩岸爲鐵柱四，繫鐵纜二，各長一百二十丈。河凍則拆，冰泮復建」。馮勝造橋初衷以爲濟師，師還，遂撤。待鄧愈師定河湟與河西，置西凉、西寧、莊浪諸衛後，乃造橋「以通往來、給饋饟，因而弗革」。清巡撫劉於義《河橋記》曰：「蘭州當兩河孔道，綰東、西來往之襟喉。城北面即枕黄河，車馬輻輳絡繹不絶，咸賴橋以濟河。橋之制，創自明初，編聯二十四舟，東、西兩岸各立二鐵柱，組以鐵索二，又立木樁，草索夾護，貫船平直如弦，隨波高下，縱怒濤濁浪，奔雷卷雪，而人馬通行如履康莊，制甚善也。」清雍正八年（一七三〇年）和乾隆元年（一七三六年）其橋先後兩次被衝毁，甘肅巡撫劉於義莅任後，究判其弊，「一曰減舟而惜費，一曰樁弊而不更」（巡撫劉於義《河橋記》）。乃上書恢復明制二十四舟，不二月橋成，舟梁横亘，徑接康衢。同時立《飭禁河橋諸弊碑》於橋頭，規制其上，以保河橋久遠。至宣統元年（一九〇九年）蘭州黄河鐵橋正式建成後，鎮遠浮橋結束了其五百餘年的歷史使命。自明初至清末，浮橋以其扼守要津的重要地位，被譽爲「天下第一橋」。今鐵橋南岸尚立鎸有「洪武九年」的固橋鐵柱，見證了歷史的興衰。

（三）蘭州明清官學與書院

自清康熙五年（一六六六年）陝甘分省，甘肅布政使司（前稱陝西右布政使司、鞏昌布政使司）從鞏昌（今甘肅省隴西縣）移至蘭州，至乾隆三年（一七三八年）移臨洮府於蘭州，蘭州逐漸成爲甘肅乃至陝西以西廣大地區的政經、文化與教育中心。

清代教育沿用前代規制，有政府辦學和民間捐資辦學兩種形式，具體表現在相對成熟的省府縣三級官學與民間書院、學社相結合的教育體系，這其中科舉制和人才薦舉制是支撑教育體制繁榮的重要因素。

蘭州府道光年間，府州縣學、書院共有八十八所，包括官學六所、官辦書院一所、民間集資辦學八十一所。民間辦學主要爲書院和學社，是社會教育的中堅力量，其中僅河州一地義學就達二十處，是民間辦學相對興盛的地區。蘭山書院、五泉書院、青城書院、超然書院、洮陽書院、增秀書院、鳳林書院、培風書院、敷文書院、觀瀾書院等都是西北地區久負盛名的教育機構。

官學由地方政府全額撥款，有固定生額和經費保障。蘭州府學建於元至元五年（一二六八年），是甘肅地區最早建立的學府。「學生廩四十名，每歲一貢。增四十名歲考，取文武生各二十名。科考取文生二十名。」明時學田九百四十餘畝，征糧一百四十石五斗。清代蘭州府縣官學六所，共額定生員一百七十名，征糧約二百七十三石及「廩餼銀」若干。這種保障在當時經濟相對落後的蘭州地區是比較豐厚的，可見清代蘭州地方對教育的重視程度。

正因如此，蘭州明清兩代人才輩出，進士自明永樂十年（一四一二年）壬辰科至清道光六年（一八二六年）丙戌科共出五十六人，舉人自明洪武三年（一三七〇年）庚戌科至清道光六年（一八二六年）丙戌科共出四百一十七人。進士中有不少大儒、廉吏，有的甚至成爲當廷肱股之臣。如明正統四年（一四三九年）己未科探花蘭州人黄諫，名成一代大儒。諫字廷臣，别號蘭坡。初授編修，歷官侍講學士。天順初，兼尚寶寺卿，出使安南，遷翰林院學士，後謫廣州通判。開壇講學，從者甚衆。有《使南稿》《蘭坡集》等傳世。又蘭州「段門四賢」，指明景泰五年（一四五四年）甲戌科段堅、弘治十八年（一五〇五年）乙丑科堅子段炅、嘉靖二年（一五二三年）癸未科堅曾孫段續和隆慶五年（一五七一年）辛未科續子段補，五代四進士傳爲蘭州佳話。又明弘治三年（一四九〇年）庚戌科進士蘭州人彭澤，官至兵部尚書，領兵經略一方，爲朝廷肱股。澤字濟物，段堅外孫。據《明史》載，初授工部主事，歷徽州知府、河南按察使至左都御史，經略哈密。因忤王瓊、罪錢寧，遂以經略不當被斥爲民。世宗即位，起兵部尚書。未幾，因前事復奪職，家居鬱鬱而卒。隆慶初，謚「襄毅」。

蘭州教育人才，清道光十三年（一八三三年）後不乏杰出。如曾任五泉書院山長的道光己酉科（一八四九年）進士吴可讀、咸豐癸丑科（一八五三年）進士張照南、同治甲戌科（一八七四年）進士馬中律、光緒己丑科（一八八九年）進士劉爾炘等。這些大儒名士，已成爲蘭州教育史上璀璨的星辰。

四、結語

宋鄭興裔《廣陵志序》云：「郡之有志，猶國之有史，所以察民風、驗土俗，使前有所稽，後有所鑒，甚重典也。」因此，可以説《府志》是記録蘭州地區歷史文化的重要文獻，在歷史發展的長河中占有重要的地位。

一是修纂之功史不可没。該《志》是蘭州自清乾隆三年（一七三八年）移臨洮府來治，至一九一三年府廢的一百七十五年間唯一的府志。舊有《臨洮府志》，創自明代，清初雖曾增輯，大率尚仍其舊，歷年久遠，更多殘缺。「百餘年來，因革損益之詳，聲明文物之被，不免漸就湮没。」因而《府志》的編纂，其首要貢獻就是全面地記録了這百餘年的歷史，爲蘭州社會文化的發展起到了承上啟下的作用。

二是紀録翔實補史之闕。地方志是傳承地方歷史的重要方式，《府志》正是利用大量的傳承信息，翔實地記録了清康熙二十六年（一六八七年）《臨洮府志》之後，至道光十一年（一八三一年）的一百四十四年間，蘭州歷史社會的演進。尤其是蘭州府二州四縣的政治體制、社會生活、經濟發展等大量的信息數據，爲我們今天研究工作提供了豐富的資源。

三是對《臨洮府志》與府屬各州縣志存在的謬誤加以訂正。卷十二雜紀門辯訛目，辯《通志》、舊《府志》謂「金城郡，後漢建武十三年省入隴西郡」之誤。又辯《狄道州志》將「漢章帝建初四年，甘露降泉陵、洮陽二縣」采入「祥異」條謬説，言「章懷太子注云：二縣屬零陵郡，洮陽故城在今湘源縣（治今廣西全州縣西）西北，此在《後漢書·郡國志》荊州刺史部内，與狄道何涉？」又辯《狄道州志》將涼州刺史皮陽入名宦，記其「羌爲陽所敗，羌死者八百餘人」并妄增「得駝馬無數」「隴右獲安」等語，與《後漢書·安帝紀》記載相背，作者感嘆：「嗚呼，陽何幸而得遇此種讀史之人也！」等。範圍涉及沿革、地理、人物及事件等，依據信實，條理清晰，可爲讀者正本清源。

《府志》在體例上仿明康對山《武功志》，洋洋灑灑十三卷（含卷首），不失爲一部優秀的地方文獻。然而，按宋後漸而行之的修纂慣例，不録藝文不能不説是該《志》的一大缺憾。

本書采用中國國家圖書館和甘肅省博物館藏清道光十三年蘭州刻本校釋，兩本卷數、内容、形製以及牌記雖然一致，但在個別文字上却存在差異。經過比對，「國圖本」文字訛誤、卷帙錯版情況較多，而「甘博本」錯漏較少，尤其是對「國圖本」錯誤進行了補改，且挖補痕迹明顯，甚至重刻個別錯漏較多的版面。因此，可以推定「國圖本」爲初刻，「甘博本」是在「國圖本」刊刻不久的剜改本。本校釋兼采兩本。

本書在成稿初期，蘭州大學歷史文化學院教授汪受寬先生、敦煌文藝出版社編審李民發先生和甘肅省人民政府文史館館員鄧明先生提出了許多寶貴意見，在此特致以誠摯的感謝！

二〇二〇年六月二十二日撰於蘭州寓所

新修《蘭州府志》序

蘭州自漢置金城郡，歷代據爲重鎮。前明降縣，屬臨洮①。我朝控馭邊陲，以蘭②爲居中一大省會。乾隆初，移臨洮府來治。蘭州帶河扼湟③，屹然首峙全隴，此蘭州設府所自始也。臨洮之易蘭州也，郡更而《志》未更，何也？山川城郭一一如其舊也，不知臯蘭④改於州，靖遠⑤撥於鞏⑥，蘭州之所遞增者，臨洮之所未隸。矧百年來，河山關塞之夷險，水泉原隰之變遷，風俗制度之轉移，人物户口之損益，安得謂臨洮有《志》而蘭州可無《志》也。余承天子命總制是疆，曩西徼不靖，統師出塞，戎馬倥傯，不

① 臨洮，指臨洮府。清初轄蘭州、河州、狄道縣、金縣、渭源縣兩州三縣。乾隆三年（一七三八年），改蘭州府，府治由狄道（今甘肅省臨洮縣）移至臯蘭縣（治今甘肅省蘭州市城關區），轄河州（原轄貴德所改隸西寧府）、狄道州、臯蘭縣、金縣、渭源縣、靖遠縣（由鞏昌府改隸）兩州四縣。

② 蘭，指蘭州。清康熙五年（一六六六年），甘肅巡撫由鞏昌（今隴西）移駐，蘭州遂爲省會。

③ 河指黄河，湟指湟水。

④ 臯蘭，古今縣名，治今甘肅省蘭州市城關區，因轄内臯蘭山而名。清乾隆三年（一七三八年），臨洮府治由狄道移至蘭州，改蘭州府，旋改州爲臯蘭縣，府治臯蘭縣。

⑤ 靖遠，古今縣名。清初改靖虜衛爲靖遠衛，雍正八年（一七三〇年）改衛爲縣，均屬鞏昌府。乾隆三年（一七三八年），改屬蘭州府。

⑥ 鞏，指鞏昌府。

遑偃息。迨渠酋甫殄，餘氛擾邊，復籌餉酒泉，閱數月而告捷。比歲鈎核軍需，迄無暇日，然未嘗不以兹郡之形勝俯仰勿置也。試登堞樓，眺苑川①，望龕谷②，緬首陽③、長樂④之墟，吊枹罕⑤、鸇陰⑥之野，歷歷然全郡在目，抗懷廢興，百感交集，斯誠亘古收復之區、鋒鏑之壘矣。今天威遠播，邊宇乂安，而猶沿舊《志》蕪陋，弗搜輯一新，以副我皇上混一函夏、柔服遠夷至意，抑亦守土者過也。

壬辰⑦秋，蘭州陳守⑧忽携一帙來丐序於余，余覽之爲蘭州郡《志》，且喜且訝，喜意之吻合，而訝事之竟成。且是編討論排纂，雖因實創，尤於各條，寄托宏遠，寓經世心，因令付諸梓，以視前之缺者

① 苑川，又稱「子城川」「勇士川」，今甘肅省榆中縣大營川。漢置「牧師苑」「龍馬苑」於川内，故名。
② 龕谷，古縣名。金大定二十二年（一一八二年），昇龕谷寨置，屬蘭州。治今甘肅省榆中縣小康營鄉。蒙古至元七年（一二七〇年）省，入金州。
③ 首陽，古縣名，今甘肅省渭源縣境内，因轄内首陽山而名。漢置，屬隴西郡。西魏大統十七年（五五一年），改渭源縣。唐上元二年（六七五年），改首陽縣；儀鳳三年（六七八年），廢首陽縣併入渭源縣。
④ 長樂，古縣名，今甘肅省康樂縣境内。唐天寶間，别置安樂縣，屬臨州。乾元後，改爲長樂。
⑤ 枹罕，古郡、縣名。秦置縣，故治在今甘肅省臨夏縣與臨夏市境内多有變化，唐後遺址部分尚存。元廢。西魏置郡，治枹罕縣。隋唐入河州。
⑥ 鸇陰，古縣名，今甘肅省白銀市平川區境内。西漢元鼎三年（前一一四年），設鶉陰縣，隸安定郡。東漢永初五年（一一一年），改鸇陰縣，隸武威郡。前秦永興二年（三五八年），屬平凉郡。北周廢。
⑦ 壬辰，即道光十二年（一八三二年）。
⑧ 陳守，指本《志》主修人，蘭州知府陳士楨。

詳、冗者簡，是豈仍以志臨洮者志蘭州歟？謂之有《蘭州志》有《臨洮志》也可，即有《蘭州志》無《臨洮志》也亦可。

道光十二年閏九月下澣，太子太保、兵部尚書兼都察院右都御史、總督陝甘等處地方兼管巡撫事、一等男楊遇春[1]題

① 楊遇春（一七六〇至一八三七年），《清史稿》（卷三百四十七）有傳。

《蘭州府志》序

金城之置尚矣，顧自漢以來，時歷數代，其間幅隕之廣，民物之敫，政事之紛，文章之富，非網羅而編纂之，有漸就湮没者矣。况我朝鑒古因時，酌全隴而建爲省垣，移臨洮而定爲郡首，一切制度崇異於前，苟不能指掌規模、彰明文獻，其何以揚聖化、恢皇綱，此《蘭州府志》所爲不可不作也。然而作《志》之難也，州縣鄉里有廢興，土宇山川有離合，古迹今形每多轇轕，則志地理難。衙署城池有遷徙，倉儲學校有紛更，郵驛橋梁更多瑣屑，則志建置難。明神之壇廟，爲昭先哲之墳塋，斯在禮典不明，則志祠祀難。户口之盈虚無定，錢糧之征斂實繁，名數不清，則志田賦難。若夫公卿大夫之尊，孝友忠義之美，薦舉科名之盛，營伍戰守之宜，天人休咎之征，山林遺軼之事，歷年久遠易致踵訛，則志官師、人物、選舉、武備以迄雜紀爲尤難。假令鈔掇成篇，沿襲爲事，重輕乖節，詳略失衷，斯《志》之體荒矣。

予自曩歲秉臬兹土，嗣又奉命屏藩，中間適值軍興，出籌邊餉，每從羽書旁午中，仰珠翠之嶔崎，瞰鎖黄之浩淼，緬槐關之雄壯，訪榆谷①之沃饒，爲低徊者久之。及與披往《志》覽舊圖，非記載參差，即指陳紕繆，輒思考訂而未遑也。今年蘭州陳秋竹太守乃輯而新之，且丐余一言。予觀其體製簡嚴，事

① 榆谷，古地名，即大小榆谷合稱，均在今青海省貴德縣境内。

詞賅括，而於險阨要害之區，水利河防之際，尤三致意，可謂勤勞之至矣。予故特嘉之，用捐俸以助，亟命付諸剞劂。俾留心地方者，稽關河而知防守之道，考溝洫而思疏鑿之方，兵民何以富强，習俗何以茂美，皆於是編乎取則，爲豈曰小補之哉。是爲序。

甘肅等處承宣布政使司布政使方載豫[1]撰并書

① 方載豫，生卒年不詳，祥符（今河南省開封市祥符區）人。舉人。清嘉慶九年（一八〇四年）任陝西知州，十九年（一八一四年）任陝西陝安道，二十三年（一八一八年）任甘肅按察使。道光七年（一八二七年）任陝西按察使，九年（一八二九年）任甘肅布政使，十三年（一八三三年）年老致仕。

《蘭州府志》序

府《志》之作，所以括州縣《志》之要，而待《通志》[①]與《一統志》之采擇者也。國家文教昌明，方輿紀載彬彬大備，獨蘭州自建郡以來，尚無成書。舊有《臨洮府志》[②]，創自明代，國初雖嘗增輯，大率尚仍其舊，歷年久遠，更多殘缺。不惟聖朝體國、辨方之模未經闡著，即百餘年來，因革損益之詳，聲明文物之被，不免漸就湮没。官斯土者，時有稽索，恒以無所據依爲憾。余於道光八年奉命守郡，即欲搜輯爲《志》，以備一郡文獻。顧嘗慨夫地志之書，雖纂述舊聞者爲多，然非明其體要而通於古今之故者，要未易言之也。使不求夫古人紀載之本意，惟務摭拾無益浮詞隨手編入，靡所辨核，則蕪濫之弊與弇鄙等。且《府志》自有體裁，如徒取各州縣《志》而鈔録之，不敢遺其片語，或分隸割裂不相貫通，

①　甘肅《通志》始於清，官修版本三種：清許容修、李迪等纂《甘肅通志》五十卷首一卷，乾隆元年（一七三六年）刻本；清長庚等修、安維峻等纂《甘肅新通志》一百卷首五卷，宣統二年（一九一〇年）刻本；民國劉郁芬等修、張維等纂《甘肅通志稿》一百三十卷首一卷，民國二十五年（一九三六年）稿本。

②　《臨洮府志》由明王中創修，其後版本有明成化間伍天賜纂修《臨洮府志稿》本（卷帙不詳），明正德三年（一五〇八年）雍謂纂修《重修臨洮府志》本（卷帙不詳），明嘉靖七年（一五二八年）熊爵纂修《臨洮府志》十卷本，明萬曆三十三年（一六〇五年）唐懋德纂修《臨洮府志》二十六卷本，清康熙二十六年（一六八七年）高錫爵修、郭巍纂《臨洮府志》二十二卷本。此處指清康熙刻本。

則彼書已具，又奚取於複述贅敘而必勒爲一郡之書乎？十年冬，公務稍暇，乃延涂琴舫同年，專司其事。薈萃史籍，旁及他書，於舊《志》之遺者補之、訛者正之，而新增事實，亦罔不致其慎重。余於政事之餘，相與往復商榷，不憚再三，務期得體而辭之繁簡，亦惟其稱焉。蓋博觀而約取之，卷帙無多，而討論之勤，幾二載而始卒業。大約仿《武功志》[1]之意，而不盡循其面目，雖未能媲於古之作者，而蕪濫之譏庶乎可免，足以備《通志》及《一統志》之采擇矣。是爲序。

賜進士出身知蘭州府事通州陳士楨[2]撰

---

①《武功志》即《武功縣志》，明康海（一四七五至一五四〇年）纂修。

②陳士楨，生卒年不詳，字秋竹，通州（今江蘇省南通市通州區）人。清嘉慶十九年（一八一四年）進士。道光六至八年（一八二六至一八二八年），任皋蘭縣知縣。八至十一年（一八二八至一八三〇年）任蘭州府知府。

新修《蘭州府志》銜名

總理

蘭州府知府陳士楨　江蘇通州人　進士

協理

皋蘭縣知縣龔均①　江蘇江寧縣人　監生

狄道州知州升任迪化直隸州知州和塞布②　滿洲鑲黄旗人

署狄道州事候補知州王世焯　山東觀城縣人　舉人

河州知州羅文楷③　陝西白水縣人　舉人

渭源縣知縣梁雲五④　安徽當塗縣人　進士

署渭源縣事候補知縣鄭旋吉　江西金谿縣人　附監

---

① 龔均，清道光十年（一八三〇年）任皋蘭縣知縣。

② 和塞布，清道光八年（一八二八年）任狄道州知州，後擢迪化直隸州（今新疆維吾爾自治區烏魯木齊市）知州。

③ 羅文楷，清道光三至九年（一八二三至一八二九年）任河州知州。

④ 梁雲五，清嘉慶十四年（一八〇九年）進士，道光十二年（一八三二年）任渭源縣知縣。

金縣知縣謝述孔[1]　陝西朝邑縣人　舉人

靖遠縣知縣陳之驥[2]　江蘇上元縣人　進士

編輯

原任四川潼川府遂寧縣知縣涂鴻儀[3]　江西新城縣人　進士

采訪

河州太子寺州判張世慶　浙江山陰縣人　拔貢

揀選知縣朱炳烈　皋蘭縣人　舉人

候選訓導楊元勳　皋蘭縣人　歲貢

校對兼繕寫

皋蘭縣學生員劉俊遴

蘭州府學生員劉傑遴

皋蘭縣學生員王駿儒

---

① 謝述孔，清道光十年（一八三〇年）任金縣知縣。

② 陳之驥，清道光六年（一八二六年）進士，道光九年（一八二九年）任靖遠縣知縣。

③ 涂鴻儀，字琴舫，新城（今江西省大余縣新城鎮）人，清嘉慶十九年（一八一四年）進士。

府境全圖

皋蘭張允中 繪

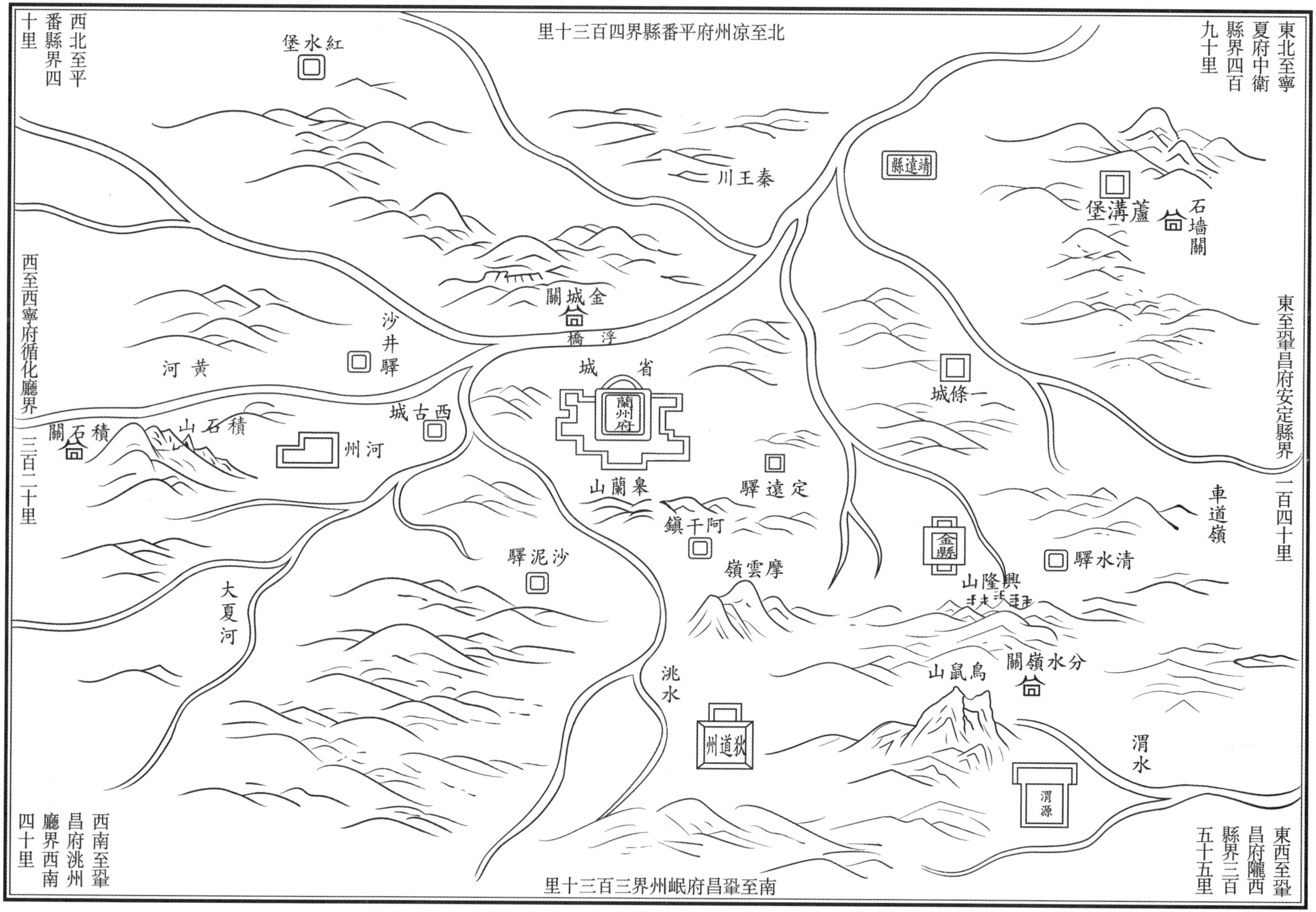
西北至平番縣界四十里
北至涼州府平番縣界四百三十里
東北至寧夏府中衛縣界四百九十里
紅水堡
秦王川
靖遠縣
蘆溝堡
石墻關
金城關
浮橋
沙井驛
黃河
省城
蘭州府
西古城
積石山
積石關
河州
一條城
西至西寧府循化廳界三百二十里
東至鞏昌府安定縣界一百四十里
定遠驛
皋蘭山
阿干鎮
車道嶺
金縣
清水驛
摩雲嶺
興隆山
沙泥驛
大夏河
洮水
鳥鼠山
分水嶺關
狄道州
渭水
渭源
西南至鞏昌府洮州廳界西南四十里
南至鞏昌府岷州界三百三十里
東西至鞏昌府隴西縣界三百五十五里

府城圖

皋蘭張允中 繪

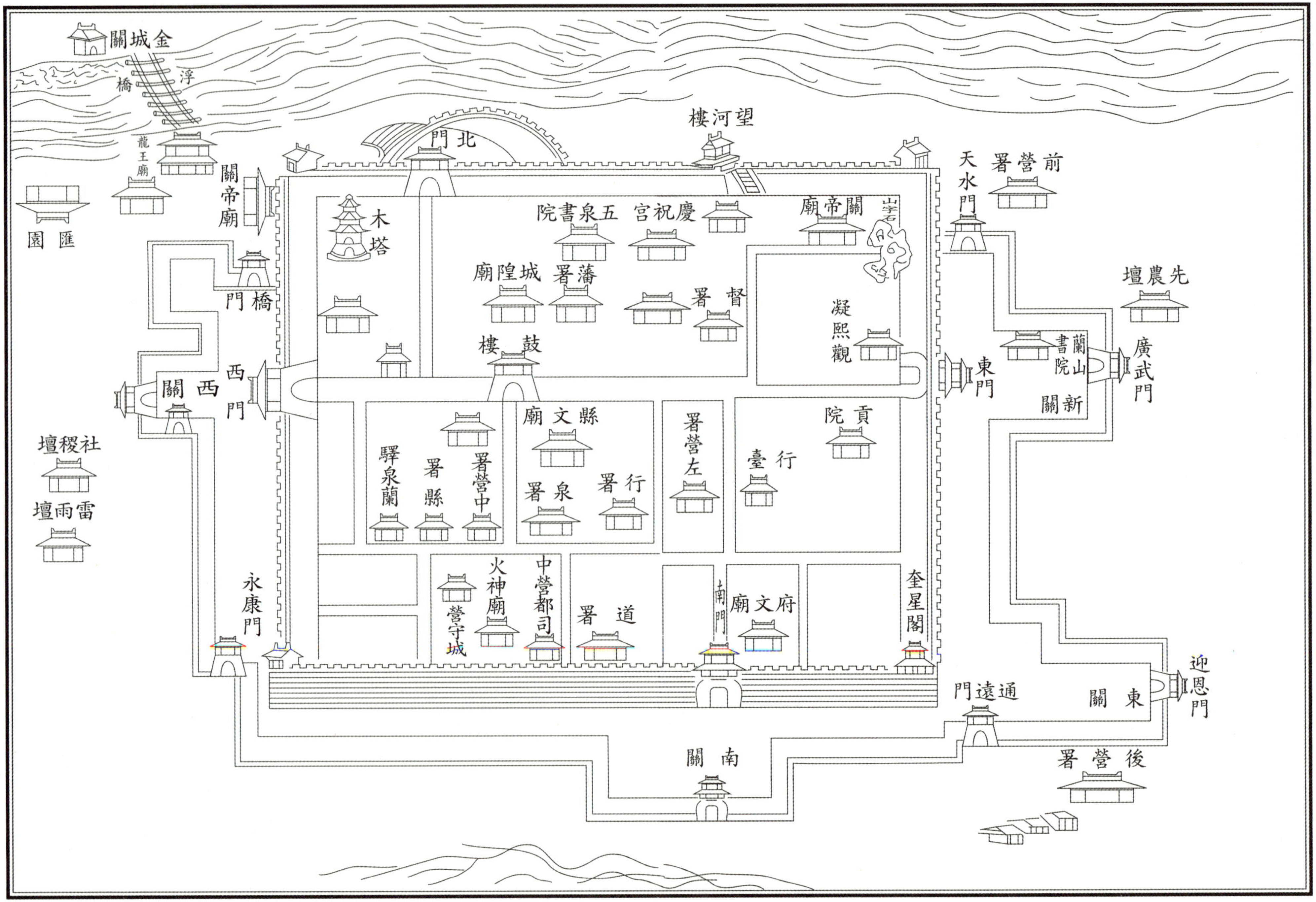
金城關
浮橋
龍王廟
匯園
關帝廟
北門
望河樓
天水門
前營署
木塔
五泉書院
慶祝宮
關帝廟
山字石
城隍廟
藩署
督署
凝熙觀
先農壇
橋門
蘭山書院
廣武門
鼓樓
西關
西門
東門
新關
社稷壇
縣文廟
貢院
左營署
行臺
蘭泉驛
縣署
中營署
泉署
雷雨壇
永康門
火神廟
中營都司
城守營
道署
南門
府文廟
奎星閣
通遠門
東關
迎恩門
南關
後營署

目録

蘭州府志卷一

地理志上

沿革 表説　　疆域　　形勝 關堡附　　鄉里

地之有《志》爲地理而志也。疆域形勝，地之質也。山川古迹，地之文也。首地理而餘皆舉之矣。由是而建置、典禮之具詳，所以維乎地者也。又由是而往哲遺文之必稽，所以征乎地者也。外此曷取焉？顧或玩華厭樸，沿流而眯厥，源於《志》之所由立者，既習焉不察。至憲章、制度、財賦、兵馬之屬，益視爲胥史所掌録，因陋踵訛，不加是正，而獨於人物、藝文，則繁稱博引，牽涉猥冗，輕重倒置，詳略失宜，而《志》之體荒矣。蘭州固邊陲之要地也，自漢置郡以來，遷徙靡常，前代隸臨洮府，治狄道①。我朝鑒古因時，規榆中之廣固，按金城之遺址，既建會城，爰移府治，河湟之會屹然與關輔并峙，所以控制西徼，奠安中宇，猗歟偉哉。惟更郡之初，《通志》甫已成書，不及一一追改，而郡《志》猶仍臨洮之舊。百年來，方位之變易，廳縣之離合，與夫民物之蕃滋，教條治具之損益，溯而輯之，事近於創，固非若他《志》之可因舊書而略爲修飾之者，故今之托始是編也。詳其本末，訂其參差，犁然必

① 狄道，古縣名，今屬甘肅省臨洮縣。《後漢書·百官志五》曰：「縣有蠻夷曰道」。

求其可據，而闕其所不知，至於險要厄塞、河防水利之際，三致意焉。後之覽者，以爲有當於實事求是之意，其或有取於斯。鄙陋之誚，所弗恤云。

沿革表

【按】府境秦時皆屬隴西郡地，表不復著。

	蘭州府	皋蘭縣
漢	**金城郡** 昭帝始元六年置，治允吾，領十三縣。東漢屬涼州部。	**金城縣** **允吾縣** 金城郡治。 **浩亹縣** **枝陽縣** 俱屬金城郡。
魏	**金城郡**	**金城縣** **允吾縣** **浩亹縣** **枝陽縣**
晋	**金城郡** 移治金城，領五縣。（符）［苻］堅廢。	**金城縣** 爲郡治。 廢 廢 **永登縣** 張寔置，爲廣武郡治。
北魏	**金城郡** 復置。	**子城縣** 仍爲郡治。 廢
隋	**蘭州總管府** 開皇初置。大業初復爲金城郡，領二縣。	**金城縣** 大業初復爲郡治，後改名五泉。
唐	**蘭州金城郡** 武德二年置，領三縣，屬隴右道。廣德元年陷於吐蕃。	**五泉縣** 咸亨二年，更名金城。天寶元年復故名。 **金城縣** 初置廣武縣。乾元二年更名。
宋	**蘭州金城郡** 元豐四年收復，置，屬秦鳳路，領一縣。	**蘭泉縣** 崇寧三年置，州治。
金	**蘭州** 屬臨洮路，領三縣。	**蘭州** 省蘭泉縣入州。 **阿干縣** 屬蘭州。
元	**蘭州** 屬鞏昌路。	**蘭州** 廢
明	**蘭州** 洪武初降縣，屬臨洮府。成化十三年復爲州，領金縣。	**蘭州**

	狄道州		渭源縣	金縣	
漢	**狄道縣** 隴西郡治。	**安故縣** 屬隴西郡。	**首陽縣** 屬隴西郡。	**榆中縣** 屬金城郡。	**勇士縣** 屬天水郡。
魏	**狄道縣** 屬隴西郡時，郡徙治襄武。	**安故縣**	**首陽縣**	**榆中縣**	**勇士縣**
晋	**狄道縣** 復爲郡治。	省 **武街縣** 屬狄道郡。	**首陽縣**	**榆中縣**	省
北魏	**狄道縣** 武始郡治。	省 按《通志》表，此處載水池縣。《狄道州志》辨其應在今洮州境，故删之。	**渭源縣** 大統十七年改名。	**榆中縣** 後省入金城縣。	
隋	**狄道縣** 屬金城郡。		**渭源縣**		
唐	**狄道縣** 初屬蘭州，尋爲臨州治。	**長樂縣** 天寶初置安樂縣，屬臨州。乾元初更名，入吐蕃，廢。	**渭源縣** 屬渭州，後入吐蕃，廢。	爲五泉縣地。	
宋	**狄道縣** 熙寧五年收復置，爲熙州治。		**渭源堡** 熙寧五年收復置，屬熙州。	**龕谷寨** 屬蘭州。	
金	**狄道縣** 臨洮府治。	**康樂縣**	**渭源堡** 屬臨洮府。	**龕谷縣** 大定間升置，（至）〔正〕大①間又升金州。	**定遠縣** 屬蘭州。
元	**狄道縣** 府治	廢	**渭源縣** 至元十三年升縣，屬臨洮府。	**金州** 省縣入州，屬鞏昌路。	
明	**狄道縣** 府治		**渭源縣**	**金縣** 洪武初降縣，屬臨洮府。成化間屬蘭州。	

河州

朝代							
漢	**枹罕縣** 屬金城郡，東漢屬隴西。	**大夏縣** 屬隴西郡。	**白石縣**	**河關縣** 俱屬金城郡。東漢改屬隴西。			
魏	**枹罕縣**	**大夏縣**	**白石縣**	**河關縣**			
晉	**枹罕縣** 初廢，復置。咸康初，張駿置河州。	廢	省	**河關縣** 屬狄道郡，後廢。			
北魏	**枹罕縣** 爲河州治。	**大夏縣** 復置，屬金城郡。		後周置。	**廓州**		
隋	**枹罕縣** 爲枹罕郡治。	**大夏縣** 屬枹罕郡。		**澆河郡**	**河津縣** 大業初置。		
唐	**河州安鄉郡** 屬隴右道。	**大夏縣** 屬河州。	**鳳林縣** 後俱入吐蕃，廢。	**積石軍** 儀鳳二年置，後入吐蕃。			
宋	**河州安鄉郡** 熙寧六年收復，置，屬熙河路。			**積石軍** 大觀二年置，屬熙河路。	**寧河縣** 崇寧四年置，屬河州。		
金	**河州** 貞元二年復置枹罕縣，爲州治。貞祐四年置平西（郡）〔軍〕②，屬臨洮路。			**積石州** 大定中升，屬臨洮路。	**寧河縣**		
元	**河州路** 至元六年屬吐蕃宣慰司。			**積石州**	**寧河縣**	**定羌縣** 屬河州，後廢。	**安鄉縣** 屬河州，後廢。
明	**河州** 初置河州衛，屬陝西行都司。成化十二年改州，屬臨洮府。			廢	廢		

靖遠縣

朝代	沿革	
漢	**祖厲縣** 屬安定郡。	**鸇陰縣** 屬安定郡。東漢俱改屬武威郡。
魏	**祖厲縣**	**鸇陰縣**
晉	省	省
北魏	**會州** 置會寧縣，爲州治。後周廢。	
隋	**會寧縣** 開皇十六年置，屬平涼郡。	
唐	**西會州** 貞觀八年改粟州，尋復。舊屬關内道，亦置會寧縣爲州治。廣德後入吐蕃。	
宋	**會州** 元豐二年收復，屬秦鳳路。崇寧三年置敷川縣，爲州治。	
金	**保川縣** 大定十二年改名，明年陷於河西。	
元	徙治西寧縣。	
明	**靖虜衛** 正統二年置，隸陝西都司。	

①原誤刊「至大」，據《金史》勘「正大」。金哀宗年號，即一二二四至一二三二年，共八年。

②原刊「郡」，據《金史》勘「軍」。

沿革説

蘭州府

《禹貢》雍州之域，周時爲西羌地，秦屬隴西郡。漢置金城郡，治允吾，領縣十三：允吾[①]、浩亹[②]、令居[③]、枝陽[④]、金城、榆中、枹罕、白石[⑤]、河關[⑥]、破羌[⑦]、安夷[⑧]、允街[⑨]、臨羌[⑩]。東漢光武建武十二年省，

---

① 允吾，古縣名。西漢始元六年（前八一年）置，爲金城郡治。故址説法較多，主要有今青海省民和縣馬場垣鄉下川口、民和縣北古城和蘭州西諸説。

② 浩亹，古縣名。西漢置，治今甘肅省永登縣西南河橋鎮，屬金城郡。魏因之，北周廢。

③ 令居，古縣名。漢武帝時置，屬張掖郡，治今甘肅省永登縣城附近。始元六年（前八一年）改屬金城郡，兩漢曾爲護羌校尉治所。晋廢，前凉復置，北魏旋廢。

④ 枝陽，古縣名。西漢元狩元年（前一二二年）置，屬金城郡。魏、西晋因之。前凉、前秦、後凉、南凉、西秦、後秦、北凉屬廣武郡。北魏太延五年（四三九年），併令居、永登、枝陽三縣置廣武縣，爲廣武郡治。

⑤ 白石，古縣名。西漢置，屬金城郡，治今甘肅省臨夏縣東南小古城。東漢改屬隴西郡。西晋初廢。

⑥ 河關，古縣名。西漢神爵二年（前六〇年）置，治今甘肅省積石山縣西北長寧驛古城，屬金城郡。東漢改屬隴西郡。西晋初廢，惠帝復置，屬狄道郡。後廢。

⑦ 破羌，古縣名。西漢宣帝神爵二年（前六〇年）置，治今青海省樂都區東，屬金城郡。東漢建安中改屬西平郡。魏因之。西晋廢。

⑧ 安夷，古縣名。西漢置，屬金城郡，治今青海省平安縣西。東漢建初元年（七六年），護羌校尉居此。晋屬西平郡。北魏廢。

⑨ 允街，古縣名。西漢神爵二年（前六〇年）置，治今蘭州市紅古區花莊，屬金城郡。《資治通鑒》：東漢建武中元二年（五七年），燒當羌滇吾率衆攻隴西，「敗太守劉盱於允街」，即此。北魏廢。

⑩ 臨羌，古縣名。西漢置，治今青海省湟中縣北多巴鎮西、湟水南岸，屬金城郡。魏、晋間移治今多巴鎮。北魏廢。

入隴西郡；十三年復置。魏因之。晋廢允吾縣，治金城，即今府治。領縣五：金城、浩亹、榆中、白石、允街。後魏因之。隋開皇初，置蘭州總管府；以皋蘭山名。大業初，廢府，復爲金城郡，領縣二：金城、狄道。尋爲郡人薛舉所據。唐武德二年平之，置蘭州，領縣三：五泉①、狄道、廣武②。廣德元年陷於吐蕃。宋元豐四年收復，仍爲蘭州，領縣一：皋蘭。屬秦鳳路。金亦爲蘭州，領縣三：阿干③、龕谷、定遠④，屬臨洮路。元省縣入州，屬鞏昌路。明洪武初，降州爲縣，屬臨洮府；成化十三年復爲蘭州，領縣一：金。皇清初，仍屬臨洮府；康熙五年，甘肅巡撫移駐，遂爲省會；乾隆（五）〔三〕年⑤，移臨洮府來治，爲蘭州府，遂改州爲皋蘭縣，改狄道縣爲州，又益以鞏昌府屬之靖遠縣，而改隸貴德所於西寧府；道光三年，又改隸循化廳於西寧府。凡領州一：狄道、河，縣四：皋蘭、渭源、金、靖遠。

---

① 五泉，古縣名，治今蘭州市城關區。隋文帝開皇元年（五八一年）置，屬蘭州。唐咸亨二年（六七一年）改金城縣，天寶元年（七四二年）復故名，寶應元年（七六二年）陷吐蕃，廢。

② 廣武，古縣名。十六國後秦置，爲廣武郡治，治今甘肅省永登縣東南。隋開皇三年（五八三年），改邑次縣，尋復原名，屬涼州，後再改名邑次縣；大業二年（六〇六年），改允吾縣；六年（六一〇年），改會寧縣。唐武德三年（六二〇年），復改廣武縣，屬蘭州；天寶初，屬金城郡；乾元二年（七五九年），改金城縣。

③ 阿干，古縣名。金大定二十二年（一一八二年），升阿干堡置，屬蘭州，治今蘭州市七里河區阿干鎮。蒙古至元七年（一二七〇年）省，入蘭州。

④ 定遠，古縣名。金大定二十二年（一一八二年），升定遠城置，屬蘭州，治今甘肅省榆中縣定遠鎮。元廢。

⑤ 原刊「乾隆五年」，勘「乾隆三年」。見本卷「沿革説」巡撫元展成《請改府治疏》。

皋蘭縣

漢爲金城、允吾、浩亹、枝陽四縣地。魏因之。晋省允吾、枝陽二縣，徙郡治金城縣。後魏因之，并省浩亹縣。隋改名五泉縣。唐因之。宋崇寧三年，置蘭泉縣，爲州治。金爲蘭州及阿干縣地。元廢阿干縣。明初降縣，又置蘭州衛，隸陝西行都司；成化十三年，縣復爲州，屬臨洮府。皇清初因之，雍正三年，裁衛歸州；乾隆三年，爲府治，始改州爲皋蘭縣。

狄道州

漢置狄道縣，爲隴西郡治，以地有狄種名。又分置安故縣。魏因之。晋惠帝時改爲狄道郡。前涼張駿改武始郡。後魏因之。隋廢郡仍爲狄道縣，屬金城郡。唐初屬蘭州，天寶三載，復置狄道郡；乾元初，爲臨州治，後陷吐蕃。宋熙寧五年收復，置狄道縣，爲熙州治。金改爲臨洮府治。元因之。明又置臨洮衛，隸行都司①。皇清雍正元年，裁衛歸縣；乾隆三年，遷府治於蘭州，始改縣爲狄道州，屬蘭州府。

渭源縣

漢置首陽縣，屬隴西郡。魏晋因之。後魏大統十七年，改渭源縣。以《禹貢》「導渭自鳥鼠同穴」名。隋因之。唐屬渭州，後陷吐蕃。宋熙寧時收復，置渭源堡，屬熙州。金屬臨洮府。元至元十三年，升爲渭源縣。明仍屬臨洮府。皇清因之，乾隆三年屬蘭州府。

① 行都司，即陝西行都司。

金縣

漢置榆中縣，屬金城郡；又置勇士縣，屬天水郡。晉省勇士縣。北魏又省榆中縣，併入金城。唐爲五泉縣地。宋置龕谷寨，屬蘭州。金大定間升爲縣；（至）〔正〕大①間置金州，以嘗併入金城因名。領龕谷、定遠二縣。元至元七年，併縣入州，屬鞏昌路。明洪武二年，降爲金縣，屬臨洮府；成化間屬蘭州。皇清初，屬臨洮府；乾隆三年，屬蘭州府。

河州

漢爲枹罕、白石、河關三縣地，屬金城郡；又置大夏縣，屬隴西郡；東漢俱改屬隴西。魏因之。晉初廢，惠帝時，復置枹罕、河關二縣；咸康初，張駿始置河州。以黄河名。後魏因之。後周置枹罕郡。隋開皇初，郡廢；大業初，復置。唐爲河州安鄉郡，屬隴右道，後陷吐蕃。宋熙寧六年收復，仍爲河州安鄉郡，置枹罕縣爲州治，屬熙河路。金貞祐四年，置平西軍，屬臨洮路。元爲河州路，至元六年，置吐蕃宣慰司。明初，置河州衛；成化十二年，分衛治四十五里置河州，屬臨洮府。皇清因之，雍正四年，裁衛歸州；乾隆三年，屬蘭州府。

靖遠縣

漢爲祖厲②、音置賴。鸇陰二縣地，屬安定郡。東漢屬武威郡。魏因之。晉省。北魏置會州。隋開

① 原刊「至大」，據《金史》勘「正大」。金哀宗年號，即一二二四至一二三二年。

② 祖厲，古縣名。西漢置，屬安定郡。東漢屬武威郡。西晉廢。治今甘肅省會寧縣郭城驛鄉，廢址猶存。

皇十六年，置會寧縣，屬平凉郡。唐武德二年，置西會州；貞觀八年，以足食故改粟州，後陷吐蕃。宋天聖後屬西夏；元豐二年收復，仍屬會州；崇寧三年，置倚郭[①]曰敷川縣。金大定十二年，改保川，尋陷，於河西僑置會川，城名新會州[②]。元初，徙置西寧縣。即今會寧縣。明正統二年，置靖虜衛，隸陝西都司。皇清初曰靖遠衛，雍正八年，改衛爲縣，隸鞏昌府；乾隆三年，改隸蘭州府。

附巡撫元展成[③]《請改府治疏》

爲省會應駐守令，要隘需設專員，以裨公務事。各省城具設首縣以專司庶務，設首府以就近統轄，綱舉目張，措施裕如。而甘省會城建在蘭州，有廳州而無郡縣，較之他省規模殊未畫一。且廳係佐貳[④]，專司稅務、茶法并無地方之責，遇有通省公事及重大案件，必須飭委印官，以一州而兼理首府、首縣之事，未免竭蹶。况該州隸轄臨洮，一切命盗審案解府解司，紆迴往返尤爲未便。先經前撫臣許容[⑤]題請，將臨洮府移

①倚郭，亦作「倚廓」。宋元州、路治縣統稱。
②會州，古州名。金大定二十三年（一一八三年）會州陷於西夏，金僑寄於會川城（今甘肅省靖遠縣西南），稱「新會州」，以保川爲附郭縣。故時西夏、金同有會州。
③元展成（？至一七四四年），清直隸静海（今天津市静海區）人。由貢生捐納知州。雍正間，纍擢至貴州巡撫，因苗民起事，奪職。乾隆間，起爲山西按察使，擢甘肅巡撫（一七三七至一七四一年在任），復以匿灾奪職。
④佐貳，輔佐主司的官員。明清如府州縣之通判、州同、縣丞等，統稱「佐貳」。
⑤許容（？至一七五〇年），虞城（今河南省虞城縣）人。清康熙五十年（一七一一年）舉人，雍正六年至乾隆元年（一七二八至一七三六年）任甘肅巡撫。

駐省城。爾時，因臨洮地近河州，外通河曲，必須知府大員就近控御，未便遽議改移，是以經督臣查郎阿①議覆停止在案。今河州已設有重鎮，無須知府彈壓，此不宜於昔者適宜於今。臣與督臣按地方今昔情形，因時斟酌，意見相同，均不敢拘泥原議而不爲之陳請也。臣等就今而論，應請將臨洮府知府及附府之狄道縣移駐省城蘭州，原駐蘭州之知州移駐狄道，同原轄之金、河、渭三州縣及移駐蘭城之縣，俱隸移駐蘭城之府管轄。其府州縣所屬之經歷、州判、吏目、典史等官，俱隨府州縣移駐。蘭州屬之蘆塘驛驛丞，原係蘭境驛路，應隸移駐之縣管轄。此特易地經理，錢糧、訟獄及一切公務俱無庸增減紛更，一轉移間殊多便益。其各官衙署，除蘭州知州、州判、吏目移駐臨洮，有府縣經歷、典史各衙署可居，均毋庸添建外，至移駐蘭城之知縣、典史、經歷，有蘭州及州判、吏目各衙署可居。查蘭城尚有空閑錢局一所，係康熙九年間各官捐貲，建爲茶司，嗣因茶封另有貯所，於雍正三年改爲錢局，停鑄空閑，地基寬敞，原舊木植、磚瓦亦堪挑用，儘可改爲府署，即購添物料所費亦屬有限，較之新建尚有節省。其府州縣屬教官亦應隨府州縣移駐，將蘭州州學升爲府學，移駐之縣學應請擇地另建，仍將狄道縣學改爲州學。入學名數，府學仍照原額；蘭州係文盛之區，移駐蘭州之縣學，應請照州學原額；狄道縣既改州學，原係大邑亦應請照州學原額。又查，現隸鞏昌府之靖遠縣，距鞏昌四百五十里，盤查督催鞭長莫及，該縣距蘭僅二百八十里，應請改隸移駐蘭城之知府管轄。再蘭屬之城

① 查郎阿（？至一七四七年），那拉氏，字松莊，滿洲鑲白旗人。襲世職。自清雍正七年（一七二九年）佐岳鍾琪，至乾隆五年（一七四〇年）還京入閣，經營西北十一年，任職陝西總督、川陝總督九年。

北紅水、永泰、寬溝、鎮路四堡，距城二百五六十里至四百餘里不等，界連凉、寧、鞏三府，犬牙相錯，官則稽查不易，民亦趨赴艱難，應請於各堡適中之寬溝堡添設縣丞一員，令其就近稽查四堡之保甲逃人、匪竊、賭博、鬥毆等事，其錢糧命盗重情，仍聽移蘭之縣管理，該縣丞不得干預。至移駐蘭城之府名、縣名并移駐臨洮之州名，恭請欽定。如蒙聖恩俞允，其一切移駐、改隸、添設、官役俸工及未盡事宜，容臣詳晰另議咨題。乾隆三年七月十五日奉旨：「該部議奏，欽此。」嗣經會議均應如所請，十一月二十二日奉旨：「依議，欽此。」十二月十六日内閣抄出大學士伯鄂等奏稱：「查該省舊在蘭州，今州升爲府；蘭州知州移駐狄道縣，今縣升爲州，其山川、城郭一如舊治，并無改易。應請即名爲『蘭州府』『狄道州』，不必另立名字。其附郭縣治應與縣名并，恭擬佳名『臯蘭縣』。恭候欽定。」奉旨：「用『臯蘭縣』字樣，欽此。」

疆域

《漢書·地理志》曰：「秦地，於天官①東井②、輿鬼③之分野也。其界自（宏）〔弘〕農④故關以西，

① 天官，即天文、天象。
② 東井，星宿名，即二十八宿之一「井宿」。因在玉井之東，故稱。
③ 輿鬼，星宿名，二十八宿南方七宿之一「鬼宿」。
④ 原刊「宏」，清避「弘」字。弘農，古郡名。西漢元鼎四年（前一一三年）置，治弘農縣（今河南省靈寶市北故函谷關城）。

京兆、扶風、馮翊、北地[①]、上郡[②]、西河[③]、安定[④]、天水、隴西，西有金城、武威、張掖、酒泉、敦煌，皆宜屬焉。」此志甘肅星野者，皆以爲井、鬼鶉首[⑤]之次所本也。《甘肅通志》又據晉「天文志」推得，隴西入營室[⑥]四度，金城入東壁[⑦]四度，以爲今蘭州府躔次[⑧]。然分野之説，求其方位，悉不相合，昔人已多疑之。故賈公彦《周禮疏》謂此「受封之日，歲星所在之辰，國屬焉。」故耳天道甚遠，君子闕其所不知，以作《志》者必先著録存其説焉，可也。若夫區域之廣狹，道里之遠近，四至八到[⑨]之分限交會，其燦然具列者，所當詳核以著於篇焉。

---

① 北地，漢郡名，治馬領縣（今甘肅省慶城縣西北）。東漢末廢。
② 上郡，漢郡名，治膚施（今陝西省榆林市榆陽區境内）。東漢末廢。
③ 西河，漢郡名，初治富昌（故址有今内蒙古自治區准格爾旗東和陝西省府谷縣古城鄉古城村之説），徙治平定（今内蒙古自治區杭錦旗霍洛柴登古城）。東漢末廢。
④ 安定，漢郡名，治高平（今寧夏回族自治區固原市原州區）。東漢徙治臨涇（今甘肅省鎮原縣）。唐廢。
⑤ 鶉首，星次名，指朱鳥七宿中的井宿和鬼宿。
⑥ 營室，星宿名，即二十八宿之一「室宿」。
⑦ 東壁，星宿名，即壁宿。因在天門之東，故稱。
⑧ 躔次，日月星辰在運行軌道上的位次。
⑨ 四至八到，始見《太平寰宇記》，用「四至」（即東、西、南、北四正）或「八到」（合東南、西南、東北、西北四隅）表示州縣方位距离，合稱四至八到。

蘭州府

爲甘肅省會，東西距四百六十里，南北距七百六十里。東至車道嶺[1]一百四十里，交鞏昌府安定縣[2]界。西至積石關[3]三百二十里，交西寧府循化廳界。【按】循化原屬河州，乾隆二十七年移駐同知，仍屬蘭州府。道光三年督臣那[4]奏，以循化廳管理番地事件，向歸青海大臣管轄，而蘭州府不隸青海所統，凡事由蘭州府轉行，道里迂迴，勢多掣肘，始請改隸西寧府。南至橋道鋪三百三十里，交鞏昌府岷州[5]界。北至紅水堡[6]四百三十里，交涼州府平番縣[7]界。東南至潘家坌[8]三百五十五里，交鞏昌府隴西縣界。西南至蓮花山[9]

①車道嶺，一名車道峴，在今甘肅省榆中縣東南七十里（屬甘草店鎮），接定西市界。
②安定縣，今甘肅省定西市安定區。
③積石關，位於今甘肅省積石山縣大河家鎮關門村，地處積石山麓、積石峽東口。
④那，指那彦成（一七六三至一八三三年），《清史稿》有傳。
⑤岷州，古秦地，因境有岷山而名。秦始皇二十六年（前二二一年）置縣。漢因之，隸隴西郡，設南部都尉。北魏太平真君六年（四四五年），設臨洮郡（治今甘肅省岷縣）。西魏大統十年（五四四年）始設岷州，改原臨洮縣爲溢樂縣，爲州治。
⑥紅水堡，古地名。今屬甘肅省皋蘭縣上沙沃鎮（原屬紅水鄉）。明萬曆二十七年（一五九九年），置紅水堡。清乾隆四年（一七三九年），皋蘭縣丞駐寬溝；二十二年（一七五七年），遷駐紅水堡，置紅水分縣。
⑦平番縣，古縣名。清雍正二年（一七二四年），改莊浪所置，治今甘肅省永登縣，隸涼州府。一九二八年改永登縣。
⑧潘家坌，即甘肅省臨洮縣連兒灣鄉潘家岔村。
⑨蓮花山，位於甘肅省中南部渭源、康樂、臨潭、卓尼四縣接壤之地，爲秦嶺西支西傾山脉餘脉，主峰海拔三五七八米。

四百四十里，交鞏昌府洮州廳①界。東北至大澇壩四百九十里，交寧夏府中衛縣界。西北至沙井堡②四十里，交平番縣界。至京師四千四十里。

皋蘭縣

爲府治，東西距二百四十里，南北距四百九十里。東至車道嶺一百四十里，交鞏昌府安定縣界。中踰定遠驛，又越清水驛，皆金縣地。西至張家河灣③一百里，交西寧府西寧縣界。南至摩雲驛④六十里，交狄道州界。北至紅水堡四百三十里，交涼州府平番縣界。東南至新營⑤一百三十里，交渭源、金縣二縣界。西南至馬蓮灘一百里，交河州界。東北至一條城⑥一百一十里，交靖遠縣界。西北至沙井堡四十里，交平番縣界。

狄道州

在府南二百一十里，東西距一百一十里，南北距二百七十里。東至翠巖鋪七十里，交渭源縣界。西

①洮州廳，古建制名。清乾隆十三年（一七四八年），改洮州衛置，屬鞏昌府，治今甘肅省臨潭縣東新城，設撫番同知。
②沙井堡，古堡名，明置，今甘肅省蘭州市西北沙井驛。
③張家河灣，又稱張家河口，舊地名，今屬蘭州市西固區河口鎮。漢魏以後，爲通往河西走廊、湟水流域的交通要道。
④摩雲驛，古驛站名，因摩雲嶺而名。摩雲嶺爲馬銜山西延支脉，位於今甘肅省蘭州市七里河區與臨洮縣交界處。清置「摩雲驛」，配驛馬三十八匹、牛十八頭、驛夫十八名。世人因抵達山頂需盤旋七道彎方至，故又名「七道嶺」或「七道子梁」。
⑤新營，地名。今屬甘肅省榆中縣新營鄉。
⑥一條城，又名「一條城堡」。明置，在今甘肅省皋蘭縣東南黄河南岸。

至黨川鋪①四十里，交河州界。南至橋道鋪一百二十里，交鞏昌府岷州界。北至摩雲驛一百五十里，交皋蘭縣界。東南至官堡②一百里，交渭源縣界。西南至景古城③一百里，交鞏昌府洮州廳界。東北至新營一百二十里，交金縣界。西北至宏濟橋一百五十里，交河州界。

渭源縣

在府南三百四十里，東西距七十五里，南北距一百四十里。東至鍬家鋪十五里，交鞏昌府隴西縣界。西至翠巖鋪六十里，交狄道州界。南至露骨山④七十里，交鞏昌府洮州廳界。北至常家碑七十里，交鞏昌府安定縣界。東南至潘家岔十五里，交隴西縣界。西南至過那山⑤六十里，交狄道州界。東北至林子溝⑥四十里，交隴西縣界。西北至連二灣七十里，交狄道州界。

金縣

在府東南八十里，東西距一百里，南北距二百二十里。東至車道嶺七十里，交鞏昌府安定縣界。西

---

① 黨川鋪，地名，在今甘肅省康樂縣城西北流川河西岸。
② 官堡，地名，在今甘肅省渭源縣西南金川鎮。
③ 景古城，古城名，在今甘肅省康樂縣城南楊家河北岸，城以居住景、古二姓而名。舊城爲水池縣址，北魏建，後废。今址爲明建。
④ 露骨山，山名。位於青藏高原、黄土高原，與秦嶺西端相接，最高海拔三九四一米。其地處甘肅省漳縣西部與渭源縣和卓尼縣交界處。山頂常年積雪，是漳河的發源地。
⑤ 過那山，山名，在今甘肅省定西市渭源縣境内。
⑥ 林子溝，地名，在今甘肅省永登縣境内。

至煤洞山三十里，交皋蘭縣界。南至清水溝①口五十里，交狄道州界。北至一條城一百七十里，交皋蘭縣界。東南至劉家嘴七十里，交狄道州界。西南至新營四十里，交皋蘭縣界。東北至韋家堡營一百三十里，交安定縣界。西北至定遠驛②四十五里，交皋蘭縣界。

河州

在府西二百里，東西距二百二十里，南北距二百一十里。東至宏濟橋二百里，交狄道州界。西至積石關一百二十里，交西寧府循化廳界。南至三渡水一百六十里，交狄道州界。北至鮑家嶺一百五十里，交西寧府西寧縣界。東南至黨川鋪一百五十里，交狄道州界。西南至蓮花山二百四十里，交鞏昌府洮州廳界。東北至毛籠硤一百二十里，交皋蘭縣界。西北至三川黃河沿③一百五十里，交西寧縣界。

靖遠縣

在府東北二百八十里，東西距二百七十里，南北距三百五十五里。東至西安州④一百五十里，交平

① 清水溝，地名，在今甘肅省榆中縣境内。
② 定遠驛，古驛站名，今甘肅省榆中縣定遠鎮。
③ 三川黃河沿，地名，位於今青海省民和縣南部黃河沿岸，三面環山，一面臨水。因境内有趙木川河、大馬家河（亦稱朱家河）、桑不拉河（亦稱前河）三條主要季節性河流而得名。
④ 西安州，古州名，故治在今寧夏回族自治區海原縣西二十千米。宋元符二年（一〇九九年）置州，屬秦鳳路；靖康元年（一一二六年），西夏取西安州，更名爲南威州（又名安州）。元復名，屬開城路。明成化年間設西安、鎮戎、平虜守禦千户所。

涼府固原州[1]界。西至車路溝峴一百二十里，交皋蘭縣界。南至韓家山一百三十里，交鞏昌府會寧縣界。北至松山邊墻[2]二百二十五里，交番界。東南至鎖家河一百二十里，交會寧縣界。西南至黑莊一百三十里，交鞏昌府安定縣界。東北至大滂壩二百一十里，交寧夏府中衛縣界。西北至青崖兒八十里，交皋蘭縣界。

附《靖遠續志》

滚子井在縣東北一百五十里，與中衛縣接壤，舊以界牌梁爲界，有大路東通鹽茶廳，西達蘆溝堡。路南係靖遠地，舊井在其旁。路北係中衛地，向被中衛縣民占墾，路南田土與靖遠民互争，訐訟不休。乾隆三十九年，知縣那禮善詳請，飭委候補知州黎珠會同中衛縣知縣王臣公詣履勘，以其地斷歸靖遠，惟念中衛民已墾種多年，令其照例升科，赴靖遠輸糧，其餘荒地不得再行私墾。定界結案。

形勝 關堡附

《明一統志》云：「中原迤西，山川阨塞，地勢平夷，有長城之險，皋蘭峙其南，黄河經其北。」《方輿紀要》云：「控河爲險，隔閡戎羌。自漢以來，河西雄郡，金城爲最，豈非以介戎夏之間，隴右安危

① 固原州，古州名。明弘治十五年（一五〇二年）置，屬平凉府。治今寧夏回族自治區固原市原州区。

② 松山，今景泰縣境内壽鹿山和昌嶺山，舊時稱之爲大小松山。邊墻指長城。「松山邊墻」爲明萬曆二十六年（一五九八年）「松山之戰」後修築，又稱「松山新邊」，與明初長城以示區别。

常係此地哉。晉元康而後，河隴多事，金城左右歲無暇日。隋唐盛時，馳逐河湟，未嘗不以蘭州爲要害。及廣德後，州没吐蕃，而西凉不復爲王土矣。宋元豐四年，李憲敗夏人，始復城蘭州。元祐初，夏人求復得此地，朝議欲割以畀之。孫路言：『自通遠至熙州，纔通一徑，熙之北已接夏境，今自北關瀕大河，城蘭州，然後可以扞蔽。若捐以與敵，則一道危矣。』穆衍言：『蘭州棄，則熙州危，熙州危，則關中震動。唐失河湟，西邊一有不順，則警及京都。今若委蘭州，悔將無及。』遂不果棄。明時自州以北，常爲寇衝，往往設重兵駐焉。」合是觀之，我朝疆宇日闢，以遥隸陝西，不免鞭長莫及，特於此地建立會城，移設府治，酌全隴適中之地，壯區夏控制之形，規模計慮大而遠矣。若狄道舊府治也。《甘肅通志》云：「據隴首，撩西傾，襟帶河湟，爲西陲之保障。《方輿紀要》云：漢姜維數出狄道以撓關、隴，魏人建爲重鎮，維不能得志，晉之衰也，河西擾亂，大約據狄道則足以侵隴西，狄道失而河西有唇齒之慮矣。拓跋魏兼有秦、凉，以狄道爲咽喉之地，列置郡縣，恃爲藩蔽。唐拒吐蕃，臨州其控扼之地也。寶應初，臨州不守，而隴右遂成荒外①。宋熙寧以後，議者謂欲圖西夏，必先有事熙、河。及熙河路建，而湟、鄯②之域次第收復。且引渠灌水，土田膏腴，民俗好勇喜獵。明徐達所謂『得其地足以給軍儲，得其人足以資戰鬥也。』」

① 原文：「臨州不守，而隴右遂成荒外。宋承五季之轍，王官所莅，不越秦、成。」五季指五代，秦指秦州，成指成州。
② 湟、鄯，指湟州、鄯州。湟州，宋元符二年（一〇九九年）置，治邈川城（今青海省樂都區南），屬秦鳳路，轄今青海省樂都區、民和縣、化隆縣、循化縣北部和甘肅省永靖縣西部地區。鄯州，北魏孝昌二年（五二六年）置，治西都縣（今青海省海東市樂都區），轄境相當今青海省西寧、湟中、樂都等市縣地。

我朝威德遠被，玉門、陽關以外，且踰萬里，視此直同腹地，然自古形勝之區，固亦不容忽焉。河州東繞洮水，西峙積石，控扼蕃戎，山河盤錯。自昔西陲多覺，枹罕嘗爲戰地。蓋犄角河西，肘腋隴右，固中外之要防也。自乾隆年間建設重鎮，以資藩衛，措置益周矣。靖遠縣面山背河，地勢險阻，舊隸鞏昌，後以距府太遠，故於蘭州改府時特爲移隸，取便統轄，事勢所宜。《方輿紀要》云：《〔皇明〕九邊考》謂，地「去敵最近，北面濱河，遇冬凍合，一望平地千里。寇若於賀蘭山後，蹈冰馳踔，勢如風雨，未易禦也。沿河置戍，固不可緩，而徐斌水①以西舊邊一帶，冬防可倚。要之折衝無術，而從事於補苴，計斯末矣。」總計六屬，惟渭源、金縣稍居内腹，餘皆古來用武之地，深謀遠慮之士，預戒不虞，非經營所必及者乎？顧近來志形勝者，摭拾浮詞，罕切利害，甚或雜以堪輿家言，陋矣！兹故掇其有係邊防議論曉析者，雖今昔異宜，而險阻不改，并詳列各州縣關隘於左，庶得其實，俾覽者有所鏡云。

皋蘭縣

金城關在縣北踰河二里，爲甘肅要隘。周武帝置金城津。隋文帝開皇十八年改津爲關。宋哲宗紹聖四年築之。明設巡司於河南岸，萬曆二十五年易土以磚。

附唐岑參詩

古戍依重險，高樓接五涼②。山根盤驛道，河水浸城墻。

① 徐斌水，地名。明置，屬固原州，在今寧夏回族自治區海原縣北。

② 五涼，指晋、南北朝時期北方十六國中前涼、後涼、西涼、北涼、南涼五國，其主要活動在河西走廊和青海河湟地區，後借指甘肅一帶。

庭樹巢鸜鵒，園花隱麝香。忽如江浦上，憶作捕魚郎。

明黄諫[1]記

黄河經皋蘭城北，距城西八十步，架浮梁以渡河。河之北有關，凡甘肅官員之朝會，陜右民庶之轉輸，腹裏軍士之輪班操備，皆踰於是。舊關創自洪武甲子，乃指揮僉事楊廉移置，至次年乙丑工完，計今年[2]乙丑凡六十一年。其城垣頽圮，戍樓傾壞，而邊備亦廢弛弗修。去歲冬，朝廷以瓦剌潛蓄窺伺，乃命鎮守陜西右都御史陳公鎰[3]巡撫邊衛，整飭武備，選將練兵以禦之。公至蘭州，相是地通連外境，爲西陲重鎮，宜得大臣以守備焉。事聞於朝，遂以山東僉都司事李公進膺欽差把總守備之任。至則首以是關爲西州要塞，其隳圮若此，豈所以威遠夷而藩中國也哉。乃恢畫經理，勸工募力，重修葺之。拓其城郭，甃以磚石，而戍樓、睥睨以次而成。又廣其外爲甕城，城内正北築臺，高丈餘。肇工於正統十年八月十一日辛亥，至次年三月初三日庚午訖工。衛之官屬喜公能成是功而不煩民力也，乃相率征文以記之。予惟修城郭、完要塞，守備者之重事也，李公能先致謹乎此，誠知所重輕矣。然不迫之以速成，而必興事於秋後者，恐妨農之耕穫也，使民力一匱，雖外侮不侵，於治何補？雖然昔先零諸羌背畔，趙充國馳至金城，分屯要塞，而羌人竟不煩兵而下。

① 黄諫（一四〇三至一四六五年），字廷臣，號卓庵，又號蘭坡，明蘭縣（今甘肅省蘭州市）人。正統七年（一四四二年）壬戌科探花，授翰林院編修，遷侍讀學士。著有《書經集解》《詩經集解》《使南稿》《從古正義》《蘭坡集》《蘭縣志》等。

② 今年，明正統九年（一四四四年），即黄諫撰「記」時間。

③ 陳鎰（一三八九至一四五六年），《明史》（卷一百五十九列傳第四十七）有傳。

今西虜之在沙漠，聞朝廷之選邊將，能體朝廷之心，急所先務，修城完塞，練習軍士，休息民力，如此則必將怖慴逃遁矣。噫！一夫怒當關，百萬不敢傍。謹書於石，冀將士之胥勸云。

京玉關，在縣西北四十五里，本名把拶橋①。宋置關，改名。

東關堡，在縣東十八里，宋元豐四年置，本名鞏哥關。

西關堡，在縣西二十里，亦宋置。逼臨黄河，與夏人以此爲界。元廢。

臯蘭堡，在縣東南九十五里，宋元豐四年置。明（宏）〔弘〕治②十八年重修。

質孤堡，在縣東五十里，宋元豐五年置。元祐初，議棄質孤、勝如兩堡，【按】勝如堡，今不詳其處。范育争之語載宦績育傳。買子堡亦在縣東五十里，金縣西北五十里。把石橋溝在縣東六十里，金縣西北四十里。十字川堡在縣東北一百三十里，金縣東北八十里。一條城在縣東北一百五十里，金縣東北一百里。四堡蓋二縣交會之處也《通志》：「一條城，本名龍溝堡，宋狄青巡邊所築。明萬曆二十五年，兵備張棟疏請改名。」【按】青爲秦州刺史、涇原路副都總管。其時，地似尚不得至此。西古城在縣西南四十里，積灘堡在縣西南八十里。自質孤堡以下俱在河南。

① 把拶橋，古地名，在今甘肅省蘭州市西北黄河南岸。唐寶應末爲吐蕃所據。北宋元符三年（一一〇〇年），更名京玉關。
② 原刊「宏治」，勘「弘治」，清避「弘」諱。後文統改，不另注。

附明彭澤①《西古城記》

蘭州治西五十里有古城焉，郡《志》以爲漢故允吾，周環三里有奇，廢爲古迹久矣。（宏）〔弘〕治戊午秋，巡撫都憲②許公季升始允守備都閫③梁公瑄之請，令修之，用遏虜衝。（乙）〔己〕未④，檄蘭州衛指揮使周侯倫董其役，凡軍民夫匠計若干名，每歲率以農隙一月修之。歷庚申至辛酉，城池之工畢；壬戌，盧舍、官署之工畢；癸亥，樓櫓、門禁之工畢。儲峙有庾，訓教有學，程督⑤嚴而不苛，分布公而不徇，用不及公帑，科不及兵民，皆侯所經畫而規措之者。既告成乃請於撫鎮諸公，分兵守禦以爲常。闤闠并起，貨物充積，生理日漸裕焉。城之耆庶仰而嘆曰：「昔爲荆榛場，今爲衣冠會。誰之功歟？乃相率屬。澤以爲記。澤惟國以民爲本，而兵以衛乎民，使無城池以捍衛之，豈能暴師於久耶？然土木之工，先王所重，不得已而後舉之。所謂以佚道使民者固矣，苟董之者不得其人，不亦重困其民哉！侯能因力生財，上下無擾，而厥績用底於成，其賢於人何啻倍蓰哉。蓋侯報國憂民之心出於天性，而學問足以輔之，故其施爲有如此者，特書以爲侯功名

---

① 彭澤，字濟物，號幸庵。明臨洮府蘭州（治今甘肅省蘭州市城關區）人。明弘治三年（一四九〇年）進士，授工部主事，擢刑部郎中，歷浙江按察副使、河南按察使，遷右副都御史，提督軍務。澤申明軍法，大小數十戰，無不得勝。進右都御史、總督川陝諸軍、左都御史。因忤王瓊、罪錢寧，遂因經略不當被斥爲民。世宗即位，起兵部尚書。未幾，因前經略哈密事被劾奪職。隆慶初，復官。卒，謚「襄毅」。

② 巡撫都憲，明都察院都御史的别稱。

③ 都閫，指統兵在外的將帥。

④ 原誤刊「乙未」，勘「己未」，即弘治十二年（一四九九年）。

⑤ 程督，指賦税、勞役、學課等監督制度和行爲。

廣大，期爲後之重修是城者最。況澤於侯有師生之雅，而耆庶拳拳思報，有周人忠厚之風，於是乎書。

鹽場堡在縣東北五里，安定堡在縣西北三十里，皆在河北。明萬曆三十三年置，守備駐防，今廢。

鐵古城堡在縣北八十里，即定火城①，亦明置。

附明巡撫楊一清《存留守城官軍防虜疏》

蘭州黄河以北，俱係本州衛軍民征納民屯糧草地土，達賊乘虚遞年俱從寧夏、中衛、凉州、莊浪竊伏本州紅柳灘等處侵擾，本處無軍截殺。以此，尚書秦紘奏留官軍防守，況固、靖②等處，若河套無賊，止是備冬。惟蘭州地土多在河外，賊寇出没無時，四時皆當防禦，與甘、凉等處事體不異。查甘、肅③二衛，官軍止存守墩、把橋等夜不收共三百五十七員名，别無食糧騎操正軍。其屯田軍餘，例該遇冬操練，方支行糧，春暖放回農種，辦納糧草。且本州内有宗室，外多商販，人烟輳集，畜産蕃盛，比他處不同，離虜人蹂躪之地止隔黄河一水。去年虜騎在鹽場堡、大岔溝等處搶掠，直薄金城關。秦紘聞警，遽調游擊楊敔等策應。我軍既集，賊已遁去，徒費芻糧，緩不及事，師旅既還，警報復至。倘黠虜窺我無備，糾合突至河岸，拒我城門，斷我河橋，分散抄掠蘭、金、安、會等州縣，所傷必多，此豈待冰橋結凍而後入哉？河北鹽場堡離河橋五里，定火城去河七十餘里，俱係賊人出没緊關去處。若得官軍在彼按伏，以逸待勞，庶可遏其深入。如蒙敕部議

① 定火城，在今甘肅省皋蘭縣水阜鄉水阜村，俗稱「舊城子」。
② 固，指固原；靖，指靖遠。
③ 《楊一清集》作「蘭」，中華書局二〇〇一年版。

處，將甘肅原奏掣內官軍，除秦、平[1]等衛七百餘員名［外，其甘、蘭二衛官軍李勤等一千二百餘員名，］[2]照舊存留本地聽守，備官提調，常川操守，遇有寇犯，即便督率渡河，相機截殺。趁今四五月間，量起軍民人夫修築定火城，及添築沿邊隘口、墩臺。待修理完備，將前項官軍內八百員名分爲兩班，選擇驍勇指揮一員管領，於定火城按伏；餘四百員名亦分兩班，委員管領，於鹽場堡按伏。至河凍時，再將陝西備冬官軍摘撥，協力守冬。修蓋倉廒，將原坐派本州倉秋夏稅糧、馬草并招商糴買糧草，量撥在彼，收積支用。如此則虜騎無自而入，豈徒蘭州并腹裏臨、鞏[3]地方倚以爲重，而莊浪、紅城子一帶聲息，應援亦有所資，其甘肅一鎮不爲無補。臣屢嘗親歷博訪，得之最真，今受命經略，若復不言，他日誤事，罪將焉逭。疏上報可。

紅水河堡在縣北與平番交界處，堡城周一百二十丈，高三丈一尺，濠深一丈五尺。明萬曆二十七年，平松山，兵備副使荆州俊[4]建。三眼井堡在縣北三百七十里，亦是年建，城池高深如紅水。寬溝堡在縣北三百里。《通志》：萬曆二十六年，以松山平定議築新邊，府同知馮詢等踏看，得松山雙墩子以東至紅水河西

---

① 秦，指秦州衛；平，指平涼衛。均爲陝西都司下轄軍事衛所。

② 据明楊一清撰《關中奏議》（文淵閣四庫全書本）補入。

③ 臨，指臨洮府；鞏，指鞏昌府。

④ 荆州俊（一五六〇至一六二五年），字章甫，號吁吾，猗氏（今山西省臨猗縣）人。明萬曆七年（一五七九年）經元，十一年（一五八三年）進士，旋授長安令，擢御史。歷官山東參議、遼左監兵、寧夏臨鞏副使、臬蘭鎮守、左布政使、甘肅巡撫、刑部侍郎等。病卒，敕諭祭葬，祀鄉賢祠。

四十里，有水可以築墻。紅水河以東三十里俱石田無土，不堪挑築，應砌石墻。自硷灘墩至永安堡索橋三十里，川險間斷，或築墻或挑濠，各相便宜。《五邊考》云：新邊自靖虜衛界黄河索橋起，至莊浪界土門山，共長四百里，而蘭、靖、莊浪千四百里之衝邊始安。第蘆塘、三眼井等處，土疏易圮，時費修築，若按明初舊址，自鎮番直接寧夏、中衛，通樹長邊，則外籥尤壯矣。

永泰城堡在紅水迤南一百二十里，明萬曆三十五年建，周四百八十丈，高四丈。保定堡，在永泰迤南一百五十里。鎮虜堡在保定迤南一百二十里，俱與紅水相脣齒。

附明巡撫顧其志[1]《議城永泰疏》

臣會同總督、兵部尚書李汶議照，松疆草創，紅水諸堡極稱孤懸，原議有警，以蘭州參將兵馬應援，謀亦周矣。但紅水距蘭城五百里而遥，原隰險阻□，路絶無人。烟虜小舉，猶可拒守，脱或大舉，單弱豈能支持？遠望蘭州官兵策應猝不能至，况復奔馳遠道，軍馬疲困，何能禦敵？中無止宿、委積[2]之處，裹糧而往，設虜乘間衝突，無城堡可依，非萬全之策。臣等重復勘議，多方講求，咸以老虎城建堡設將爲宜。迤南再築二小堡，接傳烽燧，使首尾相應，犄角相成，衝疆可恃以無恐。向議欲設副總兵者，意將兼轄蘆塘。雖同在

①顧其志，字衡吾，又字太冲，生卒年不詳，南直隸蘇州府長洲（治今屬江蘇省蘇州市）人。明隆慶五年（一五七一年）進士，授長興知縣，擢南昌同知、工部員外郎。歷官荆南道副使，陝西參政，廣西按察使，山東右布政使，陝西左布政使、右副都御史，南京兵部尚書等。卒，贈太子太保。著有《撫奏疏稿》四卷、《籌陝存牘類抄》兩卷、《逸事》一卷、《攬茝微言》一卷及《勸戒圖説》等。

②委積，謂儲備糧草。《説文·禾部》云：「凡儲聚禾米薪芻之屬，通謂之委積。」

松疆，乃陝西總兵所轄，彼此牽制掣肘爲難，似當止設參將，與紅水、蘆塘，互爲應援。查得景古城守備近在臨洮七十里内，總兵兼制爲易。此官似屬冗員，應改爲蘭州守備移駐鹽場堡，其景古城堡改委操守①。其新疆合用兵馬，多寡酌量，緩急摘撥。并修城、築堡、公署等費，臣等於本地方隨宜區處，既不敢仰給太倉，亦不敢派之民間，揆度人情事體，僉稱便宜。及照應調做工軍夫，見今幫築紅水新邊，似難併舉，宜候三十四年前工竣日，即於三十五年起始修。今議城堡再照地名，老虎城向係虜地，彼已習知其變，復故巢蓋未嘗一日忘也。且名不雅馴，宜議改「永泰城」，一新耳目，永絶虜念。伏祈，俯納允行。

沙井堡在縣西北，與平番交界。

三角鎮在縣東九十里，又四十里爲甘草店。

摩雲嶺關在皋蘭縣南、狄道州北兩交界處，最爲高險，明置，舊設巡司。

狄道州

南關在州南二十里，宋熙寧六年置。北關在州北二十里，熙寧五年置。三岔關在州西三十里，打壁峪關在州北三十五里，俱置戍卒防守，保障近郊。

臨洮堡在州北七十里，宋置；明洪武二年改築大城，周五百七十丈有奇，高三丈六尺，北築郭，東、西、北三門，今塌損。【按】《州志》云：臨洮堡即今北關，當考。

① 操守，明在九邊設立守衛城堡的武官，在指揮、千户中選用，位在守備之下。

通谷堡在州東二十五里，宋熙寧五年置。《一統志》：東入西出，往來不踰數十步，而中可容千百人，上有竅纔見天日。南川堡在州南三十里，熙寧六年置。結河堡在州北二十里，熙寧七年置。【按】舊《志》所載，諸關堡其久廢而無關要害者，不復載。

湼家關在狄道州西三十里，西南通河州二十四關、要口。

渭源縣

分水嶺關在縣西十五里，自嶺以西之水皆入洮，嶺以東之水皆入渭，置關於此，爲縣境襟要。慶平堡在縣西北三十里，宋熙寧五年置，金改爲鎮。舊《志》云：「有垣墻常繕治之，可以避兵乞神」。平堡在縣西南，亦宋熙寧五年王韶擊降番部所城。

金縣

定遠鎮在縣西北四十里猪嘴山下。宋元祐初，穆衍言：質孤、勝如兩堡，據兩川美田，實彼我必争之地。自西關失利，遂廢不守。請界二壘之間城李諾平①，以控要害，及他城堡皆起亭障，以通涇原。明年遂城李諾，名曰：「定遠」。

清水鎮在縣東三十里。

① 李諾平，又稱李内彭，古堡名。宋元祐七年（一〇九二年），熙河路鈐轄、蘭州知州种誼請築，賜名「定遠城」，即今甘肅省榆中縣定遠鎮。

河州

二十四關：西北一百二十里曰積石關，東去積石山五十里，明置茶馬司市易。在此西一百五十里曰崔家峽關，一百二十里曰樊家峽關，九十里曰五臺關、紅崖關，暗門一座。八十里曰大峽關，自崔家硤關以下，各有石榨一道。七十里曰乩藏關、莫泥關、朵只巴關。石榨一道。乩藏之南曰老鴉關，亦在州西九十里。六十里曰石嘴關。西南六十里曰土門關，暗門一座。八十里曰沙麻關，林麓阻隘，足以守禦。自此西行其地益高，與西域相出入，元遣都實①訪河源路出此。迤東曰思巴思關，在州西八十里。南六十里曰船板嶺關，七十里曰牙塘關、槐樹關，暗門一座。八十里曰喬家關、陡石關，邊榨一道。九十里曰西兒關，一百四十里曰大馬家灘關，邊榨一道。一百六十里曰小馬家灘關，二百一十里曰麻山關，二百四十里曰俺隴關。明俱設官分戍，今惟積石、老鴉、土門、沙麻、槐樹五關各設外委一員、兵十名，土門兵二十名，老鴉兵十五名。餘每關各撥兵五名駐守。【按】《通志》所載，保安、起臺諸堡在今循化廳地，已改隸西寧，不復載。

大通堡在州北一百八十里，河北面有邊墻，自大通河起至迭遜溝止，長八十里。

景古城在州東南一百三十里，明萬曆十八年火酋内犯，嘗添設守備於此，後移駐蘭州。見前顧其志

① 都實，生卒年不詳，女真人，蒲察氏。仕元，纍官至招討都元帥。元至元十七年（一二八〇年），奉召勘察黄河源，呈《黄河源圖》及城、驛位置圖，糾正了《漢書·西域傳》所述黄河源爲伏流重源的説法。延祐三年（一三一六年），翰林學士潘昂霄據同行者口述，將其勘察過程輯撰《河源志》，爲我國現存有關河源勘察的最早報告。

《疏》内。

雙城堡在州南，龍溝堡在西南，及馬、灘、陡、吹、麻、千、臺、覩等共十堡，皆隸河州營。

俺哥堡在州北五十里，定羌堡在州北一百里，及和政、寧川、長寧、韓家、尹家、吹麻、黑石山、高陵山、紅土坡共十堡，皆河州所轄。

靖遠縣

會寧關在縣西南一百二十里烏蘭山上，宋元符元年建，初名「通會」，後改「會寧」。金大定八年改名「會安」，今稱「烏蘭關」。

永安堡在縣東北一百三十里，明隆慶五年建，城周三里，三面距山，一面距河，河外即邊徼，爲極衝要地。所管隘口十二處，邊墻五十里，無墻斬坡一百餘里。國朝康熙三十三年，總督佛倫題請丈量，應修一萬二百八十四丈。四十一年黄河泛漲，衝壞邊墻三百十八丈，按年修築。南二十里爲裴家堡，明萬曆元年初建於分水嶺，城周一百七十五丈，後以取水不便改建於裴家溝。

附許用中①《記略》

永安東之要害凡七，曰大廟，曰哱囉溝，曰馬尾，曰劉家寺，曰大碾子，曰八泉，曰急三灣。西之要害凡九，曰小紅溝，曰硝水，曰紅蟒牛，曰七里口，曰紅柳樹，曰李智埧，曰李哈剌，曰一碗泉，曰

---

① 許用中，字允泰，生卒年不詳，山東人。明嘉靖二十九年（一五五〇年）進士，歷官户部郎中、山西布政使司左參議。隆慶初，謫戍延安。

迭烈遜。距河四十里許，雪山枕其南，東與捍平川、白崖子、亂古堆、鎖黃川岧嵹，聯絡不斷。川原訏膴，草木蓊蔚，古渠塍疇尚在，塞人以「小河套」稱之。

蘆溝堡在縣東一百八十里，明萬曆二十四年建，城周三里，與寧夏中衛毗連，距邊五十里，隘口三處，邊墻十八里。《天下郡國利病書·要害論》曰：要害者爲害之要地也。必彼可爲害，我可扼吭。如靖虜之鎖黃川、永安、蘆溝諸堡，杜山後之窺伺，遏踏冰之奔衝，斯稱要害所當備矣。其他瑣瑣山谷蹊逕，奚要害之足云。南九十里爲苦水堡，原建年月無考。

蘆塘堡在縣北二百二十里黃河外新疆，内城周二里，本松部着力兔牧地。明萬曆二十七年創建，設參將，屯兵千餘，隘口二十一處，邊墻五十里。又東十里爲小蘆塘堡，城周一百八十步，隘口二處，邊墻二十里。

平灘堡在縣西九十里，明正統間建，黃河自此入境，城周一里三分，舊爲蘭州地，萬曆五年改隸。臨河踞勝，四面天險，東西沿河五十里俱無邊墻，惟斬土石作坡阪而已。

迭烈遜堡在縣北七十里，西夏所置，明萬曆間修築，城周三百五十步，邊墻七十里，初設巡司戍兵防守，置舡及索橋通凉、莊①路，成化間改移打剌赤。東北二十里爲水泉堡，萬曆四十年修，城周一里二百步，堡立山嘴，四面天險。東南二十里爲陡城堡，有邊墻十里。

① 凉，指凉州；莊，指莊浪。

哈思吉堡在縣北一百七十里，明隆慶六年建，城周一里，三面陡峻，東連永安，北達蘆塘，爲控制之要衝。有隘口三處，無墻邊三十里。西十五里爲索橋堡，萬曆二十九年建於河東，名鐵鎖關，其河西之堡則萬曆四十三年所建也。

沙古堆堡在縣北一百三十里，明嘉靖四年因山崖斬削成，城周一百六十丈，有隘口二處，邊墻三十里。

大廟堡在縣北一百五十里，明萬曆三年建，城周一百七十六丈，地接塔兒灣，爲永安堡門户。其哱囉溝、馬兒溝、羊房窩鋪等處，西連劉家寺，東通喜鵲溝、榆樹峴，在在皆險隘要害之地，有隘口七處，邊墻十里，無墻斬坡六十里。

打刺赤堡在縣東七十里，宋崇寧元年建，城周三里，賜名「懷戎堡」，三面距河，一面依山，東達固原鎮，係邊境大路。又東五十里爲乾鹽池堡，即宋之「定戎堡」，亦崇寧間建，城周四里，邊境通衢，最爲衝要。《天下郡國利病書》：靖虜邊防要路，一自塔兒灣乘冰渡河，由鎖黄川、青沙峴入犯安會；一自迭烈遜、老龍灣入犯静寧、隆德；一自梁泉經青沙無所不犯；一自恭牛口經打刺赤入犯衛南境；一自哈思吉入犯；一自烟洞口經營房灘入犯安會；一自二角城入犯；其要害頗多。自新疆既啟，建堡開屯，蘆塘與紅水東西犄角，靖之西北境即稱内地可矣。惟東境尚苦，套酋往往踏冰深入，今公然取道山前鎖黄川、海納都一帶，道遠難防，隆、静、安、會每被蹂躪，永安、裴城二堡兵單不足禦，游兵觀望，又不得力。今雖建蘆溝堡、設守備，差足輔禦，若欲爲静、隆、安、會萬全計，非鎖、海二川適中處再建一堡，置將宿兵不可也。然建堡置將豈易言哉。【按】所論皆明代時事，我朝威德遠被，昔所稱邊要者，今皆視同內地，然其説固不可不存焉。

興靖堡在縣南八十五里，國朝乾隆二十八年知縣姚棻①詳建，開立市集。

鄉里

皋蘭縣六里，明編户七里，後損黄笋一里，爲三里三坊，今通以里名。曰：東川、西豐、阿干、東南、東北、西北。又接管蘭州廳，歸併六鄉，曰：蘭泉、豐潤、盈山、郡所、河北、安邊。

狄道州二十三里，原額二十五里，明嘉靖三十七年，分南川、渭竹二里入渭源縣管。曰：東門、南門、西門、北門、關厢、番城、東峪、寸金、清水、南峪、下襯、西坪、唐樂、下川、青重、小河、柳林、好水、結河、白楊、臨洮、史家灣、第二堡。又接管岷州，歸入三里，曰：黨卜、沙馬、化都。其接管臨洮衛，以寨名者二十二。廟坡山、南家灣、高臺堆、鐵佛寺、竹莊溝、鬧兒坪、苦哥坪、司家坪、王家山、馬蓮溝、東紅岩、新店子、魏家、蔡家、周家、吴□、青重、下川、沙泥下、文家坪、左南觀、坪中、第二峪。蘭州廳以伍名者五，上伍、中伍、下伍、墁坪、沈百户。以屯名者二。上山、下山。岷州衛以屯名者一。黨

① 姚棻，字香莚，號鐵松，桐城（今安徽省桐城市）人。清乾隆二十六年（一七六一年）進士。歷官靖遠知縣、皋蘭知縣、固原知州，及江西、貴州、雲南、福建巡撫。著有《鐵松隨筆》《蒙求草》《别音正訛》《焚餘草》《讀易管窺》《宦轍檢存》《居官要語》等。

卜川。

渭源縣六里，曰：五竹、慶坪、鍬家、馬連、南川、渭竹。

金縣五里，明初設十二里。成化時，歲歉民逃併爲八里。正德戊寅，又併爲五里。曰：在城、平地、峰火、小龕、野羅。

河州三十一里，原額四十五里，明嘉靖丙戌，知州張宗儒因人丁消乏奏攢三十一里。曰：右丞、黑水、麻失、哈喇、梨子、結河、必帖、剌麻、打柴、鴉兒、俱在州東。洪水、高橋、河西、樣卑、下川、吹麻、木葉、銀川、古川、俱在州西。喬家、當川、廣坡、胭脂、定羌、景古、黨卜、俱在州南。俺哥、在州北。禪家、在州東南。在城、南關、西關。《州志》舊攢三十一里，歲久混淆，或一里而載數里之糧，或一糧而載數里之册，遠近分合，莫可稽查。自知州王全臣①清均丁糧之後，糧以土斷，三十一里僅存舊名。【按】里糧之弊，《狄道州志》所載亦與此同。後接管河州衛，凡五十六寨：鎖南壩、馬廠、剌麻川、三條溝、梨子山五寨在州東，紅土坡、吹麻灘、郭兒、紅崖子、十里屯、小寨、吉家、莫泥溝、水泉坪、張八剌坪、甘草凹、七里屯、官草凹、古城十四寨在州西，馬連灘、松樹、刁奇、王宣、杜百户、賈百户、劉譚、打柴溝、林檎子、圍場、廣坡、玉倫溝、陳西、尹家、火燒、潘家、藍達、槐子樹、乾溝、大南岔、萬户溝、席

① 王全臣，字仲山，生卒年不詳，鐘祥（今湖北省鍾祥市）人。清康熙三十三年（一六九四年）進士，歷官汲縣知縣、河州知州、寧夏府同知、平涼知府、安西兵備道等。後卒於蘭州。

百户二十二寨在州南，二郎原、徐旗、上五、中五、下五、滴水崖、重臺原、江家溝、麻家、蓮花、黄家、馮家、張百户十三寨在州北，巴羊溝在州東南，下川在州西北。

靖遠縣原係衛地，不分里甲。

蘭州府志卷二

地理志下

山　川　古迹　風俗

山

【按】志山川者，多分隸各州縣。然山川有跨連數境者，散繫之則脉絡不明，故變其體。

積石山，在河州西北七十里，《禹貢》「導河積石」，即此。《地理今釋》云：《水經注》謂之唐述山。《水經注》：中多石室，室中若有積卷，因謂之積書巖。巖堂之内，每有神人往還，彼羌目鬼曰唐述，因名爲唐述山。《元和志》：積石山，一名唐述山。其西五十里有積石關，唐置積石軍①於此。《山海經》云，積石山在金城河門關西南境中。杜佑《通典》云，禹施功自積石山而東，今西平郡龍支縣界山是也。【按】唐西平郡，即今西寧府地。案諸家言積石者，多以此爲小積石，别有大積石，去此尚千餘里。其説蓋本於《漢書·西域傳》，謂河源出于闐，北流與葱嶺河合，東注蒲昌海②，潛行地下，南出於積石，爲中國河之文。其實

① 積石軍，古建制名。唐儀鳳二年（六七七年）置，治今青海省貴德縣西。後地入吐蕃，遂廢。北宋大觀二年（一一〇八年）復置。金大定二十二年（一一八二年）升積石州。

② 蒲昌海，又名鹽澤、牢蘭海、泑澤、輔日海、臨海，即今新疆維吾爾自治區若羌縣東北羅布泊，漢唐稱蒲昌海。

禹施功之始，即此積石，更無所謂大積石也。歐陽忞《輿地廣記》云，班固所載張騫窮河源事，乃意度之，非實見蒲昌海與積石通流，其言甚正。蓋河源在吐蕃境，漢時吐蕃未通中國，武帝以于闐山出玉，案古圖書，乃名河所出曰崑崙，後人遂并積石亦失其實耳。至《水經》并云，積石在葱嶺之北，則又失之遠矣。或議杜佑主龍支①之積石，謂因唐置積石軍於澆河故城而誤。考《後漢書·郡國志》隴西郡河關縣，積石山在西南。又《〔後漢書·本紀〕桓帝紀》燒當羌叛，段熲追擊於積石。《注》即《禹貢》導河積石，在鄯州龍支縣南。是河州積石之名，非始於唐矣。蔡氏據杜氏説，釋《經》最當。《通志》②云：上有神禹廟。【按】《通志》亦以此爲小積石。蓋從前説者，皆誤解經文，以積石爲河源，故多曲爲之説。不知《書》言導河積石，乃禹施功之始，非河源所始也。《地理今釋》所辨甚明，故詳録之。

附同知郭朝佐詩

嘗讀大禹書，導河始積石。神功洵巨哉，兩山如削壁。疑是鬼斧鑿，疑是巨靈擘。
余來千載後，山勢猶如昔。烟嵐鬱不開，與天常咫尺。下瞰黄河流，風翻雪浪白。
濤聲如怒雷，奔騰何迅疾。我欲溯其源，星宿杳難即。我欲登崑崙，舉頭惟瞑色。
君不見，此地當年吐谷渾，漢魏以來常反側。而今四海頌昇平，羌戎稽顙烽烟息。

① 龍支，古縣名。西魏廢帝二年（五五三年）改金城縣置，治今青海省民和縣南古鄯鎮，屬金城郡。北周、隋屬枹罕郡，唐屬鄯州（治青唐城），後地入吐蕃。

② 《通志》，即《甘肅通志》五十卷，清許容等纂修，成書於乾隆元年（一七三六年）。

車書一統盡朝宗，此山此水亘西域。

鳥鼠山，在渭源縣西二十里，《禹貢》「導渭自鳥鼠同穴」，即此。《孔傳》：「鳥鼠共爲雌雄，同穴處此山」，故名。《爾雅》：「其鳥曰鵌，其鼠曰鼵。」郭璞《注》：「鵌似鵽而小黄黑色，鼵如人家鼠而短尾。穴入地三四尺，鼠在内鳥在外。」俗呼青雀山，相連五里爲南谷山。《水經注》：渭水出南谷山，在鳥鼠山西北。「《地説》曰：鳥鼠山，同穴之枝幹也。」【按】《水經注》以鳥鼠同穴爲二山名，《蔡氏集傳》亦疑舊説之誕。今詢諸其地，并無鳥鼠共爲雌雄之事，疑酈説爲得其實，或南谷即同穴，以形似而亂耳。唐大中三年，吐蕃落門將論恐熱①遣兵略西鄙，鄯州將尚婢婢遣拓跋懷光擊破之於南谷，即此。上有高城嶺，即分水嶺置關處。漢姜維圍狄道魏將陳泰，度高城嶺潛行，夜至狄道東南高山上，即此。青雀之支爲五竹山，與露骨山相連，盛夏積雪不消，産五色細竹，有巖曰秀峰，相近有銀溝峪。内有三峰。

附明劉崙《鳥鼠山詩》

六月驅車塞外行，洮雲渭水不勝情。晚來更上層樓望，羌笛一聲山月明。

雪山，一名露骨山。在河州西南一百五十里，渭源縣南五十里，接洮州番界。四時積雪，石如露骨。宋熙寧六年，木征據河州，王韶克之，穿露骨山南入洮州，山徑陡峻狹隘，釋馬徒行，即此。又名白石山。《通志》云：《水經注》灕水又東，逕白石山北，即今雪山也。

① 論恐熱，本姓末，名農力，《新唐書》《舊唐書》作「尚恐熱」。

附明州人王竑①詩

寒雪經年積翠微，群峰高弁白雲齊。光連西北崑崙遠，勢接東南泰華低。
古寺幾間蒼蘚合，老松無數野猿啼。深巖落日聞鐘響，知有幽人夜指迷。

又，靖遠縣北一百二十里，亦有雪山，西距黄河，南接分水嶺，松柏叢茂，山勢高峻，亦以積雪不消得名。

馬銜山，俗呼馬寒。在臯蘭縣東南一百里。狄道州北九十里，金縣西南三十里。綿亘數百里，勢極高峻，雖炎夏冰雪不消。《狄道州志》②：山頂俗名空頭山，殆即古之空同云。明郡人雍御史焯③《崆峒積雪詩序》云：漢武帝元鼎五年，雍，祈五畤，遂踰隴，登空同，西臨祖厲河而還。隋煬帝大業間，西征吐谷渾，至狄

① 王竑（一四一三至一四八八年），《明史》有傳。

② 狄道歷代有志六部：宋《鎮洮補遺》一卷，李洪纂，《宋史·藝文志》記載；清康熙《狄道縣志》八卷，李觀我纂，康熙二十六年（一六八七年）寫本和二十七年（一六八八年）刻本；清乾隆《狄道州志稿》十二卷，沈青崖纂，乾隆十年（一七四五年）寫本；清乾隆《狄道州志》十六卷，呼延華國修、吴鎮纂，乾隆二十八年（一七六三年）刻本；清宣統《狄道州續志》十二卷首一卷，聯瑛修、李鏡清纂，宣統元年（一九〇九年）刻本；民國《洮沙縣志》五卷，張慎微等纂，民國三十一年（一九四二年）油印本。此處指清乾隆十六卷本。

③ 雍焯，字暗中，明臨洮府狄道（今甘肅省臨洮縣）雍家巷人。嘉靖十六年（一五三七年）舉人，授武鄉縣（今山西省武鄉縣）教諭。歷官交城（今山西省交城縣）知縣、河津（今山西省河津縣）知縣、貴州道監察御史、巡按山東等。

道登空同，蓋非是山不足以名空同。故杜甫《〔上哥舒翰〕〔送高三十五書記〕》①云：「崆峒小麥熟，且願休王師。」又「崆峒足凱歌」「崆峒使節上青霄」之類，皆應在狄道，非平凉與河南汝州之崆峒也。自隴西屢遭陷没，中國學士、大夫罕履其地，而羌人土語遂有「馬銜」之誤。【按】《一統志》云：空同山，在臨洮府界。《廣輿記》亦云：然則以馬銜爲空同，其説近是。【按】岷州東十里有空同山，注「杜詩」者皆主岷州之空同，而岷州乃古臨洮縣，故明《統志》遂以空同爲在府界。《州志》據雍焯之言，欲以馬銜當之，似屬臆附，惟其言俗有「空頭」之稱，音近相訛理或然者，姑存以備一説。

松山，有大小山，一名米哈山，番人謂肉爲米哈，言此山多禽獸，可資肉食也。在臯蘭縣北二百餘里，靖遠縣東北一百二十里，廣大奥阻。北羌犯凉州、莊浪、中衛等處，必由此山以覘虚實。《天下郡國利病書》：自成祖逐邊人於三受降城②界，河套尚無虜，松山均爲内地。至成化初，孛羅忽等據套，松山盡爲賊有。迄萬曆中，款議既啟，著力兔、宰僧、阿赤兔等盤據松山等處，於是蘭、靖多被荼毒，呼朋引類，搶漢掠番，甫一登高盡窺内地。乙未以後，遣兵深入，追殺搜捕，諸酋知西海不能渡，松山不能守，旋遁沙漠，而松山恢復，

① 原誤刊《上哥舒翰》，勘《送高三十五書記》。高三十五，即詩人高適（族内排行三十五），時爲河西節度使哥舒翰掌書記。
② 「三受降城」，位於河套地區黄河北岸。唐景龍二年（七〇八年）朔方總管張仁願築「西受降」「中受降」和「東受降」三城，以防突厥。「西受降城」在今内蒙古自治區杭錦後旗北烏加河（古黄河）北岸；「中受降城」即今内蒙古自治區包頭市西南敖陶窑村古城；「東受降城」在今内蒙古自治區托克托縣南黄河東岸。張仁願，本名仁亶，華州下邽（今陝西省渭南市東北）人，歷官并州大都督府長史、攝御史大夫、左衛大將軍等。

始又爲中國也。

榆谷，在皋蘭縣西一百里，又在河州西，有大小二谷。漢時，西羌居之，數爲邊患。和帝永元十三年，金城太守侯霸擊破迷唐，榆谷左右無復羌寇。隃麋[①]相曹鳳[②]上言：西戎爲害，前世所患，自建武以來，其犯法者，常從燒當種起。以其居大、小榆谷，土地肥美，又近塞内，諸種易以爲非，難以攻伐，南得鍾存以廣其衆，北阻大河，因以爲固。又有西海魚鹽之利，緣山濱水，以廣田畜，故能彊大。常雄諸種，招誘羌胡，今者衰困，黨援壞沮，親屬離叛，餘勝兵者不過數百，亡逃棲竄，遠依發羌。臣愚以爲宜及此時，建復西海郡縣，規固二榆，廣設屯田，隔塞羌胡交關之路，遏絶狂狡窺欲之源，又殖穀富邊，省委輸之役，國家可以無四方之憂。於是拜鳳爲金城西部都尉。

皋蘭縣之主山曰皋蘭山，在縣南五里，縣所由名也。《水經注》：漢武帝元狩三年，驃騎霍去病出隴西至皋蘭，謂是山之關塞也。《天下郡國利病書》：山有五泉之勝，第童[③]無草木爾，其高數百仞，山下沃野可耕，一望平疇。東至閻王溝約四十里，居民賴之。其東麓爲紅山，土色皆赤。西支則龍尾山也，山後曰夜雨巖、有泉。蛾眉灣。東二十五里曰東岡坡，相傳唐太宗獲褚亮於此。又有平頂峰、石險硤、兩崖懸立，黄河經此入金縣界。

---

① 隃麋，一作榆眉、渝麋，古縣名，因轄内有「隃麋澤」而名。西漢置，屬右扶風，治所在今陝西省千陽縣城東龍王殿村。西晋廢。以産墨著名，後世因以「隃麋」爲墨的代稱。

② 曹鳳，字仲理，敦煌效谷（今甘肅省瓜州縣西）人。孝廉，歷官張掖屬國都尉丞、右扶風隃麋侯相、金城西部都尉，建武中爲北地太守。

③ 第，「但」意；童，「禿」意。

閻王溝山；《縣志》：形勢甚峻，置烽燧接東南堠火。三十五里曰女遮峪。宋李憲與苗授城蘭州，敗夏人於此。南三十里曰天都山；縣人彭澤《溥惠渠記》謂阿干水源出此。宋哲宗時，蘭州録事參軍張叔夜建安西州於天都，今故址猶存。四十里曰阿干山，俗名煤炭山，環山産煤，一縣所賴，其土又宜陶，經火不裂。【按】《通志》及《縣志》[1]俱分阿干與煤炭山爲二，詳其地理實一山也。又有硐砂洞；一百七十里曰嵻峎山。俗名熱薄汗山。晉義熙四年，西秦乞伏熾磐招結諸部築城於此。八年，乞伏公府殺乾歸，奔嵻峎南山，熾磐討殺之。宋元嘉三年，夏將呼盧古敗西秦將曇達於嵻峎，進攻枹罕。東南四十里曰柳溝山，有黄坡，下有瓷窑。八十里曰白石山。下有梁泉，與狄道之白石山異。《狄道州志》謂「誤載蘭州」，非也。西南三里曰華林山；十里曰瓦埠山，其東麓爲古峰山，有林泉之勝，《縣志》：以古峰爲舞袖山麓。脉相連，而特峙者曰第一原；宜藝五穀。二十五里曰黄峪山；三十里有山，亦曰柳溝；四十里曰尖山；通河州路。五十里曰沃干嶺；三國魏正元二年，陳泰救王經於狄道，時凉州軍亦從金城南至沃干坂[2]，即此。晉咸和二年，張駿攻劉曜，曜遣子穎屯狄道，駿遣韓璞度沃干嶺而軍穎，襲敗之。舊《志》：嶺在大夏縣東南，洮水西北，自凉州濟河必度此嶺，乃至狄道。七十里曰捫天嶺；宋元嘉六年，北凉沮渠蒙遜使沮渠奇珍伏兵捫天嶺，執沮渠成〔都〕[3]以歸。一百五十里曰石門山。

---

① 臯蘭歷代修志十二部，其中明修六部散佚，今存清修六部。此處指清乾隆二十卷本。
② 《三國志·魏書》陳泰傳作「阪」。中华書局一九八二年出版。
③ 原刊漏「都」字。沮渠成都，十六國時臨松（今甘肅省肅南裕固族自治縣東南）人。盧水胡，北凉主沮渠蒙遜從弟。蒙遜時，歷金山太守、前將軍。玄始十一年（四二二年），與西秦征北將軍出連虔戰於五澗，兵敗被俘。

《水經注》：灕水東北，經石門口，山高峻絶，對峙如門。《漢書》白石縣注：離水出西塞外，東至枹罕入河。蓋當時此山屬枹罕也。西四十里曰李麻峪；路通甘州。八十里曰八盤山；一百三十里曰琵琶山。險峻曲折如琵琶首，因名。杜佑云：廣武縣有琵琶山，是也。北踰河曰白塔山，明景泰間，太監劉永成建白塔寺於上，因名。俯瞰城中，如列指掌。

附明李文詩

隔水紅塵斷，凌空寶刹幽。龍歸山月曉，鶴唳海天秋。
白塔連雲起，黄河帶雨流。倚欄凝望久，烟樹晚悠悠。

五里曰九州臺。其形峭拔，直上如臺，可以望遠。距永泰城十里曰壽鹿山。《縣志》：崇岡隱天，深林蔽日。故老相傳云：本人迹不到之地，樵人以斧斤入，始見廟宇，不知何代所建，有老僧與白鹿在廟中，歲一出游，至康熙五十年後，踪迹絶矣。土人畫僧鹿於廟壁，因以壽鹿名山。西北三十里曰仁壽山，在安寧堡，堡中人多八九十歲者。康熙十五年，王進寶領兵渡河，有朱某者率鄉人練筏濟之，後百有六歲乃終。百里曰高山。南與狄道州界者，曰摩雲嶺。馬銜支山也，高峻如在雲中。

附明劉憲詩

九月秋初到，千山雪已深。石危妨去馬，林晚怯棲禽。
草没平沙暗，雲涵邃谷陰。誰言邊塞苦，今日屬登臨。

狄道州爲古隴西郡治，説者曰「郡在隴山之西也」，則州東之山，隴坻最著矣。《水經注》：隴水西逕隴坻，其山崖崩落者，聲聞數百里。楊雄稱響若坻穨是也。又有白石山，《漢書注》云「在東」，《通志》據《水經注》亦在州東南，而《州志》以爲州西南一百一十里，豈州郡治所古今更易遂至懸殊？即不然《州志》誤矣。其次可名者，二里曰岳麓山，宋時，建東岳廟於山麓，故名。上有超然臺見「古迹」，臺下爲東巖，形如兩屏，中建層樓，頗幽勝。

附邑人張晉①詩

勝地開金刹，諸天近翠峰。月高秋在塔，雲冷晚留松。
往事存題碣，前朝賸賜鐘。一聲烟外鶴，落盡玉芙蓉。

五里曰伏冰巖，即雪溝。三十里曰木婆峪，八十里曰東峪，《一統志》：宋王韶自東谷徑趨武勝，即此。九十里曰竹牛嶺。《一統志》：宋王韶破番酋於此。東南二十里曰碧井山，一名玉井峰，峰頭有井，澄澈可挹。二十五里曰丁龍谷，今名交龍谷，《文廟碑》云：谷内有元大司徒祁安學田百餘頃。三十里曰通谷，《一統志》：宋熙寧初，嘗於谷内置堡。六十里曰南峪，百里曰十八盤山。《一統志》：古有驛遞通岷州。南十五里曰佛溝山，上有棲霞閣，明潘光祖讀書處。二十七里曰嵐關坪。關口險隘，坪上高敞，延袤可十餘里，有侯和城址。近西爲新道坪，三十五里曰抹邦山，《一統志》：宋熙寧五年，王韶破羌於此。六十里曰鎖林峽、一名史家灣。

① 張晉，字康侯，號戒庵，清陝西狄道（今甘肅省臨洮縣）人。清順治九年（一六五二年）進士，官江南丹徒（今江蘇省鎮江市丹徒區）知縣。工詩，旁通音律。卒年三十餘。著有《張康侯詩草》《琵琶十七變》。

洮水所經，兩崖峭絶，林木蓊鬱若鎖然，故名。翠屏山，七十里贊嘉峪，内有龍湫。八十里爲煤山，明楊繼盛始開，居民賴之。

附楊繼盛①《開煤山記》

臨洮南八十里鎖林峽有煤山二區焉，一在峽之西，一在地竺寺前。先是開者，數爲番民所阻，有司至不能制。予以諫開馬市，謫官狄道，尋欲開之而不敢專也。會庠生張子汝言白於府縣，允之，委省相陳言往董其事，乃番民阻之又如昔。予遂偕揮使李子節，門人李維芳、陳詢、宋誥親往治之。至則先懾之以威，次惠之以賞，由是煤利以開，番民遂服。予不喜煤利之開，而喜番民之服也。遂記之。

又《祭煤山文》

維山有自然之利，而人不知取，山靈其熱中久矣。昔知取矣，未及於民，而復塞山靈，其抱恨久矣。今特祭告復開，使山之利得以利夫民，而遠邇之民得以享山之利。而今而後，山靈其將以自慰耶，亦或復自秘耶，而使利及於無窮，不止於一時已耶。固知山靈之心，必自慰而不自秘，使利及於無窮而不止於一時已也。

又有高石巖。上多古松。西南三十里曰紅道谷、明嘉靖十八年，游擊劉子都與火落赤戰此。巴麻峪、𡾰頭山，似形似名。四十五里曰十公峪，五十里曰珠翠山，一名筆架山。六十里曰常家山、《一統志》：宋元祐二年，

① 楊繼盛（一五一六至一五五五年），《明史》（卷二百十九列傳第九十七）有傳。

羌酋鬼章駐兵於此，爲游師雄所破。舊《志》：上有龍湫，深廣衍爲九曲十八灣。紫松山，八十里曰射姑山，《州志》：漢馬防擊西羌，從事杜篤戰没於此。《通志》作阿姑山。一百五十里曰西傾山，《通志》：或謂即《禹貢》之西傾，非也。蓋隴右諸山多以西傾名。【按】《禹貢》：西傾在今洮州廳地，古之臨洮也。蓮花山。

附明縣人楊行恕詩

天削蓮峰第一臺，芙蓉四面望中開。松圍石磴盤雲上，袖拂天花帶雨來。
呼吸信能通帝座，肝腸頓覺洗塵埃。孤懷耿耿驚蒼鬢，極目千山首重回。

西三里曰西巖，《州志》：上倚寶鼎，下瞰洮流。乾隆二十年，州人移臨川閣於其上。

附州人吴簡默《**西巖寺詩**》

龍象皈依處，悠悠我獨行。斷橋芳草接，高寺碧雲生。
春滿花三里，山空鳥一聲。老僧嫌疥壁，不必浪題名。

五里曰西平山，鄭樵《通志》：唐李晟所封，上有平地百頃。十里曰寶鼎山，形似香爐，其上常有雲氣。滴水巖，三十里曰麝香坡，相近爲夏牟山，《州志》：多産牟麥，上有亥母洞，取西方生水之義。【按】《通志》别有亥母山，謂在州西南四十里。胭脂嶺，下有胭脂川。七十里曰米家山。《州志》：明萬曆十八年，火落赤屯米家山。西北二十里曰卧龍山，山形蜿蜒如卧龍，上有靈湫，禱雨多應。

附明楊繼盛《**游卧龍山寺詩**》

出門已覺精神爽，况復陽回宇宙清。野樹含烟迷寺迴，晴山披雪倚雲明。

五十里曰龜山，亦以形似名，又曰鳳臺山。六十里曰高山，南有飛泉從石腹下，曰水簾洞。八十里曰黎紫山，又有黑石山。北三十里曰故關原，《通志》：魏王經與漢姜維戰於故關不利，即此。相近有太平原，上有平地百頃，可以屯軍。打壁谷，又名柳林溝，東通石井硤。三十五里曰中峰山，一名廟山。四十里曰駒兒山，八十里曰翠微山。《通志》作六十里。東北三里曰墓冢坪，上多古墓。十五里曰高峰坡，二十里曰青重山，七十里曰石井硤，《州志》：多緑石可硯。《通志》作一百二十里，誤。一百二十里曰胡麻嶺。路通安定。與渭源縣界者，東九十里曰分水嶺，南七十里曰木耳山。

渭源縣南二里曰廟坡山，五里曰鍬峪，七十里曰平頂山，昔人避兵於此。九十里曰白樺嶺。路通岷州。西三十里曰慶平山。西北有大來谷。唐開元二年，吐蕃將坌達延寇渭源，屯大來谷，隴右防禦使薛訥與節度使王晙合擊敗之。北五十里曰鳳凰山、以形似名，上有白馬龍池。

附張思敬詩

神龍不可測，於人亦并育。迺以變化姿，盆池寄空谷。
鄉民禮翠微，挹之出山麓。金鼓閧巫覡，野祭紛陸續。
既以旱而迎，復以雹而逐。媟褻歲月頻，徒爲達者忸。

蒸餅山。亦以形稱。東北五里曰七峰山。

金縣東四十里曰鷄爪山。東南十里曰興隆山[1]，林麓聳翠，奇峰插天，一邑勝境。七十里曰車道嶺。接鞏昌府安定縣界。南五里曰廟坡山，二十里曰小龕峽、兩山相對，袤約十里，形勢巉巖，内有黄猴洞。白草原，二十五里曰棲雲山，上有仙人洞，相傳昔秦致通、李致亨二人修煉於此，題詩朱迹尚存。三十里曰駝頂山、以形似名。龕山、宋元豐四年，置塞於上。尖山，與馬銜山相連，内有千佛洞。四十五里曰黄石坪，七十里曰馬尾山。西南十里曰大峽。浩亹、神濟二河自此分流。西北十里曰白虎山，四十里曰猪嘴山，金於此置鎮。又有煤洞。居民利賴。東北五十里曰亂山，綿連踰百里，峰巒參差，亂如列戟，黄河經其中，一名北巒山，俗名百葉山。此縣山之最大者也。

河州東有葵谷，《通志》：晋太和二年，凉張天賜擊叛将李儼於隴西，别将掌據敗儼兵於葵谷，即此。十二里曰鳳凰山，以形似名。五十里曰梨子山。多酸梨。東南有金劍山，《元和志》：在大夏縣西二十里，即《隋志》所謂金鈕山也。四十里曰安遠坡，通驛路。一百六十五里曰當川坡。通臨洮。南十里曰紅山，二十里曰牛脊山，以形似名。五十里曰鷲驄嶺，有御史熊爵坊。六十里曰喬家山，百里曰太峙山。接洮州番界。西百里曰松明巖。林木葱秀，有靈湫，遇旱禱雨於此。西北二里曰萬頃原，一名廣大坡。四望寬平，居民稠密。東西相距八十里，南北相距四十里。昔吐谷渾創居於此，其駐牧里也。原上有原曰重臺原；周圍百里。

[1] 清劉一明《棲雲筆記》：「此山出身雄勇，形勢有力，起伏活動，到頭起頂有如龍興之狀，興雲降雨，亦有興隆之意。若二山分名之，西山既名『棲雲』，東山宜名『興龍』」。

二十里曰石門山，舊鳳林縣。百里曰焦紅嶺，通西寧。一百四十里曰鷄窠山。屹立霄漢。北三十五里曰鳳林山，《水經注》：五巒俱峙。耆彦云：「昔有鳳鳥，飛游〔五峰〕」，故山有斯目。六十里曰冰壺山，九十里曰黑茨嶺，百里曰他剌坪，在黃河外，接莊浪界。二百里曰分水嶺。亦在河外，接西寧界，番部所出没。

靖遠縣東十五里曰紅山，石崖上有法泉，禱雨多應。七十里曰屈吴山，古懷戎堡南，泉多林密，禽獸足資獵取。南接六盤山，西連大白草原，上有顯聖廟，可祈雨。相傳昔屈、吴二姓所居，故名。九十里曰神木山、亦多林泉。乾鹽池、有狼山、條子山。南里許曰腰玉山，山勢嵂屼，每天將明有白氣環繞山半，日出方散，故名。九十里曰清凉山。《衛志》①：即舊祖厲縣地。西南一百二十里曰西亂山、《衛志》：周回五百餘里，昔有龍馬産此上貢，乃以其地賜安定縣民莫氏。烏蘭山。南接崆峒，東連屈吴。唐置烏蘭縣，舊有關。西有度堅山，晋時，乞伏司繁自麥田遷度堅山，後乾歸又自苑川徙都度堅山。義熙七年，置秦興郡治焉。五里曰轉嘴山，自西轉南，上有斥堠。踰平灘堡五里曰金山。上有聖母祠，祈雨有應。西北五里曰紅嘴山。山半有懸崖，左黃河、右祖厲水，交流其下，上置斥堠，眺望河北，實要隘也。北三十里曰妥神山，下多泉源，可以灌溉。百里曰分水嶺，西距黃河，北接雪山，水分南北，素稱天隘。百三十里曰尖山、多林泉，下有三角古城。韋精山。黃河自上垂流數十丈，轉折而東入寧夏界。大廟堡東北曰黑山。東北九十里曰蒯團山，青石崖下有泉，曰渦子水。相傳其地每黎明時，嵐障若城郭，重樓女墻，焕然可觀，日出則没。相接有寶積山。下有泉水，出石炭及鐵，

①《衛志》，即《靖遠衛志》。靖遠歷代修志七種，其中三種散佚，存世四種。此處指清康熙四十八年（一七〇九年）本。

後有大小石溝産金。

川 水利附

黄河，自塞外東北流入歸德堡，今西寧府地。四五日至積石關入河州。《九域志》：州北、州西北至黄河皆四十里。《水經注》：大河又東，逕赤岸北，即河夾岸也。《秦州記》曰：枹罕有河夾岸，廣四十丈。晋義熙中，乞伏於此河上作飛橋，三年乃就。又東北行一日，洮水注之。又一日至蘭州府，過城北，經石險峽，過金縣北，《通志》：距縣城六十里。歷亂山二百餘里，入靖遠縣平灘堡。過城北，《通志》：有堰在城外，唐刺史安敬忠築，以捍河流。又有砥柱石在河中，距城五里，屹立如削，明少卿邢崑田刻「中流砥柱」四字於石。縣河有石湃，舊二百八十丈；新三座，一號、三號各長二十丈，二號長二十三丈，高各一丈五尺，厚各五尺。又護城石岸一道，長五十丈，高厚同。乾隆二十五年，〔詳〕修一次。四十六年，冲没三湃，知縣彭永和於三湃外用條石築成四湃。五十五年冲没一湃。六十年，知縣楊懋德勸諭士民胡天礽等修補，共費工料銀一千三百兩有奇。嘉慶十年、十三年，各湃俱被冲刷，知縣德恒辦運亂石百餘船，暫爲培護。道光十年，又被冲没。十一年，知縣陳之驥捐運大石四百餘船，沿河補護。【按】俗呼堤堰爲湃。又東北流至蘆溝堡，入寧夏府中衛縣界。《水經》：河水又東，過隴西河關縣北，洮水從東南流來注之，又東過金城允吾縣北，又東過榆中縣北，又東過天水北界，又東北過武威媼圍縣東，又東北過天水勇士縣北，又東北過安定北界麥田山。

附侍衛拉錫等《河源奏略》

臣等於〔康熙四十年〕四月初四日自京起程，五月十二日至青海，十四〔日〕至呼呼布拉克。六月初六至星宿海之東，有澤名鄂陵，周二百餘里；鄂陵西有澤名札陵，周三百餘里，二澤相隔三十里。初九日至星宿海，蒙古名鄂敦塔拉，登高山視星宿海之源，水泉萬億不可勝數。周圍群山，蒙古名爲庫爾滚，即崑崙也。南有山名古爾班吐爾哈，西南有山名布胡珠爾黑，西有山名巴爾布哈，北有山名阿克塔因七奇，東北有山名烏蘭柱石。古爾班吐爾哈山下諸泉，西藩國名爲噶爾馬塘。巴爾布哈山下諸泉，名爲噶爾馬春穆朗。阿克塔因七奇山下諸泉，名爲噶爾馬沁尼。三山之泉流出三支河，即古爾班素羅謨也。三河東流入札陵澤，自札陵一支流入鄂陵，自鄂陵出乃黄河也。除此，他山之泉與平地之泉流爲小河者，不可勝數，盡歸黄河東下。臣等自星宿海於六月十一日回程，向東南行二日，登哈爾吉山，見黄河東流至呼呼托羅海山，又南流繞撒除克山之南，又北流至巴爾托羅海山之南。次日至冰山之西，其山最高，雲霧蔽之，蒙古言：此山長三百餘里，有九高峰，自古至今未見冰消，終日雲霧，常雨雪，一月中三四日晴而已。自此回行，十六日至庫車特爾之地，又向南行過僧庫里高嶺，行百餘里至黄河岸，見黄河自巴爾托羅海山，向東北流於歸德堡之北、達喀山之南，從兩山峽中流入蘭州。自京至星宿海共七千六百餘里。寧夏之西有松山，至星宿海，天勢漸低，地勢漸高，人氣閉塞，故多喘息。【按】黄河入塞，實自蘭州府境始，自應詳溯河源以資考核。《元史·地理志》：世多見之，州縣《志》亦有載者。我朝康熙四十三年，遣使尋探尤爲詳晰，中曰鄂敦塔拉者，即《元史》所謂火敦腦兒也；曰鄂陵、札陵者，即《元史》所謂匯二巨澤，名阿刺腦兒也。後先符合，特録原奏，以昭萬代之信云。

黄河經歷郡地凡一州三縣，而其利惟皋蘭受之。《通志》云：縣有夾河灘二：一在西十五里，草木叢雜；一在東十里，可藝五穀。兩灘爲翻車導引灌田，自州人段續始，甚爲民利。又蘇家灘在縣東北四十里，馬蓮灘在縣西南九十里。其次則靖遠縣，《衛志》：水池在北城外。明正統三年，指揮房貴於河南岸置水車，城北濬大池引水注池，汲取甚便。年久水汛遂致衝壞，而崖略猶存。沿河上下亦多製水車，開渠引灌，然觀《衛志》所載，其利止在園圃蔬果耳。

附《皋蘭縣志》

皋蘭無大水利，泉如龍口、蒙惠灌園十餘頃耳，萬眼泉灌田十餘頃，而方家泉止二三頃。溝如水磨灌園二三頃，筍蘿、黄峪、曹家寺兒、西柳、金溝通計灌園二十餘頃巖如、紅泥灌園三四頃，而夜雨纔數十畝。阿干河水差大，自分水嶺西北下至阿干鎮，灌田二十餘頃、園數十畝，又灌水磨溝以南田十餘頃、園五六頃。所餘乃分爲二渠，一由龍尾山麓灌西、南、東負郭園二十餘頃，并城内官園數十畝；一由古峰山麓灌西園二十餘頃。若春夏旱，則涓滴不入二渠矣。外如水岔之水，可灌田二十頃，而金縣用其九。買子堡泉及所分龕谷水，可灌稻田二十頃，而金縣得其七。然則言水利於皋蘭宜莫如黄河者，郡人段續創爲翻車，倒挽河流，以灌田畝，致有巧思。然有力自辦，無力官貸，修補之工，無歲無之。遇旱則水落，而車空懸；遇澇則水漲，而車漂没，必水勢得平，車機乃能無滯。所灌半田半園，通計東西夾河灘及南北兩岸之上僅二百餘頃，而水之及時與否，不可預定，是所濟不普，而利非自然也。又云：古《志》蘭州西五十里，地名石佛灣者，黄河經此，爲北岸石磯所激，其勢南移，而水頗高，開渠導引，自然便利。又，石底可三百步，不虞沙潰土崩，渠水東下，則西柳溝、西古城、鍾家莊、瞿家營、陳官營、高家莊以至袖川上下五十餘里，約計千頃地，皆可得自然之利。成化間，巡撫余子俊，欲爲未果。（宏）〔弘〕治間，撫按委指揮陽義督役開渠，亦廢半塗。陳如稷舊《志》①：州西二十里崔家崖、東二十里水車園，亦有二壩舊址，相其形勢，不若石佛灣之便利。【按】康熙五十一年，驛傳道田呈瑞②捐數千金，開石佛灣渠。乾隆十三年，巡撫黄廷桂修崔家岸渠，上下二十里，皆迄無成功。蓋石佛灣三百步石底之外，即有沙土崩潰之虞，崔家崖亦如之。若甃石爲渠，則所費無算，黄河水利誠未易言於皋蘭也。【按】水利關係民生最爲遠大，牧民者固不可畏難苟安，憚於講求，以致地利湮鬱。然亦有費多利少，輕舉强就，博立事之虚名，而民反以爲厲者，《縣志》所云亦利不百不興之意，故備録之。至河州，雖北繞黄河，因河低岸高，難以引水。乾隆十三年，仿照蘭州水車，借帑製造八輪，旋被水泛無存，復修六輪在案。

渭水，源出渭源縣南谷，至鳥鼠山，过縣城東流，入鞏昌府隴西縣界。至陜西華陰縣，始入於河。《漢書·地理志注》：过郡四，行千八百七十里。

① 清康熙二十五年（一六八六年）劉斗修、陳如稷纂《蘭州志》四卷。
② 田呈瑞（？至一七二〇年），字介璞，汾陽（今山西省汾陽市）人。康熙間，以功擢陜西臨洮道兼理全省驛站事。開蘭州石佛灣渠，歲增粟十萬餘石，民爲其立生祠。驛傳道，明代官名，掌全省驛遞之事。

附後周宇文逌《至渭源诗》

渭源奔鳥穴，輕瀾起客亭。淺淺满澗響，蕩蕩竟川鳴。潘生稱運石，馮子聽波聲。

斜去臨天半，横来對始平。合流應不雜，方知性本清。

洮水，自洮州衛東北流經岷州，流入狄道及河州界。《通志》：河，東屬狄道地，西屬河州地。河州東二十里有囤子溝，洮水支流深數十丈、長二十里，通蘭州路。【按】河州東鄉宏濟橋，於乾隆三年引洮水開渠一道，灌田一萬餘畝。又經狄道州城西北，至皋蘭縣界入於河。《水經注》：洮水又北歷峽，逕偏橋，出夷始梁，右合蕈塏川水。又東北逕龍桑城東，又北會藍川水，又北逕外羌城西，又北逕和博城東，左合和博川水。又北逕安故縣故城西，又北逕降狄道故城西，又北隴水注之。又右合二水，左會大夏川北入河。【按】蕈塏諸川水，今皆不能確指所在，故惟具録《水經注》語而不復標出。又《通志》及《狄道州志》，皆欲以《禹貢》之桓水當洮水。按《經》文言，浮潛逾沔入渭，而後亂於河，則其爲至蜀入西漢水之白水無疑。若洮水入河甚近，安得有如此曲折，而《經》乃載於梁州乎？此好爲傳會者之過。《州志》：洮水舊爲城患。乾隆十一年，知州管孫翼始築堤，歲久漸圮。四十年，知州陳常同州人張鵬等募修石籠。四十七年，知州王寬同州舉人吴鎮等重修大壩以禦水。四十八年，署知州朱純士捐造石籠。三十、五十年，知州田自福添建石籠二十，水患稍息。

洮水之流，雖及於河州、皋蘭，而其利則在狄道。《州志》所載，一曰楊家莊渠，引洮水從潘家磨迆北行二十里，灌地二千畝；一曰邊梁孫三姓新渠，在新添鋪北七里，從金家河迆西北行二十里，灌地三千畝；一曰新渠，在新店子南里許，引洮水從東岸古城石嘴下迆北行二十里，灌地六百餘畝；新渠之西北，舊有渠曰何鄭家渠，從稅家灣迤北行三十里，灌地二百頃；一曰古城渠，在州北八十里，引洮從水泉兒灣迤北行十五里，灌地百頃，皆乾隆二年知縣郭士佺所開。又有田家嘴渠，自秦家河起，越柳林溝迤北行十里，至新添鋪，灌地二千畝，乾隆十八年知州程鵬遠從士民劉維灝等之請所開。又十户渠，自紅石嘴至家沙台止，長三千九百八丈五尺。以上諸水，其流皆仍入於洮。【按】《通志》云：北安家河、李家灣、靈石寺、八哈斯一帶俱開渠灌溉，今《州志》内俱未詳列，至《通志》首載之。洮河新渠，則即《州志》所謂新渠之西北有舊渠者也。

附沈青崖①《上甘撫德中丞②書》

本道因公經過狄道，竊見洮河自南而北可引爲溝洫。詢訪民間，曾於康熙六十年東岸泰石鋪開渠一道，又於雍正十年稅家灣開渠一道，各長十餘里，灌田數十頃，此見在引洮之明驗也。南至新店，有民間自挖渠道而未成者，據士民張居欽等稱，雍正四年，曾經公議開康家崖北首爲堰口，因遇沙石，無力中止。若今補開，約估費五百金，可灌田十七八頃。又南至新添鋪，據士民劉維灝等稱，曾經具呈前狄道令閻煊、臨洮守李綺，欲於王侯溝北爲堰口，引至康［家］崖，可灌田五十餘頃，未蒙批允等語。查得洮河東岸，雖有柳林、好水、結河東，改河池溝、漆家河等泉，以資灌溉，其實所澆不及十分之二三，以致旱田歲收

---

① 沈青崖，字艮思，秀水（治今浙江省嘉興市）人。清雍正十一年（一七三三年）舉人，以西安糧監道管軍需庫務駐肅州，乾隆元年（一七三六年）改授延綏道。著有《寓舟詩集》《狄道州志》等。

② 德中丞，德沛，滿洲人，宗室。清乾隆二年（一七三七年）任甘肅巡撫。

甚少，所以民間自開泰石、稅家兩渠。北有李家灣、水溝門、馬家灣等渠，引用洮水，歷有成效。今若俯從民願，踵開新店、新添鋪二渠，或徑從上流二十里鋪開起，順東口坡直至漆家河之北統開一渠，似於東岸大有裨益。其西岸有西改河，東流入於洮。其南有太子寺，動帑穿渠現行水利。其北有包家嘴、沙溝門、黑石山寨等渠，俱係民間引用洮水。此外或尚有灌溉不到之處，應請飭狄道縣勘報。至東岸之泰石鋪，僅開至泰石墩爲止。其北有小山水溝數道，若作磴槽通至迤北沙坡，尚可加灌旱田數頃。又訪得臨洮府之東南有抹邦河一道，至府南入洮，若議開渠堰，則府之南、北、東三川皆可引灌，其利甚溥。但本道未曾履勘，應請飭查。又沙泥驛之北，舊有大泉湮於康熙末年，至雍正十年，居民疏濬復流，歲餘仍涸，今驗其形迹，似尚可開。又大泉之南百步，沙中津津出水，或泉脉移此亦未可知，已諭令狄道令郭士佺試開稟復。凡此興修事宜，難於創始者，其故有三：一渠道經由之處，近堰數里，水不能到地，先須掘去他人熟地，甚有經由現在澆泉之水地，雖兑償畝段，用價買取其地，户必不甘心。即如泰石鋪民開渠，爲上流阻遏，構訟不休，至雍正元年，始經臬司斷定，立石永禁。是以必須官爲勘定，分别水、旱、荒地，給與本人地價，方爲妥協。一渠身所用之地，除官山、河、灘原無額糧外，其餘民屯、更名地土俱有應納銀糧，若使百姓私攤認賠，科則紊亂，殊多未便，應請勘畝數，永遠豁除。一民間村堡貧富不等，心力不齊，或一時難以攢凑，工費浩煩，以致因循，應請借支公帑，接濟民力。在動工之時，受旱之民，既得藉畚鍤以餬其口，寓賑於工，而開成之後，美利日溥，此亦損上益下之一端也。

州生員劉維灝《廣水利議》

郡南三十里有抹邦河，前此無引灌者。若從南觀坪之上下相地開渠，由唐泉入灌，自玉峰、佛溝山脚大道旁，經郡東郊而北，計可灌地南北約二十里餘郭田千頃。推而廣之，引北川而下，至東峪河，設槽閘十里餘，朱家溝建閘置槽二十里。李閻溝亦然，由扶蘇崖下，經流南北二十里餘，東西六七里不等，灌地百頃，爲利最溥。此抹邦渠之大略也。至皇后渠，始於曹家溝，經七里至新添鋪引灌，南至師家莊，北至好水溝七里餘，東西如之。若夫山水古渠，打壁河源出石峽，一出馬銜山，現灌地二十二頃，尚可引灌三百餘頃，爲六百餘家之利。抑又廣之，北好水溝建槽引至蒿灘地，南北十里，東西三四里，可灌地三十頃，户口五十家。然此渠一開，北流紆迴二十里，惟啟閉有時，庶免泛决，先事綢繆，不可緩也。治此者在疏其下流，使有所委，多開引渠以洩其勢，修築堤岸以防其決。故治抹邦渠者，宜於唐古泉大路一帶，修築疏通，使溝澗暴水不得衝没。新添鋪渠在濬之使深，疏之使流，至伏秋暴漲，仍引其流於洮，而水利行矣。皇后溝、洮渠宜固，打壁水宜復故道，好水、合水等河宜各修原堤，其下流各渠，宜廣增以容之，多引以導之，則洮渠之脉絡通矣。【按】所列諸渠，以後俱各興修，惟抹邦河之利，縣令郭士佺嘗開之，功未成而罷去。故備録兩書於後，以待采擇。

湟水，自西寧大、小榆谷東流，入臯蘭縣境。又東與浩亹河合而入於河。《明［一］統志》：在蘭州西一百八十里。

阿干河源出馬銜山，自分水嶺分爲二派，東入金縣爲浩亹河，【按】此即大峽河，非古入湟之浩亹河也。

此水在金縣界自入河。《通志》：至馬家溝分流夾城，南曰浩亹，北曰神濟，兩河可灌田十餘頃。又分十之三曰官溝，入城灌園圃；分十之一曰新添溝，灌大峽口田地六十餘畝。北入皋蘭縣阿干峪爲阿干河，自峽奔流至縣城北入於河。《通志》：居民多爲水磨，灌地幾百頃，故又謂之水磨溝。

附明陳祥《蘭州衛重修水利記》

天地之利於人者，莫大於水，然必託諸人而後利始大焉。吾蘭古金城郡，密邇北塞，城郭内外軍民屋廬不下萬餘區，北逼黄河，岸峻東西，兩川田畝水不能上下，經寧夏始渠引，以佃以漁，獲大利焉。城西南水自馬寒山經阿干來者，傍城直瀉黄河東去，厥後守土者采衆謀乃於阿干河鑿渠，引水十分之三。一自龍尾山麓，經關王廟，下灌東川田圃，隨渠勢有力者置水磑焉。一自西郭入注東、西、南三面隍塹，以固城垣禦突衝。一自高崖子經古峰寺，下灌西川田圃，居民始獲利矣。成化間，巡撫都憲眉陽余公，以兩川水利微弗能當歲旱，欲仿寧夏漢延、唐來等渠，於黄河上流引水以溉，籌畫已具，會轉佐部回京未果。既而水入西郭者，亦湮塞隍塹，久涸，識者病之。今年秋，總制都憲河間張公行部過蘭、武暇，注意舉廢，遂允蘭州衛之請，循西郭故道而疏通之，復開小渠以利城居者，餘悉由東郭出亦達於川。甫彌月間，而隍塹周滿城郭，溝渠所經，凡官民蔬圃暨藝業者，無不沾其利。然阿干之利固若此，而黄河之利尤大焉。矧吾蘭素業耕牧，而土地莫善於河北，所謂金城沃壤千里者在是，顧以數年邊備弛而虜侵擾，耒耜不敢越河梁，租賦竭産以盈數者非一日，倘後來者勢可爲而時可舉，購求余公之議以成之，吾蘭之利不尤大歟。因并記之以俟。

彭澤《溥惠渠記》

蘭即古金城，爲關西名郡。然土脉高亢，雨澤愆期，每恒暘至夏半，民甚苦焉。北濱大河，自昔無興灌溉之利於東西川者，惟有五泉、筍籮溝、黄峪諸水，然爲利甚少。獨城西南爲阿干河，發源自天都山者爲利頗廣，環郡城之東、西、南、北，爲圃者什九，爲田者什一，幾百頃之灌溉，附郭之居民饔飧飲食，咸仰給焉。然兹水去城西數里間，繞龍尾山之麓爲渠而東者，東、南、北田圃資之；依華林峰之麓爲渠者，迤西田圃資之。東渠多沙礫，西渠多冢穴，水少湧激遂崩壞，而咸洩於河。每歲旱至，有經年不沾勺水之惠者。正德己卯秋，慈利丁侯璿知蘭州，下車即詢民瘼，知此水之利可興也。乃節公費、措材木，爲槽五十餘，將布之東、西二渠，以溥其惠。越明年庚辰秋八月，適巡撫陝西右副都御史安肅鄭公陽撫莅兹土，聞之曰：「是州民少而務繁，恐力弗支，而工未易就也。」乃屬隴右道督文武諸官協力處置工料，爲槽凡百四十有四。肅王世子聞之，令奉承亦給材木以助之。乃以是年九月望日，諸公咸集臨視，置槽於東、西兩渠者九十有二，餘五十有二儲以備用。時旱久，渠洩踰兩月，俄水大至如故，規以次灌溉，群情大慰，咸踴躍騰忭，額手顩天以謝，有焚香酌酒拜跪於渠側者。工既訖，鄭公復檄督之，至今水益充溢，利益廣遠，公家賦税及一方蔬果所需仰給兹水，以爲生者不啻萬口，自國初至今百五十餘年矣。接水而引出於、一二之私家，鑿山以通，不過尋丈之小惠，安能遍及無偏，如此渠之速成而久賴也耶？若夫導大河之水，如寧、靈溉東、西二川，以續此渠於永久，尚有待云。僉屬余爲記并請名，澤曰：即謂之「溥惠」可乎？遂爲之記。

浩亹河，《漢書注》：孟康曰：浩亹音合門。師古曰：浩音誥。亹者，水流峽山，岸深若門也。《詩·大雅》曰：

鳧鷖在亹，亦其義也。今俗呼此水爲閤門河，蓋疾呼之「浩」爲「閤」耳。源出塞外，東流至皋蘭縣界入於湟。【按】《漢書注》云：浩亹水，東至允吾入湟。允吾爲今皋蘭縣地，而漢浩亹縣亦應在皋蘭，故據而係之。然舊《志》云：此河與今不同，恐陵谷變遷，《圖經》所載承舊也。《明［一］統志》：惟載金縣之浩亹河，豈《水經》及《漢志》所載者，今其迹已不可尋耶。附識於此，以俟考。

大夏河，一名「白水河」。源出河州關外，由土門、槐樹、老鴉三關，經州城南五里，東北流入狄道界，入於洮。《州志》：有洩湖峽水從此洩，道旁［卧］石猶存古篆二字，石上有痕，傳爲禹鑿故迹。河州田地俱仰水於大夏。康熙六年，州人自西古城引水至十里屯，三十里開渠灌田無數。四十三年，監督同知郭朝佐、知州王全臣重修并引水入城，居民利便。又舊於西鄉雙城堡開渠一道，灌西川田地；又自下西川開渠二道，灌東川田地；又自南川開渠二道灌田。計三川東西長六十餘里，南北廣一二十里不等，堪稱沃壤。乾隆三年，嘴頭寨又引水開渠一道，灌田二千餘畝。

自西之水大都無不入河者，既條列其大者矣。其餘則河州有灕水、《漢書·地理志》白石下注：灕水出西塞外，東至枹罕入河。《水經注》：導源塞外羌中，出東北，逕榆城東，榆城谿水注之。又東北，逕石門口，皋蘭山水自山左右翼注之。又東，白石川水注之。又東，羅溪注之。又東北，故城川水注之。又東北出峽，北注於河。【按】二説不同，《通志》兩存之，蓋古今水道多不可考者矣。銀川、在州西六十里。宋治平元年，瞎氈二子少曰瞎（吾）〔吴〕叱①，居銀川，有衆數萬内附。乾隆三年，北鄉俺哥城引銀川水開渠一道。樣卑河、在州

① 《宋史》《通鑑續編》爲「瞎吴叱」。

北一百里。大通河、在州東北八十里。剌麻川、在州北六十里，黄河下渡在焉。馬廠溝。在州北九十里。皋蘭縣則有筍蘿溝、在縣西南六里。皋蘭水、在縣西南三里。梁泉、在縣東南白石山下。《水經注》：泉出縣之南山。耆舊言：梁暉字始娥，漢梁冀後。冀誅，入羌。其祖父爲羌所推。土荒民亂，暉出頓此山，爲群羌圍迫，無水，暉以所執榆鞭竪地，以青羊祈山神，泉湧出，榆木成林。其水自縣北流注於河。東柳溝、水自縣东三十里曲柳泉流出。西柳泃、在縣西五十里。金泃、在縣南二十里。黄峪泃、在縣西三十里，出尖山。東川、廣袤二十餘里，沃土平衍可耕。西川廣袤百里，經七里河、水磨溝。皆北入河。金縣則有二十八渡水、在縣東。《水經注》：東北流，溪澗縈曲，途出其中，逕二十八渡，故因名焉。北逕其縣而下注河。清水河、在縣東北三十五里。龕峪河、即小龕峽水，發源馬銜山，北流，灌田可三頃餘。臥龍川、在縣西三十里。金縣川。在縣東南七十里。靖遠縣則有祖厲河、一名苦水河，源出舊祖厲縣南山下，過縣西五里，北逕會寧縣界入河。麥田水、源出麥田城西北，西南流注於河。裴家川。在縣東北一百三十里，自莊浪流入。明嘉靖中，嘗設臺堡相接，以斷北寇。亥剌河。《明史·地理志》：在衛東北，注於大河。【按】《衛志》不載，惟有苑川水，東北過安定北界，未知即此河否？其所入之處，或在郡境之外，舊《志》所未詳者，不敢臆爲之説也。其由洮、渭、湟諸水而後達於河者，别綴於後。

狄道之水皆入於洮，有恒水、在州西南三十里，源出西傾山，《州志》疑即桓水，辨已見前。隴水、在州東。《水經注》：即《山海經》所謂濫水也。昔馬援爲隴西太守六年，爲狄道開渠引水，種秔稻，而郡中樂業，即此水也。西北流，注於洮水。邦一作拜。金川、在州南六十里。《一統志》：宋种誼等擊鬼章，夜渡邦金川，即此。抹邦河、在州南三十里。《州志》：源出黄峴溝，會大小南川、松樹溝水，北流入洮。三岔河、在州西北十里。《通志》：源出河州麻山關及大馬家灘，火石界内合流，經州西北，又東北入洮，即《水經注》所謂洮水右合二水是也。《州志》：東流經野門口，引爲二渠。一爲新渠，乾隆二年，知縣郭士佺開，從杜家嘴迤東北行，經邊家山鑲砌水筒，又經茍家溝、强家溝、巴洋溝凡澗三道，皆用筧槽接引，長二十五里，灌地六千畝。一爲舊渠，從高磨兒迤東北行五里，灌地三十餘頃。小河溝、在州北五里。打璧川、即打壁谷水，源出石井峽。柳林溝、在州北四十里。《州志》：源出石井峽，西流，經白石巖引爲三渠。南曰文何家渠，從大石頭起，迤西南行，長三里，灌地十餘頃。北第一支曰官道渠，迤西北行，長七里，灌地四十餘頃；第二支曰中渠，迤西行五里，灌地三十餘頃。結河川、《州志》：一名合水，源出馬銜山、駒兒山、清水溝，三水會流，西經嘴頭引爲二渠：南曰梁家渠，從黄家磨迤西南行三里，灌地十頃；北曰孫家渠，從茍家莊迤西北行五里，灌地十五頃。巴羊河、州西北五十里。邊家溝、州西北四十里。西改河、州西北五十里。《州志》：源出河州土門關，東流至三甲集，入狄道境引爲二渠。南曰裴家渠，迤東南行五里，灌地三十頃。北曰陳家渠，迤東北行五里，灌地二十頃。改河溝、州北六十里。《州志》：源出馬銜山，西流，經楊柳廟北引爲三渠：南第一支曰陳家渠，迤西南行二里；第二支曰孫家渠，從杜家磨迤西南行三里；北曰康家渠，從杜家廟迤北行三里。灌地各十餘頃。好水溝、州北四十里。《州志》：引爲渠：北第一支曰劉家渠，迤西北行二里，灌地十餘頃；第二支曰楊家渠，從張家寨迤西北行三里，灌地二十餘頃。半頭溝、州北七十里。《州志》：源出馬銜山，引爲三渠：南第一支曰朱家渠，迤西南行二里，灌地二百餘畝；第二支曰漆家河，從桑家磨迤西南行三里，灌地二百畝；北曰郭家渠，迤西北行五里，灌地十餘頃。哈沙溝、州北百一十里。

《州志》：源出包葉溝。乾隆二年，知縣郭士佺開渠，從劉家街迤西南行十五里，灌地二百餘畝。中鋪溝、州北百二十里。《州志》：引爲二渠：南曰李家渠，迤西南行二里，灌地十頃；北曰楊家渠，迤西北行三里，灌地十餘頃。沙泥站渠。見沈書。源出王府莊東南，迤西北行二十里，灌地四百畝，亦郭士佺所開。

渭源縣之水清源河、源出五竹山，經縣東門。鍬峪河在縣南七里。則東北流入渭，東峪河、源出分水嶺，會馬兒藏、南峪水。南川河源出露骨山，有大小二川。則西流入洮，分水嶺之所由名也。

入湟之水有灃水、《通志》：一名澗水。【按】《漢書注》云：澗水出西北塞外，至令居縣西南，入鄭伯津。則似不在今皋蘭縣地，然諸《志》俱合「灃」「澗」爲一水，而係於皋蘭。舊《府志》云：灘、澗二水，今不知所在，恐古有而今湮矣。逆水，《漢書·地理志》注：出參街谷，東至枝陽入湟。《通志》：與灃水俱自莊浪衛流入湟。皆在皋蘭縣西北。《明［一］統志》：灃水在蘭州西一百九十里，逆水在蘭州西二百五十里。

金縣有苑川水、在縣東十五里，源出馬銜山。小龕水、在縣南十五里，源出龕山。連達溝，在縣北十五里。皆東流合於浩亹。

河州有洪水河、在州南二里，頗資灌溉。牛脊河、在州南二十里。廣通河、在州東南六十里，寧河故城東。【按】州南鄉定羌驛東西兩川，於乾隆三年，引廣通河水開渠七道，灌田二萬餘畝。槐樹關河、老鴉關河，俱在州西南六十里。皆合於大夏。

泉源之著及足資灌溉者，皋蘭縣有五眼泉、在皋蘭山麓，匯流成溪，灌溉州南園圃，與阿干河并列。《縣志》：五泉，曰甘露、曰掬月、曰摩子、曰蒙、曰惠。外有瀑布水，東西巖各一。

附明黃諫詩

水繞禪林左右連，蕭蕭古木帶寒烟。共誇城外新蘭若，自是人間小洞天。
僧住上方如罨畫，雨餘下土應豐年。明朝再擬同游賞，竹裏行厨引澗泉。

段堅詩

又向城南覓故蹤，嵯峨宫殿聳晴空。水流東澗來西澗，坐倚南峰對北峰。
千尺松杉欺晚雪，一番桃李媚春風。逢僧借問登高處，笑指雲山有路通。

夜雨泉、自山顛而下，夜深籟静，潺湲如雨聲，其水亦資灌溉，俗名後五泉。

附明肅靖王真淤詩

淡淡籠輕靄，沉沉映落霞。雨餘聲愈急，風勁滴還斜。
秋樹浮殘葉，春山泛落花。翻疑最深處，猶似隱仙家。

紅泥泉、出五泉東側。《縣志》：味勝他水，所灌瓜蔬皆美。甘泉、在縣南三十里峨眉灣。獅跑泉、一名神泉，在縣西五里，遇旱取水，禱雨輒應。萬眼泉、在縣東北三十里，可資灌溉。方家泉、在縣東南，亦資灌溉。北神泉、在九州臺後，遇旱浚之則雨。煖泉、在縣西一里。水岔、縣東南六十里，宜耕牧。曹家溝、縣西二十里崖家崖。寺兒溝。縣西四十里。狄道州有石井泉、在州北一百二十里。玉潤泉、在州東三里，清冷可掬。《州志》作龍泉。唐古泉。《州志》：州南二十五里有渠，源出石崖，其南曰喬家渠，北曰清水渠，（三）〔二〕①渠約灌地二百餘畝，

① 原刊「三」，據文義勘「二」。

惟清水渠入洮。渭源縣有通濟泉、在縣南十五里。息家泉。縣西五里，旱亦不涸。金縣有二温泉、一在縣西十里，一在東十五里。簧眼泉，縣西北六十里。亦有萬眼泉。縣北五十里，灌買子堡稻田。河州有駝岡泉、州南十里。駝罿泉、在州西北四十里，禱雨有應。明指揮徐景建廟。雙泉、在定羌驛太子寺前，澄泓可鑒，居民資飲汲焉。明廖莊有《雙泉觀音堂碑記》。九眼泉、州東十里。《通志》：自土門關口至九眼泉有古渠。明成化癸卯，守備康永編次人户，輪流灌溉，開壩百五十里，灌田千頃，民咸利焉，年久湮廢。隆慶四年，參將張翼、知州聶守中開通上下百十里，兩岸共植木二千本，後渠壩衝圮。萬曆壬寅，知州陳文焯新開長渠，自焦家壩入九眼泉三十里，灌溉如故。漫灣水渠。《通志》：在河州西南。明永樂間，都督劉釗創開。萬曆間，知州陳文焯重修，灌田百餘頃。靖遠縣有法泉、在紅山。楊稍兒水、東二十五里，山澗泉泓數十，引灌園圃。又南三里尕兒泉，又東南五里泖孩水，又東十里磨合水，又東北三十里房家溝、朱家水，皆可灌園。瓦窑水、在（打）〔達〕①剌赤堡南三里，引渠資灌。東泉、在打剌赤堡東二里，泉清冽，灌田數十頃。西泉、在打剌赤堡西一里，注則爲湖，引則灌田。小水、在屈吴山麓，溉田十餘頃。紅柳泉、在北三十里，資灌溉。萬馬泉，一名陡城水。在縣北七十里，灌田百餘頃。至皋蘭之龍池、在瓦埠山後。天池、在保定堡西南谷中，草木暢茂。金龍池、在馬銜山腹，圍十餘丈。甘露池。在縣北一百九十里。河州之東有舊湖、《通志》：廣二里，袤十五里。相傳上古時，州地皆湖，禹疏鑿入於河，始爲陸地，此猶其遺迹也。金龍池，州東六十里。《州志》：長十里，闊里許，深不可測，中多魚鳥，

① 清乾隆《甘肅通志》曰「達」。

四圍高山環之。舊《志》不載，人鮮知者。又有俺哥川、北五十里。胖哥川。東北八十里，俱在黄河外。靖遠縣之捍平川、在縣北七十里，東西長百里，南北長四十里。鎖黄川、《衛志》：在縣北一百五十里，東（北）〔西〕①長三百餘里，南北袤百里。中有鹽池，西有蘆溝、八泉水，東有高泉、香山水。昔時，外寇每乘秋高，自花馬池入此，侵犯内地。會川、《衛志》：在縣南九十里，合關川、紅崖川爲一，故名。亂麻川、東南一百八十里。鳳川、東南一百六十里。打繩川，在打剌赤堡外。【按】以上諸川，舊《志》俱不載其原委，蓋亦捍平、鎖黄之類。則又澤之屬也。

古迹

皋蘭縣

金城舊縣，即今縣治，宋蘭泉縣亦置此。舊《志》云：城北河畔，有石如龜，伏城垣下，故亦謂之石龜城。允吾故城在縣西，漢置爲金城郡治。《通志》：《明［一］統志》謂允吾縣，在蘭州西南五十里，《州志》遂以今之西古城當之。【按】允吾在黄河之北，今屬凉州地，西古城在河南，非其故址也。《方輿紀要》杜佑曰：允吾在廣武西南。一云在今州西南五十里，是也。其在州西北二百里者，則隋時改廣武郡所置之允吾縣，在枝陽

① 原刊「北」，據文義勘「西」。

故縣境，與莊浪衛接界，非漢允吾縣境也。【按】二説不同，未詳孰是。

廣武故城在縣西百二十里。《方輿紀要》云：漢枝陽縣地。西晋末，張实分金城之令居、枝陽二縣，立永登縣，又合三縣置廣武郡，蓋治於此。後魏郡縣俱廢。唐復置廣武縣，後没於吐蕃。

阿干廢縣在縣西南四十里。《九域志》云：元豐六年，置阿干堡。《元統志》云：金大定二十二年，升爲縣。元至元七年，并入州。

石城在縣西北。《水經注》云：河水東逕石城南，謂之石城津。《通志》云：秦梁熙攻凉河會城，降之。蓋在大河與湟水會處，故又名河會城。

西市新城在縣東南七十里。宋時，夏人所置。

大定城在縣北。《通志》云：宋元豐中，與夏人分界處也。明嘉靖中，議邊事者，謂復大定城，可屯礦兵以守河北。蓋其城常爲寇衝云。

瓦川會城在縣西南一百二十里馬銜山。宋時，元昊所築。

王保保城有二，一在東岡坡，一在金城關北。保保即元擴廓帖木兒也。明初，據州時築。

元昊臺在縣西十五里。有級數十重，元昊攻阿干駐兵於此。

肅王府在縣治北。明太祖第十四子楧，初封漢王，洪武二十五年改封肅王，就藩甘州。三十一年[1]，

① 《明史》（卷四十二志第十八）載：「建文元年（一三九九年），肅王府自甘州衛遷此。」

移國於此。今爲總督署，後有拂雲樓，中列二碑，鐫肅世子詩，碑陰血迹各一，大如碗，歷久不滅，相傳明季寇亂府内，二人殉難於此。

山子石在城内東北隅，明肅藩游觀之所，名凝熙園。今爲觀，其假山、巖洞猶存。

蓮花池在縣西五里。明肅藩令瀦神泉水爲之，周五里餘，花木暢茂，魚鼈充牣，爲游賞地。《縣志》：舊有二，一在縣南二里，廢爲園，在縣西者亦毁於明季。國朝巡撫劉斗稍爲築構，總督吴達善更修之。

附明肅王識鋐詩

河堤雨過擁新沙，夏序清和景物賒。野岸垂楊猶落絮，池塘蝌蚪半成蛙。

滄浪白石宜漁父，緑樹青旗有酒家。斷續水風吹玳席，棹歌聲裏日初斜。

候馬亭在縣西北十五里。《水經注》云：漢武帝聞大宛有天馬，遣李廣利伐之，因名。其處曰候馬亭。

望河樓在鎮遠橋北。相傳明肅藩初建於九州臺，後移此。

附明肅王識鋐詩

寥落寒天迥，人家落木間。河流斜抱郭，驛道險臨關。

曲岸侵平野，深嵐失遠山。津樓憑檻立，佇看遠人還。

蕩誼樓在橋南，道光七年建。東爲匯園，十年建。

狄道州

狄道故城在今州治西南。舊《府志》云：有舊土城，俗名番城，在縣南一里許，東、西、北三面與府城壕相連，即故城也。《州志》：《明史稿》謂是。故臨洮城，非狄城。

安故故城在州南。《通志》云：漢武帝元鼎五年，西羌反，攻安故、圍枹罕，蓋與河州境接也。《前凉録》：永昌元年，張茂分安故郡，置定州。宋白曰：安故在蘭州西。《州志》云：縣在隴西郡南四十七里，唐時爲安國鎮，五代周廣順中，自安國鎮至凉州，立三州以控扼諸羌。三州臨、河、蘭也。按此，則《寰宇記》謂安國城在五泉縣西南，《明統志》謂在蘭州西八十里，舊《志》謂在今縣西南一百六十里，皆誤。

武始故城在州北七十里。

武街故城在州東。《州志》云：晋惠帝分隴西，置狄道郡，立武街縣。《水經注》：濫水又西北，經武階城南。「階」即「街」之訛也。

長樂廢縣在州西。《通志》云：或曰即宋康樂寨也。【按】康樂寨在州西三十六里。宋熙寧六年置，金升爲縣。

當川廢縣　《州志》「當」作「黨」。在州西四十里。宋熙寧六年，置當川堡，屬熙州。金升爲縣。元廢。【按】《通志》：尚有水池廢縣，及洮陽城水池縣，北魏所置，爲洪和郡治。而洮陽城，蘇林所謂即洪和城也。《通志》既謂洪和故城，即今之洮州衛治，又復載水池、洮陽於狄道古迹中，殊誤。又《通志》謂「迷和城」在洮州衛東，《寰宇記》訛爲「嗚鶴城」，乃亦與「三足城」俱重見於狄道，皆自相矛盾，而未及厘正者也。《狄道州志》辨之甚當，今皆從其説删去。

吕布城在州西二里，洮水東岸。相傳吕布所築，今遺址尚存。【按】《後漢書》《三國志》吕布傳，布生平未嘗至此地，流俗所傳，不足爲信。

鞏令城在州西南，吐蕃所築。《通志》云：宋熙寧六年，王韶圖武勝，使德順將景思立，分兵自南甲趨鞏令，即此。《舊志》謂鞏令城在府西南一百五十里，或曰南甲在府南三十里。

故關城在州北三十里佛兒崖，今廢址尚存。

臨川閣在州城中。唐天寶初建，下臨清流，爲一郡登臨之勝，久廢。國朝乾隆二十年，州人重建於西巖之上。

附州人吴鎮①詩

天寶鶯花過眼秋，居然飛閣俯清流。雲霾浪打千年久，應待唐人化鶴游。

永寧橋下浪花平，人在長虹背上行。十二松舟雙鐵纜，恨無杯酒祀梁城。

翠绿生烟曉不開，沙堤楊柳管公栽。中間再着桃花樹，便自湖山畫裏來。

老衲忘機晝掩關，群喧銷息耳根間。龍祠隔岸風吹雨，又送殘鐘到暮山。

寶鼎山前古釣磯，鷺鷥終日浴紅衣。郎行只愛隨流水，莫遇桃花便不歸。

① 吴鎮（一七二一至一七九七年），字信辰，一字士安，號松崖，别號松花道人。臨洮（今甘肅省臨洮縣）人。清乾隆三十四年（一七六九年）舉人，歷官陵縣（今山東省德州市陵城區）知縣、沅州府（治今湖南省芷江侗族自治縣）知府。解官歸里後，主講蘭山書院八年。著有《松花庵全集》。

超然臺在岳麓山上，舊名鳳臺，宋熙寧中蔣之奇[1]改名。明嘉靖三十年，楊繼盛建超然書院於上。

西湖在州西南二里，引洮水注之，歲五月五日土人游樂於此。《州志》：有泉數眼，今涸，但名湖灘。

唐碑亭在州城北極觀。《州志》云：有「丙戌哥舒」四字可辨。故相傳爲「哥舒翰紀功碑」，後僅存九十餘字，并此四字皆剥落矣，知州田自福建亭覆之。州人吴鎮集剩字爲《唐雅》六章，碑書八分，甚古。容城楊耐谷證以所藏帖，以爲明皇御筆。

渭源縣

首陽故城在縣東北。

渭源故城在今縣城東北，故址相連，尚存。

渭源堡在縣西北岡上三百步許，宋王韶屯兵遺址尚存。

金縣

龕谷廢縣在縣南二十里。本宋之龕谷寨，金升爲縣，（至）〔正〕大[2]三年，州陷河西，因以龕谷爲金州治所。

定遠廢縣在縣西北三十里。《通志》云：本名李諸坪，宋种誼知蘭州時所築。金升爲縣，元廢爲镇，

---

① 蔣之奇（一〇三一至一一〇四年），《宋史》（卷三百四十三列傳第一百二）有傳。

② 原刊「至大」，據《金史》勘「正大」。「正大」金哀宗完颜守緒年號，共九年（一二二四至一二三一年）。

今爲定遠驛。

勇士廢縣在縣東北。

菀川城在縣東北。《水經注》云：故漢牧菀之地也。羌豪迷吾等萬餘人，到襄武、首陽、平襄、勇士，至此抄菀馬，焚燒亭驛，即此處也。菀川水地爲龍馬之沃土，故馬援請與田户中分以自給也。有東、西二菀城，相去七里，西城即乞伏所都也。《通志》云：《元和志》謂菀城在五泉縣，時未置今縣也。《元一統志》：在蘭州西，誤。【按】「菀」字，諸書多訛作「苑」。

平地城在縣北四十里，唐戍兵所築。《通志》：又有三角城在縣東十里，東古城在縣東二十里，皆唐時築。

河州

枹罕廢縣，即今州治。《通志》：有東古城在州東二里，乃唐舊城。西古城在州西二十里，相傳宋時築。北古城在州北一里，號番城，乃元城。

大夏古城在州東南。《寰宇記》：大夏城西二十里，有金劍城，一名金柳城，前凉曾置金劍縣於此。《方輿紀要》：在州東北八十里。

白石廢縣在州西南。《十三州志》：白石縣在狄道西北二百八十五里。晋廢。惠帝時，張軌復置，改爲永固縣，後入吐谷渾。唐初，改置烏州。天寶初，改爲鳳林縣，《元和志》：東北至州八十里。有鳳林關。《唐書·吐蕃傳》：咸通中，尚延心獻款，高駢收鳳林關。

附唐張籍詩

鳳林關裏水東流，白草黄榆六十秋。諸將皆承主恩澤，無人解道取凉州。

故治城在州西北一百十里，前凉張氏置。又譚郊城，在治城西北，西秦乞伏乾歸置。宋元嘉六年，河西王蒙遜遣子興國攻乞伏暮末於定連，暮末逆擊，擒之於治城，追擊蒙遜至譚郊是也。

定連故城在州東南，或曰後凉吕光所築。宋元嘉六年，河西王蒙遜伐西秦，暮末自枹罕遷保定連，即此。

列渾故城在州西南一百八十里。宋永初二年，西秦乞伏熾磐以乞伏是辰爲西胡校尉，築列渾城於汁羅以鎮之。

臨津廢縣在州西北一百二十里，亦張軌置，後魏省。《水經注》：河水又東，逕臨津城北、白土城南，爲緣河濟渡之處。

武城廢縣在州東，亦前凉置，後爲吐谷渾所廢。

天成故城在州西八十里，唐天寶十三載置於索恭川，又於州西百餘里置雕窠城爲戍守處。

寧河廢縣在州南六十里，本吐蕃所置香子城。宋熙寧七年，置寧河寨；崇寧四年，升爲縣。明初廢，後改和政驛。

定羌故城在州東南一百里，即吐蕃所置阿諾城。宋熙寧七年，王韶克河州，破城改名。元升爲縣，後廢。

安鄉故城在州東北五十里臨河，即吐蕃所置「城橋關」。宋置「安鄉關」，元升爲縣，後廢。

積石廢州在州西，今爲積石關，出關即屬境外。《通志》：西臨大潤，北枕黄河，即隋澆河郡所理。唐儀鳳二年置。入吐蕃，名溪哥城。宋置郡。金復升爲州。明初廢。

附唐高適《從哥舒大夫破洪濟城迴登積石軍七級浮圖詩》

塞口連濁河，轅門對山寺。寧知鞍馬上，獨有登臨事。

七級凌太清，千崖列蒼翠。飄飄方寓目，想像見深意。

高興殊未平，（臨）〔凉〕①風颯然至。拔城陣雲合，轉旆（妖）〔胡〕②星墜。

大將何英靈，官軍動天地。君懷生羽翼，本欲厚騏驥。

款段苦不前，青冥信難致。一歌陽春後，三歎終自愧。

來羌故城在州西北三十里，懷羌故城在西南九十里，俱宋王厚取番地所築，尋俱廢。

講朱城在州西南一百里，本番族所置。《通志》：宋洮西安撫使收復河南一公、错鑿、當標、彤撒、東迎、講朱六城，尋棄之。崇寧二年，再收復。金廢。

歷精城在州西南。《宋史》云：唃廝羅三妻喬氏，有色，居歷精城。舊《志》云：州西南有喬家關，

---

① 原刊「臨」，勘「凉」。

② 原刊「妖」，勘「胡」。

當以喬氏得名，城當在其地。

踏白城在州西北寧川堡，本吐蕃所置。宋熙寧八年，王韶解河州之圍，復還熙州，繞踏白城後，燒賊廬帳，木征來降，即此。

平夷城在州西南四十里。《元和志》：開元三年，郭知運置。

枹罕園在州治後，寬可百畝，明知州蘇志皋所闢。

靖遠縣

會寧廢縣，在縣東北。

祖厲故城①一名馬城。在縣西南一百三十里。

鶉陰故城在縣北。

烏蘭故城在縣西南一百四十里。後周置烏蘭關，唐武德末置縣，後廢。

麥田城在縣東北。

會川城在縣西南百里。宋元符二年建築。金會州陷後，僑治於此。

德威城在縣西南，本名清水河。宋政和六年，童貫遣秦鳳將劉仲武，出會州至清水河，築城屯守而還。賜名德威城，屬秦鳳路。西至黃河四里。

① 清乾隆《甘肅通志》（卷二十二）：「祖厲故城在縣北一百八十里，因祖厲水而名。又爲烏蘭縣，今郭城驛。」

新泉城在縣南四十里。唐大定初，郭元振置新泉軍，屬朔方；天寶中，屬河西節度使。宋爲新泉砦。金廢。

三角城在縣北二十里河北山上，古河西羌人所居，土人每掘地得錢。

附衛人王之陞《監督呂公開田記》

靖虜衛，古西羌地。唐貞觀中，以其地足食，故名「粟州」。厥後俗多尚武，人鮮耕稼，一罹歲祲，百姓嗷嗷，輒爲臨莅者憂。呂公以壬子奉命監督請餉，每憐地瘠民貧，日切艱食之虞。因周覽四境，見河北三角城一帶，平曠堪墾，且引水有渠，灌田有畦，説者謂即漢屯兵故迹。公喟然曰：「此沃壤也。向爲松酋占據，祇供牧樵，今幸恢復歸我版圖，是天之所以哀我窮黎而貽兹永利也，忍棄之耶？」遂上其議於兵憲鄭公轉詳各部院，俱報可。公即履畝相度，凡濬疏菑畬之道，溝洫堤堰之宜，胥躬親指授。首三角城，次蛇灣、寺兒灣，又次古城等處，延袤八九十里盡歸耔耨，至旱地之可耕鑿者，亦无不荒度而疆理之。以甲寅爲始，不二載而開水田二百六十五頃、旱地二千四百十三頃，共計糧四千一百三石有奇，扣充年例，以濟軍餉。夫當錢穀稱乏之時，一舉而紅陳白粲足充廩庾，内可以生養士旅，外可以制馭羌夷，即古營平①金城大略，何多讓焉。且丙辰、丁巳災荒頻仍，安、會以飢死者枕藉相望，獨靖之力穡者，猶多康食。公又出其粟，以佐不給，而靖人胥賴以全活，公之造靖也，蓋千百年一僅見也。陞

① 營平，指漢營平侯趙充國。

等皆力田治地之人，食公之惠，而不能報公之德，安得不立祠奉祀而在在尸祝耶？公名恒，山東人，由舉人歷官斯職云。

静勝堡在縣西南，舊名接應堡。宋政和六年，賜名。

風俗

舊《志》云：民以鞍馬射獵爲事，勁悍而質木。番漢雜處，敬鬼神，畏法令，崇氣節，忌脂韋，板屋、皮服樂與俗同，此一府風俗之大略也。《皋蘭志》云：蘭土柔澤，人多秀逸，好修飾，美服居，嗜草卉諸玩。家營紡織，有南土風。重婚喪，尚墓祭，士勤讀，重氣誼，儀度彬雅，蓋得山川秀氣。自近年以來，凡服飾、宴會，悉尚奢華。《狄道州志》云：洮土勁燥，民多愿慤。尚儉樸，喜耕織，不鶩商賈、技藝。循禮義，安徭役。士質直醇謹，不事曠達，不修華飾，猶有近古之遺焉。《渭源志》云：直樸力農，以勤儉相傚。士多坦率，兼耕讀。《金縣志》云：家習儉素，急公樂輸。士亦愿謹婚姻，輕財喪，尚佛事。《河州志》云：諸番雜處，風俗不純。附城居民，敦忠信，尚恭謹。羌回諸種，舊詭譎健訟，近漸向化。《靖遠志》云：負剛勁，尚氣節，雖身冒矢石，而捍衛牧圉若性生。惟軍民雜處，往往游手不事生業，而士風亦以不振，信巫尚鬼，疾病不事醫藥。近今家塾、黨庠，咸知絃誦，而户口繁增，人心漸薄，嗜利好訟亦與昔年相殊。此各州縣風俗之詳也。大抵蘭屬本皆邊地，自建設會城以來，四方冠蓋相屬，附郭之地，漸染以熟，日趨於文。而狄道爲舊府治，夙多學人，故士風亦尚可觀。其餘不免尚仍邊方舊習，補偏救弊之法，酌奢儉之中而示以禮，同文武之教而範以義。至羌回雜處之地，異教盛行，於因俗制宜之中，寓轉移化導之漸，此固守土者所當加意矣。《狄道州續志》：狄道回民，素稱知禮。華林之變，并無一人與亂者，今且知教子讀書矣。

蘭州府志卷三

建置志

城池　公署　學校書院附　郵驛　津梁　倉儲

有土地則有人民，有人民則有政事。建置者，政事之先務，所以勤民而保土者也，故志地者必次及焉。蘭州自設爲首郡以來，一切規制崇異於前者夥矣，《志》之尤不可略也。今條次如左。

城池

蘭州府城，自隋初築於皋蘭山北少西濱河，宋苗授修之。明洪武十年，指揮同知王得增築。東西長一里二百八十步，南北長一里八十二步，周六里二百步，高三丈五尺，闊二丈六尺，東、西、南池深三丈，北因河爲池；門四，東曰承恩，南曰崇文，西曰永寧，北曰廣源。上各建層樓。宣德間，僉事卜謙、指揮戴旺，自城西北起至東築外郭，凡十四里二百三十一步。正統十二年，又增築承恩門外郭，自東至北七百九十九丈有奇，名曰新關，郭門九。東曰迎恩，東北曰天塹，又東北曰廣武，南曰拱蘭，東南曰通遠，西南曰永康，又西南曰靖安，西曰袖川，北曰天水。(宏)〔弘〕治十年，都指揮梁瑄又築東郭外墻三百六十丈，爲游兵營使居守之，萬曆八年甃以磚石。皇朝康熙六年，巡撫劉斗[1]補修重建城樓。二十四年巡撫葉穆濟[2]、乾隆三年巡撫元展成、二十八年巡撫常鈞[3]，皆加補葺。

皋蘭縣附府。

狄道州城，自宋王韶破羌人，城武勝軍。金、元因之。明洪武三年，指揮孫德增築，周九里三分，高三丈，池深一丈。門四，東曰大通，西曰永寧，南曰建安，北曰鎮遠。俱甃以磚，上建重樓、戍樓九、角樓四，又增築北郭。景泰四年，知府劉昭重修，闢東、西、北三門。隆慶三年，知府申維岱、知縣何常春復修之。國初靖逆侯張勇駐師臨洮，引洮水支流近城，謂之「飲馬河」，其後遂成巨浸，衝嚙西城。乾隆十一年，知州管孫翼奉文修河，復故道，始無水患。二十五年，署州事沈元振、陶國幹補築西城，乃復完善。其外郭東、南、北各長二里，西長百步；關門高三丈，闊二丈五尺。

① 劉斗，字耀薇，直隸清苑（今河北省清苑縣）人。清順治十八年（一六六一年）任甘肅巡撫，康熙九年（一六七〇年）進福建總督。

② 葉穆濟，滿洲人。清康熙二十二年（一六八三年），爲陝西按察使司按察使。雍正五年（一七二七年），升甘肅巡撫。乾隆二十五年（一七六〇年），爲山西巡撫，三十五年（一七七〇年）以病乞休。

③ 常鈞，字石堂，滿洲鑲紅旗人。清雍正八年（一七三〇年）由兵部主事入直，歷官安徽、江西、甘肅、湖北、雲南、湖南巡撫等，乾隆二十七年（一七六二年）任甘肅。

附牛運震①《洮堤紀功碑》

崑崙以東，隴山以西，名川巨浸助黄河爲氣勢者以十數，獨洮爲大。洮源出於大荒吐谷渾之故地，其流渾渾湯湯，經行一千餘里，逾狄道至劉家峽而入河。而狄道之爲城，適當水衝，洮從城西來而走其北，抱城若却月。然舊道出西傾山下，遷而益東，城且倒影其中。每伏秋泛漲，高浪疊湧，彯沙礐石，萬馬砰礚，崩雷動激，城中屋瓦皆震，官吏民人睽睽狂顧，懼將爲魚。或營巢結筏，置嬰兒其上，以待水退。不則相率持香長號，乞靈河伯。盖自康熙三十年间河徙，迄今數十年，洮水之爲狄城患也劇矣哉！乾隆十年，郡守梁公、州牧張公，議濬河故道、築堤防，为保障計，上其狀，撫軍黄公以請於朝。当是時，天子方懷柔河岳，鎮戢邊陲，勤思鞏國安民，以康中外。特遣司空三公會撫軍視邊城完弗完，以次度厥功。及秋登東巖山巡城表，周覽堞垣之體勢，河道遷徙之曲折，復奏如州郡議，得敕「可。」十一年，州牧管公承役督工，乃相乃營，塞新河鑿故河，利水道殺水怒，爲水車以驅水，爲木倉實石其中以囥水，爲小壩以滚水，爲大壩以障水。凡濬河身深五尺引之，而長爲二百六十八丈，闊之爲丈三十四。爲小壩，長六十丈，闊十五分長之一。爲大壩，長丈二十有五，闊加小壩六尺。爲長堤，大壩之南北各一，并長一百八十六丈，闊二丈六尺及六丈有八。凡大小壩長、堤高相参也。凡工材爲銀四千七百六十兩有奇。興工春三月，訖成夏四月。於是洮水去城，根沿

① 牛運震（一七〇六至一七五八年），字階平，號空山，一號卓然，又號真谷，滋陽（今山東省兖州市）人。清雍正十一年（一七三三年）進士，十三年（一七三五年）舉博學鴻詞科。官秦安（今甘肅省秦安縣）、徽縣（今甘肅省徽縣）、平番（今甘肅省永登縣）知縣等。著有《金石圖説》《空山易解》《空山堂春秋傳》《允吾草》《歸田吟》《空山堂集》。

山下，唯唯洑流，若有神靈使之。國中五尺童子，歌舞出樵汲，毋望洋驚也，厥功鉅哉。然是役也，出公家帑與河水争尺寸地，所以爲洮人，洮人歲有洮，洮何堪歲继公帑。今撫軍既以兹工告於天子，復議季修之法，申保固之例，俾官柳梢木樁諸堤料，毋漁諸民。俾民二千七百户，三男子一夫，毋不平於官，所爲洮人廬舍子孫計者，至深且周然。而狄有司不恪，則是有司不愛有民也。洮人不順且敏，則是洮人愛有洮患也。繼自今惟狄有司無忘兹成績，惟狄民人無忘六七十年震駭，苦洮源不歲大，而洮防日益高，其惟狄民永永蒙保艾於國家乎。爰書本末，歸洮人刻此石云。

渭源縣城，創建於宋。土築，周三里三分，高二丈五尺，池深一丈。門二，南曰渭川，北曰清源。上有敵樓。明（宏）〔弘〕治十七年，知縣党茂增築月城。國朝康熙二十五年，知縣張宏斌重修。北有郭，循西，原依王韶故堡，徑三里，周五里，高一丈五尺，東、西門二，乃明嘉靖四十二年建。

金縣城，即宋龕谷寨。城周三里三分，高三丈三尺，池深二丈；門二，南曰安阜，北曰清安。上建層樓。明萬曆四年，知縣劉去僻修筑。國朝康熙二十四年，知縣魏煜如重修外郭，當龕谷山口，門二，南曰永綏，北曰咸寧。亦有層樓。

河州城，秦苻堅時建。元時，逼近北原。明洪武十二年，指揮徐景改築；弘治庚申，都指揮蔣昂重修。周九里三分，高五丈，厚三丈；池深二丈，闊三丈；門四，東曰平秋，西曰定羌，南曰安遠，北曰鎮邊。上各有敵樓。嘉靖間，知州聶守中創修南郭，周三里有奇，門一，亦建重樓。國朝康熙四十四年，知州王全臣重修；乾隆四十六年回變，樓堞俱被殘毁；五十一年，知州德慧奉文動帑補修。

附明學士解縉詩

只道河州天盡頭，誰知更有許多州。八千里外尼巴國，行客經年未得休。
長城只自臨洮起，此去臨洮又數程。秦地山河無積石，至今花樹似咸京。
春風一夜冰橋圻，霹靂聲如北面雷。亦有漁人捕魚者，短歌微送月明回。

總制楊一清詩

四面峰巒鎖翠苔，萬家花柳及春栽。纜横河岸桴爲渡，磨引溪流水自推。
漢將屯田閒虎帳，羌兒交市獻龍媒。便宜有疏憑誰上，聖代邊功久不開。

靖遠縣城，即古會州城址。明正統二年，都司僉事房貴修築。成化十三年，拓東城；嘉靖二十年，守備黄恩築南郭；萬曆六年，兵糧道梁許重修。城周六里三分，高三丈，門三。東曰通化，西曰治平，南曰安遠。北有鎮北樓，池深三丈。南郭周二里半，高與城等。國朝乾隆二十五年，知縣劉杰奉文以工代賑動帑興修。五十一年，知縣胡紹祖、王賜鈞先後捐貲補修。又西五里有西關門，山水冲刷，路斷成川，道光十年知縣陳之驥勸捐修復。

附明侍郎羅汝敬①**《建設靖虜衛記》**

正統三年秋七月，靖虜衛成。先是阿台屢以其衆入犯甘、寧間，復遣輕騎自迭烈遜乘冰渡河，潛窺會寧，

① 羅汝敬（一三七二至一四三九年），名簡，一作肅，以字行，號寅庵，吉水（今江西省吉水縣）人。明永樂二年（一四〇四年）進士。歷官至工部右侍郎。曾兩使安南，督兩浙漕運，經理陝西屯田。著有《寅庵集》。

以圖南寇陜西。鎮守後軍都督府同知鄭公銘、右副都御史陳公鎰，發兵追北之，而諜報不已，爰暨藩方僚佐議，設兵於河上，以遏寇衝。事聞可之，且命牧伯之敏於事者往相地宜，以董其役。於時，僉都司事房貴、參議戴弁、僉事傅吉承命以行，指揮常敬各率其屬以從。至，則以河上地墊且隘，惟古會州乃宋拒元昊之所，披山帶河，其勢險塞，足固金湯之守，以爲國西藩屏，乃按圖卜吉而城之。未幾，而東、西、南三門成，其北樓曰鎮北。既而公署、第宇、倉廪、府庫，以及市井、營舍次第偕作。自經始訖竣事，凡七閱月而就。其城以步計者，二千一百六十有奇。於是扃鐍有禁，鐘鼓有時，士馬精强，部伍整肅，而殘夷聞風遁逃，假息朔漠矣。巡撫陜西右副都御史王公文適按邊儲於河北，以是城控扼要害，實西土休戚所關，宜述建置之由，以垂永觀。乃征文刻之石：夫兵，凶器也，故聖帝明王不得已而用之。阪泉之戰、有苗之征、玁狁之伐，無非爲民而已。今阿台違天逆命，怙惡弗悛，虔劉我編氓，動揺我疆埸，非有以折衝之，其流毒豈不甚於玁狁輩耶？則知是役者，非得已而不已也。昔南仲城朔方詩人咏之，范仲淹城青澗史氏書之，豈有他哉？亦惟攘外寇以安中夏耳。諸君子負不世之才，受聖天子非常之知遇，疆圉攸寄，其所以揚天威、修武備，迅掃妖氛，肅清徼塞，俾關陜人士無斥堠之警，以享太平之盛者，寧不於斯役而卜之。詩曰「無競維人」，予於諸君子深有望於今日也，姑書石以俟。

巡撫馬文升詩

陡絶孤城古會州，邊方設險幾經秋。地連紫塞通西夏，勢扼黄河控上游。
雉堞尚遺前代制，危樓想見舊時籌。巖邊鞏固如磐石，永使羌戎職貢修。

總制楊一清詩

漠漠窮邊路，迢迢一騎塵。四時長見雪，五月未知春。
宵旰求賢意，馳驅報主身。逢時今老大，羞作素餐人。

總督楊守禮詩

黄沙撲面急，烽火覺心摧。萬馬銜雲入，孤臣待月來。
遠紓明主慮，還仗濟時才。碌碌慚無補，壯心未許灰。

公　署

慶祝宫在府城北。乾隆元年，巡撫元展成建。外有坊，内爲正殿五間，南向；東西朝房各九間。恭遇萬壽聖節及冬至、元旦日，爲合省文武百官朝賀之所。逢月朔望，宣講聖諭於大門外。狄道州以廢縣署改建。河州在學宫西，道光六年知州胡秉虔捐建。

總督部堂署在府城中，本明肅藩府。國朝康熙五年，巡撫劉斗自凉州移駐，因以爲署。乾隆二十九年，總督自陝西移駐，遂爲督署。東有經費局，西有筆帖式署二所。

布政使司署在府城鼓樓東堂東。西爲廣積庫大門，内西有照磨及庫大使署。

按察使司署在府城西南。司獄署在城東隅。

蘭州道署在府城南。

學政行署在府城東。每三年一至，按試府屬士子於此，逢武鄉試以爲貢院。

蘭州府署在按察司署東，舊爲錢局。乾隆四年，自臨洮移駐，改建。詳見首卷。堂東、西有庫。經歷署在倉門巷。

臯蘭縣署在府城西南隅。堂旁有庫，外爲典史署。

臯蘭縣丞署在寬溝堡①，即舊參將署，今移駐紅水。

督標中營副將署在縣門街東。都司署在南府街。左營參將署在部門街，守備署在城東北隅。右營參將署在西城外華林山，舊在城東。乾隆四十六年□□，賊衆據山抗拒，事平奏請移駐。守備署在乾溝沿。前營游擊署在廣武門外，守備署在天塹門外。後營游擊、守備署俱在通遠門外暢家巷。

城守營參將署在縣門街東，守備署在倉門巷。

公館在府城東，爲往來使客駐憩之所。

狄道州署在城中，即舊府署。建自元代，歷經修葺。堂東、西有庫。儀門西爲吏目署，即舊府經歷署。

附明知府彭燦《舊府治碑記》

臨洮，乃陝極西北郡，山高而寒，歲止一穫，故厥田惟下，厥民瘠。且西抵歸德，孤懸天末，入崑崙，

①寬溝堡遺址，在今甘肅省景泰縣寺灘鄉寬溝村。

迄青海，南隔露骨一山，即生番族帳。北渡大河出金城，即大、小松山。東北踰靖虜，即賀蘭山，皆羌戎出没衝道。每歲秋防冬狩，兵馬錢粮交馳飛輓，柔寧時切，故郡小而稱劇焉。郡守握符，百責攸萃，僚倅苦於奔走，動經千里。嘉靖癸亥，余來莅此，乙卯冬三入甘肅，再入階、文、徽、成，計居邸纔三閱月耳，守之勞又可知也。昔龔遂之於渤海，虞詡之於武都，王韶之於熙河，皆能成功當時，名列後世。竊謂洮、固，即宋之熙河，而治洮之難，亦漢之渤海、武都也。是故郡吏多賢，明興以來，彬彬盛矣。良守如仁和陸公之勤慎，臨清李公之清謹，代州趙公、潞州李公之廉潔，石州車公之簡直，青州楊公之寛大，南充張公之厚愛，祥符李公之剛直。良倅如掖縣林公以精誠聞，豐城黄公以材幹著，夏縣郭公、洪洞李公、襄城盛公以綜理顯。夫木植之沃壤，則質柔易摧，生之幽谷巖石之間，其性堅實而良工取焉。諸君子之相與以有成也，顧不皆砥礪於洮者哉。丙辰，余繼守是郡，欲登之石，未果。壬戌冬，新守金臺王公由中臺至，首以記請。余深愧弗文，因敘諸君子之宦於洮者，列之貞珉，使洮民知治洮之難，可以勃然思奮然感矣。【按】文内所載守倅諸公之賢，有舊《志》所未及者，故録之，以存其概。

狄道州判署在沙泥驛，即舊驛丞署。

臨洮營都司署在州署後，即古狄道縣署。

渭源縣署在城中近西，明洪武四年建。國朝康熙二十二年，知縣張宏斌重修。堂左有庫，典史署在西。

金縣署在城内正中，即金州舊治，明洪武三年建。國朝康熙九年，知縣王之鯨重修。堂左有庫，儀門内左爲典史署。

河州署在城内，即舊都督府，明成化十三年建。國朝順治五年，□□毁焉，知州陳維新修理。康熙四十二年，知州王全臣重修。堂左有庫，儀門外東爲吏目署。舊在西。乾隆十八年，州判移駐太子寺，乃遷於東，而舊署并入州廨。

州判署舊在太子寺，乾隆四十八年，毁於水。嘉慶六年，州判李昺購買城内循化廳舊署居之。二十五年，詳請立案。

河州鎮總兵署在城内大衙門街。中軍兼左營游擊署在西正街。右營游擊署在前司街。城守營都司署在茶司街。左營守備署在遵化街。右營守備署在倉壕。

靖遠縣署在城内，即舊衛署。國朝雍正三年，裁衛歸廳。八年，復裁廳改縣治，内有庫。典史署在南街。

靖遠協鎮副將署在城内，即舊兵糧道署。都司署在右。

試院在縣署東，本舊倉地。乾隆十九年，知縣陳政捐修，後以地低濕不能貯糧，道光六年縣士公請改爲試士之所。

學校 書院附

蘭州府學在府城東南，本舊州學。元至元五年，知州姚諒建。明萬曆二十九年重修。國朝乾隆三年，改府因爲府學。明倫堂，左爲教授署，右爲訓導署。學生廩四十名，每歲一貢。增四十名歲考，取文武生各二十名。科考取文生二十名。學田仍在。

狄道州本明兵部員外郎楊繼盛謫狄道典史時所置。原額九頃四十畝有奇，征糧一百四十石五斗。今除荒糧外，每歲實征糧一百石七斗七升五合，支給府學廩生、貧士，與狄道州學廩生、貧士均分。廩餼每名歲額銀二兩四錢八分五厘有奇，遇閏共加銀十兩六錢六分六厘六毫，除荒外，止支銀三兩八錢七分八厘有奇，亦於狄道州地丁項下征給。

附明兵備道荊州俊《重修學宫記》

我國家握符闡珍，文治休暢，海内之地，無中外遠邇，咸耀於光明，蓋學校益宏明德之遠也。蘭州雖通邊塞，乃關以西號劇郡才藪。余祇命理臨、鞏兵務，弭節於蘭。至則謁夫子廟，見廟廷學舍，浸浸就圮，私心惻然。夫文教地方首務，即兵食不得而先。遂謀於郡丞馮恂、州牧鄭光祖，捐給厥費。一時肅藩賢宗、蘭大夫士庶咸樂爲助。於是鳩工庀材，卜日興役，崇飾敝陋，恢復湮没。門堂、殿廡、庖廩、齋署，諸列於廟學者，靡弗整齊有次。規址雖故，計若綜繕，十已易其七矣。乃稽厥藏籍，則亡缺過半，余爲求精善者購置，俾慎守之。庶幾哉，經罔殘，教罔弛，已事竣，而王生道成，連中兩試。蘭人以會科寥落久，而一旦得人歸祥新學，余曰：「嘻！有是哉。」蓋觀王生文矣，至符匠氏之卜，則未之知，天下事固有偶相值者歟！且斯役也，經始於己亥三月之望，迄辛丑五月之廿告成。有司爲國家儲育賢才計，亦既殫厥心矣。諸士胡以自謀，余惟學有真修，夫子之道，重乎六籍，諸士業已誦法，顧挾策工詞，博科第，躋華膴，學矣非所以學。惟是兢兢率夫子訓，處則善躬，出則亮節，即榮辱死生，不悖先資，俾澤究於民，報歸於主，可以列太常、右瞽宗，斯乃朝廷養士之效。今日新學之意，一或戾此，以便己私，即三事六列，猶爲毀瓦畫墁之士，當何顔入此門對夫子？是有司修之，士固圮之也，可弗思乎？抑又聞爾鄉先哲道德勛猷，文章風節，後先相望，予不及覩，然諸士耳目，則猶如旦暮，矩矱匪遠也。廟學圮可易，而新士之祓濯振拔，寧獨異是？由鄉哲而上尋，聖緒存乎人耳。時王生出尹華陽矣，他日望見，以此義質之，當以余言爲韙。

蘭山書院在東門外。雍正十三年，巡撫許容即前明紅花園地建，爲甘肅全省士子肄業之所。其規制一切應詳載於《通志》，兹故弗著。

五泉書院在城北慶祝宫右。嘉慶二十四年，布政使屠之申率同府縣各捐廉俸，即皋蘭公廨一所改建，爲蘭州府屬士子肄業之地。合前按察使德捐存千金，及本處紳士所捐共銀六千餘兩，發商生息，以爲每歲延師束脩，及生童薪水之費。講堂後，正院山長居之；兩旁及各小院共四十八間，肄業生童居之；大門内東小院監院居之。

附《條規》

一書院掌教，宜擇品學兼優、專以訓課爲事之舉人、進士。由蘭州府以禮聘請，不得將虚食束脩、不住書院、有學無品之人濫充講席。如有其事，本地紳士當請本府別行延聘。

一書院肄業額數，貢、監、廩、增、附生，正課十五名、附課十名，童生正課十五名、附課二十名，於每年開印後，蘭州府示期扃試，照額録取，餘則列爲外課。官堂課合計三次，連列三等者，正降附，附降外；三次連列一等者，外升附，附升正，遇缺挨次補領膏火。正、附課生童，俱令在院居住，其不住院者，只給半分膏火。外課生童，願否住院聽其自便。每月十二日官課，蘭州府與皋蘭縣輪試，榜示一二三等第，酌捐獎賞；初三、二十三日，山長堂課考取等第，亦交監院榜示，均試以制藝、排律；逢八日則聽山長試以經解、策論、古文詞。

一書院生息本銀，當商五千兩、茶商一千兩，每月一分行息，歲共得銀七百二十兩，遇閏照增。内掌教聘金四兩，端午、中秋節禮各四兩，束脩每月十六兩，薪水每月四兩，自二月開館至十一月底散館，共銀二百十二兩。貢、監、廩、增、附生，正課每名每月膏火一兩二錢，附課八錢；童生正課每名每月一兩，附課六錢，自二月至十一月共銀四百二十兩。監院每歲薪水銀四十兩；學書一名，歲給工食銀十兩，紙筆銀五兩；看院門斗二名，每名歲給銀十兩；府禮房歲給紙筆銀十兩，俱於每月十六日分別送給，共計每歲用銀七百十七兩，遇閏一律支發。餘銀三兩、與内有半給膏火節省之銀，存作每月堂課獎賞，及修補房屋之用。蘭州監院於每年正、七兩月初旬，向茶、當商收取息銀，詳解府庫，按月將應用數目造册，赴府請領支發。蘭州府將支用數目，於每季底造報藩司查核。倘茶、當商拖欠息銀，經手書役扣克侵蝕，致不敷用，許紳士及肄業生童赴各憲衙門控理。

一監院，即在蘭州府、皋蘭縣兩學教官内，揀選一人兼管。肄業生童内，如有嗜酒閑游，不務學業，該監院隨時訓責，其不遵約束者，詳府逐出。至府屬州縣生童，赴院投考，由各州縣教官具文申送。凡非書院肄業者，無論官幕，概不許在院居住，亦不得以書院借作公館。

一每逢鄉試，向例正、附課生員，惟各預支秋季三月膏火，以作盤費。嗣蒙藩司撥款生息，定給正課生員每名盤費銀八兩，卷價銀八錢；其附課生員經合屬禀請，以正課十五名所存三月膏火銀五十四兩，及附課十名膏火銀二十四兩，又由本府捐銀十兩，共計八十八兩，爲附課盤費、卷價，每名亦各得銀八兩八錢。惟前項銀款，須至三年息貲方敷支發。道光十二年補行正科，蒙方藩憲如數捐給。

一前任皋蘭縣王簡捐銀三百兩，發商生息，歲收利銀三十六兩，以給正、附課生童六十名冬季炭資，每年十月、十一月由皋蘭縣移送到院散給，每名每月各領銀三錢。

皋蘭縣學在城内延壽巷。乾隆三年，移府治於蘭州，以州學爲府學。五年，乃創建縣學，即靖逆侯張勇故宅爲之，教諭署在東，訓導署在西。學生廪二十名，二年一貢增二十名，歲考取文武生各十五名，科考取文生十五名。學田原額租糧三十三石八斗五升，除荒外實征糧三十石一斗，每石折銀四錢，歲折收銀十二兩四分，分給廪生、貧士。廪餼每名歲額銀二兩六錢五分四厘一絲，遇閏共加銀五兩三錢三分三厘有奇，除荒外止支銀二兩三錢九分六厘有奇，於地丁項下征收。兩署前鋪房十間，乾隆三十六年置買牟實臧業，歲收租銀爲修學費。

青城書院在一條城，其地界皋蘭、金縣。道光十一年，兩縣紳士捐貲公建，爲其地生童肄業之所。

社學五：一在普照寺西，一在道陞巷，俱康熙七年，巡撫華善①建。一在賢良祠，雍正三年，按察使張适建。一在府學齋房，雍正七年，巡撫許容建。一在南關土地祠。每年於蘭山書院膏火内撥銀八十兩，府、縣兩學鋪租内各增錢八千文，又收市斗租糧一石七斗，分給五學社師束脩。在普照寺西者，今改爲公館。在南關者，并入蘭山書院，社師自覓館舍教讀。乾隆五十年後，又改二處爲回民義學。

興文社，嘉慶十五年，職員龔世禄捐銀壹千兩，同從前各上官捐銀壹千五百兩，俱發當商生息，以爲鄉會試士子資斧。

狄道州學在城東，本舊臨洮府學。元泰定二年，同知都總帥府事祁安建。國朝乾隆三年，改爲州學。左爲學正署，又左爲訓導署。學生廪二十名，三年二貢增二十名，歲考取文武生各十五名，科考取文生十五名。學田見「府學」條下，廪餼每名歲額銀三兩二錢，遇閏共加銀五兩三錢三分三厘三毫，除荒外止支銀一兩九錢三分九厘有奇，於地丁項下征給。

超然書院在岳麓山半，明典史楊繼盛捐建。授徒講學，并鬻所乘馬及妻簪珥，購置學田二千畝。國朝康熙十四年，書院毁於兵。二十五年，督學許孫荃與郡守高錫爵重修，并增齋房四楹。今田歸學宮，惟存講堂古迹而已。乾隆三十四年，知州金光斗重修之。

① 華善（?至一六七六年），姓伊爾根覺羅，滿洲鑲黄旗人。清康熙九年（一六七〇年）任甘肅巡撫。

附按察使胡季堂記

超然書院，有明椒山楊公謫狄道時捐俸所治也。其地距城東里許，舊名超然臺，公建書院於上，即以其名名之，意其地爽塏，學者可以曠觀而游於物之外耶。抑必嚮往前哲，超然特立，而不爲流俗所囿耶。日聚生徒講學其中，又置田若干畝，爲諸生膏火資，洮之士至今賴之。他如開煤窑，引洮水，去浮糧，清積弊，其善政不可謂不多，然在狄道不過期年耳，而所爲乃如是。嘗見古之士大夫，當其搢笏巖廊，未嘗不思樹立，以表見於世，一經摧折，頹然放曠，多怨望悲憤。即幸而起用，率又緘默茍容。以視公之不以升沉榮辱動其心，不以死生禍福易其操，其爲人賢不肖何如也。獨怪當時，既以馬市敗露，嘉公先見而超擢之，使盡納其言，授以國柄，自能以治狄道者治天下，其所樹立當不啻此。奈何言未用而禍至，徒使狄道一區偏受其福，此閭閻士庶所爲流連慨想、欷歔不禁者耳。公去狄道，士民於西門外立祠，以時祀之，嗣患洮水，遷公像於書院講堂之後。公去今幾二百年，縣改爲州，州人猶稱爲「楊夫子」云。嗚呼！公之澤可謂遠矣。己丑夏，金子冲南來牧是地，訪公治績，詣書院，見其傾圮，捐俸修葺，士民咸佽助恐後，不日落成。秋九月，余因公過狄道，聞而深嘉之。夫修書院所以興學也，興學莫要於尊師，金子果能實力董率，延訪名師，爲諸生模楷。毋爲尋章摘句之學，毋爲梯榮媒利之説，俾其績學砥行，瞻公之像，志公之志，學公之學，以聖賢爲必可師，窮則有守，達則有爲，忠臣志士接踵而出，其有益於風教者不更偉歟。予因金子之請，而爲之記。

洮陽書院，舊在州治東忠愍祠内，乾隆間，知州松德、呼延華國先後修建。嘉慶三年，署州縱司燖同州人李尚德等，共捐銀一千五百兩，發商行息。以千兩息貲，爲鄉會試及拔、優貢生朝考資斧；以五百兩息貲，按季支發肄業生童膏火。十年，知州趙宜暄以書院湫隘近市，非誦讀之所，復與李尚德等移建於舊縣署地；又將舊衛署基改设市肆，招商取租，歲收錢二十餘千文，添入膏火。道光五年，知州范伯棠同州人李蔭墀等捐銀一千兩生息，擴充鄉會試資斧。次年，范伯棠又捐錢五百千文，擴充膏火。

社學四處，塘房寺、北關廂、新店子三處社師束脩各銀八兩，沙泥站社師束脩銀四兩。

渭源縣學在縣治東，明洪武四年建。國朝康熙二十一年，知縣張宏斌、訓導張淑孔重修。右爲訓導署。學生廪二十名，二年一貢增二十名，歲考取文武生各八名，科考取文生八名。學田原額十三石四斗八升，除荒外實收租三石九斗八升，又租銀原額二兩八錢，除荒外實征銀一兩九錢，支給廪生、貧士。廪餼每名歲額銀三兩一錢二分二厘有奇，遇閏共加銀五兩三錢三分三厘有奇，除荒外止支銀一兩八錢三分一厘有奇，於地丁項下支給。

書院在北關，嘉慶十四年建。每年師生修費，俱官爲捐給。

社學在關外。

金縣學在縣治西，元至治二年，判官傅夢臣建。訓導署在明倫堂左。學生額數與渭源同。學田一頃七十四畝，征租十石四斗四升，每石折銀一兩，共銀十兩四錢四分，半給廪生，半給貧士。廪餼每名歲額銀二兩九錢七分八厘有奇，遇閏共加銀五兩三錢一分四厘有奇，除荒外止支銀二兩七錢九分八厘有奇，於地丁項下支給。

增秀書院在北郭外，乾隆三十三年，知縣曾鳳翔捐建。

社學在縣治西，康熙九年，知縣王之鯨捐建。後毀於兵。

河州學舊在州治西南，本元人張德載家塾。延佑六年，德載孫文煥捐改儒學。國朝康熙四十五年，知州王全臣因地形湫隘，移建於州治東南。學正署在明倫堂右，訓導於乾隆五十年移設循化廳署，尋廢。學生廩二十八名，三年二貢增二十八名，舊廩、增額俱三十名，各撥二名歸循化廳。歲考取文武生各十二名，科考取文生十二名。學田租糧九十石八合七勺，分給廩生、貧士。知州王全臣又給四十石，分贍學官并資補葺之費。廩餼每名歲額銀二兩八錢，遇閏加銀七兩，除荒外止支銀一兩五錢二分一厘有奇。

鳳林書院在城内，乾隆四十三年，知州周植建。講堂三間，東西齋房共三十間，捐廉千兩，發當商生息。後知州富昇、那靈、阿佘、景奎、潘潔續捐，共六百兩。又舊有地畝，歲收租糧二百一十五石一斗四升九合，俱爲師生束脩、膏火之費，每逢科場，則按士子貧富酌給資斧。舊有大小書院，俱廢。

義學，康熙二十一年，同知劉永祺建三處：大城二，南關一。四十四年，知州王全臣增設十處，今并。道光年間，所新設者凡二十處：城内則文廟東、武廟、大柳樹巷、鎮署門、抬頭巷、西門、正街、倉門巷、遵化街、花園街，城外則南關厢、二處。北原、二處。河灘關，東鄉則鎖南壩、長川里、洪濟橋，南鄉則和政驛、景古城、瞎哥灘。

靖遠縣學在城東南，明正統三年，都指揮房貴始建。歲久傾圮，時有補葺。國朝康熙四十四年，衛人鎮綏將軍潘育龍重建大成殿。四十七年，千總馮家有重修名宦鄉賢祠。乾隆二十八年，知縣姚棻重修兩廡及門坊。教諭署在左，訓導於乾隆三十八年改設昌吉縣署，尋廢。學生廩二十名，二年一貢增二十名，歲考取文生八名、武生十五名，科考取文生八名。學田十頃，歲收租十二石，半給廩生，半給貧士六名。又征銀九十六兩，廩餼每名歲額銀三兩二錢。

培風書院在學西，康熙三十六年，衛守備王三錫建。歲收租糧十五石。嘉慶二十四年重修。

敷文書院在城西門内，乾隆四十五年，知縣彭永和倡捐廉俸暨邑士民醵貲同建。齋舍共五十八間，外建鋪店百餘間，質肆一所，并查出城壕水車地四十七畝半、旱地六段，歲收其入以贍師生束脩、膏火。五十年，知縣王賜鈞捐置東市民房一所，增入租息。道光九年，署知縣羅仲玉又撥入銀二百二十兩。

觀瀾書院在西郭外龍王廟右，道光四年邑人公建。又文昌宫右、邑民白瑄捐建。關帝廟西及惜字宫，各有學舍一所，爲諸生訓讀之地。

舊義學在關帝廟西北，順治九年，衛守備王永清建。

新義學在南關文昌宫後，嘉慶十四年，知縣王保澄建。北鄉永安堡、發餘堡、大蘆塘、哈思吉、斐家堡、西鄉、平灘堡亦各設義學一所。又，舊《志》有社學在譙樓東。

郵驛

皋蘭縣

蘭泉驛[1]在城内，原額及新增馬共一百五匹，夫五十七名半。蘭泉所，牛二十二頭，夫二十二名。

沙井驛在縣西四十里，原額及新增馬共七十五匹，夫四十七名。沙井所，牛十五頭，夫十五名。

蔡河驛在縣北七十里，馬四匹，夫二名。

寬溝驛在縣北三百里，馬十三匹，夫六名半。

三眼井驛在縣北三百七十里，馬十三匹，夫六名半。

白墩子驛在縣北三百九十里，馬十八匹，夫九名。又塘馬二十匹，夫六名。自寬溝驛以下，俱歸紅水縣丞兼管。

狄道州

洮陽驛在城内，馬十二匹，夫十名。

窑店驛在州東五十里，馬十匹，夫十名。

沙泥驛在州北九十里，馬十四匹，夫十二名。

① 清乾隆《甘肅通志》（卷十六）：「東至定遠驛，西至沙井驛，南至摩雲驛，從此驛分。」

摩雲驛在州北一百五十里，馬十四匹，夫十二名。兩驛俱歸沙泥州判兼管。

渭源縣

慶平驛在城内，馬十匹，夫八名。

金縣

定遠驛在縣西北四十里，原額及新增馬共九十匹，夫五十名半。定遠所，牛十五頭，夫十五名。

清水驛在縣東三十里，原額添增馬、夫數俱同。所牛、夫額亦同。

河州

鳳林驛在城内，馬四匹，夫二名半。

和政驛在州北六十里，馬四匹，夫二名。

定羌驛在州北一百三十里，馬四匹，夫二名半。

靖遠縣

古城驛在城内，馬四匹，夫二名半。

鋪司：臯蘭縣三十二名，狄道州五十五名，渭源縣二十一名，金縣四十五名，河州五十名，靖遠縣四名。

津梁

皋蘭縣

鎮遠橋在西北城外黄河上。明洪武五年，宋國公馮勝建於城西七里，以濟師。越四年，移建於縣西十里，名曰「鎮遠」。十八年，又移建於此。用巨舟二十四艘，横亘河上，架以木梁，周以欄楯，上鋪平板。南北兩岸爲鐵柱四，繫鐵纜二，各長一百二十丈。河凍則拆，冰泮復建。今每歲建拆修補，俱歸皋蘭縣經理報銷，木植由洮州廳購運，工料銀兩於蘭州府征收税項内開支。其抽分木税、巡查夫役等事，歸府經歷管理。（宏）〔弘〕治初，馬文升言：「陝西之路可通甘、凉者，惟蘭州浮橋。敵若據此橋，則河西隔絶，餉援難通，則斯橋之關係誠重矣。」

附明徐蘭《鎮遠橋記》

維明既受命，威德遠加，道通西域。蘭州古屬金城郡，距河爲城，河故有津，控扼衝要。洪武五年，宋國公馮勝奉命西征，守禦指揮僉事趙祥，去城西七里許造浮橋以濟師，師還，遂撤弗用。又四年，衛國公鄧愈帥師定地，置西凉、西寧、莊浪諸衛，仍去城西約十里造橋，以通往來、給饋饟，因而弗革，名曰「鎮遠」。然河流悍急，堤壖弗固，咸謂非久遠計。又九年，蘭州衛指揮僉事楊廉，相城西北河水少緩，擬改置橋近且易守，詢諸父老，以爲古之金城關在焉。謀諸同僚，僉以爲允，圖上形勢，陝西都指揮使轉聞，制曰「可」。爰於夏六月鳩工，明年春二月冰解，齋祓率僚屬虔祀於神，協心齊力，某日橋成。士民咸請文以紀成績。

按漢史，趙充國初擊西羌，遣三校啣枚夜渡，即營陣以防衝突，時則橋未造也。逮上方略其一，以爲治橋道，「以制西域，信威千里，從枕席上過師」，是橋之利涉，自古而然今。祇承上命屏翰藩維，乃能以古良將自期，躬督吏士，決意改作。造舟二十有八，常用二十有五，河漲則用其餘以廣之。每舟相去一丈五尺，上流定石鼇如舟之數，舟上加板，欄楯兩旁，以衛行者。橋南、北岸，各樹鐵柱一、木柱六，繫鐵鎖、大繩貫橋，令相屬隨波升降，帖若坦途。橋之南，去城八十步新築小城，延袤數丈，中置門以詰行旅，城上建樓，東偏創公廨凡若干，橋門西偏創祠奉河神。橋之北因山爲城，延袤百餘丈，東、西置門，悉建樓其上，又創漢壽亭侯祠，制度一一，名適其宜。嗟夫！大河汯汯，天險莫逾，舟梁横亘，徑接康衢，棟宇翬飛，照耀丹碧，雉堞環繚，隱約蔽虧，誠邊徼之要津，千古之偉觀也。若斯橋者，其可謂上昭聖天子威德，下以康濟斯人者乎！夫善作者必藉夫善繼，是橋也，歲月滋久，風水撼頓，葺理敝漏，必藉後人繼承之。故爲之紀其始末，庶嗣事者有征焉。

國朝巡撫劉於義《河橋記》

蘭州當兩河孔道，綰東、西來往之襟喉。城北面即枕黄河，車馬輻輳絡繹不絶，咸賴橋以濟河。橋之制，創自明初，編聯二十四舟，東、西兩岸各立二鐵柱，絙以鐵索二，又立木樁，草索夾護貫船平直如弦，隨波高下，縱怒濤濁浪，奔雷捲雪，而人馬通行如履康莊，制甚善也。雍正八年，余奉命來西，其時河橋被衝，經前巡撫許公重建。乾隆初元，余奉恩命攝撫篆，歲六月，大水驟漲，河橋又斷。夫七年之間，兩遭決壞，費財傷人，不可不尋經久之法。及推求其故，蓋有二弊，一曰減舟而惜費，一曰樁敝而不更。考《蘭州志》，有前明衛守備李進《改修河橋記》云：「洪武初，原用二十四舟，後守備苗旺以造舟費大，乃於兩岸甃出埠頭，減去二舟，埠頭水急衝舟，每多損壞，反致重費。正統乙丑，奏請退修埠頭，增造二舟，以復其舊，於是河東水緩，而舟無衝激之虞，恐後之守斯土者，復欲減造舟之費，以蹈其弊，故刊石志之。」夫減去二舟，尚爲不可，況今減去四舟，止用二十舟，是堤岸益出，水益湍急，宜乎屢被損失，勞費不貲，此一事也。又考《臨洮府志》曰：浮橋兩岸，鐵柱凡四，各長二丈。一落河底，鐵盤尚存。今查所在三柱，在東岸者有二，一鎸「洪武五年歲在壬子」，不著官爵，考五年統兵平定河西者，爲宋國公馮勝，此必宋公所建也；一鎸「洪武九年歲次丙辰八月吉日總兵官衛國公建」，此柱於浮橋之南，繫鐵纜一百二十丈，斯衛公鄧愈征西番時所建也。至西岸所存一柱，亦衛公所建，云於橋北，字數與南同，而宋公之一柱已亡矣。夫鐵纜本長一百二十丈，止存七十丈，鐵柱遥遠，既不能繫，遂别立木樁於岸上，又不爲時易新木，則河流震撼，風霜摧蝕，其力幾何？故浮橋之斷，不在索朽，而在樁毁，又一事也。余逐奏明，將兩岸馬頭各減退三丈五尺，仍照洪武原制，用二十四舟，鐵索各增五十丈，繫於鐵柱，以復宋、衛二公之舊。惟西岸所少一柱，用大木代之，約定三年一易，以期堅固。至河橋修費，本監收同知之事，而現例河橋稅銀，儘收儘解，無有贏餘，同知力不能捐賠。查雍正八年所費二千九百餘兩，余乃捐銀一千兩，布政使徐三百，按察使齊二百，臨洮道吴一千餘，則同知馮慶曾設法捐造。至增舟、添索及修岸諸費，請動帑銀，俱蒙聖恩報可。是役興工於六月十六日，竣工於八月初十日。恐後人不知，或惜小費而致大費也，爰敘而鑱之於石。

何錫爵《飭禁河橋諸弊碑》

一每年春夏，打繩芨草俱在積積堡等地并草户王立等名下派取，并不發價，以致苦累民生，嗣後永行禁革。凡需用芨草，官發價銀，照地里遠近公平買備。

一每年需麻一千斤，發銀十二兩與渭源買運，不惟虧短價值，勞民運送，且滋藉派累民之弊，嗣後永行禁革。凡需麻觔，俱發價銀，在蘭市照時值公平買備。

一看船水夫三十名，額設工食銀五十一兩，每名止給銀一兩七錢，不敷食用，致累里下私帮。嗣後挑選勤幹水夫二十名，每名增給銀一兩三錢，足其食用。俾自三月内安橋日起，至十月内河凍日止，晝夜在橋經管，此項增給銀兩，應管橋税官捐給。至此外十名水夫，仍照額設工食給發，惟遇暴水驟漲及安橋之日，令其在橋效力，餘日聽其自便。所有里下私幫之弊，永行禁革。

一遇安橋需用編籠稍條，每年俱在蘭衛官灘、柳溝一帶地方派取運交，殊滋擾累，嗣後永行禁止。無論需用多寡，俱令管橋税官發價買備。

一逦年橋工輙將纜船大小草繩，縮短丈尺，改粗爲細，以舊抵新，并將鐵索不加工錘鍊堅韌，易於脆裂，以致往往被暴水冲斷，嗣後永行嚴禁。如再故違，官役從重參究。

一每年挑泥拉船係鹽場堡、東灘人夫，接運船隻係五關、在城人夫。南北兩岸築修馬頭，需用黄土一千二百車，係五泉、鹽場堡車頭拽運。需用石頭三百車，係龔家灣老人車頭拽運。需用裝籠石頭，係五關老民拽運。需用樺木銷子，係柴溝銷子户供備。俱係累民之事，嗣後永行禁革。凡係夫、車、土、石等物，俱係管橋稅官發銀僱買，不得故違。

西津橋俗名卧橋。在縣西二里，當阿干河口，架木橫空，長十餘丈，高三丈，下無柱，歲久傾圮。嘉慶二年，縣人劉漢獨捐銀三千兩修之。又，一名上橋，在西園西南；一名下橋，在西園西北。

惠遠橋在縣西南三里，西秀橋在縣西十里土門墩，沙井橋在縣西北四十五里，先登橋在縣南五泉，船底岡橋在縣南二十里，橋兒溝橋在縣東四十里。

白石頭渡，在縣東北六十里，舟一。一條城渡，在縣北百一十里，舟一。鍾家河渡，在縣西四十里，舟二。新城河渡，在縣西七十里，舟二。八盤河渡，在縣西八十里，舟一。小寺溝渡，在縣西九十里，舟二。

《縣志》：鍾家河以下四渡，皆漢時古渡。

狄道州

永寧橋在州西洮水上，宋熙寧中州人梁成建，賜名「永通」。明成化十六年，知府張宗器、同知黃琥等重建之，造船十二，兩岸置大柱十二，維以鐵纜、草纜各二，更今名。嘉靖二十六年，知府張鵬翼復修之。國朝康熙十三年，靖逆侯張勇移建城西北五里。乾隆十六年，知州程鵬遠復移建州西二里西巖山下。

附明郡人曹英記

臨洮古西羌地，當雍州之尾。洮河去郡西三里許，其源出自西傾山，經常麓、冒石峽、泛三岔、浮卧龍，演迤衆流而北入黄河。嘗按《圖志》，自秦而東，爲關陝之通衢；自鞏而南，爲巴蜀之咽嗌；自皋蘭而河湟，又西凉之衝要。豈偏州下邑，利害止於一方者可比哉。雖有橋梁之設，而舟纜未具，岸堤未堅，每風雨晦冥，洪流驟漲，則衝潰犇駛蕩然無存。人立沙頭，對面如千里隔，往往濟以舟楫，偶一失御，人畜已葬於魚腹中矣。利害所關，莫此爲甚。去年己亥秋九月，大雨奔潰滋甚，太守張公宗器焦心勞思，府判郭君克振、府推陳君大用、縣尹張君彦明經營措置若不及，僉謂克襄厥事，非貳守黄侯莫可。侯，名琥，字瑩之，江西豐城之巨族也。發身科第，志在經濟，慨然身任其責。意謂禦灾捍患，如拯溺救焚，非建永圖徒勞人耳。遂殫心思，審地形，視水勢，鳩材工。始於岸西，竪木爲柵，土石堅築，以固其址；次於岸東，穿水爲籠，累石貫灰，以高其堤。舊爲梁者，小舟四五，則益之以十二巨艘；舊繫舟者，鐵鎖百尺，則增之以八十餘丈。麻緶、草纜各倍其數，役大而費省，功成而利博。近而耕鑿樵蘇之出入，遠而輪蹄冠蓋之往來，以至軍需之轉輸，商旅之懋遷，隨其所之，如履平地。雖昔杜預建橋於富平津、崔亮建橋於渭水渡不是過也。既成，尚慮夫水潦時，集朝觸暮，嚙久而弗固，每舟更置水夫四人，責其時加葺理，冀其久而無虞。岸之東，竪以坊門，扁曰「永寧橋」。橋北立河神祠。自昔守令歷數百年未能備者，侯兼備於期月之間，視古揆今，其有功德於人也可見矣。噫！侯則有功於洮矣，而洮之人心豈能忘侯哉！橋之成，實成化庚子夏四月望日，太守率僚屬行堤上，爲之樂，與之宴飲，屬筆於英，辭弗獲。遂記之，俾刻石岸左。《州志》：橋梁後止存八舟。乾隆四十四年，知州鄭陳善捐造四舟，以復其舊

宏濟橋在州西北百三十里洞子溝洮水上，爲通皋蘭、河州要道。明萬曆中建，用船十二，長四十餘丈，冬撤春設。今廢，但用舟以渡。

太白橋在州北十里著家溝。道光五年，州人樊正思同寺僧募捐創建。

渭源縣

鍬谷橋在縣東十五里，清源橋在縣南門外，通順橋在縣西十里，永濟橋在縣西四十里，官堡渭橋在縣北五里。

金縣

浩亹橋在縣南郭外，神濟橋在北郭外。

河州

大夏橋在州南三里，共五十六空。水泛漲多衝没，今改立木橋，舊每歲抽木税補修。康熙四十三年，知州王全臣革去木税，每歲官爲修理。

附明王竑詩

長橋一里跨長河，宛若長虹飲碧波。泊岸蒹葭秋未老，歸家旅客暮偏多。
漁翁日晚猶垂釣，關吏時清不枕戈。我亦昔年題柱後，叨承駟馬屢經過。

又，摺橋在州東十里，洩湖橋在州東三十里，俱在大夏河上。《州志》云：兩岸禹鑿石，迹皆尚存。

寧河橋在寧河城下，共二十一空。今廢，歲修木橋。

永濟橋在州西一里。明成化二十二年，守備康永建。

通濟橋在州南門外。康熙八年，監督同知黄綬修理，始建橋名。四十四年，知州王全臣重修。

黄河上渡在州積石關，通西寧路。明設二船，水夫二十名，後廢。下渡在剌麻川、蓮花寨，通莊浪路。明設二船，水夫六名，後亦廢，以牛革、木筏濟。國朝康熙四十五年，知州王全臣於蓮花、哈腦、黑城、潘家四渡口，捐貲各設一舟。

靖遠縣

索橋在縣西黄河上，又烏蘭橋在縣西南。《靖遠衛志》：唐憲宗元和八年，命吐蕃作烏蘭橋於祖厲河。後廢。《方輿紀要》：先是，吐蕃欲作橋，每先貯材於河側，朔方常潛遣人投之於河，終不能成。至是，朔方帥王佖貪吐蕃厚賂之，遂并力成橋。自是朔方禦寇不暇。

倉儲

皋蘭縣

民倉十七間，在縣署内。屯倉二十間，在大佛寺。廳倉十五間，在馬房門。源源倉三十三間，在慶祝宫後，今廢。豐裕倉、咸寧倉、通慶倉各五十間，俱在官園。恒豐倉三十間，在東關。永豐倉三十間，在道門。東鄉倉三十間，在三角鎮。西鄉倉三十間，在積積堡。北鄉倉三十間，在保定堡。原貯常平倉斗糧十萬石，接收府倉常平糧十萬石，社倉糧舊不及百石。道光五年，總督那彦成率同司、道、府、縣共捐粟三千石，暨士民捐輸粟麥雜糧共五千八百三十九石五斗一升，設立義倉，分貯城鄉寺廟、民房，公舉正副義長管理。又紅水縣丞額貯常平倉斗糧二萬石。

狄道州

廣儲倉在州治東北，貯屯糧。預備倉二十四間，在舊縣署西。道署倉四十間，在州治西南。乾隆二年，知縣郭士佺以舊道署改建。舊縣衛倉一百四十八間，在舊縣學後。又新倉六十四間，乾隆十八年，知州程鵬遠創修，額貯常平倉斗糧八萬石，今共貯各項糧十二萬一千二百二十二石八斗五升三勺。又沙泥州判額貯常平倉斗糧二萬石。

渭源縣

倉一百二十間在縣署西，額貯常平倉斗糧三萬八千二百石，今共貯各項糧六萬八千七百八十三石八斗九升一合五勺。又二十間在官堡，貯糧四千七百六十四石二斗八升二合四勺；二十間在大寨堡，貯糧七千四百八十一石九斗七合三勺。

金縣

預備倉在縣署二堂後，額貯常平倉斗糧四萬石。

河州

常平倉在州城，額貯倉斗糧十萬石。又義倉，一在州城，一在定羌驛。道光五年，蘭州道楊翼武、蘭州府桂明各捐糧五十石，知州胡秉虔捐糧百石，并民捐共計糧二千三百七石九斗九升，分貯兩處。

靖遠縣

廣盈倉在縣治西南。舊廒三十九間，乾隆十二年知縣陳政添建三十間，又署東新倉九間，額貯常平倉斗糧六萬石，又貯民捐義糧倉斗三千六百一石五斗。又永安堡大佛寺倉貯官民所捐義糧九百五十八石七斗七升二合九勺。其興靖堡倉二十五間，乾隆二十八年知縣姚棻建，今廢。

蘭州府志卷四

祠祀志 附冢墓

壇廟崇祀，亦建置中事也，曷别乎爾神尊也，守土者所宜加謹，故特著焉。

社稷山川

先師之祭，率土維昭，他惟載在祀典及有功德於斯土者書之，民俗淫祀與佛老之宫概從削，神雖正直而非所當祀，而祀者亦闕焉。其儀節、樂章、器數，郡縣皆同，且國家禮書具在，學者可考而知，故俱弗采録於篇。若夫賢人烈士與王公豪傑冢墓之所在，相與共志其處，過者每低徊感慨，而不能去於入廟思敬之義爲近，故附於後。

社稷壇 蘭州府在南郭，皋蘭縣附府。狄道州在北郭，渭源縣在城西南，金縣在城北，河州在城西北，靖遠縣在城西南。

風雲雷雨山川壇　蘭州府在南郭，皋蘭縣附府。狄道州在城南，渭源縣在城東南，金縣在城南，河州在城東南，靖遠縣在南郭。皋蘭縣又有雷壇在縣西，即金天觀，明肅王建。國朝雍正十三年，以祈雨有驗，巡撫許容奏請敕賜封號匾額。

先農壇　蘭州府在東門外，皋蘭縣附府。狄道州、渭源縣、金縣、河州、靖遠縣俱在東郊。

聖庙　府州縣皆即於其學中，爲大成殿。至聖先師孔子正位南向，四配東西向，東西两序祀十二哲。東廡祀先賢蘧瑗至邵雍三十九人、先儒公羊高至羅钦顺二十三人，西廡祀先賢林放至程頤三十八人、先儒穀梁赤至陸隴其二十三人。道光二年，以明先儒劉宗周從祀。三年，以國朝先儒湯斌從祀。五年，以明先儒吕坤、黄道周從祀。六年，以唐先儒陸贄從祀。八年，以明先儒孫奇逢從祀。

附元人《臨洮府至聖廟碑》

祀與戎皆國大政，而祀先於戎，况文廟者教化之源，其禮尤勝於社稷百神也。中大夫同知鞏昌等處都總帥府事祁公，臨洮大家也，自祖及父皆以征蜀之功世守此邑，文治寖興而府學不修，是用欿然，乃以家貲作新祠宇，爲孔子及四配先哲之像、七十子與古名儒皆圖於兩廡之下。凡爲屋若干，用中統鈔①七萬餘貫，又給田廬以贍其學徒。荒徼之外，弓馬之民，漸染美俗，承風而化，因拔其俊良教而育之。夫爲治以風教爲本，

---

①「中統鈔」，即「中統元寶交鈔」。元紙幣，元中統元年（一二六〇年）始印行。鈔面分一十文、二十文、三十文、五十文、一百文、二百文、三百文、五百文、一貫文省、二貫文省十種。以銀爲本，「中統鈔」兩貫同白銀一兩。「中統鈔」初行時，用木版印刷，自至元十三年（一二七六年）起改用銅版。

公以將帥之家崇尚斯文，綽然古君子之風。用刻之石，以俟後人。【按】此文闕作者名氏，而詞意簡要無枝葉，故特録之。

崇聖祠 皆在學東。祀先師以上五代先賢四人，配先儒五人，從祀兩廡。

名宦祠 皆在學宫戟門左。

鄉賢祠 皆在戟門右。

忠孝祠 皆在學宫内，惟渭源縣在縣治東。

節義祠 蘭州府及皋蘭縣、靖遠縣皆在學宫内，狄道州、金縣在學宫外，渭源縣在縣治東，河州在城東。

文昌祠 蘭州府在府學内，祠下藏明肅王重刻《淳化閣帖》①石一百四十一方，趙子昂《千字文帖》石六方。狄道州在舊縣治，嘉慶十年，知州趙宜暄同州人改建。渭源縣在城北，金縣在城西隅，河州在州署南，靖遠縣在東郭外。

河神廟 皋蘭縣在西北城外黄河南岸，河州在積石關外，雍正八年敕建。靖遠縣在北城外河岸。

① 《淳化閣帖》肅王府遵訓閣本，簡稱「肅府本」。明初，肅莊王朱瑛受封於甘肅，太祖朱元璋賜以宋拓《淳化閣帖》。萬曆四十三年（一六一五年），尚書張鳴鶴得舊本《閣帖》，請肅憲王朱紳堯賜帖校讎。肅憲王命姑蘇温如玉（伯堅）、張應召（用之）雙鈎賜張鳴鶴，并鐫石藩府。鐫石未竟而憲王薨，世子朱識鋐卒業於天啟元年（一六二一年）六月，用時七年。

恭録世宗憲皇帝敕賜《河神廟碑文》 雍正十年

四瀆[1]之中河爲大。自星宿發源，經行數千里而入中國，亘絡坤維，澤潤九宇，方望之祭，三代以來尚矣。我國家敬共明神，欽崇祀事，精禋昭格，靈貺丕彰。南北隄工，安瀾底績，漕艘利濟，輸輓以時。抑且引河自汕，於中泓沮洳，悉淤爲沃壤。澄清千里，經歷三旬，上瑞光昭，鴻庥屢著。兖、豫、江、淮之境，各建廟宇，春秋展祀，尊崇令典，視前代爲加虔，顧河源所自廟貌闕焉，於禮未稱。朕念崑崙遠在荒徼，命使不能時至，而《禹貢》有「導河積石」之文，考其地在今西寧、河州境内，黄河流入中國自此始，則建廟以祀河源之神，實惟兹地爲宜。乃命禮官詳義，敕甘肅撫臣於河州相度善地，恭建新廟，高門廣殿，肅穆閎深，發帑鳩工，專官董役。雍正九年冬十月告成，朕親灑宸翰，賜額曰「福祐安瀾」。先是諭旨甫頒，經營伊始，雍正八年六月之望，河州有慶雲捧日之瑞，自午至申萬衆瞻仰。七月五日，臨洮道臣相地積石關外，見河流澄澈，上下百有餘里，徹底瑩潔，凡三晝夜。同時入告，共嘉慶祥。朕惟河岳山川均爲造化之功，用而潤澤廣遠，利賴溥被，惟河最靈，河神之福國祐民，歷有明驗。今兹立廟之地，顯著休征，益以知天心降鑒，感則必通，神德昭明，誠無不格。爰志建廟歲月，揭諸貞珉，兼紀明神顯應之迹，垂示永久，以昭朕夙夜懋勉，恭承天眷，敬迓神庥之至意云。

[1] 四瀆，古代以江、河、濟、淮爲四瀆。

渭水神廟　在渭源縣城西。

洮水神廟　在狄道州西二里。乾隆四十九年，州人重修，旁建秋水閣、曉風樓。

附州人李尚德《秋水閣詩》

高閣面洮流，憑虚結構雅。登臨覽萬象，秋色正瀟灑。
山古排丹屏，雲晴横緑野。況復鯉魚風，泠然來柳下。
詩翁吴沅州，東海當酒斝。秋水名兹閣，蒙莊意如寫。
百川漲兩岸，不可辨牛馬。河伯每自多，誰爲望洋者。

《曉風樓詩》

既上秋水閣，復登曉風樓。樓當楊柳岸，葉葉風颼颼。
此景亦常有，所愛臨清流。西山多爽氣，風落闌干頭。
荇藻跳紫鱗，烟波翻白鷗。余亦偕諸友，題詩共倡酬。
酒醒懷柳七，斯人已荒邱。誰爲殘月句，復使女郎謳。

王者蘭《曉風樓歌》

曉風樓上殘月裏，浪花飛濺窗櫺紙。絲絲古柳翠參天，無數游人朝憩此。
昨夜金飈送早凉，水光澄澈山光紫。不知詞客幾登樓，但見西傾送流水。
洮河北去水悠悠，隴樹秦雲秋萬里。女郎莫唱雨淋鈴，楊柳岸邊風色起。

田錫齡《曉風樓詩》

幽谷光初顯，高樓望不窮。客來城市外，僧梵水雲中。數點蓼花雨，幾絲楊葉風。屯田今已往，殘月尚横空。

禹王廟　渭源縣在城西。河州在積石關外，歲久傾圮，回民耕其宇下。康熙四十五年，知州王全臣卜地更建，後又建於州南門外。

伯夷叔齊廟　在渭源縣城東三里。【按】渭源在漢魏時，本名首陽縣，則其地宜有「夷齊廟」①矣。

關帝廟　皋蘭縣在橋門外，狄道州在岳麓山，渭源縣在城東，金縣在城北，河州在城西，靖遠縣在縣治南。

城隍廟　蘭州府在縣治東北，皋蘭縣附府。狄道州在州治北，渭源縣在縣治東，金縣在縣治西，河州在城北，靖遠縣在縣治西。

附明彭澤《城隍廟辨》

城，即築土之高者；隍，即濬土之深者，《易》所謂「城復于隍」是已，而神則捍外衛内之靈也。故其神如天地、山川、社稷、風雨之神，非如聖帝、明王、孔子及忠臣烈士之神有人以主之也。國朝祀典，春秋

---

① 商末國君有二子伯夷、叔齊，遜讓君位，奔周，路遇武王伐紂，叩馬進諫。商亡，兩人不進周粟，隱首陽山，采薇而食，餓殍於此，後人立廟祭祀。

之祭城隍與社稷、山川之神，皆以木主并享，豈獨城隍主以人鬼，有貌像、有生辰，而社稷等神悉無哉。如吾蘭以漢紀將軍信爲城隍之神，紀將軍人也，故有貌像、生辰耳。紀將軍爲城隍之神矣，而城隍又爲何神哉？且城隍之貌像，巍乎其高，汙乎其深者是已。城隍之生辰，築城濬隍之日是已，豈可以紀將軍之像貌、生辰當之耶。此必衰世惑於異端者流，以皇天、后土、岳瀆、風雨之神，悉加妄號，且以爲主宰輪迴等事，而繪塑於其祠，以故城隍之神亦生辰、像貌之耳。我太祖高皇帝制定祀典，超卓前代，以衰世所加淫名僭號悉加革去，如城隍止曰某府、某州、某縣城隍之神，未聞有何人爲主之稱，第偶未思及，革去廟像，而木主是用耳。縱使紀將軍功烈，爲後世仰慕而欲祀之，當別建一祠於其鄉與其著忠節處，題曰：「漢忠臣紀將軍之廟」，非天下通祀也，況可爲蘭州城隍之神哉？以誑楚一事觀之，其精忠偉節、英風正氣凛不可犯，亨小民淫祀以敬，忽爲禍福，是乃猾吏賤卒之所爲，而謂紀將軍爲之哉？誠使紀將軍主城隍之神，亦惟州大夫可祭，豈應民間婦人女子瀆之哉。舉俗以爲盛事，而明達士夫亦爲所惑而不覺，悖禮亂常，而紊事神之典，莫此爲甚。主禮者所當究心也，故不得不辨。

火神廟　皋蘭縣在城東北，狄道州在城南。

龍神廟　皋蘭縣在橋門外，狄道州在城北二里，金縣在城北，靖遠縣在東郭外。

八蜡廟①　皋蘭縣在古峰山華林寺西，狄道州在城南二里，渭源縣在城北，金縣在城南，靖遠縣在

①「八蜡」古時祭祀名稱。《禮記·郊特牲》：「八蜡以祀四方。」鄭玄《注》：「四方，方有祭也，蜡有八者：先嗇一也，司嗇二也，農三也，郵表畷（茅棚、地頭、井）四也，貓虎五也，坊六也，水庸七也，昆蟲八也」。

西郭外。

三將軍廟　在皋蘭縣東郭外。舊在皋蘭山下，明嘉靖元年移建。祀漢冠軍侯霍去病、營平侯趙充國、護羌校尉鄧訓。

寧河王廟　在河州和政驛北，祀明衛國公鄧愈。萬曆庚寅，兵備道郭宗賢建。

忠愍公祠　在狄道州超然書院内，祀明兵部武選司員外郎、贈太常少卿楊繼盛。國朝雍正十一年，奉文修理，春秋致祭。乾隆二十二年，知州松德捐置學田，分其租之半，以供祠費；吏目王洙於祠旁種楊柳百餘株。又在州治東者，爲雍正四年知府李如璐建，嘉慶十年，知州趙宜暄與洮陽書院俱移建於舊縣署祠地，即舊典史署忠愍之故居也。

附明縣人張萬紀《超然臺有懷詩》

登臨岌業郡之東，疊巘長河簇望同。抗疏客來龍閣念，傳經人去鳳臺空。
猶憐澗水春殘緑，依舊巖花霽後紅。遅竚新祠生百感，孤臣無地學冥鴻。

副使李維楨《謁祠詩》

焚罷金爐一縷香，靈風颯颯樹蒼蒼。我來五月猶寒色，何怪燕山晝霄霜。
誰道龍鱗不可攀，竄身萬里得生還。屬鏤不是君王意，一片浮雲在日間。
氣吐白虹貫日光，城狐何物敢深藏。先皇手自提三尺，爲爾當年請尚方。
漢廷新詔下輪臺，祠額封章次第來。遥想鼎湖龍馭日，忠魂擁衛帝顔開。

二十年前燕市旁，傷君三木淚成行。如今更到投荒處，多少含愁欲斷腸。
逐客談經且自娱，千年廟貌此山隅。行人曾上袁州路，三窟荆懷兔已無。

總兵劉三省詩

尚方請劍史猶青，燕市風霜血尚腥。一代忠臣惟涕淚，千年王業在朝廷。
疏威日月回天象，歌到龍蛇隕歲星。易水即今寒不返，西風回首羡鴻冥。

國朝縣人張晋詩

員外祠堂在，鵲聲春草香。千秋人正色，半夜月生光。
逐客秦川月，孤臣燕市霜。古今逢比意，天地總淒涼。

安定知縣许珌詩

都官祠廟枕山隅，百二雄圖望裏殊。紫塞黄河秦逐客，竹簍木敌漢通儒。
馬行古郡逢寒食，人坐春風想舞雩。瞻拜闗西後夫子，空林寂寂有啼烏。
孤臣黜吏事無同，直職清名論自公。且使鬼神疏賈谊，翻令道學倡王通。
孤從感慨古今外，正氣鬚眉天地中。却笑分宜嚴相國，枉將賄賂混邊功。

縣人亢英材詩

武始城西日欲斜，北平遷客赴天涯。已留諫草光青史，更有傳經付绛紗。
千里鷹鸇空鍛翅，九闗虎豹尚磨牙。於今岳麓山頭月，古樹年年啼亂鴉。

知州楊芳燦詩

老屋談經處，窮荒謫宦人。風霆千古淚，桃李一臺春。直道原無枉，名儒信有真。
精思通律呂，碩學蘊經綸。正色寒奸魄，危言犯逆鱗。封章泣涕上，邊事慨慷陳。
賈誼雖才子，朱雲信小臣。始聞收杜衆，旋見逐崔駰。官只紆黄綬，心常戀紫宸。
殷勤羅俊彦，悃款撫疲民。俗化羌兒悍，名儕漢吏循。遺編搜竹素，荒徑翦荆榛。
絶徼文壇起，卑曹宦橐貧。金閨典釵釧，槐市盛冠巾。曰父名何愧，兼師誼更親。
三年終被召，百里競攀輪。互市言方驗，還朝氣益振。鳳鳴愁落寞，蛇膽笑逡巡。
西苑尊仙醮，東樓秉國鈞。彼奸逾杞檜，公節自松筠。白簡飛霜雪，青燈泣鬼神。
法先誅内賊，力欲肆宫鄰。對簿詞猶壯，捐軀志未伸。丹心懸皎日，浩氣賀秋旻。
此地曾遺愛，鄉賢仰後塵。門墻恢故址，俎豆薦明禋。爵最前僚寀，鄒張舊主賓。
儀型瞻泰華，氣象感星辰。岳麓生蘭芷，洮溪發藻蘋。超然殘碣在，大節共嶙峋。

莊毅公祠 在河州學西，祀明兵部尚書王竑①，嘉靖間建。

① 王竑（一四一四至一四八九年），字公度，號休庵（致仕後改戇庵），河州（今甘肅省臨夏州）人。明正統四年（一四三九年）進士，授户科給事中。豪邁負氣節，正色敢言。「土木之變」，英宗被俘，郕王攝朝，群臣劾王振誤國，伏地哭。振黨錦衣衛指揮馬順厲聲叱衆官去，竑奮臂捽順髮，且罵且擊之，衆共擊之斃。也先入犯，竑受命守禦京城，擢右僉都御史。也先兵退，出守居庸關，整飭邊備。尋督漕運，治通州至徐州運河。遇災，先發徐州倉米賑飢民，後自劾專擅。英宗復辟，以事罷，復旋起，再撫淮、揚。憲宗初，官兵部尚書。旋致仕。卒，謚「莊毅」。

雙忠祠　在狄道州超然臺北。祀明給事中張萬紀、中丞鄒應龍，國朝順治九年，茶馬御史姜圖南建。

忠義祠　在河州景古城内。明萬曆十八年，火酋内犯，武官劉子都、李芳、賀守義、賀天衢、李國琦、魏承勛、李如玉、王官拒敵力戰而死，奉旨立祠祭祀。

豫章兩先生①**祠**　在河州。祀明侍讀學士解縉、大理少卿廖莊。萬曆時總兵官劉綎始建，知州陳文焯增拓之，課士其中。

李將軍祠　在靖遠縣城東二里。明嘉靖間，爲葛峪參將李光啟②建。

忠勇祠　在靖遠縣。明萬曆十八年，少卿王亮、參將蕭如蘭，爲指揮李如玉、千户魏承勛建。

报功祠　在皋蘭縣西門外，祀總督孟喬芳。乾隆四十六年，蘭人以固原總兵圖欽保來援死難，祔祀其中。

附州人郝璧《孟公祠記》

国家宅中撫夏，底定寰區，聲教覃敷，凡嚮風受朔罔敢有越厥志。制府孟大司馬控握三秦，德威交著，

① 即解縉、廖莊，均明吉安府吉水（今江西省吉水縣）人，漢置豫章郡於今江西，故名祠。

② 李光啟（一五一一至一五五五年）字顯之，明靖虜衛（今甘肅省靖遠縣）人，祖籍樂亭（今河北省樂亭縣），高祖李忠隨軍入籍靖虜衛。嘉靖十年（一五三一年），襲任靖虜衛指揮僉事。十六年（一五三七年），任河州守備。謀勇兼備，韃靼不敢輕犯。二十二年（一五四三年），升固原東路游擊。二十九年（一五五〇年），韃靼兵犯密雲，任神樞營游擊參將。三十四年（一五五五年）二月，出補宣府中路參將，到任月餘即遇韃靼兵大舉侵犯，光啟率兵迎敵出戰，由於寡不敵衆，軍潰被俘。光啟誓不受辱，揮拳擊敵，遂遭殺害。贈都督同知。

化經四祀，一以休養滋息爲主。會酒泉、張掖間，□□生心，恃其族類殷繁，弄兵潢池，兩河岌岌告變。公曰：「此屬小醜憑陵，執迷好詐，何足辱我斧鑕。然芟薙非難，慮傷嘉種，姑以檄諭。」前之弗從，拔劍奮怒，乃簡車整旅，躬率旌旗而西。時，征鼓臨臨，先聲沮震，雷馳飈舉，熊虎發揚。鋪敦屢捷之餘，逆衆摧籜驚風，焚舟宵遁。幾何時，而渠魁就翦，半壁廓清。征諸史策所傳，功成不世，即「晉公入蔡」①之師，「營平屯田」②之舉，未遑多讓也。蘭地喉囟衝要，先是狂族内逞，窟陷盤踞者將盈月矣。公駐節憮然，顧謂：「寇氛雖惡，株蔓何辜？仳離者，米之鞠之；家室散失者，珠還而鏡合之。」灑潤於焦，沛霖於槁，老稚扶携匍匐而言曰：「吾儕蹇罹大憝，出入黷血山海中，公實活我，迄今安宅畋田、猶然生聚作息者，繄誰賜歟？藻芹未展，非所以抒誠悃也。」於是抔土鳩材，卜基闢址，肖像迎慶而崇德。祠成，郵征鄙言，以勒貞珉。璧於役江干，遥襲惠庇，緬冀我公殊勞懋業，彪炳雲霄，行膺秬卣茅胙，首繪麟圖，此瓣香弓地，寧足爲公重耶。雖然西陲延袤數千里，緒棼勢逖，公葱珩莅止，振旅云旋，俾膜禮皈依之，衆生肅慕而懾愚頑，一善也。食汲問源，是謂重本，自兹封牲聚社，歌舞喜祥，仰恃明型，消愆釋憾，二善也。高山景行，溯儀作範，異日有事斯土者，登堂展謁，亦步亦趨，福我顛擠，三善也。金城奕奕，爽籟馨聞，匹夫匹婦，靡不蟠結心臆，

① 指唐元和「蔡州之戰」。唐元和十二年（八一七年），唐相裴度（七六五至八三九年）起兵攻蔡州淮西叛軍。十月十一日，遣隨鄧節度使李愬雪夜襲破「懸瓠城」，擒淮西節度使吴元濟。因裴度於翌年受封「晉國公」，故史亦稱「晉公入蔡」。

② 指漢神爵元年（前六一年），趙充國上《屯田書》，陳述「留屯田得十二便，出兵失十二利」，提出「以兵屯田」之策。西垂遂安，諸羌來降。因充國元平元年（前七四年）受封「營平侯」，故史稱「營平屯田」。

豈區區厘祝所能同日語哉。壁不辭媕謭，拜手而爲之記。并係頌曰：天作紀綱，拓基神武。爰誕英能，以維以輔。於維孟公，秦國獨柱。顧彼窮凶，禍我西土。指揮闞虎，捷如聲鼓。渠惡立殲，遐邇安堵。僉曰公庥，出我荼苦。丹雘奂輪，載建柱礎。獻藻奉觥，以代歌舞。赫赫蘭山，湯湯河滸。圭瓚鼎鐘，卣并舉。珥筆作頌，質諸千古。

安西知州、今官四川總督鄂山《圖將軍殉難紀事》

圖將軍欽保，滿洲鑲黄旗人。善射有勇略，由香山營前鋒校隨富征西將軍①定伊犁、葉爾羌，嗣後出師緬甸、大、小金川，歷戰百餘，奪卡擒賊，矢石枪矛，傷幾遍體，富、阿②二相國常倚爲健將，天子賜「法福禮巴圖魯」名號，冠加孔雀翎。兩金川告捷，召見熱河行在，繪□像紫光閣，以旌其勛，時乾隆四十二年六月也。固原爲西凉、寧夏門户，重兵屯駐，披堅執鋭之士，皆有秦人風。故關隴諸鎮兵，必以固原爲最，將軍知捍衛之不可一日虚也，訓練之方未嘗少懈。然豁達能容納，不以瑣事計優劣，士卒咸心服。四十六年春，□□蘇四十三等蠢動循化，戕害蘭州守楊公士璣、河州協新公柱，陷河州，勢洶洶如怒濤。節府倍道往禦，賊偵知蘭城空虚，由間道偷渡洮河，爲襲取計。時，王翼公方伯在城中登陴嚴守，凡兩晝夜，魯土司自莊浪來援，賊少挫。將軍聞警將所部兵馳抵金城，殲賊於城外。賊懼，鳥獸散，旋聚於華林山，爲負隅之勢，

① 富征西將軍，名明瑞（?至一七六八年），姓富察。
② 阿，指阿桂（一七一七至一七九七年）。

厥後阿相國督師討平之。當其時，援兵寥落，賊勢披猖，使内無方伯之守，外無將軍之戰，而欲蘭城之安也，其可得乎？將軍好輕騎挾弓矢誘敵，伏奇兵以擊追者。四月十九日復出，賊稔知焉，斷其歸路，遂戰死。天子賜恤典，子孫襲職毋替。蘭之民感之，祔位於報功祠，報殊勛也。後二十年，其子明昌以世職署延綏鎮總戎，人望之蓋有乃父風云。

報德祠　舊在狄道州治東，乾隆二十七年，知州呼延華國移建於忠愍祠大門内。祀明同知唐懋德①、國朝知府高錫爵②、祖業宏③、許聖朝④、包太隆⑤、楊宗仁⑥，後又增祀知府李如璐⑦、知州松德。

三賢祠　在河州城隍廟左。初，州人以衛守備游道亨⑧有惠政，爲立生祠，塑像其中。後以知州王

① 唐懋德，字世修，號十海。明萬曆癸卯（一六〇三年）舉人，官陝西臨洮（治今甘肅省臨洮縣）同知。著有《十海詩集》。
② 高錫爵，字康侯，奉天遼陽（治今遼寧省遼陽市）人。由蔭監生選授河南扶溝縣知縣，有政績。清康熙十八年（一六七九年），擢陝西臨洮府（治今甘肅省臨洮縣）知府，兼攝狄道縣。
③ 祖業宏，滿洲正黄旗人，清康熙三十年（一六九一年）任臨洮府知府。
④ 許聖朝，聊城（今山東省聊城市）人，清康熙二年（一六六三年）進士，三十六年（一六九七年）任臨洮府知府。
⑤ 包太隆，滿洲正黄旗人，清康熙四十二年（一七〇三年）任臨洮府知府。
⑥ 楊宗仁，漢軍奉天正白旗人，清康熙五十年（一七一一年）任臨洮府知府。
⑦ 李如璐，新安（今河南省新安縣）人，清雍正三年（一七二五年）任臨洮府知府。
⑧ 游道亨，江西武進士。任河州衛守備。慈祥愷悌，遺惠在民，州人爲建生祠，塑像倖之。

全臣[1]、張永淑[2]合祀，號三賢祠。

保公祠 在河州東門内，祀河州鎮總兵保興[3]。嘉慶初年，興出征四川教匪遇害，十六年，州人王延平倡捐立祠，并河州出征陣亡諸將士附焉。

景忠祠 在河州西門内。祀河州文武忠節諸臣，及他處人之死事於河州者。道光七年，知州胡秉虔建。

昭忠祠 在皋蘭縣東關，祀歷年陣亡武官及兵丁。

阿公祠 在皋蘭縣西郭外華林山前，道光三年建，祀大學士阿桂以嘗平□匪於是山，即其地立廟。其右即金天觀。

三臺閣 在皋蘭山巔上，祀奎星。創自明代，國朝乾隆三十七年重修，四十六年回變毁焉。道光十二年縣人重建。

厲壇 皋蘭縣在城東北，狄道州在北郭外，渭源縣、金縣、河州、靖遠縣俱在北城外。

①王全臣，湖北鐘祥（今湖北省鐘祥市）人。清康熙四十一年（一七〇二年），任河州。事迹見本《志》卷八宦績。

②張永淑，直隸滿城（治今河北省滿城縣）人。任河州，折獄嚴明。清乾隆十六、七年（一七五一、一七五二年），歲連稔，民有粟，而無所易，相謂熟荒，永淑用古常平法斂之，積貯允盈，以備凶歉，遺澤無窮。

③保興，滿洲人。清乾隆四十六年（一七八一年）任河州副將。時兵燹甫息，人心惶惑，興扶綏有方，未期月而軍民咸定。五十五年（一七九〇年），復任河州總兵，出征四川，死教匪之難。

附冢墓

後周

刺史石靖墓，在河州廣大原。《州志》：明嘉靖乙酉，耕農獲半石，郡醫戴氏家舊收半石，合之得全志，無遺損。因録其文曰：「君諱靖，字士安，冀州樂陵人也。其先周成王之子、石文侯之孫。漢魏以來，衮紱相傳。十一世祖普録尚書、荆州刺史，累葉光輝，英風相繼。祖延便弓馬，從魏道武西征，任統軍，留鎮枹罕，因而家焉。父崔夙經行陣，任第一軍主。公幼懷朗悟，明哲若神。永熙二年，任洪河郡守。至大統二年，中授都督，任河州。尋除大都督，儀同三司。武成元年，授開府。二年，除甘州刺史、泉縣開國公，邑三千五百户。降年有永，春秋六十有七薨於位。有詔督河、渭二州刺史，以大周天和三年歲次戊子十月二十二日葬於枹罕縣廣大原，立碑封樹，乃爲銘曰：猗與胄（允）〔胤〕①，世出能官。惟公繼緒，神武桓桓。方超逸翮，遽掩幽攢。庶因貞礎，永播芳蘭。」

隋

薛舉墓，在皋蘭縣古峰山後。

金

總管陀滿胡土門②墓，在狄道州北。

---

① 原刊「允」，清避諱「胤」字。

② 陀滿胡土門（？至一二二七年），字子秀，金女真人。策論進士，累遷知臨洮府。哀宗時，爲臨洮府總管。

元帥忠烈侯郭蝦蟆①墓，在靖遠縣西南二里小坪山頂，有石碑。

元

臨洮府尹祁安②墓，在狄道州北葉家坪。

明

禮部員外郎許允德墓，在狄道州東五里。允德，長安人。洪武初，安撫西寧諸處番民，歿，後葬此。

肅莊王、康王、簡王、恭王、靖王、定王、昭王、懷王、懿王九代墓，俱在皋蘭縣平頂峰③。【按】《縣志》又有薛夫人墓及肅王識鋐墓亦在焉。安王墓，在縣西五里圃子灣。憲王墓，在縣西南二十里周家山。

臨洮府教授、前太常少卿劉杰④墓，在狄道州北四十里董家坪。

會川伯趙安墓，在狄道州東五十里閻家嶺。

---

① 郭蝦蟆（一一九二至一二三六年），《金史》爲「郭蝦蟇」，有傳。

② 祁安，臨洮（今甘肅省臨洮縣）人。元初臨洮府尹，爲土人世襲者。

③ 明洪武三年（一三七〇年）四月，太祖下《册封諸皇子爲王詔》，首封秦、晋、燕、吴、楚、齊、潭、趙、魯、靖江等十王。數年後再封慶王、肅王。肅王先後襲封十二位，共九世。肅藩王墓群修建，始於永樂十七年（一四一九年），止於崇禎十六年（一六四三年）。除安王、憲王别葬於今蘭州市七里河區圃子灣和周家山外，餘均葬於今甘肅省榆中縣來紫堡鄉黄家莊村平頂峰下。

④ 劉杰，字符望，梁山（治今重慶市梁平區）人，由鄉舉授國子博士，擢禮科給事中。洪武二十三年（一三九〇年）京師饑，明年魚兒泊饑，皆以杰言發廪賑濟。後官太常少卿，兼侍讀學士。以議禮謫臨洮府教授。永樂初，署府事。會河西有剽掠者，官軍争剿，俘獲甚衆。杰悉遣無辜者千餘人。致仕後，廷臣交薦不起，卒。子孫附籍狄道。

浙江布政使石執中墓，在皋蘭縣西十里土門。
都督劉昭墓，在河州南十五里。
兵部尚書王竑墓，在河州萬頃原麓。
南陽知府段堅墓，在皋蘭縣皋蘭山東麓塔兒坪。
貴州布政使朱紳墓，在河州東二里。
兵部尚書彭澤墓，在皋蘭縣西川圃子灣。
四川按察使馬應龍墓，在河州西三里。
江西副使葛廷章墓，在皋蘭縣西川。
給事中張萬紀墓，在狄道州東五里。
山西副使朱家仕墓，在河州東北二里。
都督同知李光啟墓，在靖遠縣東南八里烟洞溝。
左都督趙率教墓，在靖遠縣東二十里。
捏烈女墓，在河州河灘關水渠小橋之北，舊建有坊。國朝順治五年，□□焚燬。康熙四十三年，居民侵占墓地，女家訟之，州紳士吴之瑜爲平其事立一小碑。

國朝

奮威將軍王進寶墓，在靖遠縣打剌赤堡北十里。

鎮綏將軍潘育龍墓，在靖遠縣西五里虎豹坪。

【按】《通志》及《狄道志》俱載：唐李晟墓，在州西二十里。舊《府志》云：晟墓在西安府高陵縣，碑文可據。明萬曆三十一年，京山李維楨至臨洮，以西平乃其遠祖，訪故迹於田家得一石刻上五言律詩一首，宋知熙州宋京所作，題曰：「謁西平祠」。則此地特舊有其祠耳，或又言晟父母葬此，皆誤。

蘭州府志卷五

田賦志

户口　正項　雜税　物産　蠲賑 恤政附

任土作貢，古今之通義也。西邊磽瘠，蘭郡雖瀕河近水，終不名沃壤。國初定賦，一郡之中豁除萬餘頃，民視前代，歌舞出望外矣。嗣後，有久荒不能耕復者，大吏勘實入陳，輒蒙報可。或歲偶不登、與值軍興調發，綸音蠲貸應時疊沛，具録於篇，俾共知熙朝曠蕩之恩，爲亘古未有云。若許太守之於臨洮，高太守之於狄道，王刺史之於河州，皆能仰丞德意而實惠斯民者也。其事其文具録於篇，以爲後之守土者告焉。

户口①

道光十年，册報：皋蘭縣户七萬三千一百七十，口統計男女大小。四十六萬七千八百十有六；紅

① 按清道光十年（一八三〇年）蘭州府户口統計：三十二萬七千一百二十六户，二百四十二萬五千四百九十三口。

水縣丞所屬在内。狄道州户七萬一千四百三十有二，口五十一萬六千八百七十有六；沙泥州判所屬在内。渭源縣户二萬二千三十有九，口十七萬三千四百十有六；金縣户三萬八千五百六十有四，口三十二萬九百八十有六；河州户八萬五千五百二十有六，口六十九萬八千一百九十有六；靖遠縣户三萬六千三百九十有五，口二十四萬八千二百有三。【按】自以糧載丁後，不復編審，每年僅據吏胥册報，虚實無從查核。

正　項

皋蘭縣

原額民地四百六頃①一十五畝六分二厘。内川地每畝科糧一斗，中地每畝科糧八升五合一勺有奇，山坡地每畝科糧五升三合五勺有奇。

原額屯地三千二頃九十八畝二分七厘二毫，除荒地一千九百三十九頃八十畝五分四厘二毫，又除道光七年奉部准豁高王、崖頭等處水冲地十頃一畝六分，未入《賦役全書》②。實熟地一千五十三頃十六畝

①清制：地一頃一百畝，一畝十分，一分十厘，一厘十毫，一毫十絲，一絲十忽，一忽十微，一微十纖，一纖十塵。
②《賦役全書》是明清時期記載各地賦役數額的册籍，也是征收賦税税則。以省、府、州縣爲編制單位，開列地丁原額、逃亡人丁和拋荒田畝數、實征數、起運和存留數、開墾地畝和招來人丁數等。

一分三厘，每畝科糧六升、銀三厘五毫、草六厘有奇。

原額接收沙井堡熟地四十頃十八畝一分九厘六毫。內下則科地，每畝征糧二升五合、大草二分五厘；上則旱地，每畝征糧一升、大草一分。

原額舊熟更名地九百五十四頃三十六畝六毫，又收嘉慶七年接收紅水縣丞新墾地七十四頃七十五畝，及十九年、二十一年開墾地三頃二十三畝二分五厘，除道光九年奉部準豁東鄉、買子堡等處水冲地八頃六十一畝二分外，實熟地一千二十三頃七十三畝五厘六毫。內分川地、山坡上下糧銀科則不等。又，無頃畝[1]地六十六處六段、十八窨、一百四畦、煤洞六眼、地基九處、民房十五間、磨十九輪、磁窑一座，各納銀數不等。

額外開墾地二十頃九十六畝，每畝科糧三升、銀一厘有奇、草三厘有奇。又，楊維屏住居官地六畝七分六厘，每年納租銀五錢。

通共民屯更名及額外實熟地二千五百四十四頃二十五畝六厘二毫。

實征民地本色[2]糧一千二百七十一石九斗五升七合一勺[3]。又溢額起運糧五十六石，本色官學

① 頃畝，意丈量。
② 歷代賦税征收米麥爲本色，亦稱「本色糧」。
③ 清制：糧一石十斗，一斗十升，一升十合，一合十勺，一勺十抄，一抄十撮，一撮十圭，一圭十粟，一粟十粒，一粒十顆。

倉糧七十四石四斗，改折銀五十九兩五錢二分[1]。折色[2]糧一千五百九十石五斗九升八合，折征銀二千四百五十八兩九錢九分三厘。又攤征匠價銀[3]二十二兩二錢七分五厘。

實征屯地本色糧六千三百一十八石九斗六升七合八勺、銀三百六十五兩六錢七分九厘、草六千七百五十七束四分八厘。

實征沙井堡本色屯糧四十五石七斗一升、草四百五十七束一分。

實征更名地并煤洞、地基等項本色糧二千九十二石六斗六合七勺，銀五百三十八兩三錢二分四厘。除奉部准減偏重糧五十六石六斗四升一合二勺、銀一百一兩三錢六分三厘，又除衝壓[4]無着糧十五石六斗三升一合七勺外，止實征糧二千二十石三斗三升三合八勺、銀四百三十六兩九錢六分一厘。

實征額外開墾屯地本色糧六十二石八斗八升、銀四兩一錢六分八厘、楊維屏地租在内。草六十七束二分四厘。

原額人丁六千六百七十丁半，除優免并逃亡二千二百三十七丁，實在四千四百三十三丁半。内民地每丁征銀七錢七分七厘有奇，屯地每丁征銀七錢九分九厘七毫，更名地每丁征銀三錢六分三厘有奇。雍

---

① 清制：銀一兩十錢，一錢十分，一分十厘，一厘十絲，一絲十忽，一忽十微，一微十纖，一纖十塵。

② 歷代賦税原定征收實物折征其他銀、物，俸禄折發錢鈔等，統稱「折色」。清代「折色」，專指税糧改征銀或物。

③ 匠價銀，又稱「匠班銀」。明指輪班匠以銀代役。清沿明制，康熙三十六年（一六九七年）後，各省陸續攤入地畝征收。

④ 衝壓，即水衝沙壓，泛指受灾耕地。

正五年，奉旨通省以糧載丁，每糧銀一兩，均載丁銀一錢六分八厘有奇，并照康熙五十年丁册爲定，續生人丁，永不加賦。實在均丁銀一千四百四十三兩八錢七分六厘，又攤補滅除屯重丁銀一百八十四兩七錢七分四厘，均徭銀六十六兩七分一厘。

以上共實征糧九千七百七十五石八斗四升八合七勺、銀五千四十兩二錢五分九厘。內除藥價茜鋪墊，應入雜賦項下銀二兩五分八厘。遇閏加銀一百一兩八錢九分、糧每石、銀每兩俱加一五征耗。草七千二百八十一束八分二厘。內存留糧一百一十石五斗七升六合，存留俸工、驛站連閏銀五千一百七兩四錢二分四厘，餘俱起運。

紅水縣丞

原額接收皋蘭縣歸併更名地二百六十三頃五十一畝三分。內一百三十頃，每畝納銀五厘，餘俱每畝四厘四毫。又收歷年開墾地一百一十一頃五十九畝，除改歸皋蘭縣七十四頃七十五畝外，止收地三十六頃八十四畝。共實熟地三百頃三十五畝三分。

共實征銀一百三十八兩九錢九分七厘。

實在人丁一百四十六丁，每丁征銀數同前。共征銀二十兩七錢二分，遇閏加銀八錢三分八厘。

以上共應征連閏銀一百六十兩五錢五分五厘，每兩加一五征耗。俱留支驛站及縣丞養廉。

狄道州

原額及新墾民地一萬二千六百八十七頃七十四畝六分四厘，又查出額外香火地二十七頃六十畝七分，又接收岷州歸并溢額地六十二頃五十八畝五分七厘，除順治年間豁免荒地四千五百六十三頃四畝九分，又除撥歸沙泥驛州判經管地七百三十一頃九十三畝八厘外，共實熟地七千四百八十二頃九十五畝九分三厘。內川地每畝科糧一升二合，中地每畝科糧七合，山坡地每畝科糧三合六勺有奇。岷州地每畝科糧五升。

原額及新墾屯地三千五百一十七頃四畝六分九厘，除荒地一千六百四頃二十六畝七分，又除分歸沙泥驛經管地一百二十七頃三十四畝外，實熟地一千七百八十五頃四十三畝九分九厘。內接收臨洮衛地，每畝科糧六升四合五勺、科銀七厘有奇。內乾隆十八年起，科地三十三畝五分八厘五毫，每畝科銀一分有奇。蘭州衛地，每畝科糧六升、科銀二厘五毫、科草六厘有奇。岷州衛地，每畝科糧六升有奇、科銀七厘有奇。

原額更名地八百五十頃一畝一分，內分平原、山坡糧地、銀地，科則不等。又，老荒田、園地多半處田，園數處、民磨二十六輪、油磨一輪。

額外另收土司蘇成威地十五頃九十七畝五分，折實熟地六頃一十二畝三分七厘五毫，每畝科糧五升。

通共民屯、更名、土司實熟地一萬一百二十四頃五十三畝四分。

實征民地本色糧四百七十石五升一合七勺，本色官學倉糧九百五十一石八斗三升一合六勺，改折銀[1]七百五十七兩一錢二分五厘，折色糧四千四百九十五石五斗七升七合二勺，折征銀七千四百八十七

[1] 改折銀，清征繳稅賦名稱。本應征本色而改征收折色者，改征之銀謂「改折銀」。

兩四錢六分。又攤征匠價銀五十八兩四錢一分。

實征屯地本色糧一萬一千四百九石五斗七升二合六勺，銀一千二百六十九兩一錢四分四厘、又一兩八錢六分四厘，草一千四百八十九束七分四厘。

實征更名地并田園、磨輪等項本色糧二千四百一十六石四斗五升五合三勺、銀三百八兩二錢四分。

實征土司地本色糧十四石八斗五升四合一勺，本色官學倉糧六石一斗九升四合五勺，改折銀四兩五錢五分八厘，折色糧九石五斗七升二勺，折征銀四兩六錢五分四厘。

原額人丁三萬三千五百四十二丁，除優免并逃亡二萬六千一百六十丁，又除分歸沙泥驛七百一十四丁，三分實在人丁六千六百六十（七）①丁，七分內民地每丁征銀一錢五分二厘有奇，內岷州歸并項下，每丁征銀一錢八分五厘有奇。屯地每丁征銀四錢五分五厘有奇，內岷州衛項下，每丁征銀一錢六分八厘有奇。更名地每丁征銀三錢六分三厘有奇。實征均丁銀二千五百二兩三錢四分三厘，又攤補屯重丁銀五十三兩四錢五分八厘，均徭銀一兩二錢三分五厘。

以上共實征糧一萬四千三百一十石九斗三升三合七勺，銀一萬二千四百四十八兩五錢一厘，內除豁免藥價蒿草鋪墊銀四兩一錢九分二厘。遇閏加銀一百八十七兩六分四厘，糧每石、銀每兩俱加一五征耗。草一千四百八十九束七分四厘。內存留糧三百一十三石五斗八升三合三勺，存留俸工、驛站連閏銀

① 原刊誤計「六千六百六十七丁」，勘「六千六百六十八丁」。

三千一百二十八兩三錢八分七厘，余俱起運。

沙泥驛州判

接管狄道州撥歸民屯地共八百五十九頃二十七畝八厘。

實征民地本色糧十八石三斗一升六合九勺，本色官學倉糧三十三石八斗八升五合二勺，改折銀二十七兩一錢八厘，折色糧二百七十四石七斗三升二合八勺，折征銀四百六十五兩三厘。

實征屯地本色糧八百一十五石七斗二升一合六勺，銀九十二兩二錢七分二厘，草八十束一分五厘。

實在人丁七百一十四丁，三分內民屯丁各征銀數照前。共征銀一百一十二兩八錢五分八厘，遇閏加銀九兩八錢七分七厘。

以上共實征糧八百三十四石四升八合五勺，民糧存留，屯糧起運。連閏銀七百八兩一錢一分八厘。俱加一五征耗。內存留摩雲驛用銀四百七十兩四分，餘俱起運。草數同前起運。

渭源縣

原額及新墾民地五千四百六十三頃七十四畝五分三厘，除順治七年豁免荒地二千四百六頃二十畝五厘有奇外，實熟地三千五十七頃五十四畝四分七厘有奇。內川地每畝科糧一升一合七勺有奇，中地每畝科糧八合六勺有奇，山坡地每畝科糧六合三勺有奇。

原額及新墾屯地一千八十一頃二十七畝八分五厘，除荒地五百五十五頃二十九畝六分五厘外，實熟地五百二十五頃九十八畝二分。內接收臨洮衛地，每畝科糧六升四合五勺、科銀七厘七毫；蘭州衛地，每畝科糧六升、科銀三厘五毫、科草六厘有奇。

通共民屯熟地三千五百八十三頃五十二畝六分七厘有奇。

實征民地本色糧一百七十七石二升五合四勺，本色官學倉糧四百三石五升六合八勺，改折銀三百二十二兩四錢五分，折色糧一千九百八十六石四斗三升七合六勺，折征銀三千六十四兩三錢八分。又攤征匠價銀五兩九錢四分。

實征屯地本色糧三千三百四石三斗七升七合四勺、銀三百二十二兩六錢七分九厘、草一千二百五十七束五分。

原額人丁九千六百九十五丁半，除優免并逃亡七千二百九十六丁，實在二千三百九十九丁半。內民地每丁征銀二錢九厘有奇，屯地每丁征銀四錢五分五厘有奇，實征均丁銀七百一十二兩一分三厘。又攤補屯重丁銀十四兩一錢五分，均徭銀二十二兩九厘。

以上共實征糧三千四百八十一石四斗二合八勺，民糧存留，屯糧起運。銀四千四百六十三兩六錢二分一厘、遇閏加銀六十三兩一錢五分三厘。糧銀俱加一五征耗。內存留俸工、驛站連閏銀一千三百八十三兩五錢五分三厘，餘俱起運。草數同前起運。

金縣

原額及新墾民地一千二百七十九頃二十五畝，除順治年間豁免荒地六百六頃九十九畝三分外，又除道光八年詳豁買子堡等處水冲地三十二頃五十二畝三分一厘二毫，未入《賦役全書》。實熟地六百三十九頃七十三畝三分七厘八毫。內川地每畝科糧一斗八合五勺、草七錢七分二厘有奇，中地每畝科糧八升九合八勺、草九錢五厘有奇，山坡地每畝科糧六升有奇、草六錢二分六厘五絲。

原額及新墾屯地二百二十五頃二十二畝，除荒地一百七十九頃六十畝外，實熟地四十五頃六十二畝。每畝科糧六升四合五勺、科銀七厘七毫。

原額更名地四頃八十二畝二分，內十八畝一分三厘有奇，每畝科糧四升九合八勺。其四頃六十四畝六厘有奇，每畝科銀五厘有奇。

通共民屯、更名實熟地七百二十二頃六十九畝九分。

實征民地本色糧一千六百三十六石四升四合四勺，又收溢額糧二百石六斗六升六合六勺有奇，折色糧三千一百二石一斗九合八勺，折征銀三千八百五十九兩七錢四厘，本色草一百五十三束三分六厘。又攤征匠價銀十八兩八錢一分。

實征屯地本色糧二百九十四石二斗四升九合，銀三十五兩一錢二分二厘有奇。

實征更名地本色糧九斗三合，銀二兩五錢五分。

原額人丁二千三百一十八丁，除優免并逃亡一千七十五丁，實在一千二百四十三丁。內民地每丁征銀一兩九分七厘有奇，屯地每丁征銀四錢五分五厘有奇，更名地每丁征銀三錢六分三厘有奇，共實征均丁銀一千四十二兩七錢二分九厘。又攤補屯重丁銀七十七兩六厘，均徭銀一百一十八兩二錢二分六厘。

以上共實征糧二千一百三十一石八斗六升三合，銀五千一百五十四兩一錢四分八厘，內除豁免藥價盤費銀五兩六錢八分五厘。遇閏加銀一百五兩三錢四厘。糧每石、銀每兩俱加一五征耗。內存留驛倉糧二百三十四石八斗六升三勺，存留俸工、驛站連閏銀四千五百四兩七錢三分四厘，余俱起運。草數同前起運。

河州

原額及新墾民地三千一百七十七頃四十一畝一分，又收岷州歸并溢額地三十八頃三十八畝六分九厘有奇，除順治七年豁免荒地五百四十二頃六十六畝八分二厘，又除嘉慶二十四年恩詔查明坍没地五頃三十五畝八分五厘，未入《賦役全書》。實熟地二千六百六十七頃七十七畝一分二厘。內川地每畝科糧六升五合一勺有奇，中地每畝科糧五升五合一勺有奇，山坡地每畝科糧四升六合五勺有奇。《科草全書》僅載總數。岷州地每畝科糧五升。

原額屯地二千六百八十一頃五十八畝二分六厘，除歷年豁免荒地一千二十四頃六畝二分二厘外，又除嘉慶二十四年恩詔查明坍没地三頃四十三畝二分四厘，未入《賦役全書》。實熟地一千六百五十四頃八畝八分，每畝科糧六升六合三勺有奇、科銀一厘一毫有奇。內接收岷州衛地一頃五十六畝二分六毫，每畝科糧六升六抄有奇，共征糧九石三斗八升二合六勺有奇，每石科銀一錢二分七厘有奇。

通共民屯實熟地四千三百二十一頃八十五畝九分二厘。

實征民地本色糧一萬二千一百三十六石二斗四升七合七勺，本色官學倉糧五百六十五石五斗三升七合六勺，改折銀三百九十七兩二錢六分七厘，折色糧二千三百五十一石六斗五升五合三勺，折征銀八千九百四十四兩七錢五分六厘，本色草一千三十九束五分九厘。

實征屯地本色糧一萬九百七十九石一斗一升三合，銀一百九十五兩六錢五分六厘。又九厘銀①六錢四分。

實征更名店租銀九兩一錢三分。

原額人丁十五萬四千九百七十四丁半，除優免并逃亡三萬四千三百六十五丁，實在十二萬六百九丁半。內民地每丁征銀三分二厘有奇，內接收岷州廳每丁征銀一錢八分五厘有奇。屯地每丁征銀一錢九分五厘有奇，內接收岷州衛每丁征銀一錢六分八厘有奇。更名地每丁征銀三錢六分三厘有奇，共實征均丁銀四千八百五十六兩六分五厘。又攤補屯重丁銀一百六十九兩八錢六分一厘。

以上共實征糧二萬三千一百一十五石三斗六升七勺，銀一萬四千五百七十三兩三錢七分六厘，遇閏加銀二百四十九兩四錢三分二厘，糧銀俱加一五征耗。內存留糧七百六十九石一斗二升九合九勺，存留俸工、驛站連閏銀三千三十三兩六錢九分八厘，餘俱起運。草數同前，存留驛廠。

靖遠縣

原額及新墾屯地二千五百三十頃七十七畝二分，又收道光八年、十一年開墾地共三頃五畝九分七

① 九厘銀，即九厘額銀，明、清賦役名。明萬曆年間，因遼東軍事之需，先後於四十六、四十七年（一六一八、一六一九年）三次按畝增加賦税共九厘，故名。清初因之，康熙間入《賦役全書》。

釐，未入《賦役全書》。除歷年蕪荒地一千七十五頃九十三畝九分九釐五毫外，實熟地一千四百五十七頃八十九畝一分七釐五毫。內每畝科糧征銀及草數目不等。

額外，三角城等灘，歷年開墾及養廉歸入正項地一千一百頃一畝八分六釐，每畝科糧不等。又，租科地六頃四十四畝五分，每畝科銀六釐。

原額更名地九十四頃九畝八分，每畝科銀六釐有奇。

通共原額新收屯地及更名熟地二千六百五十五頃六十五畝六分一釐五毫。

實征屯地本色糧五千四百六十六石二斗九升二合一勺，地畝銀七十六兩五錢六分八釐，草價銀三十一兩五錢一分六釐，均徭銀六兩一錢二分六釐，本色草六千八百二十二束二分。

實征三角城等灘地本色糧二千五百六十四石三斗四升七合三勺，租科地畝銀三兩八錢六分七釐。

實征更名地畝銀五十八兩三錢三分一釐。

原額人丁二千五百四十六丁，內屯地每丁征銀五錢六分一釐有奇，接收鞏昌衛每丁征銀四錢九分一釐有奇，蘭州衛每丁征銀七分九釐有奇，更名地每丁征銀三錢六分三釐有奇。共實征均丁銀一千三百九十兩八錢一釐。

以上共實征糧八千三十六石六斗五升三合四勺，銀一千五百五十七兩二錢九釐，遇閏加銀六十九兩四錢一分四釐。糧銀俱加一五征耗。內存留工食、驛站連閏銀一百三十七兩四錢及耗羨銀留支該縣養廉外，餘與糧數全行起運。草數同前。

統計府屬實征：糧六萬一千六百二十五石七斗四升三合三勺，耗糧九千二百四十三石八斗六升一合五勺。銀四萬四千七百四十六兩七錢七分三厘，耗銀六千六百九十八兩四錢四分三厘四毫。連閏、内匠價及楊姓地租銀不征耗。草一萬八千一百二十二束九分五厘。

附録

康熙二年，歸臨洮衛屯田於府同知管理。順治十六年，以臨洮衛隸狄道縣，因屯民逃散，賦項虚懸，遂議歸同知管理。時同知黄雲史①，寬租招墾，民漸復業。

二十五年，臨洮府知府高錫爵清除狄道縣包賠缺額諸弊。狄道額賦内，向有缺額糧一千四百二十五石有奇，在丁、糧二項内包賠，每糧一石，至折征銀二兩一錢三分，丁内又多浮征云，自明季時已然，民甚苦之。錫爵兼攝縣篆，極力清查，於本色糧内，除供支茶馬外，有餘糧四百九十石有奇，并審出欺隱糧三石有奇，與士庶公議編入折色項下，補復缺額，又豁除丁内浮征銀五百餘兩。議定以後每石止征銀一兩八錢二分四厘二毫，并以錢完銀者照依時值，不得暗加，刻立木榜，曉示永遵。又以缺額内，尚有糧九百餘石無法豁抵，令候徐查欺隱及設法招墾，隨補隨減，如能全復額數，即盡減包賠，民咸德之。

四十四年，河州知州王全臣，清查地畝，稽户口，均賦役，詳革里長、書手按花户的名給丁糧單，

① 黄雲史，江南武進（今江蘇省常州市武進區）人，清順治十一年（一六五四年）舉人，翌年進士。康熙二年（一六六三年）任臨洮府同知，十四年（一六七五年）任高州知府。

令民自行輸納。

附王全臣詳文

竊職查河州積弊，莫有過於地糧不清，里長、書手虐民之甚者也。夫按畝起科，乃千古定例，獨至河州之田地丁糧則混亂不清極矣。舊額分三十一里，每里設有里長、書手，一切銀糧俱歸掌握，百姓任其魚肉，官司亦無從稽查，奸弊叢生，莫可究詰。總緣地無頃畝定則，百姓并不知種地若干，該完糧若干、銀若干，每年止憑里長攤派。職衙門并無地畝清册，亦不知某花名種地若干，該完糧若干、銀若干，每年止憑書手造報其册，名曰「紅簿簿」。内止開載某里某甲一户某人，額糧若干、銀若干，并不注明地丁細数。而所謂一户某人者，又并非現在種地人本名，俱係數百年前老户名，婦胥里積遂定爲朋户。當差之例，如一户有人丁若干，不分種地多寡，竟將一老户名之銀糧照人數攤派。當人衆地廣之時，派爲定額，及人逃地荒，所存者僅煢煢一二之孑遺，而苦賠數十丁之差徭。甚至張姓種地，而户名則李姓也；或種地者不下數十姓，而所納銀糧則共止一户名也。且一老户名之下，開列地銀若干、糧銀若干、站銀若干、停免銀若干、丁銀若干、按丁加引銀若干、加增七分銀若干，其數若鑿鑿有據，然無地丁細數，何由而知此一户名内該某某項若干乎？無非奸積，多立名色，以愚惑蚩氓，任其詭寄飛灑。富者巧爲買囑，則銀糧日減；貧者不遂貪慾，則銀糧日增，以致彼種無糧之地，此賠無地之糧，年復一年，富豪之欺隱愈多，而鄉愚之賠累愈甚。然使銀糧俱令花户自行完納，民力猶可支持，乃百姓應納銀糧萬不敢自行完官，每年必係里長包收。如百姓種地一塊，下籽一斗者，認完倉升糧二三升至七八升不等，里長取討每升必收市升二升，合算不啻四倍。其正賦銀兩當日原係照糧起科，迄今亦無定數，每糧一升任其科收三四分不等外，又借端苛派不一而足。及色收入己，又不即行完納，任意花費，復勒令花户重完，每至數倍。若力窮無出，即强奪其牲畜，折算其田産，甚且逼令賣男鬻女，小民不敢不惟命是聽。所以然者，舊俗相沿，有里長、户甲、首户等名色。里長户世爲里长，甲首户世爲甲首，其甲首户悉听里长管轄，即男女婚嫁，亦必聽命於里長。是以應完銀糧，惟聽里長派收，究之里長所完衆户銀糧，止取一老户名總串，從不散給花户，使花户毫無憑據，往往完至數倍，猶苛索不已，稍拂其意，即串通里差，押鎖私室，任意欺凌；或乘官司比較，商同里差，帶赴公堂，以抗欠討責。花户既無串票，官亦無從稽其完欠，不得不爲之重完。又，里長、書手每年必下户兩次，所到之處，派收食用、科斂、脚費，不遂其欲，即行綑打，指稱該户欠某老户名下銀糧若干，勒令賠納。該户既毫無憑據，雖百喙莫辨，設或告官，彼即執持「紅簿」混稟，硬指係該户之祖、父所遺，反欲罪以欺隱，故百姓莫不畏里長、書手如虎狼，萬種冤抑莫由聲訴。又，河俗買賣地土，俱賣地不賣糧。有地土已更數主，而銀糧仍係原主，取討轉交里长代納，更多一番剥削。至丁徭，虽舊有「三門九則」之例，然僅虚存其名，偏苦已極。每遇編審，止據里長開報，富者口輕，貧者加重，愚氓忍爲賠累。更可恨者，百姓於應納丁銀之外，又被里積指稱按丁加引加增七分，以及停免茜草、奏銷公費、表箋傘扇季規，巡邏倉庫等項名色，按丁苛斂，今日收去，明日又派，百姓輸納雜徭幾無暇日。如應納丁銀二三錢者，每年納銀二三兩，尚不能全完，其爲苦累不均，種種難盡。嗟此小民雖欲不破家蕩産其可得乎？此地方所以多盜竊，而訟獄亦因以繁興也。竊查河州田地寬廣，人民繁庶，何難坐致富饒，况比年以來，雨暘時若，歲歌大有，宜民間大有起色矣。祇以前項積弊遂致凋殘，雖屢遇豐年，而貧不聊生者居多。職晝夜思維，欲除其弊非徹底清查不能，又恐立法不善，不無擾累，委查非人，反多騷害，况河地幅員遼闊，里甲混淆，最難稽核。籌畫再三，乃令四鄉先立保甲會，或二三十村莊聯爲一會，每會擇其老成者舉練總一人、社長三四人，飭令稽查盜賊、巡警地方，迨居民咸聽約束矣，乃令將所管一會之田土逐一清丈。苦無頃畝定則，即令以下籽爲率，不分里甲，不分土庶，并不分土著與寄籍，不問老户名，止據實問明現在某人種地幾塊、下籽若干，逐塊挨次開列造册投州。其户口，令將六十以下、十六以上者，逐户開報。猶恐練總人等，或徇情受賄，顛倒隱混，貽累蚩愚，於是擇才品素著之紳士吴之瑜等暨義民金鼎等，分鄉查核職復，單騎减從，逐鄉勘驗。兹查出四鄉田地共下籽九萬一千六百八十三石一斗二升，户口共四萬九千三百三十三丁，投册在案。查河州額征起運、存留糧共一萬一千九百三十石三合四勺，加增糧七百四十九石三斗九升二合二勺，額征地銀九千二百十一兩四錢八分五厘，停免銀一百三十九兩四錢二分，額征丁銀三千七百六兩五分二厘，按丁加引銀三百三兩三錢七分三厘，加增七分銀一百八十三兩八錢六分二厘，存留草一千束。今將現在查出田地，分别上、中、下并下下四等，照額均攤，其加增糧石及存留草束、停免銀兩，因數目零星，百姓難以辦納，俱并入正額之内攤派。計上地下籽共三千五百九十六石四斗，每斗該完額糧一升七合，加增糧六勺二抄八撮；中地下籽共一萬五千一百十四石，每斗該完額糧一升五合；下地下籽共五萬一千二百二十五石七斗七升，每斗該完額糧一升三合；下下地下籽共二萬一千七百四十六石九斗五升，每斗該完額糧一升一合，加增糧數俱同上地。除加增糧外，照依正額糧石，均攤銀兩每糧一升，該完額銀并草束銀、停免銀八厘，其丁銀照户口均攤，每一丁該完丁銀并按丁加引加增七分銀八分五厘，較之往歲不過十分之一，民困業已稍甦。再查河州積欠不下數萬，每年里長照正賦派收，如該完額銀一兩者，派納二三兩不等，究無分毫到官，百姓年年輸納，竟爲定例。職通盤合算，除紳衿優免外，每糧一升派銀五分，限二年全完，尚不及往年供給里長雜徭之半。而數年之積案以清，屢歲之大累以除，百姓始知糧由地派、賦以糧均，正供原有定額，積欠原非定例，歡然如撥雲霧而覩天日矣。至里長、書手，概行革除，銀糧俱令花户自行完納，給發印照收執，其花户俱用現在種地人名，不許用老户名，致滋朦混里長、户甲、首户等名色，及地銀、糧銀、站銀、停免銀、加增七分銀等名目，茜草奏銷、公費季規、表箋傘扇、巡邏倉庫等私派，并原主取討朋户當差之例，嚴行禁止。書手所執老户名「紅簿」，俱追取燒毁，另造地畝册籍，鈐印存貯州庫。又恐愚民多不識字，即張示曉諭，不能盡行通曉，勢必仍託積棍人等代納，今將均定銀糧數目，并一户種地若干，該完銀糧若干，刊刻户單，按口給發，使愚民一見了然。又照均定等則糧册，每會鈔發一本，永爲備照。并開列條約，使知遵守，兹敬爲憲臺陳之：

一總練、社長之設，原爲稽查盜賊、巡警地方，今令清理地畝，不過權宜之計。若竟令經管錢糧，數年之後，包收苛派更甚於里長、書手矣。嗣後不許經管錢糧，如敢包攬代納或借端苛派，立拿重處。

一花户完納錢糧，各依單内數目於本名下完納。朌庫串執照，勿得數人明納，一串勿得完入。別會、別社或父完子名、子完父名，致滋朦混，如敢故意牽混者，除所完不准算外，仍行重究。

一凡買賣地土，務將契内注明等則糧數，赴州驗明印税，以憑更正内外額册，另給户單，過送本名。勿得以上作中、以中作下，希圖小利，减糧遺害。并勿私相授受，不自過送，以致詭寄田糧。如敢不遵，買主、責主俱以紊亂錢糧例，從重治罪。

一河州地方遼闊，刁奸頗多，征收錢糧不得不用催頭，但預爲簽點即有奸棍鑽充，難免苛派包收之弊。今遵定例，限四月完半，九月通完，百姓聽候開征，隨期完納。如逾限十日者，嚴拿抗户重懲外，即將該會錢糧責令督催，每逢限期聽候比較，俟一會錢糧完日，方行釋放。如敢借催頭名色需索分毫，立拿重處。

一河州自三十二年至四十二年積欠，自均定地糧後，每糧一升派銀五分，俱征完起解訖，再無分毫舊欠。如有愍不畏死之徒，假借舊欠名色需索鄉民者，即行指名陳稟，以憑從重治罪，勿得容隱。

一日後奉撥運供蘭糧，不拘多寡，俱係官運，與民毫無干涉。如有不法之徒，假運供蘭糧名色需索鄉民者，許即指名稟究。

一日後遇有軍需，除紳衿優免外，其餘按糧攤派，不得問之户丁，百姓必聽傳牌告示，每一斗糧該領價銀若干、辦運某項若干，朝派暮運，勿得遲延。如無傳牌告示，即係私派，即指名稟究。

一民間所種不無絶户、逃亡等，地自均定以後，各照單内數目，將舊欠清完，其地即爲已業。日後如有指稱絶户、逃亡業主告争者，審有確據，方行斷給，仍將從前完過積欠五分之數，照追給主。如無確據，以誣告例，從重治罪。

一花户内如有奸猾之徒，將本身地土耕獲，至完納錢糧之時，潛逃他方爲非作賊、規避錢糧者，該總社即將該户田地開明塊數四至八，官以憑撥人耕種，毋得（狥）〔徇〕①隱，致干查究。

① 狥，徇俗字。

一丁銀雖責成户首開報，今每丁給有小單，令民自封投櫃，如户首敢於包攬代納，立拿重處。至按丁加引、加增七分等項銀兩，俱歸并八分五厘之内，統爲完納。但查按丁加引等項銀兩不在赦款之内，日後如遇蠲免錢糧之年，每丁該完按丁加引等項銀三分，毋得抗欠，致干查究。

以上條約，未免緦緦過計，然欲盡去從前積弊，不得不爲之，計周詳而慮從遠。但立法伊始，革弊太盡，小民雖云受利，奸宄未免側目，誠恐日後巧爲擾亂、暗行更張，遂致壞我成法，謹將清查禁革緣由備陳憲覽，伏乞俯賜批示勒石，永禁河民之苦累，不特暫去於目前，將永除於百世，憲德并垂不朽矣。

又《密陳潛除土司議》

職因河州地糧不清，小民苦於賠累。是以詳請各憲清地查丁，其間里積書手欺隱詭寄者固多，而土司、國師包攬霸佔者亦復不少。查河州沿邊有土司、國師共十九族。其中，如洪化族洪化寺國師、靈藏族馬營寺禪師、珍珠族永昌寺國師，俱奉頒有敕劄印信；他如沙馬族土司蘇成威、乩藏族土司王鎮海，雖無印信，俱有部劄號紙，世相承襲；其餘則并無部劄號紙，止因隸河司中馬，遂各自分爲族類，自立爲頭目者也。伊等各有衙門，各設刑具，虎踞一方，威勢赫炎。其地與漢民犬牙交錯，附近居民有畏其欺凌竄入者，有被其引誘竄入者，有犯法懼罪竄入者，有避荒抗賦竄入者，有佃種番地遂成部落者，有責産土司遂成番地者，種種弊端，難以枚舉。如撒剌族頭目韓大用、韓炳，巢穴在積石關外，最爲豪强，近關居民屢受侵害，田地房屋盡被霸佔。甚且擅准漢民詞訟，窺伺一人稍可聊生，即商同地棍，捏詞誣控，差役鎖拿，被告之家不至破産不止。職聞之，親至其地，但見關口大禹王廟墻垣無存，盡爲禾黍，詢之土人，咸稱係韓大用、韓炳之部落回民所耕種，禹王廟如此，其他可知已。職當將霸佔田地逐一清查，有主者令其取贖，無主者即將種地之回民注册，令與漢民一例納糧當差。并嚴禁土官不得擅受民詞，隨飭居民如有赴土司告人者，立拿重處。禹王廟即捐貲修葺。又以□□多盗，嚴立保甲，倘有偷竊，即協力擒拿，由是奸□知懼，而居民始得安枕。更可異者，河州剌麻最盛，寺廟最多，族大之家必有佛廟，寺中剌麻盡屬洪化、馬營二寺管轄，名爲下院派中馬匹，此猶曰以類聚也。乃河俗，鄉民生有二子，必將一子披剃爲剌麻，其父置田産，勿論僧俗一概均分，以自來納糧之民産一分，與爲僧之子帶入寺内，遂名爲「香田」，止供給洪化、馬營二寺之差，而正供錢糧不納分粒。甚至爲僧之子苦於二寺之苛派，力不能支，求濟於宗族，宗族憐而助之，謂之「幫中」，此不過鄉民親親之誼也，乃年復一年遂爲定例矣。又，各寺每歲必作佛事，本族及附近居民布施銀錢、穀麥，謂之「香錢」，此不過鄉民好善之舉也，乃年復一年又爲定例矣。夫「幫中」乃義助也，「香錢」乃布施也，寺内中馬自領有官茶易買，并不宜派之番族也。乃里民之「幫中」與「香錢」，伊等派之既久，遂勒令中馬因以所種之地爲納馬地，起而争奪之。如或不應，即綑至寺内拷打，其刑百倍於官法。若控告到官，彼則侈然，以爲若所種非納馬田地，何以歲歲供給？鄉民苦於拖累，只得歸附該寺，而一切丁傜地糧，遂盡遺累於里民矣。職竊思，有司者守土之官也，力縱不能化番民爲漢民，闢番地爲内地，奈何以朝廷之土地、人民任番族之隱佔耶？是以自去春以至今秋，極力清查，凡剌麻帶入寺内之民産，盡行注册納糧。止令諸寺中剌麻仍隸二寺管轄，以存彼下院之名。其宗族禁勿「幫中」，「香錢」禁勿布施，使彼後此不得借端隱佔，然而地丁之汩没寺内年歲久遠者，已多不可復問矣。如，〔康熙〕四十五年六月，内馬營寺禪師指使都綱趙扎失本控告黑水里民董啟佑等，以「香田」作爲民田，職細查實，係董啟佑等賣與馬營寺之民地，該禪師自知虚妄，竟用印文具呈到州，自稱其地實係民地，但賣與寺中多年，久不納糧，懇求施爲「香田」，免其注册。職閲之不勝髮指，當即飭令注册在案。又如，景古里民洛扎兹力竄入洮州衛，土司咎繼祖族内其丁糧遺累，里民車萬庫等具控到官，該土司竟用印文申詳力争是，土司、國師等之霸丁佔地具來已久，其術甚巧。總緣伊等以土司、國師爲護符，自恃從無處分定例，而有司又不敢加以刑法，遂肆意妄行，毫無顧忌。與里民争地，則稱係伊等納馬田地；與里民争丁，則稱係伊等守隘部落。動以違誤軍需等語挾制官司，承審之官亦以招中爲重，不敢深究。殊不知朝廷招番中馬，每馬一匹給茶二十四封，以部定價值合算，共該銀七兩二錢；以産馬之區，每馬給價七兩有餘，不爲不多矣。究之伊等所中馬匹，率多以瘦小塞責，不肯中一好馬，是彼方借招中以射利，與納賦獻貢者大相懸殊也。夫尺寸之地莫非王土，若伊等所種不納糧之地，果盡係納馬之地，即不應冒領庫茶。既領庫茶，其地即應與里民一例，納糧當差。乃地不納糧而馬必給價，欲争奪民産，則侈然曰「此我納馬之田土」，是直玩弄承審之官如嬰兒也。至各關隘俱設有訊兵防守，自來不聞土司、國師擒一盜賊，而鼠竊狗偷之輩多係伊等番族，乃自謂「守隘」，以朝廷之赤子欲争爲伊等部落，其爲欺悖莫此爲甚。職正在確查詳議間，適奉憲檄查議科臣密奏等款，此誠厘清錮弊之會也。查各土司、國師，俱係隨元、明征剿立功賜以世職，祖孫相承至今，於興朝曾無絲毫報效。乃以朝廷地土據爲己有，中一馬匹必領官茶二十四封，而又深根固蒂，不可動摇。誠如科臣所云相應，詳請憲臺俯賜轉詳具題，先飭行各該管地方官，將土司、國師現在耕種地土，清其疆界；現在管轄部落，查其户口，造具清册，該管官鈐蓋印信，齎投藩憲存案，使伊等不得混争。并請嚴定處分，如有霸佔地丁等弊，即立置之法，使伊等不敢横肆。然後於承襲之時，令諸子剖其田地，分其部落，即降職承襲，其子孫未有不歡欣樂從者。至國師、禪師必以親兄弟之子承襲，亦以此爲例，將不待數十年，而土司、國師之田土、丁口皆入版籍，續設州縣，改土爲流，甚易易耳。此誠潛消默奪之良策，不但錢糧、丁口必倍於今日，而刁番不致驕横，邊民免受侵害，亦爲國家籌萬全之至計也。

雜税

額外學租　各州縣俱見學校條下。

課程額銀　皋蘭縣一百四十六兩五錢六分八厘，遇閏加銀十二兩二錢一分四厘。狄道州五十一兩一錢三分，遇閏加銀四兩二錢六分有奇。渭源縣十六兩六錢六分八厘，遇閏加銀一兩三錢八分九厘。金縣二十四兩七錢三分九厘，遇閏加銀二兩六分一厘有奇。河州二百五兩六錢五分，遇閏加銀十七兩一錢三分七厘五毫。

地租額銀　皋蘭縣四十兩，狄道州三十五兩，渭源縣十八兩，金縣二十四兩，河州三十五兩，靖遠縣三十五兩二錢八分五厘。

藥價及解費額銀　皋蘭縣六兩，除荒銀四兩四錢三分九厘有奇，實征銀一兩五錢六分有奇。狄道州與茜草鋪墊銀，俱於乾隆元年奉免。金縣十三兩，除荒銀七兩三錢一分五厘有奇，實征銀五兩六錢八分四厘有奇。河州二兩，除荒銀四錢七分有奇，實征銀一兩五錢二分九厘有奇。

茜草價銀 皋蘭縣一兩九錢八分五厘有奇。河州十二兩一錢八分一厘有奇，又脚價銀七錢六分四厘，除荒銀一錢五分五厘有奇，實征銀六錢八厘有奇。

鋪墊額銀 皋蘭縣九分三厘，除荒銀一分五厘有奇，實征銀七分七厘有奇。與藥價、茜草三項於地畝折色内共編，征銀二兩五分八厘。河州四錢八分三厘，除荒銀一分八厘有奇，實征銀四錢六分四厘有奇。與茜草二項於地畝折色内共編，征銀六兩二分四厘。

朝覲額銀 皋蘭縣四兩七錢五分六厘，渭源縣、金縣、河州各同。

土鹽課銀 皋蘭縣十七兩五錢七分二厘有奇，狄道州三十八兩六錢七分四厘九毫，渭源縣六兩四錢四分二厘，金縣十二兩六分二厘有奇，河州五百兩二錢三分四厘三毫。靖遠縣分銷漳縣鹽引一百張，每張征銀一兩三錢七分三厘有奇，共征銀一百三十七兩二錢七厘有奇，遇閏加銀十一兩四錢四分二厘有奇。外餘引十七張，例不征課。

當税銀 皋蘭縣六百六十兩，狄道州四百六十兩，渭源縣五十五兩，金縣一百一十兩，河州一百九十五兩，靖遠縣二百七十五兩。

牙帖① 皋蘭縣三十一張，共征銀十三兩，遇閏加銀一兩一分七厘。狄道州十八張，共征銀十八兩

① 牙帖，舊時税種。牙商或牙行納税後取得牙帖，方準營業。

五錢二分五厘。渭源縣十四張，共征銀十三兩九錢七分。金縣九張，共征銀十三兩五錢四分，遇閏加銀一兩一錢二分八厘。河州三十三張，共征銀四十五兩六錢四分八厘，遇閏加銀二兩五錢。靖遠縣征銀五兩三錢二分。

磨課額銀　皋蘭縣三十八兩一錢六分，遇閏加銀三兩一錢八分。狄道州二百三十二兩六錢八分二厘。渭源縣八兩八錢五分三厘。金縣二兩三錢八分一厘。河州一百三十五兩二錢四分八厘。靖遠縣五錢二分。

年例盤纏銀　金縣一兩五錢，河州七兩三錢四分五厘六毫。

通共雜税額銀三千六百七十九兩一錢三分七厘，遇閏加銀五十六兩三錢二分九厘。

商税銀　蘭州府及皋蘭縣、凡客貨過蘭州而售於他處者，由府驗税。就本城發售者，由縣驗税。狄道州、靖遠縣俱無定額，每兩抽銀三分，儘收儘解。各州縣畜税、契税同皋蘭縣。山貨税、河州褐毡税、馬税亦同。

茶税　唐時回紇入貢，即以馬易茶，宋熙寧間踵行之，所謂摘山之産易廄之良，無害而有利者也。明代設茶馬司於河州，金牌「差發」，以爲制番上策。《方輿紀要》：（宏）〔弘〕治（初）〔末〕①，都御史楊一清言：「我朝納馬，謂之差發，如田之有賦，身之有庸，非虐使於番。因納馬而酬茶，體尊名順，非互市交易之比。且西番爲中國藩籬，其人本非孝子順孫，徒以資茶於我，絶之則死，故俛②首服從。此制番之上策，前

①原刊「初」，《讀史方輿紀要》（卷六十）爲「末」。
②「俛」同「俯」。

代略之而我朝獨得之者也。頃自金牌制廢，私販盛行，失利垂六十年，豈徒邊方乏騎乘之用？將來彼番無資於我，跳梁自肆，將生意外之憂。撤藩籬之固，甚非計也。請申明舊制，使番族各供『差發』，蓋河、洮二州，實爲西番之襟要，故茶、馬二司特設於此，至今藉其利云。」

國朝初，因其制。嗣後番族向化，邊口無事。乾隆年間，罷中馬之制，令商納税銀，以蘭州道理其事，分西、莊、甘三司，蘭州屬甘司。額引九千九百八十二，每引一税茶十封，以一封交茶、九封折銀，每封三錢，共改折銀二兩七錢。共征茶九千九百八十二封、銀二萬六千九百五十一兩四錢。

物産

府屬五穀，黍稷爲多，麥菽次之，稻惟臯蘭、靖遠近河地偶有之。青稞、玉麥之類可佐食者，則處處産焉。蔬菜之特産者有薇、蕨、所屬皆産之。明楊恩《首陽山辨》，據此以爲山在隴西之證。龍鬚菜、蒲笋、俱産臯蘭。波稜、軍達、蘿蔔小者，名珍珠蘿蔔。磨菰頭、髮菜。産狄道。瓜有甜瓜、西瓜。自哈密來者，亦可種。果則桃、李、梨、柰、即蘋婆果，金縣最佳。葡萄、胡桃。木宜松、栢、榆、柳，竹惟小者。名慈竹，臯蘭偶有之。花則牡丹、芍藥、河州最盛，有數十種。海棠、榴、菊。藥則甘草、知母、甘松、菴蕳子、大黄、貫衆、樺皮、硇砂、蓬砂、《明［一］統志》：出蘭州。秦艽。《唐書·地理志》：渭州貢。鳥獸之異者有山鷄、鸚鵡、牦牛、出狄道，尾可爲纓。黄羊、土豹、一名舍利孫，皮可爲裘，出河州。鹿、麝。【按】《唐書》：河州、渭州、蘭州皆貢麝香。魚有魴、鯉、鰷、鯽。惟黄河及洮水有之。靖遠産沙嘴魚，尤美。貨有褐羢、鹽、皋蘭五州縣俱産土鹽。靖遠舊有鹽池，宋時引神木山水，由哈家壩灌池生盐，今淤澱西泉入池，亦能生盐。铁、《元一統志》：先代有冶在榆谷，故址尚存。麩金、《唐書》：蘭州貢。龍鬚席、《唐書》：渭州、蘭州貢。黑瓷器、出皋蘭。靛、出狄道。木棉。出靖遠。其常者不必悉述，其異者亦非郡中所獨也。大抵地多瘠鹵，又鮮水泉種植之利，視天下爲薄。至耕之外，惟資於牧，而牧以羊爲盛，貴賤之被飾服食，男女之織作懋遷，皆資恃焉。酌其宜而廣開其利，惜其力而撙節其流，固邊方之急務也。

附明楊一清《諫止織造疏略》

臣近被召赴京，聞朝廷以内織染局之奏，差官前去陜西織造，心竊疑焉。陜西民困極矣，方懼寬之未有其道，拯之不得其方，果有是舉，則如見火之烈，顧欲從而膏之，似與陛下平日恭儉愛民之德不類也。臣除將原票封進外，竊惟陜西織造非先朝舊典。正德年間，太監廖鑾以織造之故，剥民膏脂，痛苦入骨，向惟天啟聖衷掃除弊政，群奸伏辜，地方始得安堵，不然事勢所激，不知至於何地也。今使陛下所遣内臣，縱是謹厚安静，不蹈前轍，而官舍匠作人等，豈一一能守禮法？假借聲勢，生事擾人之害難保必無。且織造開局雖在西安，而羊羢必取之蘭州，此地近遭虜患，又值年荒，見今銀每錢止糴粟米六七升，民不聊生。若更迫之，其地密邇虜巢，非死於溝壑則驅之從虜耳。且羊羢本庶民賤者之服，非宫庭所宜御，故常貢所不及。近年奸巧之徒，造爲織金粧花五采閃色之華，人始貴之，一疋價十餘兩。在先王當置諸淫巧之科，從而重之，以病吾民，是聖明亦偶未之思耳。伏望早降德音，將太監梁玉取回，庶使民心不摇，地方可保無虞矣。

蠲賑 恤政附

順治五年，覆准臨洮府屬被雹灾重者，本年額賦全蠲；稍重者，蠲三分之二；稍輕者，蠲三分之一。

康熙元年，陝西總督白如梅、甘肅巡撫劉斗合疏，奏請免狄道民練餉。先是狄道里胥造籍地畝，訛一爲十，比及照畝征餉，民不能支，十逃八九。知府許重華申請題免。

四年五月，臨洮府知府許重華，申請豁免虚報開墾荒糧及減屯民輓運。巡撫劉斗據情具奏，得請。

附許重華詳文

本府有三大害：一曰撤兵，一曰包荒，一曰輓運。先以包荒、輓運二大害爲憲臺陳之。夫臨屬之荒，大不同於腹裏之荒也。腹裏之荒，荒少熟多，且荒各有主，若加以勸墾之勤，則變荒爲熟指日可待。間有無主之荒，苟需以歲月，寬其考課，行見鞠鞠茂草，悉成畇畇原田矣。臨屬自回變以來，殺傷者十七八，流亡者十三四，繼以官兵剿賊復行除洗，嗟此白骨孰非昔日力田輸租之民乎！既戕於賊，又戕於兵，已無噍類①，又安望其履畝扶犁而耕荒辦課也。削平之後，雖有二三復業者，要皆鵠衣鵠面、苟延殘喘而已。更以督耕各員捏報考成，假荒作熟，攤賠納户，力不能支，敲樸②毒加以斷魂未續之民，即自醫己瘡尚恐剜肉，

① 噍，吃東西。噍類，通常指活人。

② 敲樸，古代鞭打刑具。短曰「敲」，長曰「樸」，亦指敲打鞭笞。

而頓責以懸空之賠累，無情之桁楊①，所以連袂鼠竄，寧作喪家之犬，不敢爲棲塒之鷄矣。若曰勸課勤，則土可墾，夫有民乃可勸，臨屬并無民矣。若曰寬其租，則荒可闢，夫租能暫寬，而民終不能遽生矣。至於水冲沙壓者，則更無論矣。本府自到任至今，多方招撫，其稍可餬口者間有復業，其一貧徹骨者咸曰逃徙，與賠荒均一死耳，但逃徙則尚緩須臾也。即言察理，益見包荒爲臨民之極害，此時若不瀝血請豁，行見二三子遺，死者死矣，逃者逃矣，不惟荒者仍荒，即見科熟田亦胥棄而成茂草。是包荒一端，今日爲害民，異日即爲病國於斯時也。責之有司，有司無點金之術；望之百姓，百姓無可招之魂，勢必舉一府之荒熟而悉置之，豈非大害乎？不如將一切包荒之地徹底查豁，庶小民不畏賠累，漸有樂土之歸，待其生齒日繁，再舉墾令，俾已熟者可資目前之需，而繼墾者留備後日之用，是民害既除而國利亦興，斯安上全下之至計也。若夫輓運之害，則更有説焉。蓋設兵原以衛民，課農正以養兵。自總鎮調駐西寧，兵餉所需必資民運，斯定例也。但臨屬至西寧，往返二千餘里，皆蠶叢鳥道，嶮巇嶔崟，應運之糧，車不能轉，駝不能行，惟可肩負耳。夫以數千兵馬之日給，責之小民一肩之負戴，稍有不繼，呼庚呼癸，勢所必至。且一肩不過二斗，按兵給散，所飽幾何？此兵食之所以日絀，而民力之所以日困也。無奈本色又改而折色，每麥一石改折一兩、豆一石改折八錢，論其名亦似兩便，究其實更屬偏累。蓋臨屬之糧，每石市價不過三四錢，今折解并盤纏諸費，小民賣糧三石尚不能完一石之實。夫小民額糧輸倉，例無餘事，今既責其一時完糧，又責其千里輓運，此民困所以

① 桁楊，古代套在囚犯頸與脚上的刑具。

日滋也。再如，江浙漕例亦係八月開倉，次年抵補而寧糧，計口授食責完一時，否則呼催如狂，有司嚴刑重法計豈得已。夫以終歲之勤動，不得餘半菽以自飽，所以餬口於四方而不敢重來故土也。然總鎮調駐西寧，詎非以河西爲重也哉。以本府之愚，觀之河西固重，而河東亦未敢云輕也。試以西寧、臨、鞏較之，西寧其門户也，臨、鞏其堂奥也。嘗查地形，西羌在黄河腦顙八羊羢、大小沙溝等處，俱係巢穴，於河州地方密邇，向將歸德所守備，屬河營副將管轄，專爲探此邊聲息，且西顙一帶俱係哈番大族住牧之所，若由捏工川至鷄屋出口烏龍洞，可直抵老鴉關；若由土門關入風吹嶺南岸，從公主城即至觀音溝，西羌熟知此兩路。又槐樹、沙馬二關亦皆有口，從各關出口由景古堡直抵臨洮，或自洮、岷即至鞏昌。今總鎮調駐西寧，是止重門户而漫忘堂奥，倘河東一時飛塵促起，總鎮重兵俱在河西千里之外，何能聚及哉。查西寧總鎮標下現統三營合無將一營，移駐臨洮鎮守臨、鞏，照攝關山迤西空虚之境，將臨、河、蘭三衛應運二萬三千之糧，改撥民運折色，發西寧道廳召買，是朝廷以二萬三千白鏹，買此三衛一州數萬民命，誰非朝廷之赤子，誰非國家之金城哉。仍將長寧、永靈二處船隻、橋梁修具，倘有邊情，再調取臨洮一營，或由莊浪或直抵碾伯，期日可到。如此，則河西、河東皆有重鎮足資彈壓，而民力亦以稍蘇，誠久安長治之策也。

二十九年，覆准甘肅靖遠衛，今春鮮雨，米價騰貴，先動用常平倉及捐輸糧石，賑給其不敷者，在各年存貯倉糧内動支，秋收買補還倉。

三十六年，以征厄魯特噶爾丹軍興，奉上諭全免甘肅所屬銀、米、草束。

四十一年，奉上諭蠲免甘肅所屬錢糧。又覆准，河州地方亢旱，二麥枯槁，發銀及穀賑濟。所屬土司亦被旱灾，照内地每大口給一倉斗、小口給五倉升。

四十二年，復奉上諭再免是年錢糧。又覆准去歲被旱，動用倉糧於被灾之蘭州等縣衛十一處，開廠煮粥，賑濟至麥熟收成之日止。

四十五年，奉上諭蠲免甘肅通省四十三年以前未完地丁銀糧。

五十一年，奉上諭蠲免甘肅省五十年、五十一年地丁錢糧。

五十二年，以靖遠衛等處夏秋被灾，奉上諭蠲免明年額銀、糧草。又覆准動倉糧接濟窮民，并將本年錢糧緩征。

五十四年，覆准蘭州等處連年被灾，分給買穀種銀兩，并照例給口糧養贍。

五十五年，奉上諭，甘肅靖遠衛等處被灾，已將五十四年銀糧、草束通行蠲免，但被灾之餘民鮮蓋藏，着將渭源、狄道、靖遠等州縣衛五十五年額銀、糧草，亦盡與蠲免。又以征策妄阿喇布坦軍興，復奉上諭蠲免河州、蘭州等處五十六年銀糧、豆草。

五十六年，奉上諭甘肅帶征地丁、屯衛銀概免征收。

五十七年，奉上諭甘肅所屬目今係有軍務之時，除米豆、草束外，其康熙五十八年應征地丁銀一概蠲免。又將歷年積欠銀、米、草、豆盡行豁免。

五十八年，覆准靖遠衛等處，夏被旱灾，作速賑濟。

五十九年，以軍興奉上諭，河州、蘭州、河州衛、蘭州衛、蘭州廳等處，除米豆、草束外，本年額銀盡行蠲免。又以甘肅所屬二麥歉收，奉上諭蠲免六十年通省地丁銀。又奉上諭，動户部庫銀五十萬兩，委司官赴西安、延安、蘭州分三路散賑，并將甘屬各處常平倉糧酌量散賑。

六十年春，以甘屬去歲夏秋被灾，奉上諭撥解庫銀二十萬兩，給發籽種，俟秋收後補還。

雍正六年，覆准蘭州廳冰雹損傷禾苗，錢糧照分數蠲免。

七年，以河州冰雹損傷禾苗，奉上諭錢糧將蠲免之例加增分數，以惠蒸黎。其被灾十分者，著免七分；九分者，着免六分；八分者，着免四分；七分者，着免二分；六分者，着免一分。又以用兵事竣，奉上諭蠲免庚戌年甘肅通省地丁正銀。又將河東、河西各屬民户、屯户及番民等，本年銀糧、草束一概蠲免。又覆准靖遠廳并接收蘭州衛地方秋禾被灾，照例蠲免。

八年，以新歸内地番民慕義，奉上諭蠲免河州廳番糧一千餘石。

九年，奉上諭蠲免甘肅所屬地丁正銀。

乾隆元年，狄道縣知縣劉鶴鳴詳請豁免缺額銀二千二百七十七兩一錢一分二厘有奇，題奏奉旨准予豁免。

二十四年，大旱，奉上諭發帑金四十餘萬兩賑濟。

三十五年，夏旱，奉上諭發倉糧賑濟。自三十七年至四十五年，每歲奉發賑糧數萬石不等。

四十二年正月，奉上諭蠲免四十三年地丁正銀。

四十七年，以回變既平，奉上諭賑恤皋蘭、河州被難貧民，共糧三萬六千九百餘石、銀七萬三千餘兩。

四十九年，奉上諭全免府屬正耗銀糧。

五十二年，夏旱，奉上諭賑恤府屬貧民，共糧三十八萬二千五百餘石。

五十九年，奉上諭蠲免天下歷年民欠，蘭州府屬計共銀八萬一千八百餘兩、糧二十萬四千餘石、草一萬七千餘束。

六十年，以丙辰元旦舉行傳授大典，奉上諭將嘉慶元年地丁銀糧，分作三年次第輪免。又蠲免府屬各項經雜銀，共四萬四千四百餘兩。

嘉慶六年，旱，奉上諭賑恤府屬貧民，共糧六萬七千八百餘石、銀五萬一千五百餘兩。

七年，奉上諭蠲免元年至六年府屬民欠，銀六萬七千四百餘兩、草五萬五千餘束，又籽種銀十四萬九千八百餘兩。

二十四年，奉上諭蠲免府屬歷年民欠，銀八萬四千九百餘兩、糧八萬一千餘石。

道光六年，奉上諭蠲免府屬銀共四萬九千七百餘兩、糧十萬八千七百餘石、草三萬七千五百餘束。

養濟院　皋蘭縣在東關，孤貧二十名，歲支口糧銀七十二兩，遇閏加六兩；布花銀十二兩九錢五分六厘有奇，除荒外實支七兩五分二厘有奇。狄道州在州治前，明永平知府劉源捐修。名額、糧銀〔與皋蘭〕同，布花銀二十六兩，除荒外實支八兩六錢八分五厘有奇。渭源縣在縣治西，孤貧二十五名，歲支口糧銀九十兩，遇閏加七兩五錢；布花銀十兩二錢四分五厘有奇，除荒外實支三兩五錢一分六厘有奇。金縣在縣治北，孤貧十二名，歲支口糧銀三十九兩六錢，遇閏加三兩三錢；布花銀五兩一錢三分八厘有奇，除荒外實支二兩六錢六分一厘有奇。河州在西關，名額、糧銀與渭源同。布花銀二十四兩九錢二分二厘，除荒外實支十九兩四錢六分二厘有奇。靖遠縣在城西關外，孤貧十三名，歲支糧四十六石八斗，遇閏加三石九斗。《皋蘭縣志》：蘭衛歸縣，正額孤貧四十三名，每名日支糧一升，歲共支糧一百五十四石八斗。浮額孤貧七十二名，續收三十五名，共一百七名，每名日支銀八厘有奇，歲共支銀三百十五兩有奇，俱作正報銷。【按】此項不見《賦役全書》。

蘭州府有普濟堂、棲流所各一處，俱在東關。乾隆二十年，布政使明德、知府歐陽永裿同六屬州縣及茶當商，共捐銀三千八百兩，以八百五十兩置買河北十里店田地一處，歲取佃租銀百兩餘，交茶當商分領一分行息，以爲收養往來行旅及本地無業貧民之資，不限名額。嗣因田地被水冲損，佃户欠租，公項無着。道光七年，皋蘭縣知縣陳士楨詳明，將地出售，獲價銀一千九百二十兩，除補還原價外，又撥銀二百兩，共成四千兩，俱交商行息，以資歲支。餘銀八百七十兩，以爲歲修驛路及黄河渡船之費。

育嬰堂　在皋蘭縣東關外，嘉慶十六年總督那彦成創置。收養民間孤貧幼孩，傭年老謹實夫婦二人在堂經理。其食用雜費於征收大教場圍墻外官地租項内動支，錢一百六十二千四百五十八文，每歲終縣中具册報銷。

漏澤園　皋蘭縣有二，一在城南蕭家坪，一在東川五里内。《縣志》：舊有四處。一在城南山麓，御史鄒永昌置；一在新關外，其二俱在東關外。一推官高偉置，一承奉王林、馬成置，今惟存二處。

附明段堅《義冢記》

天順元年夏六月，蘭縣始立義冢。蘭當孔道，軍民雜處不下萬家，凡喪死，投棄水火、寄頓山岩洞壑、僧房道院者甚多，遺櫬纍纍，積以歲月，往往暴露而莫知恤。愚民執迷，以陰陽家風水禍福之訛論蠱惑，或力有不能，有終不葬其親者，是仁人君子之所惻然也。巡按御史鄒公永昌乘軺以來，詢采民隱有識於此，政事之餘，躬率諸執事，擇邑城之南鎮山之麓，得地十頃，遂封土以爲之，嚴立條教，舉禮經，禁訛論，刻之以期。有主者分以地，無主者并爲叢冢，期月之間，寄置遺棄者皆得以掩藏矣。尚慮斯地民之租税所出，後來或有更張也，乃於城西無額荒閑灘地，每七十畝易此百畝。蓋彼地肥饒潤澤，耕則爲宜，葬非所宜；此地瘠薄高爽，耕則非宜，而葬乃所宜，故也。嗟夫！古今人心之天理，孰能無之。彼有親之喪，投棄不葬者，其本心非不知親所當厚而不忍也。而甘於不葬者，非惟力有所不能，抑邪説有以蠱之也。苟在上者開導之以義禮之正，則彼豈終於執迷無所感發興起哉。若鄒公義冢之置，人皆感激，喪死送終，率皆以禮，由是而觀人心，天理終有未泯者焉。吁！九十年所無之事，鄒公舉行之，其心可謂仁矣。能使斯郡之民不失爲孝子慈孫者，又非鄒公之教歟。并書以記之。

狄道州有二，一在城東二里，一在北鄉新添舖。監生師聖壽捐置。渭源縣在城西二里。金縣、河州俱在城北一里。

蘭州府志卷六

武備志

附歷代兵事

或問是《志》部分一仿康對山《武功志》，以歸簡要，而獨增「武備志」何居？曰：蘭郡固自昔用武之地也。負山帶河，控扼邊塞，漢唐以來，西陲之叛服擾定，未有不視金城爲進退者也。我朝文德誕敷，邊民享太平之福垂二百年，然制治保邦之模，未嘗一日忘備，故開建大府，輔以重鎮，所以嚴先事之防者，視前代爲尤得其要，固不容不特詳之焉。今備述營伍規制，而附歷代兵事於後，俾古今撫邊得失善敗之由，俱有可考鏡云。

督標①**中軍**　副將一員，左右營參將二員，前後營游擊二員，都司一員，守備四員，千總十員，把總二十員，經制外委②三十員，額外外委二十四員。馬兵一千二百五十名，馬如其數；步兵一千二百五十名。乾隆四十六年及四十九年，續增馬兵一百五十五名，步兵四百八十一名。道光九年，涼州鎮改爲協，撥

---

① 督標，即總督標，軍隊建制名。清代各省總督親轄之緑營親兵。

② 外委，職官名。清置，指額外委派的武官。清緑營低級軍官皆屬外委官。有外委千總，正八品；外委把總，正九品；額外外委，从九品。外委職位与千總、把總略同，但薪俸待遇較低。

歸督標兵五百名，内已補馬兵一百十一名、步兵一百三十二名。十二年，凉州復改鎮，餘兵仍歸凉州。

河州鎮　總兵一員，左右營游擊二員，守備二員，千總四員，把總八員，經制外委十二員，額外外委八員。馬步守兵共一千七百四名。城守營，都司一員，千總二員，把總四員，經制、額外外委各四員，馬步守兵共七百八十六名。定羌驛汛，千總一員，經制、額外外委各一員，馬步守兵共七十名。唐家川汛，經制外委一員，馬步守兵共四十二名。共馬一千一百三十匹，刀二千四百五十，弓一千二百十有一，箭四萬一千六百二十，鞁袋如弓之數，大礟十，威遠礟五，馬腿礟八，母子礟八，劈山礟五，火枪一千二百有五。鎮屬外路各營兵馬軍器，不在此數。

蘭州城守營　參將一員，守備一員，千總一員，把總三員，經制外委四員，額外外委三員。馬步守兵共五百九十三名，馬一百四十七匹。

臨洮營　都司一員，把總一員。馬步守兵共三百三名，馬五十六匹。沙泥站汛，外委一員，馬步守兵共三十六名。分防渭源縣，外委一員，兵二十五名。

金縣營　把總一員，馬步守兵共一百一名，馬三十四匹。以上俱屬河州鎮。

靖遠協　副將一員，都司一員，千總一員，把總二員，經制外委四員，額外外委三員。馬步守兵共五百二十三名，馬二百十七匹。

蘆塘營[1] 游擊一員，千總一員，經制、額外外委各一員，馬步守兵共一百九十八名，馬八十九匹。

永安堡[2] 守備一員，經制外委二員、額外外委一員，馬步守兵共一百三名，馬十九匹。

三眼井營[3] 都司一員，經制、額外外委各一員，馬步守兵共一百四十二名，馬十二匹。

紅水營[4] 守備一員，經制、額外外委各一員，馬步守兵一百三十五名，馬十四匹。

永泰營[5] 把總一員，守兵六十九名。俱隸永昌協塘汛，皆列烽置堠，撥兵住守。

皋蘭縣東路九，空心墩、東岡坡、張家坪、三角城、甘草店、車道嶺、定遠驛、崖頭店、清水塘。西路八，十里店、漫灣墩、靖民墩、沙岡墩、新橋子、沙溝口、劉家溝、新添鋪。南路六，二十里鋪、和尚鋪、黑窑墩、關溝門、中鋪塘、亂山子。北路五，蔡家河、鹿角峴、紅泥沱、狼窩喇排、萱帽塔。西南路五。周家山、尖山子、何家山、墁坪、洮河沿。

狄道州東路三，湯房墩、馬家墩、窑店墩。西路一，轉嘴墩。北路十。謝家墩、林家墩、陳家墩、新添鋪、康家墩、太石鋪、黑黑溝、亂山墩、中鋪墩、關溝墩。

---

① 蘆塘營，明萬曆二十二年（一五九四年）置，今甘肅省景泰縣蘆陽鎮。明設參將駐守，清改設游擊。

② 永安堡，明置，屬永昌衛，在今甘肅省永昌縣東南四十里南壩鄉。

③ 三眼井營，明萬曆二十七年（一五九九年）置，在今甘肅省景泰縣西北三眼井村。清設守備，後改都司。

④ 紅水營，在今甘肅省景泰縣紅水鄉北幹渠東側。明萬曆二十九年（一六〇一年）築紅水堡，清乾隆二十二年（一七五七年）爲紅水分縣治。

⑤ 永泰營，明萬曆三十二年（一六〇四年）於舊老虎城置，在今甘肅省景泰縣西南、老虎山北麓。明設副總兵。

渭源縣三。鍬家鋪、關山墩、康家店。

金縣五。定遠鎮、崇臺坪、崖頭店、清水鎮、賀家鋪。

河州西路五，崖家原、乾溝巖、小黑水山、張家寨、安家山。北路六，船坡墩、青石山、党家山、黑臺山、梨哥山、党家原。東北路六，下羊哥山、劉家山、朱家山、大通原、勉哥山、小川山。西北路二。乾溝山、孔家寺。

靖遠縣東路六，打剌赤、狼山鋪、喬山峴、紅水川。乾隆五十年添建二處：趙家崖、毛河洛。西路四，古城、車路溝。乾隆五十年添建二處：寺兒坪、和保坪。南路三，興靖堡。乾隆五十年添建二處：馮家堡、大路子。北路二十二。紅柳泉、新墩、水泉營、索橋河、索橋堡、小蘆塘、席芨、坡塘、馬窑、小川子、三角城、裴家堡、中沙河、三岔溝、鎖罕堡、八泉營、喜鵲峴、大廟河、五方寺、八泉要路、小紅溝、乾沙河。乾隆五十年添建一處：糜子灘。

教場　皋蘭縣在廣武門外，明正統十四年，都指揮李進增修。舊《志》稱：計地五百二十四畝，以後枕黄河，日就衝毁。國朝乾隆四十年，總督勒爾謹①等重修，移演武廳向前十七丈，計地三百七十三畝，繚以周垣。又有小教場在廣武門内。乾隆三年，巡撫元展成建，横一百三十步，縱一百四十步。狄道州在城東北一里。明總

① 勒爾謹（?至一七八一年），姓宜特墨，滿洲鑲白旗人。清乾隆十年（一七四五年）賜翻譯進士。二十三年（一七五八年）任甘肅寧夏道，二十七年（一七六二年）任甘肅道，三十七年（一七七一年）授陝甘總督。四十二年（一七七七年）、四十六年（一七八一年），先後用兵西北失利，奪官。再王亶望冒賑案，死。

兵孫仁①恢拓舊基重建。渭源縣在城北。金縣在城西。河州在城東二里。靖遠縣在城東南三里。

附歷代兵事

秦

始皇三十三年，蒙恬將三十萬衆，北逐戎狄，收河南。築長城，起自臨洮。【按】秦時，臨洮雖非此地，而此地入中國實始秦時，故仍首書之。

漢

吕后六年夏六月，匈奴寇狄道。七年冬十二月，匈奴寇狄道，略二千餘人。文帝十一年夏六月，匈奴寇狄道。武帝元狩二年春三月，遣驃騎將軍霍去病出隴西、至皋蘭，斬首八千餘級。元鼎五年秋九月，西羌衆十萬人反，與匈奴通使，攻安故，圍枹罕。六年冬十月，遣將軍李息、郎中令徐自爲征西羌，平之。宣帝神爵元年春三月，西羌反，發騎詣金城。夏四月，遣後將軍趙充國、彊弩將軍許延壽擊西羌。六月，即拜酒泉太守辛武賢爲破羌將軍，與兩將軍并進，後將軍充國言屯田之計。二年夏五月，羌虜降服，斬其首惡大豪楊玉、酋非首。置金城屬國以處降羌。

① 孫仁，大同（今山西省大同市）人，明萬曆時任臨洮鎮總兵。

元帝永光二年秋七月，西羌反，遣右將軍馮奉世擊之。八月，以太常任千秋爲奮威將軍，別將五校并進。三年春，西羌平，軍罷。《漢書·馮奉世傳》：羌彡姐旁種反，上問用兵之數，奉世對曰：「反虜無慮三萬人，法當倍用六萬。然羌戎器不犀利，四萬人，一月足以決。」丞相、御史、兩將軍皆以爲發萬人屯守之且足。奉世曰：「以萬人分屯數處，虜見兵少，必不畏懼，戰則挫兵病師，守則百姓不救。」「羌人乘利，相扇而起，臣恐中國之役不得止於四萬。」故少發師而曠日，與一舉而疾决，利害相萬也。」有詔益二千人。典屬國任立爲右軍，屯白石；護軍都尉韓昌爲前軍，屯臨洮；奉世爲中軍，屯首陽西極上。前軍到降同阪。羌虜盛多，皆爲所破。奉世具上地形部衆多少之計，願益三萬六千人。天子大爲發兵六萬餘人，拜任千秋爲奮武將軍以助焉。十月，兵畢至隴西。十一月，并進。羌虜大破，斬首數千級，餘皆走出塞。上曰：「羌虜創艾，其罷吏士，頗留屯田，備要害處。」

更始元年，隗囂起兵應漢，分遣諸將徇隴西、金城，皆下之。《後漢書·西羌傳》：更始、赤眉之际，羌遂放縱，寇金城、隴西。隗囂雖擁兵而不能討，因就慰納。光武帝建武十年冬十月，先零羌寇金城、隴西，中郎將來歙率諸將擊羌於五谿，大破之。《後漢書·来歙传》：隴西雖平而人饑，流者相望。歙乃傾倉廪轉運諸縣，以賑贍之。於是隴右遂安。十一年夏四月，先零羌寇臨洮，隴西太守馬援破降之，後悉歸服，徙置天水、隴西、扶風三郡。中元二年秋九月，燒當羌滇吾寇隴西，敗郡兵於允街。時，明帝已立，遣謁者張鴻討於允吾，鴻軍大敗，戰殁。冬十一月，遣中郎將竇固監捕虜將軍馬武等討之。

明帝永平元年秋七月，馬武等與滇吾戰，大破之，募士卒戍隴右。

章帝建初二年夏六月，燒當羌迷吾叛，滇吾諸子。金城太守郝崇討之，敗績。秋八月，遣行車騎將軍馬防討之，以長水校尉耿恭爲副，恭屯枹罕，數與羌戰。明年秋，燒當羌降，防還京，恭留擊諸未服者，首虜千餘人，勒姐、燒何羌等十三種數萬人皆詣恭降。元和三年冬十月，迷吾寇隴西。章和元年，護羌校尉傅育追擊叛羌，戰歿。秋七月寇金城，護羌校尉張紆誘斬之。其子迷唐復叛。《後漢書·西羌傳》：育戰死，以隴西太守張紆代爲校尉。紆遣從事司馬防將兵會戰於木乘谷，迷吾敗走欲降，紆納之。設兵大會，施毒酒中，羌飲醉，紆因擊殺酋豪八百餘人，斬迷吾等五人頭，以祭育冢。迷吾子迷唐及其種人向塞號哭，與燒何、當煎、當闐等相結，種衆熾盛，紆不能討，坐征。【按】《紀》作劉盱，《傳》作張紆，當從傳。

和帝永元元年，以張掖太守鄧訓爲護羌校尉，遣兵擊迷唐。迷唐去大、小榆谷，徙居頗巖谷。四年冬十二月，迷唐復寇金城。五年冬十一月，護羌校尉貫友討之，迷唐乃遁遠依賜支河曲①。九年秋閏八月，迷唐寇隴西，殺長吏，遣行征西將軍劉尚、越騎校尉趙世等討破之，迷唐降。十二年，復叛。十三年秋八月，金城太守侯霸擊破之。羌衆降者六千餘口，迷唐種衆不滿千人，遠踰賜支，依發羌居，西海及榆谷左右無復羌寇。十四年春二月，用曹鳳言，繕修故西海郡，拜鳳爲金城西部都尉，將徙士屯龍者②。

安帝永初元年，先零種羌滇零叛，斷隴道。遣車騎將軍鄧隲、征西校尉任尚討之。二年，隲、尚與

① 賜支河曲，今青海省共和縣以南一帶。
② 龍者，即青海省海晏縣三角城遺址。

羌戰，皆敗。滇零稱天子於北地，衆遂大盛，湟中諸縣粟石萬錢，百姓死亡不可勝數。四年春三月，徙金城郡，都襄武①。五年春三月，詔隴西徙襄武。《西羌傳》：百姓戀土，不樂去舊，乃刈禾稼，撤室屋，夷營壁，破積聚。時連旱蝗飢荒，而驅蹙分散，隨道死亡，喪其大半。元初元年，護羌校尉侯霸、騎都尉馬賢擊羌號多於枹罕，斬首二百餘級。涼州刺史皮陽擊先零羌於狄道，大敗。四年，中郎將任尚及馬賢，與先零羌戰於富平上河，大破之，隴右平。永寧元年冬十二月，燒當羌叛。建光元年秋八月，馬賢討燒當羌於金城，不利。延光元年冬十一月，燒當羌豪降。三年秋，隴西郡始還狄道。

順帝永和三年冬十月，燒當羌那離等寇金城，馬賢擊破之，那離復西招羌胡。四年，賢擊斬之。五年夏，且凍羌等反，攻金城。六年春正月，馬賢與且凍羌戰於射姑山，賢軍敗没。

桓帝延熹二年，燒當等八種羌寇隴西、金城塞，護羌校尉段熲出湟谷擊破之。三年春，熲追餘羌至河首積石山斬燒何文雜種羌屯聚白石，熲復進擊，首虜三千餘人。

靈帝中平元年冬十一月，湟中義從胡北宫伯玉與先零羌叛，以金城人邊章、韓遂爲軍帥，攻殺護羌校尉伶征、金城太守陳懿。《董卓傳注》：《獻帝春秋》曰：「義從宋建、王國等反，求見故新安令邊允、從事韓約。約不見，太守陳懿勸之，國等便劫質約等數十人。懿出，國殺之，而釋約、允等。隴西冠約、允名以爲賊，購約、允各千户侯。約、允被購，約改爲遂，允改爲章。」

① 襄武，古縣名。西漢置，屬隴西郡，治所在今甘肅省隴西縣東南五里。東漢末移隴西郡治此。

獻帝建安十九年，曹操遣將夏侯淵討宋建於枹罕，獲之。《三國志》：初，隴西宋建自稱河首平漢王，聚衆枹罕，改元，置百官。三十餘年。

後帝延熙十七年夏六月，姜維率衆出隴西，冬拔狄道、河（間）［關］①、臨洮三縣民居於綿竹、繁縣。十八年夏，維復率諸軍出狄道，與魏雍州刺史王經戰於洮西，大破之。經退保狄道城，維却住鍾題。

晋

惠帝永寧初，以張軌爲凉州刺史，至軌孫駿，盡有隴西之地。成帝咸和初，劉曜攻枹罕，駿使韓璞、辛巖率步騎二萬擊之，戰於臨洮，大爲曜軍所敗，璞等退走，追至令居，駿遂失河南之地。及石勒殺劉曜，駿因長安亂，復收河南地，至於狄道。

穆帝永和二年，石虎將王擢襲武街，又使麻秋、孫伏都伐金城，太守張冲降之。凉將謝艾擊秋，敗之。

安帝隆安元年春二月，凉吕光將禿髮烏孤自稱大都督、大單于，曜兵廣武，攻克金城。五年，後秦姚興使姚碩德伐凉，自金城濟河，直趨廣武。時，烏孤弟利鹿孤嗣，見秦師至，攝守軍以避之。元興元年，乞伏熾磐招結諸部，築城於嵻峎山而據之，攻克枹罕，遣使告其父乾歸，乾歸自秦奔還苑川，遷於度堅山。義熙三年，僭稱秦王，攻克姚興金城郡，以乞伏務和爲金城太守。熾磐子暮末後爲赫連定所滅，定復爲吐谷渾暮璝所滅，地遂俱入吐谷渾。

① 《三國志・蜀書》作「關」。中華書局一九八二年版。

北魏

孝武帝太平真君六年秋八月，征西大將軍、高凉王那等討吐谷渾慕利延，詔封敕文征慕利延兄子拾歸於枹罕，廣川公乙烏頭等二軍與敕文會隴右，軍次武始，拾歸夜遁，敕文引軍入枹罕，虜拾歸妻子及其人户，留烏頭守枹罕。慕利延西入于闐國，遂盡平其地。時，金城邊冏謀反，據上邽，敕文亦破斬之。

隋

煬帝大業十三年夏四月，金城校尉薛舉起兵，自稱西秦霸王，攻陷隴右諸郡。《新唐書·薛舉傳》：隴西盜起，金城令郝瑗將討賊，檄舉將。大會置酒，舉與子仁杲及其黨劫瑗於坐，矯稱捕反者，即起兵，囚郡縣官，發粟以賑貧乏，建元秦興。進陷枹罕，敗隋將皇甫綰，因徇下鄯、廓二州，盡有隴西地。旋死，仁杲代立。

唐

高祖武德元年秋八月，秦王世民爲西討元帥，以討薛仁杲，冬十一月執之，俘以獻。二年夏五月，凉州將安修仁執李軌以降，軌先與薛舉戰，敗之，拔西平、枹罕等郡。遂盡平隴右之地，赦會、蘭、河、廓等州。

高宗儀鳳元年春三月，吐蕃寇廓、河等州。三年秋九月，李敬元、劉審禮及吐蕃戰於青海，敗績。《婁師德傳》：審禮戰没，師德奉使收敗亡於洮河，後募猛士討吐蕃有功，遷殿中侍御史兼河源軍司馬并知營田事。

（元）〔玄〕宗①開元二年，吐蕃坌達延等寇臨洮，入蘭州，剽牧馬，遣薛訥爲隴右防禦使，與郭知運、

① 原刊「元」，清避「玄」諱。

王晙擊之。及賊，戰武階驛，破之。尾北至洮水，又戰長城堡①，殺虜數萬。

代宗寶應元年，吐蕃陷秦、渭、臨洮諸州。廣德元年，復陷河、蘭、岷、廓諸州。《地理志》：隴右州縣盡没。大中後，吐蕃微弱。五年，張義潮以河、蘭等州來歸，而宣、懿德微，不暇疆理，惟名存有司而已。

宋

仁宗景祐二年夏，元昊欲南侵，恐唃斯囉制其後，舉兵攻蘭州諸羌至馬銜山②。

神宗熙寧五年秋八月，秦鳳路沿③邊安撫王韶復武勝軍，以爲鎮洮軍。冬十月，升鎮洮軍爲熙州鎮洮軍節度，置熙河路。十一月，河州首領瞎藥來降。賜姓名包約。六年春二月，王韶復河州，獲木征妻子。七年春二月，知河州景思立等，與青宜結鬼章戰於踏白城④，敗死。三月，募武士赴熙河。夏四月，王韶破西蕃於結河川⑤，進築珂諾城⑥，與蕃兵連戰，破之，斬首七十餘級，焚三萬餘帳，木征率酋長八十餘人降。賜姓名趙思忠。

① 長城堡，地名，在今甘肅省臨洮縣西北。
② 馬銜山，即馬啣山，位於今甘肅省臨洮縣北，接榆中縣界。
③ 「沿」同「沿」。
④ 踏白城，北宋置，屬河州。在今甘肅省積石山縣南。
⑤ 結河川，地名，在今甘肅省臨洮縣北。
⑥ 珂諾城，又作河諾誠、阿納城。北宋置，屬河州。在今甘肅省廣河縣。宋熙寧七年（一〇七四年）改爲「定羌城」。

元豐四年秋八月，夏人寇臨州堡，熙河經制李憲敗夏人於西市新城。又襲破於女遮谷①，斬獲甚衆。九月，李憲復蘭州古城。十月，熙河兵至女遮谷，與夏人遇，戰敗之。李憲又敗之於屈吴山②。六年春二月，夏人數十萬衆攻蘭州，鈐轄王文郁率死士七百餘人擊走之。三月，夏人寇蘭州，副總管李浩以衛城有功，復隴州團練使。夏五月，夏人寇蘭州，右侍禁韋定死之。七年春正月，夏人寇蘭州，李憲等擊走之。冬十月，夏人寇熙河。

哲宗元祐六年夏四月，夏人寇熙河蘭岷路。

高宗建炎二年春正月，金人犯熙河，經略使張深遣兵馬都監劉維輔與戰於新店③，敗之，斬其將黑鋒。四年冬十二月壬辰，金人犯熙州，總管劉維輔戰敗之，殺五千餘人。甲午再犯，維輔軍潰，被執，死之。

紹興元年夏六月，熙河統制關師古、洮東安撫郭玠同討熙州叛兵，連敗之。時關隴六路盡陷，祐罕既得陝西地悉與僞齊。二年冬十一月，關師古敗僞齊兵於抹邦山④。四年春三月，以關師古爲熙河蘭廓路安撫制置使。夏四月，師古叛降僞齊。七年冬，吴玠遣裨將馬希仲攻熙州不克，希仲遁還，玠斬以徇。

---

① 女遮谷，古地名，位於今甘肅省蘭州市東三十五里。
② 屈吴山，山名，位於今甘肅省和寧夏回族自治區交界。山名始於北宋，因屈、吴兩姓居此而名。
③ 新店，地名，即今甘肅省臨洮縣辛店鎮。
④ 抹邦山，山名，位於今甘肅省臨洮縣東南三十里。

三十一年秋九月，蘭州漢軍千户王宏殺其刺史温敦烏也來降。三十二年春二月庚子，興州統領惠逢等復河州。癸卯，復積石軍，又克來羌城。閏月，金人破河州，屠其城。三月，王宏拔會州。夏五月，吴璘遣將復熙州。

孝宗隆興元年春正月，吴璘奉詔班師還河池，金人遂陷新復十三州軍。於是秦鳳、熙河、永興三路新復州軍皆復爲金取。

金

世宗大定二年，以移剌成爲臨洮尹，招降喬家等族首領結什角。

宣宗貞祐三年秋八月，諭陝西堅守臨洮、蘭、會等處要害。冬十月，夏人陷臨洮，陝西宣撫副使完顔胡失剌被執。十一月，知臨洮府陀滿胡土門破夏人八萬於城下。興定二年秋七月，夏人犯龕谷，提控夾谷瑞及其副趙防擊走之。冬十一月，夾谷瑞敗夏人於質孤堡。元光元年冬十二月，蘭州提控唐括昉敗夏人於質孤堡。

哀宗正大四年夏五月，元兵平臨洮府，總管陀滿胡土門死之。

明

太祖洪武二年夏四月，馮勝至臨洮，元太尉李思齊降，顧時、戴德各將本部兵征蘭州，克之。《明史·徐達傳》：諸將議，欲先取慶陽，後攻臨洮。達曰：「臨洮北界河湟，西控羌戎，得之，其人民足以備戰鬥，地產足以佐軍儲。今以大軍蹙之，思齊不走，即束手縛矣。」遣右副將軍馮勝逼臨洮，思齊果降。冬十二月，擴廓帖木兒攻蘭州，指揮張温擊却之。三年夏五月，鄧愈克河州。

景帝景泰三年，邊將請增臨洮諸衛戍，鎮守陝西、刑部侍郎耿九疇言：「邊城士卒非乏。將帥能嚴紀律，賞罰明信，則人人自奮。不然，徒冗食耳。」乃不增戍。邊民春夏出作田，秋冬輒徙入塞。九疇言：「邊將所以禦寇衛民。今使民避寇失業，安用將帥？」因禁民入徙。有被寇者，治守帥罪。

憲宗成化二十一年冬，小王子犯蘭州。

武宗正德十年，套酋掠臨洮，總制都御史鄧章調官兵不能禦。

世宗嘉靖八年，洮岷諸番數寇臨洮，總制、尚書王瓊遣總兵官劉文等擊破之。《明史·西域傳》：樞臣李承勛言：「番为海寇所侵，日益内徙。倘二寇交通，何以善後。昔趙充國不戰而服羌，段熲殺羌百萬而内地虚耗，兩者相去遠矣。乞專充國之任，制置方略，悉聽瓊便宜從事。」瓊乃集衆議，且剿且撫。凡斬首三百六十餘級，撫定七十餘族。自是，洮、岷獲寧。又，正統五年，敕陝西鎮守都督鄭銘、都御史陳鎰曰：「得奏，言河州番民領占等，因避罪，逃居結河里，招集徒黨，占耕土田，不注籍納賦，又藏匿逃亡，剽劫行旅，欲發兵討之。朕念番性頑梗，且所犯在赦前，若遽加師旅，恐累及無辜。宜使人撫諭，令散遣徒黨，還所掠牛羊，兵即無進，否則加兵未晚。爾等其審之。」番人果輸服。七年，再敕銘及都御史王翺等曰：「得鎮守河州都指揮劉永奏：往歲阿爾官等六族三千餘人，列營歸德城下，聲言交易，後乃抄掠屯軍，大肆焚戮；而著亦匝族番人屢於熌泉亭諸處，潛爲寇盗。指揮張瑀禽獲二人，止責償所盗馬，縱之使去。論法，（瑀）〔瑀〕與永皆當究治，今姑令戴罪。爾等即遣官親詣其寨，曉以利害，令還歸所掠，許其自新，不悛，則進討。蓋馭戎之道，撫（緩）〔綏〕①爲先，撫之不從，然後用兵。爾等宜體此意。」番人亦輸服。【按】二敕得馭邊之體，故附録於此。四十一年，北寇潛入蘭州，大肆搶掠。

神宗萬曆三年，西羌札者他等入犯郡境，殺掠人民，固原總兵孫國臣統兵分五路，由舊洮州入剿，滅之。

十八年秋七月十三日，火落赤由河州入犯臨洮，臨鞏兵備僉事郭宗賢、固原總兵劉承嗣、蘭州游擊孟孝臣敗之於和政驛。十六日，游擊劉子都搜賊至十九原，賊自河西潛入，子都遇戰奮擊，衆寡不敵，力屈而死。二十七日，總兵劉承嗣督領參將鄧鳳等與賊大戰。時，秋雨浹旬不止，甲胄、弓矢俱濕，我兵不得騁，賊乘勢大舉，承嗣遂敗績。游擊李芳，指揮李如玉，千户魏承勛、李國瑞，把總何天衢等俱死。火酋入犯甚狂逞，兵無紀律，我兵督剿逐之郭麻灘，遂失勢。至八月初三日盡出境，冬十月賑臨洮被兵軍民。

十九年秋七月，陝西巡撫葉夢熊防秋駐臨洮。自此遵廷議，每歲秋初移鎮臨、河，冬初回省。

二十一年，移陝西參將彭振雲領兵防臨洮，未幾，改副總兵。

二十三年，改副總兵爲臨洮鎮。

① 原刊「緩」，《明史》爲「綏」。

二十四年，昆差等酋糾合真相等酋犯洮、河，兵備僉事張棟同臨洮總兵官劉綎破走之。

二十六年三月，著力兔等住牧松山，議欲仇犯，張棟同臨洮總兵官陳霞大破之於六個井。四月，賊又寇烏蘭，張棟遣蘭、河二營兵，由照山子渡河襲之，賊大敗。自是，不敢窺松山。

二十七年春二月，總督李汶會同陝西巡撫賈待問、甘肅巡撫徐三畏、臨洮總兵官孫仁、兵備副使荆州俊親詣松山，條議修築，分工舉役，選各營精鋭兵馬設伏要害，以防侵擾，設五將領兵馬糧芻，以備分守。河東自永安堡長索橋起，修蘆塘、故川等城三座，補修蘆塘大城一座；河西自泗水堡修玉門兒等城三座，補修扒沙營城一座，俱至雙墩、圍莊分界。自永泰州以東，設蘆塘參將一員，小蘆塘操守一員，隸靖虜衛。永泰州以西，設紅水游擊一員、中軍一員、把總二員、坐堡一員，馬步兵五百名。三月，副使荆州俊搜剿賊酋遺孽，松山犂然一空。夏四月，賊酋潛入松山，謀復故巢，州俊伏兵黄沙掌，擊敗之，追至中衛而還。

二十八年春三月，州俊建宏濟橋於囤子溝①，以備緩急。蘭與河由囤子溝通道止距二百里，中界洮河，水勢洶湧，不可渡。彼此策應，必由臨洮，緩急不能相濟，遂檄通判徐有登督修浮橋於此。六月，總督李汶檄參政荆州俊，加修紅水、三眼井二堡。

二十九年春二月，州俊計處松山善後事宜，改紅水守備爲游擊，增兵馬。又以城池狹隘，增修東、西、南三面新城一百九十四丈。

① 囤子溝，《甘肅通志》爲「洞子溝」。

三十年春正月，賊土滅恰等侵河境，州俊發兵至古爾半，大破之。秋八月，賊屯松山北，總督李汶檄洮、固二總兵，由蘆塘出邊搗巢，敗之，州俊收紅水等降夷八起。九月，真相台吉等酋謀雪土滅恰讎，州俊同總兵官孫仁遣兵至節子岡，大戰獲全勝。

三十一年夏五月，總督李汶、巡撫顧其志上疏，議修老虎城改爲永泰城。秋八月，賊竊挖紅水新邊，州俊遣兵堵剿於百墩子[1]，斬首二十餘級，賊驚奔。冬，賊衆踏冰南犯，州俊同孫仁遣兵至把撒等川，大破之。

熹宗天啓六年，臨洮營兵高印，以索餉作亂，兵備副使熊師旦計斬其渠首，餘黨悉安。

莊烈帝崇禎七年，臨洮營兵蔡虎作亂，率衆焚掠，欲殺巡按，御史李嵩尋爲其同黨所殺。是歲，闖賊李自成犯臨洮。

九年復犯，總兵曹變蛟追之出境。

十六年冬，李自成陷蘭州，肅王識鋐[2]遇害，巡撫林日瑞等死之。

國朝

順治五年春三月，□……□殺城守游擊及生員李文煒等，焚掠連旬，總督孟喬芳帥總兵王思謙等與

---

① 百墩子，地名，即今甘肅省景泰縣北白墩子。

② 即朱識鋐（一六〇四至一六四三年），明太祖朱元璋九世孫，肅憲王朱紳堯嫡長子。萬曆四十二年（一六一四年）受封世子，天啟元年（一六二一年）襲封肅王，在位二十三年。

戰於金縣川，大破之。遣游擊張勇復臨洮，斬賊首士倫太，生擒□……□，回黨闖塌天降，後復潛踞高山，集衆劫掠。參將曹希冬遣材官雷明宇偵之得實，夜偃旗息鼓往擒之，梟其首，餘黨悉平。

康熙十三年春正月，吴三桂反，僞總兵趙時申陷臨洮。二月，甘肅提督張勇、西寧總兵王進寶復臨洮。時，賊又陷蘭州，我兵圍之，僞總兵陳可回據臨洮，約三千餘人。守備王萬祥言於進寶曰：「蘭州要地，賊必死守，難以急攻，不若先取臨洮，削其手足，則彼坐困孤城，不戰自屈矣。」進寶然之。即帶兵六百人前進，命游擊王朝海爲先，萬祥次之。途遇臨洮人，許其來，不許其去，守塘賊兵皆縛之。四更至城外，下馬過壕，見城有微斜處，萬祥令家人閻閏先上，繫繩垛口，遂攀繩先登，衆兵隨之者五六十人，賊已覺，礮矢競發，不得進。萬祥曰：「此處進退無路，總是一死，不如拚命一戰，勝負未可定也。」衆皆曰：「然。」遂推開排墻，手斫二賊，衆兵繼進，賊下城奔竄。會王朝海亦攻破東門，陳可及賊兵死者過半，生擒及降者五百餘人，遂平之。

十五年，王輔臣反，臨洮府及蘭州俱陷。奮威將軍王進寶夜渡河破賊，復之。

乾隆四十六年春三月，循化□□□□□□蘇四十三等反，陷河州，害蘭州府知府楊士璣、河州協副將新柱，進圍省城，固原鎮總兵圖欽保來援，連戰死之。夏五月大學士阿桂率兵征討，賊衆敗，據華林山。秋七月，殲之餘黨，悉平。

四十七年，改河州協爲鎮，設總兵官。

蘭州府志卷七

官師志上

近邊之地，前代多設衛所，以武職莅之。我朝悉統於文職，以明牧養之道與内地一也。故兹《志》蘭州官師參列古今，視天下郡國無殊焉。其上不及大吏，下不及州縣僚屬，則郡《志》之體也。然封疆統寄而惠澤特及於一郡，與夫閫帥、末秩之有功德於民者，則亦入「宦迹」。有舊《志》有傳而鮮事實者則略，掇一二語入題名條下，以杜繁濫，而又恐或遺人之善也。慎職守之思，興循良之慕，胥於此乎在矣。

題名 附藩封世職

整飭臨洮道【按】明代兼轄臨、鞏，故不載

國朝

夏揚名　山東昌邑舉人，順治二年任。

李絜飛　奉天生員，五年任，有傳。
于明寶　江南金壇進士，七年任。
陳倬　江南江都進士，十年任。有美政。
毛一麟　奉天廣寧貢生，十三年任。
祁彦　奉天廣寧貢生，十四年任。政尚寬和。
張基遠　山西介休人，十四年任。
張文德　奉天錦州貢生，十八年任。
孫際昌　直隸河間進士，康熙七年任。善訓士。
王思治　奉天人，十年任。以廉明著。
白應科　奉天人，十四年任。【按】《狄道州志》謂：以後移駐蘭州。又，此下有劉國正，不載某年任，《通志》無。
郭景昌　奉天人，二十二年任。養士卹民。
姜登高　漢軍人，二十七年任。
金世法　漢軍人，三十一年任。
符冏　山西翼城人，三十六年任。
王永義　江南上元人，三十九年任。

魏　勷　直隸栢鄉人，四十二年任，有傳。

衛　瑛　直隸滄州人，四十七年任。

田呈瑞　山西汾陽貢生，五十年任。留心水利。

江際泰　漢軍人，五十六年任。

盧官保　鑲白旗人，雍正五年任。

劉　栢　漢軍鑲白旗人，七年任。

李　元　正藍旗人，九年任。

吴廷偉　江南高郵人，十年任。

分巡蘭州道

乾隆九年改。

郭朝祚　漢軍正白旗歲貢，乾隆九年任。

張廷枚　漢軍正白旗人，十一年任。

王守坤　陝西乾州人，十四年任。

來　朝　滿洲正紅旗監生，二十年任。

王太岳　直隸定興縣人，二十年任。

勒爾金　蒙古正白旗官學生，二十一年任。

蘇凌阿　滿洲鑲黄旗舉人，二十六年任。

法　良　滿洲鑲白旗監生，二十七年任。
福　川　滿洲正白旗生員，三十四年任。
秦雄飛　江蘇金匱進士，三十六年任。
熊啟謨　江西安義進士，四十年任。
蔣全迪　安徽歙縣貢生，四十二年任。
陳庭學　順天宛平進士，四十三年任。
圖薩布　滿洲正紅旗舉人，四十六年任。
陳步瀛　江蘇江寧進士，四十七年任。
宋維琦　漢軍鑲白旗監生，四十九年任。
陳　淮　河南商邱拔貢，五十年任。
蘇楞泰　滿洲正白旗人，五十年任。
王曾翼　江蘇吴江進士，五十三年任。
瑺　亨　滿洲正黄旗人，五十九年任。
蔡廷衡　浙江仁和進士，嘉慶元年任。
隆　興　滿洲鑲黄旗生員，六年任。
瞿曾輯　江蘇武進進士，九年任。

積郎阿　蒙古正黄旗生員，十二年任。

嚴烺　雲南宜良進士，十三年任。

童槐　浙江鄞縣進士，十九年任。

恒安　滿洲生員，十九年任。

呂嘉言　安徽旌德監生，二十二年任。

文明　滿洲人，道光元年任。

楊翼武　陝西華陰增生，二年任。

薩迎阿　滿洲鑲黄旗舉人，六年任。

程喬采　江西新建進士，七年任。

圖明額　滿洲鑲藍旗生員，九年任。

程德潤　湖北天門進士，十一年署任[1]。

張應銓　安徽祁門監生，十二年署任。

靖虜衛兵糧道

明　萬曆時始設。

馬文健　山東鉅野進士，以剛介著。

① 署任，指官員已調遷他職，但暫攝原任。

馬三樂　山東陽信進士，修築長邊堡寨。
梁　許　河南孟津進士，有傳。
邢　玠　山東益都進士，有傳。
王　延　河南商城進士。
張一通　北直隸寧津進士，訓撫士卒稱長者。
葉　憲　江西南昌進士，救荒有惠政。
王　亮　浙江臨海進士，有傳。
張邦伊　浙江鄞縣人。
張文華　四川内江進士。
劉　兑　北直隸新安舉人。
郭顯忠　河南太康進士。
李東魯　山東德平進士。
黎　方　四川丹稜進士。
袁宏德　北直隸曲周進士。
岳萬階　山東朝城進士。
盛承世　南直隸桐城進士。

秦大夔　山東臨清進士。
張光縉　山西澤州進士。
徐雲逵　北直隷遷安人。
吳　暐　山東萊蕪人。
向允賢　四川通江人。
葉　桂　河南商邱人。
張　輦　山西蒲州人。
潘有功　南直隷蘇州人。
王功弼　山西蒲州人。
李應選　湖廣江夏人。
李含璞　北直隷房山人。
田連隰　進士。
周宏圖　山東貢生。

國朝

聶一心　順治二年任。
桂繼攀　河南歸德進士。

黄　紀　四川瀘州舉人。

劉景雲　直隸深州進士，六年任。

樓希昊　漢軍人。

嚴正矩　湖廣孝感進士，十一年任。

萬　全　奉天進士，十三年任。

劉元運　山東東昌進士，十八年任。

秦仁管　江南進士，十八年任。

康熙二年裁。

金城太守

漢

厙　鈞　光武帝時，有傳。

郝　崇　章帝時。

侯　霸　和帝時，有傳。

霍　諝　魏郡鄴人，順帝時，有傳。

蘇　謙　扶風平陵人，桓帝時。

陳　懿　靈帝時，爲王國等所害。

魏

蘇則　扶風武功人，有傳。

張就　敦煌人。

楊欣

晋

胡曷　嘗叛張軌，軌征之復降。

張冲　穆帝時，降於石虎。

乞伏務和　西秦王乾歸時。

任蘭　後秦姚興時，有傳。

隴西太守

漢

李廣　隴西成紀人，景帝時。

馮野王　上黨潞人，有傳。

馮逡　野王弟，有傳，成帝時。

馬援　扶風茂陵人，有傳。

劉盱　光武帝時。

孫　純　俱章帝時。

張　紆　扶風平陵人，有傳。

魯　謙　桓帝時。

孫　羌　靈帝時，與韓遂連和共殺凉州刺史。

李相如

魏

游　楚　字仲允，高陵人，以恩德爲治。

牽　宏

自晋以後，郡治官稱更變非一，不復詳載。

臨洮府尹

金

龐　迪　延安人，有傳。

完顔習不主　熙宗時任。

徒單合喜　上京人，有傳。

僕散忠義　上京人。

劉　萼　宛平人。

訛古乃

以上海陵①時任。

移剌成　招降喬家等族有功。

石抹榮

石抹卞

張中彦　張義堡②人，招降吹折四族③，有惠政。

移剌慥　契丹虞昌部人

以上世宗時任。

宗　道　上京人。

石抹仲温　懿州人。

僕散揆　忠義子，以政績聞。

以上章宗時任。

---

① 海陵，指金海陵王完顏亮。金皇統九年（一一四九年），完顏亮弑君篡位，改元「天德」，後更年號「貞元」「正隆」，在位十二年。

② 史稱「張義堡」者兩處。一即今寧夏回族自治區固原市張易鄉，北宋熙寧五年（一〇七二年）置，屬鎮戎軍，金改張義寨。一即今甘肅省武威市凉州區張義鄉張義村，西漢置張掖縣於此（張掖與張義諧音），遺址尚存。

③ 吹折四族，指西羌吹折、密臧、隴逋、龐拜四族。

孛术魯德裕

完顔賽不

陀滿胡士門　有傳。

以上宣宗時任。

祁　望　西域人，居狄道，有邊績。

祁　福　本郡人，後入元。【按】望、福、安等皆以土人世襲者，舊《志》載之，姑附於後。

元

祁　安　福孫，以廉勤稱。

祁公哥朵只　安子，以王事没於興元。

臨洮府知府

明

陸　穮　浙江仁和人。

楊　忠　浙江仁和人。

劉　用

喻紹先　浙江義烏人，薦舉明經。

郝　文

以上洪武時任。

李　恭

花　本　山西平定人。

安　正　四川新都人。

張　嚴

以上永樂時任。

李　頫　山東臨清人。

許　譽　山東掖縣人。

李　榮　山東臨清人。

以上宣德時任。

吴　崖　浙江蕭山人。

張　儼　南直隸鎮江人。

俱正統時任。

劉　昭　山西潞州人，有傳。

邊　寧　北直隸任邱人。

〔以上〕天順時任。

李　通

張　瓚　山西陵川進士，以公恕稱。

朱　綬　山西代州人。

趙文博

張　振　山西夏縣人。

錢茂律　浙江臨海人，城池、學校多所修建。

張宗器

熊　概　河南商城人，有傳。

以上成化時任。

李　紀　山西潞州舉人，有傳。

郝　清

車　霆　山西石州進士，有傳。

以上〔宏〕〔弘〕治時任。

孫　傑　山西平定人。

李　賓　順天人。

梁　桀　河南柘城人。

孫　沔　山東魚臺人。
謝　瑞　北直隸冀州人。
以上正德時任。
郭九皋　順天人。
楊應奎　山東青州人。
丁　貴　山東濱州人。
張　竿　四川南充人。
李　録　山東臨邑人，有傳。
陳　�　山東歷城人。
李　紳　河南祥符進士，崇正化俗。
李　檠　山東金鄉人。
周　臣　南直隸吴縣人。
馬　聰　太平人。
李南暾
唐　頤　山西陽曲人。
方啟參　湖廣巴陵人。

彭　燦　河南靈寶人。
王　濡　錦衣衛官籍。
張鵬翼　河南虞城進士。
楊君璽　山東文登人。
劉時舉　江西吉水人。
以上嘉靖時任。
張　仁　山東平原人，隆慶時任。
邢　邦　山東臨清人。
蕭守身　河南懷慶人。
申維岱　北直隸遵化人。
曹時聘　北直隸獲鹿人。
李邦佐　河南陳留人。
夏　鏜　四川大足舉人，有傳。
賀　愈　山西崞縣進士。
楊士廉　河南洛陽舉人，開河州水利。
岳維華　北直隸曲周進士，有傳。

劉應聘　山西翼城舉人，有傳。
李承武　錦衣衛官籍，舉人。
李再命　北直隸冀州進士。
張　第　山東茌平進士。
王曰然　湖廣景陵舉人。
王景彝　山西寧鄉人。
高以道　北直隸阜城舉人。
王一之　北直隸肅寧進士，有傳。
黄　和　山東沂州進士。
徐原本
以上萬曆時任。
冀琳中　河南上蔡人，有傳。
藍近任　山東曹縣人。
陳崇虞　雲南呈貢人。
以上天啟時任。
馮福謙　四川南充人。

石應岷　南直隸丹陽舉人，有傳。

馬　蔚　四川西充人。

以上崇禎時任。

國朝

朱受祜　江南懷遠人，順治二年任。

劉國正　奉天人，四年任。

程之璿　山西長治人，五年任。愛民禮士。

趙廣居　直隸滿城人，十年任。

楊士烜　直隸通州人，十三年任。

張文明　奉天遼陽人，十五年任。

許重華　河南太康進士，康熙二年任，有傳。

陳景仁　浙江山陰進士，九年任，有傳。

徐正修　直隸永平人，十一年任。

景文魁　奉天人，十三年任。

季　佺　直隸真定人，十四年任，有傳。

高錫爵　奉天遼陽人，十八年任，有傳。

謝公洪　直隸保定人，二十八年任。
祖業宏　漢軍正黄旗人，三十年任。
許聖朝　山東聊城人，三十六年任。
包太隆　漢軍正黄旗人，四十二年任。
韓　奕　漢軍鑲藍旗人，四十三年任。
莊祖詒　江南武進人，四十七年任。
楊宗仁　漢軍正白旗人，五十年任，有傳。
王景灝　漢軍鑲黄旗人，五十二年任。
沈廷正　漢軍鑲白旗人，雍正元年任。
白　訥　山西平定人，元年任。
李如璐　直隸新安人，三年任。
楊若楙　山西蒲州人，四年任。
江　洪　江南泰州人，五年任。
衛封濟　直隸滄州人，五年任。
李　綺　江南徐州人，七年任。

蘭州府知府

乾隆三年改。

宋安仁　江蘇長洲人，乾隆三年任。

歐陽永裿　廣西馬平拔貢，九年任，二十一年復署任。

梁　彬　直隸真定廕生，十年任。

閻介年　直隸蔚州進士，十四年任。

勒爾金　蒙古正白旗官學生，十八年任。

福　川　滿洲正白旗生員，二十七年任。

方　桂　湖南巴陵舉人，三十年任。

沈榮昌　浙江歸安進士，三十一年任。

鄭王臣　福建莆田拔貢，三十三年任。

慕豫生　江蘇吴縣舉人，三十五年任。

瑺　泰　滿洲正紅旗官學生，三十七年任。

蔣全迪　安徽歙縣貢生，四十年任。

楊士璣　江蘇婁縣進士，四十二年任，有傳。

舒其紳　直隸任邱增生，四十六年任。

張　燮　山西介休貢生，四十七年任。

陸維垣　順天大興監生，五十二年任。
覺羅海昌　滿洲鑲黄旗人，五十八年任。
龔景瀚　福建進士，嘉慶五年任。
王榮棨　山西靈石廕生，七年任。
喻文鏴　湖北黄梅拔貢，九年任。
沈　清　湖南安福拔貢，十四年任。
楊祖淳　四川雅安進士，十五年任。
黄　方　山東單縣監生，十七年任。
吉　壽　滿洲鑲白旗舉人，二十二年任。
楊翼武　見蘭州道。二十三年任。
桂　明　滿洲正黄旗官學生，道光元年任。
蓋運長　山西曲沃進士，六年任。
陳士楨　江蘇通州進士，八年任。
趙宜暄　江西南豐人，十一年署任。
夏祥培　江蘇邳州增貢，十二年署任。

同知臨洮府

金

楊仲武　保安人，有傳。

完顏習不主　西南路人。

完顏蒲剌都　西北路人。

木虎高琪

以上章宗時任。

赤盞合喜　大名路人。

納合蒲剌都　本郡人，有傳。

烏古論長壽　會州人，有傳。

郭蝦蟆

以上宣宗時任。

元

趙阿哥潘　本郡人，有傳。

趙汝翼　潘次子，中統時任。

華嚴禄

楊琦　泰定時任。
田濟順　有傳。

明

劉德
賈壽
劉希魯
以上洪武時任。
林宗德　山東掖縣人，有傳。永樂時任。
賈寧
焦忠
高舉
以上宣德時任。
李祐
陳英
俱正統時任。
田暘　景泰時任。

黄　琥　江西豐城舉人，有傳。
郭　瑨　山西夏縣人，有治才。
陳　碁　北直隸清苑人，胥隸畏其廉明。
張　慶　北直隸開州舉人，以清慎稱。
亢　通　山西洪洞人。
李　杲　山西洪洞人，有傳。
劉德成
以上成化時任。
王廷琛
郭　璁　北直隸肥鄉人。
張　翰　山西平陸人。
沈　璡　順天宛平人。
以上（宏）〔弘〕治時任。
劉　楫　山東益都人。
魯　瑁　四川内江人。
齊　雲　河南南陽人。

楊　恕　嘉定人。

以上正德時任。

顧良弼　北直隸霸州人。

賀廷秀　寧鄉人。

王　卿　北直隸定州人。

李　華　四川江油人。

崔　汴　北直隸南宫人。

辛東山　河南洛陽人。

楊　珉　山西陽曲人。

吉　陽　北直隸開州人。

李　楷

何繼武　河南靈寶人。

崔尚義　北直隸長垣人。

楊振文

高　崇　四川長壽人。

左　翼

彭　燦　見知府。

楊錫文

原　森　山西榆次舉人。清幹，善决獄訟。

姜顯祖　山東莒州人。

邢思樂　北直隸南宫人。

以上嘉靖時任。

唐懋德　雲南晋寧舉人，有傳。

阮聲和　雲南晋寧人。

崔允中　山東臨清人。

鄭　簡　北直隸獻縣人。

黄金色

董之表　山東陽信人。

牟脈新　山東福山人。

阮嘉瑞　江西安福人。

王燕翼　北直隸任邱人。

陳國鑑　北直隸曲周人。

馮　恂　萬曆二十六年任。

鍾萬璋　廣東乳源人，崇禎時任，有傳。

國朝　移駐蘭州

徐養奇　漢軍人，順治四年任。

成伯英　山西寧鄉貢生，五年任。

曹大維　奉天開原歲貢，五年任。

張秉謙　居庸人，七年任。

智　烺　（北直隸）〔河南布政使司〕[1]南陽人，十年任。

方躍龍　浙江於潛進士，十一年任。

李以昜　山東濟寧人，十二年任。

薛之豸　奉天錦州人，十三年任。

劉　董　山東成山監生，十四年任。

陳遇主　奉天人，十六年任。

趙貫臺　山東平陰舉人，十八年任。

①原刊誤，勘「河南布政使司」。

黄雲史　江南武進人，康熙二年任。寬復屯賦。
吕夾鍾　直隸滑縣副貢，二年任。
沈貞亨　浙江海寧人，九年任。
胡獻瑶　奉天金州進士，九年任。
穆生耀　山西大同廕生，十二年任。
劉三傑　陝西榆林人，由千總於十四年任。
金世濟　奉天鐵嶺廕生，十七年任。
陸呈祥　奉天杏山人，二十一年任。
栗生蘭　奉天廣寧監生，二十四年任。
王永璧　奉天鐵嶺監生，二十七年任。
佟世禄　漢軍正藍旗監生，四十一年任。
楊宗仁　見知府。四十五年任。
侯承瘄　江南無錫人，五十一年任。
沈廷正　漢軍鑲白旗貢生，五十三年任。
張鵬翼　漢軍正白旗進士，雍正元年任。
陳師旦　浙江錢塘貢生，二年任。

宋安仁　見知府。九年任。

馮慶曾　山西代州廩生，十二年任。

李壽漢　山東惠民監生，乾隆四年任。

陳　旭　貴州貴筑舉人，五年任。

程奎聯　江蘇元和監生，十五年任。

國　棟　滿洲正黄旗進士，二十六年任。

明　福　滿洲正白旗官學生，三十年任。

袁守仲　山東長山貢生，三十一年任。

陳臚聲　福建平和附生，三十二年任。

乾隆三十六年裁。

臨洮府監收通判　駐河州

明

龔仁美

王　敬

王　深

以上洪武時任。

邊彦昌　清源人。

王　欽　河南湯陰人。

靳　理

以上永樂時任。

郭　銘　宣德時任。

陳　廣

陳　守

高　昇

以上正統時任。

王　臣　景泰時任。

郭　鏞

催　振

郭克振

陳　謙

以上成化時任。

郭　崧　山西襄陵人。

鄭居貞
馬　亮
朱　儀　四川華陽人。
劉仲綱　河南羅山人。
以上（宏）〔弘〕治時任。
賈　璲
李　鳳
張學詩　山東肥城人。
齊濟舟　山東濱州人。
張大綱　山西陽曲人。
田天濟　山西應州人。
以上正德時任。
王　道
張　賢　山東蓬萊監生。
劉維岳　山東清平舉人。
白　塗　山西廣寧人。

孫詔卿　山西代州人。

王　珣　湖廣衡陽監生。

阮廷桂　湖廣邵陽監生。

王家相　永寧①人。

劉永學　山東壽光人。

向朝言　湖廣巴陵監生，嘗修郡志。

王　卿

李　祐　山西太谷人。

趙師道　山西平陸人。

和時征　北直隸深州人。

陳世鳳　山西屯留選貢。

苟　詵　四川華陽人。

任維鈞　四川巴縣進士。

① 永寧，古建制多地用名，歷代置并較多。明嘉靖時名地者有三：一是隋義寧二年（六一八年）改熊耳縣置，屬宜陽郡，治永固城（今河南省洛寧縣）。明屬河南府。二是元至順初分永新州置，屬吉安路，治今江西省寧岡縣古城。明屬吉安府。三是明永樂十二年（一四一四年）置，屬隆慶州（後改延慶州），治今北京市延慶區永寧鎮。

陳繼榮　北直隸天津監生。
于　珽　山西太原人。
吕　鴻　河南葉縣舉人。
宋　魯　湖廣石首舉人。
吕　臬　北直隸棗强人。
屈際公　河南睢陽人。
樊　玠　以上嘉靖時任。
李嘉臣　北直隸滑縣監生。
脱　鎬　北直隸新河舉人。
俱隆慶時任。
楊　雄　山東章邱貢生。
申自天　河南磁州舉人。
陸　鎬　南直隸宜興舉人。
秦廷芳　山東定陶選貢。
王世勛　河南涉縣選貢。

以上萬曆時任。

同知 萬曆三十一年改設。

徐有登 南直隸江都儒士，萬曆三十三年任。

張以翔 河南祥符舉人，萬曆四十年任。

馬希周 舉人，有傳。

郭繼英 雲南鶴慶舉人。

張汝賢

李 櫝 山西安邑舉人。

唐萬齡 南直隸淮安貢生。

以上崇禎時任。

國朝

曹思訥 直隸貢生，順治三年任。

劉世祚 山東臨清貢生，八年任。

王朝宗 浙江山陰貢生，十五年任。

高應芬 山東安邱貢生，十七年任。

白 輝 山西平定貢生，康熙元年任。

梁浩然　山東濟南貢生，六年任。
黄　綬　山東安邱進士，七年任。嘗修學校，創建四賢祠。
唐敬一　四川成都舉人，八年任。
郎熙化　奉天遼陽貢生，十年任。
鄒　玗　河南河内進士，十五年任。
劉永祺　直隸棗强恩貢，二十年任。嘗捐俸建四社學，重修志書。
劉餘霦　順天宛平監生，二十四年任。
鄒嘉琳　奉天瀋陽歲貢，二十六年任。
余光炅　湖廣大冶歲貢，二十九年任。
董式金　奉天官學生，三十二年任。
郭朝佐　奉天廕生，四十二年任。
已後至雍正年間無考。
張丕亨　直隸獲鹿舉人，乾隆六年任。
杜　增　河南虞城監生，七年任。
吴之烜　十六年任。
世　德　滿洲鑲白旗官學生，十六年任。

孫世儼　山東嶧縣附生，二十四年任。

二十七年移駐循化廳，今循化改隸西寧府，故不復載。

臨洮府推官

明

許　壘

亢　銘

張　永

梁　泰

以上洪武時任。

魯　鑑

張　璧

張執中

以上永樂時任。

王　麟　宣德時任。

史　彬　正統時任。

陳壐東

任　鑑

田　蓁

權　舉

倪　端

陳大用

傅　興

翟　敏

以上成化時任。

田　春

雷　珍

盛　鵬　彭燦《記》有良倅襄城盛公，當即鵬也。

彭　唐

以上（宏）〔弘〕治時任。

武　壽

陶　深

劉希增

劉　純

以上正德時任。

武　恩

周　輔

祝　旦

郝元琛

王　儼

劉德芳

嚴　裳

汪　澍

柴　元

張大儒

尹　棋

以上嘉靖時任。

李文運

劉希稷

俱隆慶時任。

賈　河

盧大節

張廷桂

徐來聘

李鳴皋

田　捷

高　偉

洪敷教

陳纘宗　湖廣石首人，有傳。

王良佐

以上萬曆時任。

王朝麟　天啟時任。

張聯魁

路來賀

王維新

郭明興

以上崇禎時任。

國朝

楊呈彩　順治二年任。

沈濬　五年任。

岳峻極　山西澤州進士，七年任，有傳。

張炳　八年任。

滑文蔚　十年任。

顔鳳姿　康熙三年任。

以後裁。

金城縣令

晋

厙濟　敦煌人，有傳。

隋

郝瑗　後從薛舉。

蘭州刺史

唐

崔知溫　許州鄢陵人，有傳。

知蘭州

宋

王文郁　麟州新秦人，神宗時，有傳。

李　浩　綏州人，神宗時，有傳。

种　誼　洛陽人，哲宗時，有傳。

苗　履　潞州人，哲宗時，有傳。

折可適　雲中人，哲宗時。

何　灌　祥符人，徽宗時，有傳。

元

姚　諒　順帝時，創建學校。

蘭縣知縣

明

袁　斌

黄　鎮

崔　楫

李　志

趙　勝

趙叔洪

張　忠　河南太康人，有傳。

以上永樂時任。

李　肅　南直隸蘇州舉人，勤慎有爲。

馬　玉

俱宣德時任。

張　鋭　直隸人，以勤幹稱。

喬　儀　北直隸蠡縣舉人。公廉，尤盡心水利。

王　鎧

以上天順時任。

蘭州知州　成化十三年改。

黄　濡　河南項城人，有傳。

謝　顯　浙江會稽進士，由副使謫，盡心民事。
孫　源
張　敏　浙江嘉興舉人，明敏公愛。
姜　閎　山東進士。
蘇　炎　直隸進士。
張天錫　北直隸霸州進士，豈弟宜民。
劉中和　山西舉人。
以上〔宏〕〔弘〕治時任。
劉　瑜　四川進士。
丁　璿　湖廣慈利舉人，有政事才。
王　誥　直隸舉人。
陳　約　直隸舉人。
以上正德時任。
郭天錫　山東人。
王文林　山東人。
蕭汝丹

張　伸　山東人。

司繼祖　河南人。

黄　性　山東人。

李　鈞　山西太原舉人，以廉直稱。

陳經正　山西人。

劉尚朝　四川人。

武鎮華　山西石州人。

以上嘉靖時任。

陳　職　四川人。

劉　畿　山西人。

李　爵　山西人。

以上隆慶時任。

鄭國彦　直隸舉人。

郝　字　四川舉人。

劉養氣　直隸舉人。

殷世盛　直隸貢生。

毛鳳翼　山東曲阜拔貢，以清介稱。
楊秉鐸　貴州舉人。
鄭光祖　直隸舉人。
張應慶　四川舉人。
李傳聲　山西舉人。
以上萬曆任。
薛一鶚　北直隸定興貢生，崇禎時任，有傳。

國朝

趙　翀　河南鄭州進士，順治五年任。
沈光禧　浙江錢塘貢生，九年任。造士愛民。
孫　奎　奉天錦州監生，十五年任。
吴延壽　奉天開原廕生，康熙二年任，有傳。
朱士華　奉天廕生，二十四年任。愛民禮士。
王國楧　奉天監生，二十四年署任，有傳。
陸經正　二十五年任。
盧前驥　二十九年任。

李維藩　三十年任。

徐文瓚　三十一年任。

韓文熻　三十五年任。

姚師譽

許國幹　俱四十年任。

黃　簡　福建莆田舉人，四十二年任。

王國華　漢軍正白旗監生，四十三年任。嘗革表箋，奏銷雜項。

王　珏　漢軍鑲白旗歲貢，五十八年任。

丁承堯　五十九年任。

蔣景濂　雍正四年任。

張紹宗　山東昌邑監生，五年任。

張引年　浙江慈溪監生，五年任。

張　典　江蘇長洲監生，八年任。

陳　題　湖北鍾祥監生，九年任。

張　儒　山東蓬萊廩生，乾隆元年任。

皋蘭縣知縣

乾隆三年改。

吴　浩　浙江錢塘監生，四年由狄道縣改任。

史載魁　江蘇溧陽監生，六年任。

靳夢麟　直隸天津監生，七年任。

劉鶴鳴　直隸定州監生，八年任。果斷慈祥。

錢夢珠　江蘇常熟貢生。

胡天畀　山西太谷人。

舒鴻儒　湖北光化拔貢。俱八年任。

張永淑　直隸滿城進士，九年任。

劉輝祉　貴州安平監生，十年任。

閻介年　直隸蔚州進士，十一年任。

江　鯤　直隸天津舉人，十八年任。

徐　浩　順天大興進士，十九年任。

呼延華國　陝西長安進士，二十一年任。

蘇　泰　江蘇江陰貢生，二十四年任。

王亶望　山西臨汾舉人，二十六年任。

陳馭中　山東福山貢生，二十七年任。

姚　棻　安徽桐城進士，二十九年任。

冷文煒　山東膠州副貢，三十一年任，四十八年再任。

蔣全迪　安徽歙縣貢生，三十二年任。

李承弼　山東海陽舉人，三十四年任。

奇　明　滿洲鑲白旗舉人，三十五年任。

吴鼎新　江蘇如皋拔貢，三十七年任。

康基淵　山西興縣進士，三十八年任。

程　楝　河南湯陰舉人，三十九年任。

鄭陳善　浙江臨安舉人，四十一年任。

陸　瑋　浙江仁和監生，四十一年任。

楊德言　陝西鳳翔監生，四十四年任。

蔣重熹　江蘇常熟監生，四十五年任。

穆　臾　陝西長安舉人，四十六年任。

胡紹祖　浙江山陰舉人，四十七年任。

丁湝鎣　山東諸城貢生，四十九年任。

齊佳士　山東臨淄貢生，五十年任。

郭明德　奉天鐵嶺舉人，五十二年任。

朱爾漢　順天大興吏員，五十三年任。

廣　玉　滿洲正白旗生員，五十五年任。

應先烈　江西宜黄舉人，五十六年任。

胡紀謨　順天通州舉人，五十七年任。

李景玉　湖南長沙舉人，五十九年任。

張　森　順天大興舉人，嘉慶元年任。

豐延泰　滿洲正白旗廪生，三年任。

黎建三　廣西平南舉人，五年任。

胡　琲　廣東三水貢生，六年任。

萬培成　山西安邑副貢，七年任。

鄂　山　滿洲正藍旗進士，八年任。

淡士濤　陝西大荔進士，十年任。

齊正訓　直隸高陽進士，十四年任。

丁閬洲　江蘇無錫監生，十五年任。

李醇和　直隸清苑舉人，十七年任。

沈仁澍　江蘇吴縣吏員，十九年任。

丁兆祺　江蘇山陽進士，二十一年任。

蓋運長　見知府。二十三年任。

周　礦　江蘇常熟監生，道光元年任。

武凌漢　陝西富平舉人，三年任。

王　簡　山東安邱進士，四年任。

李清傑　江蘇長洲進士，五年任。

陳士楨　見知府。六年任。

王　棨　山西汾陽監生，八年任。

李　閑　山西高平進士，九年任。

龔　均　江蘇江寧監生，十年任。

知縣下有教諭、訓導、縣丞、駐紅水堡。典史各一員。乾隆四十二年設主簿一員，道光三年裁。

狄道縣長

魏

李　簡　漢延熙十七年，舉城降姜維。

晋

苻登　秦苻堅時。

知熙州

宋

王韶　江州德安人，神宗時，有傳。

張詵　常州宜興人，神宗時，有傳。

蔣之奇　開封人，哲宗時，有傳。

孫路　邠州三水人，哲宗時，有傳。

范育　開封人，哲宗時，有傳。

劉舜卿　鄭州人，哲宗時。

李譓

宋京

姚雄　五原人，哲宗時，有傳。

劉仲武　秦州成紀人，徽宗時，有傳。

楊政　原州臨涇人，高宗時。

狄道縣令

劉 韐　建州崇安人，哲宗時，有傳。

狄道縣知縣

明

段嗣宗

葉貴中

吕 謙

以上洪武時任。

趙士能　山東濟南人，廉明有爲。

梁 榮

劉 序

以上永樂時任。

張 進　宣德時任。

曹 喜

史宗禮　山西解州人，公正廉勤，正統時任。

管 見　山東人，天順時任。

李　昜　四川大足人，有傳。
張　鑑　山西蒲州人。
魏守大
以上成化時任。
商彥峰　四川雙流人。
李　宇
侯　㮕　山西安邑人。
李　容　四川巴縣人。
賈　琅　山西趙城人。
李延華　四川遂寧人。
以上正德時任。
李鳴鳳　山西陽城人。
劉　卿　山西陽曲人。
王繼祖　河南襄城人。
王　藻　四川崇慶人。
桂　紅

李應箕　山西平定人。
胡志正　桃源人。
以上嘉靖時任。
郝仲傑　北直隸涿州人。
辜下賢　江西南昌人。
何啓勛　四川金堂人。
李世華　四川人。
以上隆慶時任。
司邦治　北直隸清苑人。
何常春　河南祥符人。
張鴻猷　河南湯陰人。
馮時宜
馮其時　河南陝州人。
侯　命　山西解州人。
陸敏捷　山西大同舉人，救荒有惠政。
張大化　山西安邑人。

閻士望　山西太谷人。
以上萬曆時任。
賈一爵
徐若塤　山東人。
俱天啟時任。
崔　俊　山西翼城人。
張　璞　山西徐溝人。
殷　輅　廣東人。
褚泰珍　河南祥符人，捐俸重建縣學。
劉凝祚　北直隸霸州人。
以上崇禎時任。

國朝

智　适　直隸元氏恩貢，順治二年任。
郭肇基　山東金鄉進士，五年任。
吴大壽　奉天貢生，六年任。
吴起鳳　直隸雄縣舉人，十一年任。

張涵夫　福建貢生，十六年任。
武茂周　奉天貢生，十七年任。
史尚轍　浙江餘姚進士，康熙元年任。
胡鼎文　浙江山陰吏員，五年任。
田七善　山西陽城進士，十三年任。
宋　珣　江南通州人，十四年以都司改任。
張存仁　奉天海州人，十八年任。
劉元吉　河南商邱舉人，二十二年任。
侯宜躬　河南獲嘉舉人，二十四年任。
李附鳳　山西永和恩貢，二十五年任。
李觀我　山東（棠）〔堂〕①邑進士，二十六年任。
婁　玠　湖北江夏人，三十五年任。
汪　鈞　直隸人，四十五年任。
秦　濟　山東濟南人，五十一年任。

① 原刊「棠」，勘「堂」。

張若衡　湖北江夏進士，五十八年任。
羅　寬　江西盧陵舉人，六十年任。
丁　善　浙江進士，雍正四年任。
錢應榮　浙江生員，六年任。
胡　銧　浙江仁和進士，八年任。
閻　瑄　直隸南宮舉人，十年任。
劉鶴鳴　直隸定州人，十二年任。詳豁缺額銀二千餘兩。
郭士佺　貴州生員，乾隆元年任，興水利有功。
吴　浩　浙江錢塘監生，二年任。

狄道州知州

乾隆三年改。
張　儒　山東蓬萊廩生，四年由蘭州改任。
程鵬遠　江南通州廕生，六年任，十四年再任。
管孫翼　江南常熟人，九年任。革吏胥銷算弊。
張永淑　見臯蘭。十年任。
王　烜　浙江湖州人，十七年任。
松　德　滿州正白旗人，十九年任。

呼延華國　見皋蘭。二十六年任。捐俸興書院，修《州志》，諸務畢舉。
穆隆阿　滿洲人，三十年任。
喬玉瑗　山西祁縣人，三十三年任。
金光斗　江西奉新進士，三十四年任。有惠政。
陳　常　河南濟源舉人，三十九年任。
鄭陳善　浙江臨安舉人，四十三年任。
王　寬　江蘇金匱進士，四十六年任。催科不差胥役，民亦無逋賦者。
田自福　直隸深州人，四十九年任。
安　福　滿洲人，五十九年任。
邱卿雲　廣東龍川舉人，嘉慶元年任。
星額持　滿洲人，三年任。
張利溥　滿洲人，四年任。
趙宜暄　見知府。九年任。
誠　忠　蒙古人，十七年任。
陳　沅　浙江諸暨人，二十一年任。
席存澄　江蘇太湖人，道光元年任。

范伯棠　陜西淳化副貢，三年任。
和塞布　滿洲鑲黄旗人，八年任。
知州下有州判、駐沙泥驛，學正、舊有訓導，道光十二年裁。吏目各一員。

渭源縣令

隋

裴　倫　有傳。

渭源縣知縣

明《舊志》不載，就其可見者録之。

李保童　洪武時任。
曹　璟　成化時任。
党　茂　山西忻州人，(宏)〔弘〕治時任，有傳。
段威武　正德時任。
楊　璉　嘗增築縣城。
汪　槐　北直隸永寧舉人，以廉公稱，創修城關廂五里。
倶嘉靖時任。
王淑會　北直隸長垣舉人，天啓時任，有傳。

王承惠　河南蘭陽人，崇禎時任，有廉名。

國朝

李　涓　直隸定興歲貢，順治元年任，有傳。

張秉紀　湖廣棗陽生員，五年任。

張　旭　奉天生員，七年任。

翟鳳翬　山東淄陽歲貢，九年任。

俞　芝　江南婺源拔貢，十一年任。

李之麟　浙江宣平歲貢，十三年任。

趙聯瑞　直隸灤州生員，十四年任。

荆鼎鉉　江南丹陽歲貢，十六年任。

禹　謨　河南汜水歲貢，十八年任。

蔡芝春　江南寧國歲貢，康熙七年任。

李彪白　湖廣桃源舉人，十年任。

張宏斌　江南吴江人，十四年任，有傳。

已後至乾隆年間無考。

孫步蟾　山東掖縣舉人，嘉慶元年任。

李堯詢　山東惠民優貢，七年任。
朱鳳翔　貴州開泰拔貢，十一年任。
王寅弼　浙江錢塘進士，十八年任。
陳佳瑛　湖南新寧拔貢，二十二年任。
羅文楷　陝西白水舉人，道光三年任。
周慶雲　江南南豐舉人，九年任。
鄭旋吉　江西金谿附監，十一年署任。
梁雲五　安徽當塗進士，十二年任。
知縣下有訓導、典史各一員。

金州知州

元

承　直　至治時任。
賈不花　致和時任。
麻　唐

明

張　鑾　洪武元年任。

金縣知縣 洪武二年改。

瞿　度

趙　郁　山西代州人。

俱洪武時任。

史克新　北直隸舉人。

陳汝霖　湖廣監生。

俱永樂時任。

蔡　榮　北直隸舉人，洪熙時任。

吳　讓　河南監生。

王　錫　四川監生。

柴　莊　山西監生。

以上宣德時任。

劉　澤　山西監生，正統時任。

曹　聰　河南舉人，景泰時任。

諸　綸　北直隸舉人。

任　昂　河南舉人。

俱天順時任。

李士傑　山西清源舉人，有傳。

王　楷　山西監生。

劉　鯨　山西舉人。

以上成化時任。

劉　相　北直隸舉人，有傳。

崔　成　山西歲貢。

薛　謙　北直隸舉人，有傳。

曹　詔　湖廣歲貢。

以上（宏）〔弘〕治時任。

王通古　北直隸選貢，正德時任。

高　鉞　北直隸監生。

常秉彝　山西舉人。

邱　嵩　雲南舉人。

趙天爵　山西選貢。

田時雨　山西舉人。

以上嘉靖時任。

李錦襄　山西選貢，隆慶時任。

王　炳　山西舉人。

劉去僻　四川舉人。

梁　喬　山西舉人。

王　楷　四川舉人。

王　津　山西舉人。

陳世瑞　四川選貢。

鄺世才　山西歲貢。

劉登相　山西舉人。

張宗尹　北直隸舉人。

劉文炳　山東選貢。

師兆吉　山西舉人。

俞　夢　浙江選貢。

楊　岱　北直隸選貢。

趙　櫝　山西歲貢。

董嘉賓　山東歲貢。
以上萬曆時任。
黄　灝　江西舉人。
趙　烱　北直隸隆平舉人。省驛遞之累，修葺學校，去後民立祠祀之。
俱天啟時任。
魏　熜　北直隸選貢。
張心虚　北直隸選貢。
李色鮮　北直隸選貢。
張　星　四川金堂舉人，有傳。
成　美　山西歲貢。
龔勝先　貴州選貢。
以上崇禎時任。
國朝
孫纘續　直隸選貢，順治元年任。
王紹文　山東選貢。
楊先春　奉天遼陽貢生，四年任。

盧贊皇　山東濟南貢生，六年任。

遲　烺　奉天廣寧貢生，九年任。

范可鑄　河南登封拔貢，十一年任。

翁與齡　浙江錢塘恩貢，十五年任。

劉　怡　湖廣麻城舉人，十七年任。

李公鑑　福建閩縣舉人，十八年任。

王鯤化　江南涇縣舉人，康熙二年任。

劉　環　湖廣潛江進士，六年任。

王之鯨　湖廣武昌舉人，九年任，有傳。

張文驪　浙江山陰吏員，十四年任。

張應昌　山東監生，十九年任。

魏煜如　山東歲貢，二十二年任。

耿　喻　山東歲貢，二十五年任。

以後至乾隆三十二年前無考。

曾鳳翔　廣東嘉應進士，乾隆三十三年任。

唐鳴鐘　福建龍溪舉人。

閔鵷元　浙江烏程舉人。
崔希駰　陝西蒲城進士。
孟衍泗　河南夏邑舉人。
宋學淳　漢軍鑲紅旗舉人。
王萬年　山西聞喜監生。
胡廷彥　湖北江夏舉人。
岳　昇　四川新津舉人。
文　楠　四川涪州舉人。
涂躍龍　雲南景東舉人。
趙汝桂　奉天義州舉人。
張映宿　山西陽曲進士。
張　昞　河南汲縣優貢。
劉思順　貴州龍里優貢。
連彭年　浙江上虞監生。
翟方震　浙江仁和拔貢。
郭廷光　四川富順舉人。

袁步先　浙江平湖舉人。

賈　炳　直隸新河監生。

鄒應昇　湖南新化舉人。

陳佳瑛　湖南新寧拔貢。

余繼城　順天大興監生。

范伯棠　見狄道州。

王　瑢　山東膠州監生。

李　焜　四川墊江舉人。

陸一濂　江蘇吴縣監生，道光五年任。

許　協　山西平定監生，六年署任。

成　瑞　滿洲鑲白旗監生，七年署任。

謝述孔　陝西朝邑舉人，十年任。

知河州

宋

景思立　晋州安岳人，神宗時，有傳。

苗　授　潞州人，神宗時，有傳。

劉仲武　見熙州。神宗時。

鮮于師中　閬州人，神宗時。

李浩　見蘭州。

王文郁　見蘭州。

种朴　洛陽人，哲宗時。見《种誼傳》。

姚雄　見熙州。

何灌　見蘭州。

河州知州

明　天順以前無考。

白福　河南祥符舉人。

周寧　河南睢州舉人。

陳琳　遼東進士。

董循　山東東平舉人。

以上成化時任。

武敬　北直隸滑縣舉人。

吴璇　山東高唐舉人，有傳。

俱（宏）［弘］治時任。

稽　綱　南直隸鳳陽舉人。

李　黼　山西陽曲舉人。

熊　載　四川富順舉人。

翟　懋　湖廣江夏舉人。

朱　緯　河南祥符舉人。

以上正德時任。

吴　潮　北直隸蠡縣舉人。

張宗儒　山西大同舉人。

任繼芳　山西岢嵐舉人。

韓　鼎　南直隸合肥舉人。

楊士元　山西聞喜舉人。

吉　陳　北直隸開州舉人，有傳。

任　官　北直隸獲鹿舉人。

蘇志皋　北直隸固安進士，有傳。

李惟喬　山西安邑舉人。

陳　鯤　山東東阿舉人。

譚　詩　山西交城舉人。

周　臣　南直隸吴縣進士。

樊　相　山西孟縣舉人。

劉　卓　北直隸清苑舉人。

吕　鴻　山西太原舉人。

馮　錀　河南洛陽舉人。

以上嘉靖時任。

聶守中　北直隸三河舉人，有傳，隆慶時任。

趙欲敏　山西長治進士。

賈明遠　山西汾州進士。

劉　琚　北直隸固安舉人。

王希顔　山東益都舉人。

耿德章　北直隸靈壽舉人，有傳。

王三槐　河南柘城舉人。

施朝恩　南直隸舒城舉人。

王家瑞　湖廣瀘溪舉人。

陳文焯　江西臨川舉人，有傳。

張翼新　福建莆田舉人。

以上萬曆時任。

高麟游　南直隸合肥舉人，天啟時任。

寧養初　北直隸舉人。

蘇涥然　北直隸舉人。

曹文源　貴州石阡舉人。

傅永康　山西汾西貢生。

王汝楫　河南商邱貢生。

以上崇禎時任。

國朝

邊嘉興　河南延津貢生，順治三年任。

王用賓　奉天遼陽生員，四年任。

陳維新　奉天廣寧貢生，八年任。捐置學田。

劉　瑜　奉天遼陽貢生，九年任。

于睿明　奉天遼陽進士，十五年任。
李芳春　奉天蓋州貢生，十八年任。
韓作楫　漢軍廕生，康熙三年任，以敏惠著。
梁禹甸　山西夏縣貢生，七年任。
鄒　玗　河南河内進士，九年任。
田養心　河南新野人，由守備改授，十四年任。
張爾儲　河南登封進士，十六年任。
周克友　湖廣公安恩貢，十八年任。未久卒，有惠政，民咸惜之。
劉　馨　湖廣沔陽廕生，十九年任。
劉　櫬　河南信陽進士，二十三年任。
張　瓚　山東武定拔貢，二十五年任。
牟錫元　奉天錦州監生，二十七年任。
丁秉剛　奉天遼陽官生，三十年任。
吴應麟　福建廕生，三十年任。
徐原本　奉天遼陽廕生，三十三年任。
王全臣　湖廣鍾祥進士，四十一年任，有傳。

以後十餘年無考。

顧爾昌　江南長洲貢生，雍正三年任。
劉鶴鳴　直隸定州監生，乾隆元年任。
郭楙嶸　浙江海寧舉人，七年任。
張永淑　直隸滿城進士，十一年任。
韓　極　直隸交河監生，二十一年任。
郭昌泰　山西榆次拔貢，二十八年任。
田錫莘　山西汾陽貢生，三十三年任。
葉　中　安徽桐城舉人，三十八年任。
周　植　江蘇上元監生，四十六年署任，有傳。
謝　桓　順天大興人，四十六年署任，有傳。
于　鍠　漢軍正紅旗官學生，四十六年任。
那靈阿　滿洲鑲白旗舉人，五十六年任。
縱司煬　江蘇蕭縣拔貢，嘉慶元年署任，有傳。
明　福　滿洲正黃旗人，二年任。
閻重鑑　河南人，四年署任，有傳。

興　恒　滿洲正藍旗監生，八年任。

王　湖　漢軍正紅旗人，十三年任。

汪　鳴　江蘇江寧舉人，十八年任。

沈仁澍　江蘇吴縣人，二十一年任。

劉　賓　陝西乾州拔貢，二十三年任。

黄錫寶　江蘇鎮洋進士，二十五年任。

王世焯　山東觀城舉人，道光二年任。

胡秉虔　安徽績溪進士，三年任。

羅文楷　陝西白水舉人，十年任。

知州下有州判、舊駐太子寺，今同城。學正、吏目各一員。

知會州

宋

姚　雄　見熙州。

靖虜衛監收同知

明

沈　文　正統時任。

申　政　（宏）〔弘〕治時任。【按】《衛志》云：後移會寧，至嘉靖時，始復駐衛，故中間歷任不得而詳。

姜文秀　山東監生。

趙雲鵬　山西馬邑監生。

楊永錫　山東德州舉人。

趙完璧　山東膠州監生。

馬汝驄　北直隸薊州人，慎出納，撫軍士。

徐行恕　南直隸鳳陽監生。

李　爵　山西太原舉人，以清介稱。

以上嘉靖時任。

張成教　北直隸邯鄲舉人。

王崇德　山西石樓監生。

李　春　北直隸南宫監生，有明决才。

以上隆慶時任。

陳時敏　四川筠蓮舉人。

蘇　濂　山東濮州監生。

竇爾長　順天人。

李　植　北直隸大名監生，有惠政。

田　選　山（東）〔西〕①汾州選貢，有傳。

呂　恒　山東舉人，開三灘水利。

王　默　北直隸清苑舉人。

吳三畏

馮福謙

王雲鵬　直隸舉人。

國朝

王任祀　直隸進士。

孫天巧　直隸副貢。

王祖鋐　順天人。

徐化民　奉天遼陽貢生。

李之傑　山東濟陽舉人。

① 原刊「山東」，勘「山西」。

張翰宸　直隸昌黎貢生。

王文衡　江南江寧貢生。

張　偉　江南武進武舉，由千總升任。

康熙二十三年裁。

靖遠縣知縣

雍正八年改縣，始設各一員訓導，後裁。

楊　潋　貴州桐梓舉人。

石　觀　湖廣湘潭廩生。

余其蘭　湖廣茶陵舉人，振興學校。

陳　政　江西崇仁選貢，在任十年，有善政。

富　綸　滿洲正黄旗人。

陳　棅　江南長洲選貢，勤於政事。

姚　棻　江南桐城進士，捐修學官①。

冷文煒　見皋蘭。捐俸賑荒，有惠政。

唐　武　滿洲正藍旗人。

① 學官，指校舍。

程　棟　河南湯陰舉人，加意學校。

宋學淳　漢軍鑲紅旗舉人，以慈祥著。

那禮善　滿洲鑲白旗人，乾隆三十九年任。捐修河梁，弭盜安民。

彭永和　江西高安舉人，四十四年任。

黄家駒　江西奉新舉人，四十八年任。

胡紹祖　浙江山陰舉人。

王賜鈞　陝西神木舉人，五十二年任。

龔景瀚　福建閩縣進士，五十一年任①。

方夢藍　安徽桐城舉人，五十二年任。

汪　鳴　江蘇上元舉人，五十四年署任。廉明有威，吏民畏服。

楊懋德　順天大興舉人，五十五年任。

方聯聚　順天大興舉人，嘉慶三年任。

胡晋康　江蘇武進吏員，六年任。

① 原刊疑誤。《清史稿·龔景瀚傳》：「乾隆三十六年（一七七一年）成進士，歸班銓選。四十九年（一七八四年）授甘肅靖遠知縣，未到官。總督福康安知其能，檄署中衛縣，判牘如流，見者不知爲初仕也。」

周鼎新　福建侯官拔貢，八年署任。
德　恒　滿洲正藍旗人，十一年任。
王保澄　浙江錢塘吏員，十三年任。
李醇和　直隸清苑舉人，十四年任。
王　珽　陜西南鄭進士，十七年任。長於廳斷。
王化南　陜西岐山舉人，二十四年任。
武凌漢　見皋蘭。道光元年任。
永　銓　滿洲鑲黄旗舉人，二年任。
羅仲玉　江西德化進士，九年署任。
陳之驥　江蘇上元進士，九年任。

臨洮府教授

明

劉　杰　四川梁山人，有傳。
楊　清　江西人。
張　華
吴　圭　江西臨江人。

王德之　河南羅山人。

張謙

陳雲逵　四川宜賓人。

李益

趙洴　新城①人

丁孔曦　山東聊城人。

李岱　北直隸清豐人。

楊良才　山西蒲州人。

只好仁　北直隸内邱舉人，有教思。

陳情

臧儀　甘州人。

沈讓　永昌人。

侯度　北直隸清豐人。

① 明以「新城」名地者有四：一今浙江省富陽市，治在其西南四十八里新登鎮；二今河北省高碑店市，治在其東南新城鎮；三今江西省黎川縣；四今山東省桓臺縣，治在其西新城鎮。

郎　洲　甘州人。
杜一桂　徽州人。
張　闔　四川南溪人。
董　槐　延安人。
盧　儒　山西蒲州人。
賈文範　四川潼川人。
楊　秩　邠州人。
楊尚文　北直隸良鄉人。
梁　橋　岳陽人。
馬　駿　涇州人。

國朝

王治隆　寧州歲貢。
李惟性　耀州人。
楊　真　漳縣人。
任基田　臨潼歲貢。
王　瑄　隴州恩貢。

楊景新　鳳翔人。

任名臣　商南歲貢。

成士傑　靈臺人。

陳際昌　隴西歲貢。

丁景運　隴州歲貢。

辛萬選

韓之衡　澄城人。

金文俊

王　標　隴州人。

石瑩璧　寧夏歲貢。

王培英　鎮番人。

田蘊玉　鳳翔舉人。

雒　恪

解又揚　膚施舉人

何　淵　靈臺舉人。

孫　銑　舉人。

蘭州府教授 乾隆三年改。

馬　錫 陝西扶風舉人，乾隆四年任。

石攻玉 正寧進士，七年任。

張士恭 陝西扶風舉人，二十一年任。

李光先 陝西大荔拔貢，二十四年任。

惠克隆 陝西蒲城舉人，二十五年任。

孫　梓 陝西大荔舉人，三十三年任。

馮　焜 陝西興安拔貢，三十五年任。

文豐岐 陝西韓城舉人。

鞏兆蘭 陝西盩厔舉人，五十年任。

張　培 陝西臨潼舉人，嘉慶四年任。

楊　潤 寧夏舉人，二十三年任。

樊寅緒 陝西洛川拔貢，道光二年任。

雷逢吉 陝西蒲城舉人，七年任。

郭牖心 陝西蒲城進士，八年任。

臨洮府訓導

明

吴　端　　山西安邑人。

曲　嶸　　四川人。

魯岐鳳　　四川人。

談　斉　　四川人。

夏　頊　　四川蓬溪人。

王　榮　　四川綿竹人。

熊　鰲　　四川銅梁人。

母　端　　四川蓬州人。

王　宗　　北直隸任邱人。

王　瓊　　四川閬中人。

尹　練　　四川雙流人。

唐　璠　　山西陽曲人。

龐　會

趙　仁　　四川内江人。

董　玉　四川彰明人。
梁　璉　四川蓬溪人。
張　煜　江西樂平人。
王　岳　湖廣永州人。
黄　清　山西徐溝人。
普曰孝　山西垣曲人。
王　振　滎（和）〔河〕①人。
王宗佐　四川綿竹人。
白仲堅　四川什邡人。
張　奎　四川宜賓人。
李崇道　四川江油人。
柴　騰　山西滎河人。
劉　察　四川彭縣人。
柴志道　莊浪人。

①原刊「和」，勘「河」。

劉之彦　神木人。
張得元　莊浪人。
楊崇儉　平凉人。
龍　化　榆林人。
崔士吉　山西沁水人。

國朝

周宏祚　臨潼人。
韓士英　蒲城人。
李開先　延安人。
艾十奇　延安人。
祁宏祚　寧朔人。
劉申生　慶陽人。
左　儒　寧夏人。

蘭州府訓導　乾隆三年改。

張　紳　陝西宜川廪貢，乾隆八年任。
張良訓　陝西葭州歲貢，十一年任。

張鳳翻　陝西韓城歲貢，十六年任。
黎廷梅　陝西三原拔貢，二十二年任。
王克憲　陝西邠州廪貢，二十五年任。
魏彦士　伏羌廪貢，二十七年任。
惠學海　陝西大荔廪貢，三十三年任。
雷木生　陝西褒城廪貢，三十七年任。
高志聖　中衛歲貢，四十九年任。
周光祖　陝西高陵歲貢，五十年任。
崔兑西　陝西三原廪貢，五十四年任。
連　璠　山丹歲貢，六十年任。
蔣映樞　寧夏廪貢，嘉慶四年任。
申佩蘭　陝西朝邑廪貢，十七年任。
米體元　陝西咸陽舉人，二十四年任。
閻我惠　隴西廪貢，道光五年任。
孫　炳　陝西華陰舉人，六年任。
吉迎燕　陝西韓城舉人，七年任。

于連登　陝西涇陽廪貢，十一年任。

臨洮府經歷

明　舊《志》所載不全。

陳釗　北直隸大興人。

王倉　山東曲阜人。

秦賢　山西人。

魯弁　北直隸保定人。

梁和　北直隸宣府人。

單傑　北直隸濬縣人。

劉吉士　北直隸廣平人。

郭思得　北直隸保定人。

許鶴　湖廣遠安人。

張希孔　湖廣人。

洪珠　萬曆時任。

孟時宜　萬曆時任。

國朝

胡宏器　直隸大名恩貢，順治二年任。

沈士英　江南池州吏員，六年任。

李道昌　山東海豐進士，十二年任，有傳。

葉自標　浙江金華吏員，十八年任。

林時盛　奉天遼陽人，康熙四年任。

諸國隆　浙江山陰吏員，十四年任。

陳正己　浙江餘姚吏員，二十二年任。

曾化時　江西宜黄吏員，二十六年任。

王運升

馬志援

蘭州府經歷　乾隆三年改。道光三年，裁皋蘭縣河橋主簿，所遺事務歸府經歷兼管。

丁國正　順天昌平吏員，乾隆三年改。

楊善慶　湖南巴陵舉人，十三年任。

周　瑞　浙江仁和人，二十六年任。

聞元惇　順天大興人，三十年任。

商嗣齡　直隸平山附貢，三十三年任。

解永錫　直隸天津生員，三十四年任。

章禧永　浙江富陽監生，四十一年任。

王文煒　浙江錢塘監生，四十四年任。

趙宜霦　江西南豐監生，四十七年任。

丁　緯　江蘇宜興人，五十二年任。

朱錦昌　浙江海寧人，五十五年任。

李有鄰　浙江山陰吏員，六十年任。

林開仕　浙江錢塘監生，嘉慶六年任。

傅永寧　浙江仁和吏員，九年任。

唐元善　浙江蘭谿監生，十五年任。

邱　宏　福建上杭監生，二十年任。

程崇勛　湖北江夏監生，道光十二年任。

臨洮鎮總兵

明　萬曆二十三年始設。

劉　綎　江西南昌人，有傳。

孫　仁　山西大同人。

陳　霞

白兆慶　高臺廪生，改中武科。

以上萬曆時任。

曹文詔　山西大同人。

曹變蛟　文詔從子，與文詔皆明季名將。

黄應選

王思謙

王　應

劉三省　北直隸宣府武進士。

以上崇禎時任。

河州鎮總兵

國朝　乾隆四十七年始設。

哈當阿　蒙古正黄旗人，四十七年任。

興　奎　滿洲鑲白旗人，四十九年任。

蘇靈阿　滿洲人，五十一年任。

王　彙　漢軍正紅旗人，五十二年任。

路超吉　陝西大荔人，五十三年任。

瑪爾洪阿　滿洲正黄旗人，五十六年任。

保　興　滿洲鑲黄旗人，五十七年任。

皂　保　滿洲鑲黄旗人，嘉慶七年任。

仙鶴林　山東滋陽人，八年任。

珠爾素　滿洲正藍旗人，九年任。

游楝雲　四川華陽人，十一年任。

富明阿　滿洲鑲紅旗人，十三年任。

多隆武　蒙古正白旗人，二十五年任。

張拱辰　四川南部武舉，道光三年任。

薛　陞　貴州畢節人，三年任。

張起鰲　河南新野人，五年任。

德克金布　滿洲鑲黄旗人，六年任。

附

藩封【按】諸《志》多載歷代封爵，不知彼皆虚授，并不就國，於《志》何與？惟明代肅王，雖不視民事，而世守斯土，與國相終始。考《志》中境内有大工役及旌勸之舉，王亦時出金帛相佐，非全無關涉者，宜附於此。

明

肅莊王楧　太祖庶十四子。初封漢王，洪武二十五年改封肅，次年就藩甘州。建文元年，請内徙，乃移蘭州。永樂十七年薨。

康王瞻焰　莊王庶一子。永樂二十二年襲封，天順八年薨。

簡王禄埤　康王庶一子。成化四年襲封，十五年薨。

恭王貢錝　簡王庶一子。成化二十三年襲封，嘉靖十五年薨。

定王弼桄　恭王次孫。恭王在位久，世子真淤、長孫弼桓俱早卒，嘉靖十八年以弼桄襲封，追謚父真淤爲「靖王」。四十一年薨。

懷王紳堵　定王孫。父縉炯先卒，嘉靖四十二年以紳堵襲封，追謚縉炯爲「昭王」。四十三年薨。

懿王縉熿　靖王庶（子）〔孫〕①，弼柹之子。懷王薨，無後，禮官言縉熿懷王從父，不宜襲，詔以輔國將軍理府事。後定王妃吴氏上言，始命嗣封，追謚父弼柹爲「安王」。萬曆十六年薨。

憲王紳堯　懿王庶一子。萬曆十九年襲封，有賢孝稱，詔建坊旌之。四十六年薨。

王識鋐　憲王嫡一子。天啟元年襲封，好詩文書畫，憲王重鐫淳化閣帖，王繼成之。崇禎十六年冬，流賊

① 原刊「子」，勘「孫」。

李自成破蘭州，王遇害，國亡。

世職

臨洮衛世襲指揮使趙土司，管轄漢番土民十五族，土兵一百名，把守隘口四處。黄峴溝、雙石門、包舍口、虎皮溝俱在州南。

河州世襲指揮同知何土司。

珍珠族世襲指揮使韓土司。

漠泥關世襲千户韓土司。

乩藏族世襲百户王土司。

附

明代臨洮衛指揮使 云傳至幾代者，俱據舊《府志》所載，以後失紀。

陸貴乙 南直隸武進人，洪武時授職，傳至九代孫用，後以礦税被累，失職。

趙安 狄道人，有傳。永樂元年授職，傳至九代孫師范。

晏文 河南光山人，洪武時授職，傳至八代孫奇功。

指揮同知

楊通 四川巴縣人，洪武時授職，傳至九代孫守廉。

魏驢兒 河南宜陽人，洪武時授職，傳至六代孫簵。

楊小斯　大興人，洪武時授職，傳至十代孫繩武。

指揮僉事

李子貴　南直隸臨淮人，洪武時授職，傳至九代孫朝。

沈　福　山東濟寧人，洪武時授職，傳至九代孫自源。

石　玉　河南嵩縣人，洪武時授職，傳至八代孫崇德。

郝　智　河南息縣人，洪武時授職，傳至十代孫國寶。

鎮撫

劉興山　大興人，洪武時授職，傳至九代孫世勳。

郭　興　北直隸灤州人，洪武時授職，傳至八代孫承恩。

正千户以下，不悉載。其蘭州、河州、靖虜諸衛指揮使以下，舊《志》俱不詳其世數，故闕之。

蘭州府志卷八

官師志下

宦績

漢

趙充國 字翁孫，隴西上邽人，後徙金城令居。爲人沈[1]勇有大略，少好將帥之節，學兵法，通知四夷事。武帝時，拜爲中郎，遷車騎將軍長史。昭帝時，擢爲後將軍，與大將軍霍光定册尊立宣帝，封營平侯。本始中，光禄大夫義渠安國使行諸羌，先零豪言：願時渡湟水北，逐民所不田處畜牧。安國以聞。充國劾安國奉使不敬。是後，羌人旁緣前言，抵冒渡湟水，郡縣不能禁。元康三年，先零遂與諸羌種豪二百餘人解仇交質盟詛。上聞之，以問充國，對曰：「羌人所以易制者，以其種自有豪，數相攻擊，

①「沈」同「沉」。

執不壹也。往三十餘歲，西羌反時，亦先解仇合約攻令居，與漢相距，五六年乃定。至征和五年①，先零豪封煎等通使匈奴，匈奴使人至小月氏，傳告諸羌曰：『漢貳師將軍衆十餘萬人降匈奴。羌人爲漢事苦。張掖、酒泉本我地，地肥美，可共擊居之。』以此觀匈奴欲與羌合，非一世也。宜及未然爲之備。」後月餘，羌侯狼何果遣使至匈奴藉兵，欲擊鄯善、敦煌。充國以爲：「狼何，小月氏種，在陽關西南，勢不能獨造此計，疑匈奴使已至羌中，先零、罕、幵乃解仇作約。到秋馬肥，變必起矣。宜遣使者行邊兵豫爲備，敕視諸羌，毋令解仇，以發覺其謀。」於是兩府復白遣義渠安國行視諸羌，分別善惡。安國至，召先零諸豪三十餘人，以尤桀黠，皆斬之。縱兵擊其種人，斬首千餘級。於是諸降羌及歸義羌侯楊玉等恐怒，亡所信鄉②，遂劫略小種，背畔犯塞，攻城邑，殺長吏。安國以騎都尉將騎三千屯備羌，至浩亹，爲虜所擊，失亡車重兵器甚衆。安國引還，至令居，以聞。是歲，神爵元年春也。時充國年七十餘，上老之，使御史大夫丙吉問誰可將者，充國對曰：「亡踰於老臣者矣。」上遣問焉，曰：「將軍度羌虜何如，當用幾人？」充國曰：「百聞不如一見。兵難隃③度，臣願馳至金城，圖上方略。然羌戎小夷，逆天背畔，滅亡不久，願陛下以屬老臣，勿以爲憂。」上笑曰：「諾。」充國至金城，須兵滿萬騎，欲渡河，恐爲虜

---

① 征和，漢武帝劉徹第十個年號，即前九二至前八九年，共四年。「征和五年」之説，在居延漢簡中也曾出現。A10 通澤第二亭 273.9 簡：「入麋小石十二石爲大石七石二斗，征和五年正月庚申朔庚，通澤第二亭長舒受部農第四長朱」。

② 信鄉，亦作信向、信響，謂信任歸向。

③ 「隃」古通「遥」。

所遮，即夜遣三校銜枚先渡，渡輒營陳，會明，畢，遂以次盡渡。虜數十百騎來，出入軍傍。充國曰：「吾士馬新倦，不可馳逐。此皆驍騎難制，又恐其爲誘兵也。擊虜以殄滅爲期，小利不足貪。」令軍勿擊。遣騎候四望陿①中，亡虜。夜引兵上至落都②，召諸校司馬，謂曰：「吾知羌虜不能爲兵矣。使虜發數千人守杜四望陿中，兵豈得入哉。」充國常以遠斥候爲務，行必爲戰備，止必堅營壁，尤能持重，愛士卒，先計而後戰。遂西至西部都尉府，日饗軍士，士皆欲爲用。虜數挑戰，充國堅守。捕得生口，言羌豪相數責曰：「語汝亡反，今天子遣趙將軍來，年八九十矣，善爲兵。今請欲一鬥而死，可得邪！」初，罕、幵豪靡當兒使弟雕庫來告都尉曰先零欲反，後數日果反。雕庫種人頗在先零中，都尉即留雕庫爲質。充國以爲亡罪，乃遣歸告種豪：「大兵誅有罪者，明白自別，毋取并滅。天子告諸羌人，犯法者能相捕斬，除罪。斬大豪有罪者一人，賜錢四十萬，中豪十五萬，下豪二萬，大男三千，女子及老小千錢，又以其所捕妻子財物盡與之。」充國計欲以威信招降罕、幵及劫略者，解散虜謀，徼極乃擊之。時上已發騎與武威、張掖、酒泉太守各屯其郡者，合六萬人矣。酒泉太守辛武賢奏言：「郡兵皆屯備南山，北邊空虛，勢不可久。或曰至秋冬乃進兵，此虜在竟外之册。今虜朝夕爲寇，土地寒苦，漢馬不能冬，屯兵在武威、張掖、酒泉萬騎以上，皆多羸瘦。可益馬食，以七月上旬齎三十日糧，分兵并出張掖、酒泉合

①　四望陿，山名。在今青海省樂都區。
②　落都，山名，位於今青海省樂都區。

擊罕、幵在鮮水上者。虜以畜産爲命，今皆離散，兵即分出，雖不能盡誅，亶奪其畜産，虜其妻子，復引兵還，冬復擊之，大兵仍出，虜必震壞。」天子下其書充國，令與校尉以下吏士知羌事者博議。充國及長史董通年以爲：「武賢欲輕引萬騎，分爲兩道出張掖，回遠千里。以一馬自佗負三十日食，爲米二斛四斗，麥八斛，又有衣裝兵器，難以追逐。勤勞而至，虜必商軍進退，稍引去，逐水草，入山林。隨而深入，虜即據前險，守後阨，以絶糧道，必有傷危之憂，爲夷狄笑，千載不可復。而武賢以爲可奪其畜産，虜其妻子，此殆空言，非至計也。又武威縣、張掖日勒①皆當北塞，有通谷水草。臣恐匈奴與羌有謀，且欲大入，幸能要杜張掖、酒泉以絶西域，其郡兵尤不可發。先零首爲畔逆，它種劫略。故臣愚册，欲捐罕、幵暗昧之過，隱而勿章，先行先零之誅以震動之，宜悔過反善，因赦其罪，選擇良吏知其俗者揗循和輯，此全師保勝安邊之册。」天子下其書。公卿議者咸以爲先零兵盛，而負罕、幵之助，不先破罕、幵，則先零未可圖也。上乃拜侍中樂成侯許延壽爲强弩將軍，即拜酒泉太守武賢爲破羌將軍，賜璽書嘉納其册。以書敕讓充國。充國既得讓，以爲將任兵在外，便宜有守，以安國家。乃上書謝罪，因陳兵利害，曰：「臣竊見騎都尉安國前幸賜書，擇羌人可使使罕，諭告以大軍當至，漢不誅罕，以解其謀。恩澤甚厚，非臣下所能及。臣獨私美陛下盛德至計亡已，故遣幵豪雕庫宣天子至德，罕、幵之屬皆聞知明詔。今先零羌楊玉將騎四千及煎鞏騎五千，阻石山（水）〔木〕②，候便爲寇，罕羌未有所犯。今置先零，先擊罕，

---

① 日勒，古縣名。西漢置，屬張掖郡。治今甘肅省永昌縣西北。
② 原刊「水」，據《漢書·趙充國傳》勘「木」。

釋有罪，誅亡辜，起壹難，就兩害，誠非陛下本計也。臣聞兵法『攻不足者守有餘』，又曰『善戰者致人，不致於人』。今罕羌欲爲敦煌、酒泉寇，飭兵馬，練戰士，以須其至，坐得致敵之術，以逸擊勞，取勝之道也。今恐二郡兵少不足以守，而發之行攻，釋致虜之術而從爲虜所致之道，臣愚以爲不便。先零羌虜欲爲背畔，故與罕、幵解仇結約，然其私心不能亡恐漢兵至而罕、幵背之也。臣愚以爲其計常欲先赴罕、幵之急，以堅其約，先擊罕、羌，先零必助之。今虜馬肥，糧食方饒，擊之恐不能傷害，適使先零得施德於罕、羌，堅其約，合其黨。虜交堅黨合，精兵二萬餘人，迫脅諸小種，附著者稍衆，莫須①之屬不輕得離也。如是，虜兵寖多，誅之用力數倍，臣恐國家憂累繇十年數，不二三歲而已。臣得蒙天子厚恩，父子俱爲顯列。臣位至上卿，爵爲列侯，犬馬之齒七十六，爲明詔填溝壑，死骨不朽，亡所顧念。獨思惟兵利害至孰悉也，於臣之計，先誅先零已，則罕、幵之屬不煩兵而服矣。先零已誅而罕、幵不服，涉正月擊之，得計之理，又其時也。以今進兵，誠不見其利，唯陛下裁察。」璽書報從充國計焉。充國引兵至先零在所。虜久屯聚，解弛，望見大軍，棄車重，欲渡湟水，道阨狹，充國徐行驅之。或曰逐利行遲，充國曰：「此窮寇不可迫也。緩之則走不顧，急之則還致死。」諸校皆曰：「善。」虜赴水溺死者數百，降及斬首五百餘人，鹵馬牛羊十萬餘頭，車四千餘兩。兵至罕地，令軍毋燔聚落芻牧田中。罕羌聞之，喜曰：「漢果不擊我矣！」豪靡忘使人來言：「願得還復故地。」充國以聞，未報。靡忘來自歸，

① 莫須，羌之小種。

充國賜飲食，遣還諭種人。護軍以下皆争之，曰：「此反虜，不可擅遣。」充國曰：「諸君但欲便文自營，非爲公家忠計也。」語未卒，璽書報，令靡忘以贖論。後罕竟不煩兵而下。時，羌降者萬餘人矣。充國度其必壞，欲罷騎兵屯田，以待其弊。作奏未上，會得進兵璽書，子中郎將卬懼，使客諫充國曰：「誠令兵出，破軍殺將以傾國家，將軍守之可也。即利與病，又何足争？一旦不合上意，遣繡衣來責將軍，將軍之身不能自保，何國家之安？」充國嘆曰：「是何言之不忠也！本用吾言，羌虜得至是邪？往者舉可先行羌者，吾舉辛武賢，丞相御史復白遣義渠安國，竟沮敗羌。金城、湟中穀斛八錢，吾謂耿中丞①，糴二百萬斛穀，羌人不敢動矣。耿中丞請糴百萬斛，乃得四十萬斛耳。義渠再使，且費其半。失此二册，羌人故敢爲逆。失之毫厘，差之千里，是既然矣。今兵久不决，四夷卒有動摇，相因而起，雖有知者不能善其後，羌獨足憂邪！吾固以死守之，明主可爲忠言。」遂上屯田奏曰：「臣聞兵者，所以明德除害也，故舉得於外，則福生於内，不可不慎。臣所將吏士馬牛食，月用糧穀十九萬九千六百三十斛，鹽千六百九十三斛，茭藁二十五萬二百八十六石。難久不解，繇役不息。又恐它夷卒有不虞之變，相因并起，爲明主憂，誠非素定廟勝之册。且羌虜易以計破，難用兵碎也，故臣愚以爲擊之不便。計度臨羌東至浩亹，羌虜故田及公田，民所未墾，可二千頃以上，其間郵亭多壞敗者。臣前部士入山，伐材木大小六萬餘枚，皆在水次。願罷騎兵，留弛刑應募，及淮陽、汝南步兵與吏士私從者，合凡萬二百八十一人，

① 耿壽昌，生卒年不詳。漢宣帝時任大司農中丞，在西北設置「常平倉」，用來穩定糧價兼作爲國家儲備糧庫。

用穀月二萬七千三百六十三斛，鹽三百八斛，分屯要害處。冰解漕下，繕鄉亭，浚溝渠，治湟陿以西道橋七十所，令可至鮮水左右。田事出，賦人二十畮。至四月草生，發郡騎及屬國胡騎伉健各千，倅馬什二，就草，爲田者游兵。以充入金城郡，益積畜，省大費。今大司農所轉穀至者，足支萬人一歲食。謹上田處及器用簿，唯陛下裁許。」上報曰：「皇帝問後將軍，言欲罷騎兵萬人留田，即如將軍之計，虜當何時伏誅，兵當何時得决？孰計其便，復奏。」充國上狀曰：「臣聞帝王之兵，以全取勝，是以貴謀而賤戰。戰而百勝，非善之善者也，故先爲不可勝以待敵之可勝。蠻夷習俗雖殊於禮義之國，然其欲避害就利，愛親戚，畏死亡，一也。今虜亡其美地薦草，愁於寄托遠遯，骨肉離心，人有畔志，而明主般師罷兵，萬人留田，順天時，因地利，以待可勝之虜，雖未即伏辜，兵决可期月而望。羌虜瓦解，前後降者萬七百餘人，及受言去者凡七十輩，此坐支解羌虜之具也。臣謹條不出兵留田便宜十二事。步兵九校，吏士萬人，留屯以爲武備，因田致穀，威德行行，一也。又因排折羌虜，令不得歸肥饒之墬①，貧破其衆，以成羌虜相畔之漸，二也。居民得并田作，不失農業，三也。軍馬一月之食，度支田士一歲，罷騎兵以省大費，四也。至春省甲士卒，循河湟漕穀至臨羌，以視羌虜，揚威武，傳世折衝之具，五也。以閑暇時下所伐材，繕治郵亭，充入金城，六也。兵出，乘危徼幸，不出，令反畔之虜竄於風寒之地，離霜露疾疫瘃墮之患，坐得必勝之道，七也。亡經阻遠追死傷之害，八也。內不損威武之重，外不令虜得

① 墬，古「地」字。

乘間之勢，九也。又亡驚動河南大幵、小幵使生它變之憂，十也。治湟陿中道橋，令可至鮮水，以制西域，信威千里，從枕席上過師，十一也。大費既省，繇役豫息，以戒不虞，十二也。留屯田得十二便，出兵失十二利。臣充國材下，犬馬齒衰，不識長册，唯明詔博詳公卿議臣采擇。」上復賜報曰：「皇帝問後將軍，言十二便。兵決可期月而望，謂今冬邪？謂何時也？將軍獨不計虜聞兵頗罷，且丁壯相聚，攻擾田者及道上屯兵，復殺略人民，將何以止之？」充國奏曰：「臣聞兵以計爲本，故多算勝少算。先零羌精兵（分）〔今〕①餘不過七八千人，失地遠客，分散飢凍。罕、幵、莫須又頗暴略其羸弱畜産，畔還者不絶，皆聞天子明令相捕斬之賞。臣愚以爲虜破壞可日月冀，遠在來春，故曰兵決可期月而望。竊見北邊自敦煌至遼東萬一千五百餘里，乘塞列隧有吏卒數千人，虜數大衆攻之而不能害。今留步士萬人屯田，地勢平易，多高山遠望之便，部曲相保，爲壍壘木樵，校聯不絶，便兵弩，飭鬥具。烽火幸通，勢及并力，以逸待勞，兵之利者也。臣愚以爲屯田内有亡費之利，外有守禦之備。騎兵雖罷，虜見萬人留田爲必禽之具，其土崩歸德，宜不久矣。從今盡三月，虜馬羸瘦，必不敢捐其妻子於他種中，遠涉河山而來爲寇。又見屯田之士精兵萬人，終不敢復將其累重還歸故地。是臣之愚計，所以度虜且必瓦解其處，不戰而自破之册也。至於虜小寇盜，時殺人民，其原未可卒禁。臣聞戰不必勝，不苟接刃；攻不必取，不苟勞衆。誠令兵出，雖不能滅先零，亶能令虜絶不爲小寇，則出兵可也。即今同是而釋坐勝之道，從乘

① 原刊「分」，據《漢書·趙充國傳》勘爲「今」。

危之勢，往終不見利，空内自罷敝，貶重而自損，非所以視蠻夷也。又大兵一出，還不可復留，湟中亦未可空，如是，繇役復發也。且匈奴不可不備，烏桓不可不憂。今久轉運煩費，傾我不虞之用以澹一隅，臣愚以爲不便。校尉臨衆幸得承威德，奉厚幣，拊循衆羌，諭以明詔，宜皆鄉風。臣竊自惟念，奉詔出塞，引軍遠擊，窮天子之精兵，散車甲於山野，雖亡尺寸之功，媮得避慊之便，而亡後咎餘責，此人臣不忠之利，非明主社稷之福也。（今）〔令〕①臣數得孰計。不敢避斧鉞之誅，昧死陳愚，唯陛下省察。」上以破羌、强弩將軍數言當擊，又用充國屯田處離散，恐虜犯之，於是兩從其計，詔兩將軍與中郎將卬出擊。强弩出，降四千餘人，破羌斬首二千級，中郎將卬斬首降者亦二千餘級，而充國所降復得五千餘人。詔罷兵，獨充國留屯田。明年五月，充國奏言：「羌本可五萬人軍，凡斬首七千六百級，降者三萬一千二百人，溺河湟飢餓死者五六千人，（走）〔定〕②計遺脱與煎鞏、黄羝俱亡者不過四千人。羌靡忘等自詭必得，請罷屯兵。」奏可，充國振旅而還。所善浩星賜迎説充國，曰：「衆人皆以破羌、强弩出擊，多斬首獲降，虜以破壞。然有識者以爲虜勢窮困，兵雖不出，必自服矣。將軍即見，宜歸功於二將軍出擊，非愚臣所及。如此，將軍計未失也。」充國曰：「吾年老矣，爵位已極，豈嫌伐一時事以欺明主哉！兵勢，國之大事，當爲後法。老臣不以餘命壹爲陛下明言兵之利害，卒死，誰當復言之者？」卒以其意

① 原刊「今」據《漢書・趙充國傳》勘「令」。
② 原刊「走」，據《漢書・趙充國傳》勘爲「定」。

對。上然其計，罷遣辛武賢歸酒泉太守官，充國復爲後將軍衛尉。其秋，羌若零、離留、且種、兒庫共斬先零大豪猶非、楊玉首，及諸豪弟澤、陽雕、良兒、靡忘皆帥煎鞏、黄羝之屬四千餘人降漢。充國乞骸骨。朝庭每有四夷大議，常與參兵議，問籌策焉。甘露二年薨，謚曰「壯侯」。采《漢書》本傳。

馮野王 字君卿。元帝時，遷隴西太守，以治行高，入爲左馮翊。弟逡，字子産，成帝時亦爲隴西太守，治行廉平。采《漢書》本傳。

馬援 字文淵，扶風茂陵人。凉州自王莽末，西羌寇邊，遂入居塞内，金城屬縣多爲虜有。來歙奏言隴西侵殘，非馬援莫能定。建武十一年，拜援隴西太守。援乃發步騎三千人，擊破先零羌於臨洮，諸羌八千餘人詣援降。諸種有數萬，屯聚寇抄，拒浩亹隘。援與揚武將軍馬成擊之。羌因將其妻子輜重移阻於允吾谷，援乃潛行間道，掩赴其營。羌大驚潰，復遠徙唐翼谷中，援復追討之。羌引精兵聚北山上，援陳軍向山而分遣數百騎繞襲其後，乘夜放火，擊鼓叫噪，虜遂大潰。援以兵少，不得窮追，收其穀糧、畜産而還。援中矢貫脛，帝以璽書勞之，賜牛羊數千頭，援盡班諸賓客。是時，朝臣以金城破羌之西，塗遠多寇，議欲棄之。援上言，破羌以西城多完牢，易可依固；其田土肥壤，灌溉流通。如令羌在湟中，則爲害不休，不可棄也。帝然之，於是詔武威太守，悉還金城客民。歸者三千餘口，使各反舊邑。援奏爲置長吏，繕城郭，起塢候，開導水田，勸以耕牧，郡中樂業。援務開寬信，恩以待下，任吏以職，但總大體而已。傍縣嘗有報仇者，吏民驚言羌反，百姓奔入城郭。狄道長詣門，請閉城發兵。援時與賓客飲，大笑曰：「燒虜何敢復犯我。曉狄道長歸守寺舍，良怖急者，可床下伏。」後稍定，郡中服之。視事六年，征入爲虎賁中郎將。采《後漢書》本傳。

厙鈞 字巨公，【按】鈞字見《群輔録》。東漢初爲金城太守，與梁統等共推竇融行五郡大將軍事，政皆寬和，上下相親，晏然富殖。修兵馬，習戰射，明烽燧之警。建武八年，車駕西征隗囂，鈞隨融率兵與大軍會，破囂。帝封鈞爲輔義侯。采《後漢書·竇融傳》。

鄧訓 字平叔，南陽新野人，禹第六子。章和二年，護羌校尉張紆誘誅燒當種羌迷吾等，由是諸羌大怒，謀欲報怨。公卿舉訓代紆爲校尉。諸羌相與解仇結婚，交質盟詛，衆四萬餘人，期冰合渡河攻訓。先是小月氏胡分居塞内，勝兵者二三千騎，皆勇健富彊，常與羌戰，以少制多。雖首施兩端，漢亦時收其用。時迷吾子迷唐，欲脅月氏胡，訓擁衛稽故，令不得戰。議者咸以羌胡相攻，縣官之利，以夷伐夷，不宜禁護。訓曰：「不然。今張紆失信，衆羌大動，經常屯兵，不下二萬，轉運之費，空竭府帑，凉州吏人，命縣絲髮。原諸胡所以難得意者，皆恩信不厚耳。今因其迫急，以德懷之，庶能有用。」遂令開城及所居園門，悉驅群胡妻子内之，嚴兵守衛。羌掠無所得，因即散去。由是湟中諸胡皆言：「漢家常欲鬭我曹，今鄧使君待我以恩信，開門内我妻子，乃得父母。」咸歡喜叩頭曰：「唯使君所命。」訓遂撫養其中少年勇者數百人，以爲義從。羌胡俗耻病死，每病臨困，輒以刀自刺。訓聞有困疾者，輒拘持束縛，不與兵刃，使醫藥療之，愈者非一，莫不感悦。於是賞賂諸羌種，使相招誘。因發湟中秦、胡、羌兵四千人出塞，掩擊迷唐於寫谷。迷唐乃去大、小榆，居頗巖谷，衆悉破散。其春，復欲歸故地就田業，訓乃發湟中六千人，令長史任尚將之，縫革爲船，置於箄上以度河，掩擊迷唐廬落，多所斬獲。復追逐奔北，會尚等夜爲羌所攻，於是義從羌胡并力破之，一種殆盡。迷唐遂收其餘部，遠徙千餘里，諸小種皆背畔之。燒當豪帥東號稽顙歸死，餘皆款塞納質。於是綏接歸附，威信大行。遂罷屯兵，唯置弛刑徒二千餘人，分以屯田，爲貧人耕種，修理城郭塢壁而已。永元四年冬，訓病卒。吏人羌胡旦夕臨者日數千人。戎俗，父母死，耻悲泣。至聞訓卒，莫不吼號，或以刀自割，曰：「使君死，我曹亦俱死耳。」遂家家爲訓立祠。采《後漢書》本傳。

侯霸　和帝時爲金城太守。永元十三年，迷唐復將兵向塞，霸與護羌校尉周鮪合兵與戰。鮪還營自守，唯霸陷陳，斬首四百餘級。羌衆折傷，降者六千餘口。迷唐遂弱，其衆不滿千人，遠踰賜支河首，依發羌居。明年，鮪坐畏懦徵，霸代爲校尉。後金城長史上官鴻上開置歸義、建威屯田二十七部，霸復上置東西邯屯田五部，增留、逢二部，帝皆從之。采《後漢書·西羌傳》。

魯謙　扶風平陵人，恭長子，爲隴西太守，有名績。采《後漢書·魯恭傳》。

霍諝　字叔智，魏郡鄴人。順帝時，舉孝廉，遷金城太守。性明達篤厚，能以恩信化誘殊俗，甚爲羌胡所敬服。采《後漢書》本傳。

龐參　字仲達，河南緱氏人。舉孝廉，拜謁者，西督三輔諸軍屯。永初四年，參奏記於鄧騭曰：「比年羌寇特困隴右，供徭賦役爲損日滋。今復募發百姓，調取穀帛，衒賣什物，以應吏求。外傷羌虜，內困征賦。遂（九）〔乃〕①千里轉糧，塗路傾阻，名救金城而實困三輔。三輔既困，還復爲金城之禍矣。今宜徙邊郡不能自存者，入居諸陵，田戍故縣。孤城絶郡，以權徙之；轉運遠費，聚而近之；徭役煩數，休而息之。此善之善者也。」鷺及公卿以國用不足，欲從參議，衆多不同，乃止。元初元年，遷護羌校尉，畔羌懷其恩信。明年，燒當羌種號多等皆降，始復得還都令居，通河西路。采《後漢書》本傳。

魏

蘇則 字文師，扶風武功人。少以學行聞，起家爲酒泉太守，徙爲金城太守。是時喪亂之後，吏民流散飢窮，户口損耗，則撫循之甚謹。外招懷羌胡，得其牛羊，以養貧老，與民分糧而食。旬月之間，流民皆歸，得數千家。乃明爲禁令，有干犯者輒戮，其從教者必賞。親自教民耕種，其歲大豐，由是歸附者日多。李越以隴西反，則率羌胡圍越，越即請服。西平麴演叛，稱護羌校尉，則勒兵討之。演恐，乞降。文帝以其功，加護羌校尉，賜爵關内侯。後演復結旁郡爲亂，則誘與相見，因斬之，出以徇軍，其黨皆散走。進封都亭侯。采《三國志》本傳。

晋

車濟 字萬度，（燉）〔敦〕煌人。果毅有大量。張重華以爲金城令，爲石虎將麻秋所陷，濟不屈秋。必欲降之，臨之以兵，濟辭色不撓，曰：「吾雖才非龐德，而受任同之。身可殺，志不可移。」乃伏劍而死。

① 原刊「九」，據《後漢書·龐參傳》勘「乃」。

秋歎其忠節，以禮葬之。後重華迎致其喪，親臨慟哭，贈宜禾都尉。采《晋書》忠義本傳。

任蘭　後秦時爲金城太守。乞伏乾歸以衆叛，攻陷金城，執之。蘭厲色責以背恩違義，乾歸怒而囚之，蘭不食而死。采《晋書》姚興載記。

後周

李賢　字賢和，自云「漢騎都尉陵之後」。武帝保定四年，【按】《通志》作魏恭帝時，誤。王師東討，西道空虚，慮羌、渾侵擾，乃授賢河州總管。賢乃大營屯田，以省運漕，多設斥堠，以備寇戎，於是羌、渾斂迹。采《北史》本傳。

豆盧績　字定東，昌黎徒河人。武帝嗣位，渭源燒當羌因飢作亂，以績有才略，拜渭州刺史。甚有惠政，華夷悦服，大致祥瑞。鳥鼠山俗呼爲「高武隴」，其下渭水所出，其山絶壁千尋，由來乏水，諸羌苦之。績馬足所踐，忽飛泉湧出。有白鳥翔止廳前，乳子而後去，有白狼見於襄武。人爲之謡曰：「我有丹陽，山出玉漿。濟我人夷，神鳥來翔。」百姓因號其泉曰「玉漿泉」。

隋

段文振　北海期原人。文帝時，爲石、河二州刺史，甚有威惠，遷蘭州總管。

裴倫　大業末爲渭源令，爲賊薛舉所陷，遇害。妻柳氏時年四十有二，女及兒媳三人皆有美色，柳氏謂曰：「汝我門風有素義，不受辱於群賊。我將與汝等同死，如何？」女等垂泣曰：「唯母所命。」柳氏自投於井，其女及婦相繼而下，皆死井中。俱同上。

唐

崔知温 字體仁，許州鄢陵人。仕爲左千牛，四遷蘭州刺史。党項羌三萬人寇州，兵寡衆懼，莫知所出。知温披闔不設備，羌怪之，不敢進。會將軍權善才率兵至，大破其衆。善才欲遂窮追，知温曰：「古善戰弗逆奔，且谿谷復深，草木荒延，萬一有變，不可悔。」善才曰：「善。」分降口五百贈知温，辭曰：「我議公事，圖私利耶？」累遷尚書左丞，轉黄門侍郎。采《新唐書》本傳。

宋

王韶 字子純，江州德安人。熙寧元年，詣闕上《平戎策》三篇，其略以爲：「西夏可取。欲取西夏，當先復河、湟。」神宗異其言，召問方略。帝志復河、隴，築古渭爲通遠軍，以韶知軍事。五年七月，引兵城渭源堡及乞神平①，破蒙羅角、抹〔耳〕水巴等族。初，羌保險，諸將謀置陣平地，韶曰：「今已入險地，當使險爲吾有。」乃徑趨抹邦山，壓敵軍而陳，令曰：「敢言退者，斬！」賊乘高下鬥，師小却。韶躬披甲胄，麾兵逆擊，羌大潰，焚其廬帳而還，洮西大震。會瞎征度洮爲之援，餘黨復集。韶戒别將由竹牛嶺②張軍聲，而潛師越武勝，遇瞎征首領瞎藥等，與戰破之，遂城武勝，建爲鎮洮軍。復擊走瞎征，降其部落二萬。更名鎮洮爲熙州，以熙、河、洮、岷、通遠爲一路，韶以龍圖閣待制知熙州。六年

---

① 乞神平，即乞神平堡，在今甘肅省渭源縣西南。

② 竹牛嶺，在今甘肅省臨洮縣東。

三月，取河州。降羌叛，韶回兵擊之。瞎征以其間據河州，韶穿露骨山，南入洮州境，道陿隘，釋馬徒行。瞎征自將尾官軍，韶力戰破走之，河州復平。七年，入朝。還至興平，聞景思立敗於踏白城①，賊圍河州，馳至熙。選兵得二萬，議所向，諸將欲趨河州，韶曰：「賊所以圍城者，恃有外援也。今知救至，必設伏待我，且新勝氣鋭，未可與爭。當出其不意，以攻其所恃。」乃直扣定羌城，破結河族，斷夏國通路，進臨寧河，分命偏將入南山。瞎征知援絶，拔栅去。初，思立之覆師也，朝廷議棄熙河，帝爲之旰食，數下詔戒韶持重勿出。及是，帝大喜。韶還熙州，以兵循西山繞出踏白後，焚八千帳，瞎征窮蹙丐降，俘以獻。拜韶觀文殿學士、禮部侍郎。子厚，元符間官熙、河，再定湟、鄯。采《宋史》本傳。

种誼 字壽翁，洛陽人，世衡幼子。神宗時，從高遵裕復洮、岷，又平山後羌，至熙河副將。使青唐，董氊遣鬼章迎候境上，取道故爲回枉。誼習其地里，謂②之曰：「爾謂我不知遠近耶？」命趨便道。鬼章怒，脅以兵，誼不動，卒改塗。遷本路都監。自蘭州渡河討賊，斬首六百，累轉西京使。元佑初，鬼章入寇，誼俘以歸。後進熙河鈐轄、知蘭州。蘭與通遠皆絶塞，中間保障不相接，腴田多棄不耕，誼請城李諾平以扼衝要。會遷保州團練使，卒。

子樸 官熙河蘭會鈐轄兼知河州。河南蕃部叛，樸至州才二日，以賊鋒方鋭，且盛寒，欲姑徐之。

① 踏白城，北宋置，屬河州，今甘肅省積石山縣南。
② 《宋史》爲「誚」，有責備之意。

熙帥胡宗回馳檄至六七，不得已，遂出兵。遇伏，樸殊死戰，爲賊所殺。同上。

景思立 普州安岳人，以蔭主渭州治平砦①。以功知德順軍，策應王韶取熙州，過洮，築當川堡②，克羌香子③、珂諾城，遂定河州。韶言其臨事忠勇，擢河州刺史，又遷河州團練使，知其州。青宜結鬼章舉兵襲殺伐木卒，害小校七人，以書抵思立，詞不遜。思立不能忍，帥兵六千攻之於踏白城。鈐轄韓存寶、蕃將瞎藥交止之，不聽。自將中軍。鬼章衆二萬，分三砦以抗官軍。戰數十合，羌從山下圍中軍。思立、存寶潰圍出，諸將多傷。思立且鬥且退，曰：「我適以百騎走羌數千人，無助我者，今敗矣，當自剄以謝朝廷。」衆止之。少頃再戰，遂死。神宗以其輕敵致敗，不復贈官。采《宋史·忠義》本傳。

王文郁 字周卿，麟州新秦人。神宗時，爲熙河將，得羌户萬餘，遷鈐轄。夏人圍蘭州，已奪兩關門，文郁募死士夜縋而下，持短兵突賊，即掃營去。擢知蘭州。諜知夏人將大入，清野以俟，果舉國趨皋蘭，文郁禦之，殺傷如積，圍九日而解，以殿前都虞侯知河州。築安西城、金城關，進秦州防禦、冀州觀察使。采《宋史》本傳。

苗授 字受之，潞州人，以蔭至供備庫副使。王韶取鎮洮，授爲先鋒，破香子城。羌雖敗，氣尚鋭，輒圍香子以迎歸師。韶乃簡騎五百屬授，授奮擊敗之。又破之於牛精谷，取珂諾誠，盡得河湟地。鬼章

① 治平砦，古建制名。北宋治平四年（一〇六七年）置，屬德順軍，即今甘肅省静寧縣治平鄉。金升爲治平縣。
② 當川堡，古堡名。北宋熙寧六年（一〇七三年）置，屬熙州，即今甘肅省康樂縣流川鄉。金升爲縣。
③ 羌香子，即香子城，古城名。吐蕃置，即今甘肅省和政縣。

寇河州，授一戰克撒宗，論功第一，遂知州事。從燕達取銀川，降木征，獻之京師。神宗勞之曰：「曩香子之役，非汝以寡擊衆，幾敗吾事。」以爲秦鳳副總管，徙熙河，復知河州。討生羌於露骨山，斬首萬級，獲其大酋泠鷄朴，羌族十萬七千帳内附，威震洮西。元豐西討，授出古渭取定西，諸族降户五萬。城蘭州，遇賊數萬於女遮谷，登山逆戰，賊夜遁去。授踰天都山，焚南牟①，凡師行百日，轉鬥千里，始入塞。

子履　元符初，知蘭州，與姚雄合兵討嵬羌籛羅結，焚其族帳而還。

劉仲武　字子文，秦州成紀人。熙寧中，爲涇原將，遷熙河都監。復湟，進知河州。吐蕃趙懷德、狼阿章衆數萬叛命，仲武相持數日，潛遣二將領千騎扣其營，戒曰：「彼出，勿與戰，亟還，伏兵道左。」二將還，羌果追之，遇伏大敗，復西寧州。未幾，懷德、阿章降。進客省使。副高永年西征。仲武欲持重固壘，永年輕戰，遂大敗。仲武引咎自劾，坐流嶺南。命未下，與夏人戰，傷足。朝廷閔之，貸其罰。童貫征僕哥，收積石軍②，邀仲武計事，許以便宜。僕哥約降，索一子爲質。仲武即遣子錫往，帥師渡河，挈與歸。貫掩其功，仲武亦不自言。徽宗訪得，召對，勞之曰：「高永年以不用卿言失律，僕哥之降，河南綏定，卿力也。」問幾子，曰：「九人。」悉命以官。仲武後再起爲熙州，卒於官。幼子锜，爲

① 南牟，即南牟會城。西夏元昊時築，即今寧夏回族自治區海原縣「西安州古城」。

② 積石軍，本静邊鎮，唐儀鳳二年（六七七年）置，治今青海省貴德縣。後地入吐蕃，廢。北宋大觀二年（一一〇八年）復置。金大定二十二年（一一八二年）升爲積石州。

中興名將。

李浩　字直夫，綏州人，徙西河。浩務學，通兵法，著《安邊策》，謁王安石。安石言之神宗，召對。擢熙河鈐轄。李憲討山後羌，浩將右軍至合龍嶺會戰，遣降羌乞嗺輕騎突敵帳，俘其酋冷鷄朴、李密撒。遷知河州、安撫洮西。五路大舉，浩將前軍，復蘭州。遷知蘭州兼熙河、涇原安撫副使。

張守約　字希（彦）〔參〕①，濮州人。神宗開拓熙河，召問曰：「王韶能辨事否？」對曰：「以天威臨之，當無不濟；但董毡效順，恐不宜侵逼。」加熙河鈐轄。河州羌率衆三萬屯於敦波，欲復舊地，守約渡洮水擊破之，取窖粟食軍。羌老弱畜産走南山，左右欲邀之。守約曰：「彼非敢迎戰，逃死耳，輒出者斬！」守約典七州，皆有惠愛可紀。

孫路　字正甫，開封人。進士及第。元豐中，通判河州，徙蘭州。夏人入寇，論功進五階。元佑初，司馬光將棄河、湟。召問，路挾輿地圖争之。語載「形勝」條内。光幡然曰：「賴以訪君，不然幾誤國事。」議遂止。後徙知熙州。涇原城西安，詔出師牽制其勢。路即將衆臨會州，遂建取青唐之策。

王君萬　秦州寧遠人。以功擢熙河路鈐轄。洮西羌叛，圍河州，君萬請於王韶，以爲南撒宗城小而堅，彊勇所聚，若并兵破之，圍當自解。韶用其計，圍果解。

王恩　字澤之，開封人。爲河州巡檢。夏羌寇蘭州，恩搏戰城下，中兩矢，拔去復鬥，意氣彌厲。

① 原刊「彦」，據《宋史》勘「參」。

哲宗時，出爲涇原副都總管，并護秦、渭、延、熙四路兵，城西安，築臨羌、天都十餘壘。羌圍平夏，諸校欲出戰，恩曰：「賊傾國遠寇，難以争鋒，宜以全制其敝。彼野無所掠，必携，携而遇伏，必敗。」乃先設伏萬人，羌既退師，果大獲。

劉舜卿 字希元，開封人。元佑初，知熙州。夏人聚兵天都，連西羌鬼章青宜結，先城洮州，將大舉入寇，舜卿欲乘其未集擊之，會諸將議方略。使姚兕部洮西，領武勝兵合河州熟羌搗講朱城[①]，遣人間道焚河橋以絶西援。种誼部洮東，由哥龍谷宵濟拜金川[②]，黎明，至臨洮城下，一鼓克之，俘鬼章并首領九人，斬馘數千。遷馬軍都虞侯。

游師雄 字景叔，京兆武功人。元祐初，爲軍器監丞。吐蕃寇邊，其酋鬼章青宜結乘間脅屬羌構夏人爲亂，謀分據熙河。朝廷擇可使者與邊臣措置，詔師雄行，聽便宜從事。既至，諜知夏人聚兵天都山。吐蕃將攻河州，師雄欲先發以制之，請於帥劉舜卿。舜卿曰：「彼衆我寡，奈何？」師雄曰：「在謀不在衆。」脱事不濟，甘受首戮。」議三日乃定，遂分兵爲二。姚兕破六逋宗城，种誼擒鬼章。捷聞，言者猶以爲邀功生事，止遷一官。夏人復入熙河，師雄言：「蘭州距賊一舍，通遠不百里，非有重山復嶺之阻。宜於定西、通渭之間建〔女〕〔汝〕[③]遮、納迷、結珠三栅，及護耕七堡，以固藩籬。」詔付范育，皆如

① 講朱城，《宋史》爲講珠城，古城名。西夏置，在今甘肅省永登縣莊浪河畔。
② 原刊「拜金川」，《宋史》爲「邦金川」。邦金川，古地名，在今甘肅省臨洮縣南。
③ 原刊「女」，據《宋史》勘「汝」。

議。召詣闕，哲宗勞之曰：「洮州之役，可謂雋功，但恨賞太薄耳。」對曰：「皆上稟廟算，臣何力之有？惟當時將士勤勞未録，此爲欠也。」進知秦州，未至，詔攝熙州。以夏人擾邊，詔使者與熙帥、秦帥謀之。使者鋭於攻擊，師雄謂：「進築城壘以自蔽，未應深入。」上章争之，不報。既而，卒用師雄策。

蔣之奇　字潁叔，常州宜興人。元祐中，知熙州。夏人論和，請畫封境。之奇揣其非誠心，務守備，謹斥候，常若敵至。終之奇去，夏人不敢犯塞。之奇所至以治稱，特以畔歐陽修故，爲清議所薄。

范育　字巽之，邠州三水人。元祐初，知熙州。時議棄質孤、勝如兩堡，育曰：「熙河以蘭州爲要塞，此兩堡者蘭州之蔽也。棄之則蘭州危，蘭州危則熙河有腰膂之憂矣。」又請城李諾平、汝遮川，曰：「此趙充國屯田古榆塞地也。」不報。紹興中，采其論，贈寶文閣學士。

姚雄　字毅夫，五原人。少勇鷙有謀，年十八即佐父兕征伐。紹聖中，知會州，徙河州。种朴戰没，王贍軍陷敵中，雄自鄯至湟，四戰皆捷，拔出之。遂築安鄉關，夾河立堡，以護浮梁，通湟水漕運，商旅負販絡繹於道。復加州防禦使。建中靖國初，議棄湟州，雄以爲可，遂以賜趙懷德，徙雄知熙州。蔡京用王厚復河湟，停雄官。高永年死，起雄復爲熙州。熙河十八年間更十六帥，唯雄三至，凡六年。俱同上。

劉韐　字仲偃，建州崇安人。王厚鎮熙州，辟狄道令，提舉陝西平貨司。河、湟兵屯多，食不繼，韐延致酋長，出金帛從易粟，就以餉軍，公私便之。遂爲轉運使。熙河郡常貢毛褐，厚於例外增以遺朝貢，韐曰：「勿重困百姓。」厚從之。韐後死靖康之難。采《宋史·忠義》本傳。

張叔夜　字（稽）〔嵇〕①仲，開封人。以蔭爲蘭州録事參軍。州地極邊，恃河爲固，每歲河冰合，必嚴兵以備，士不釋甲者累月。叔夜曰：「此非計也。不求要地守之，而使敵迫河，則吾既殆矣。」有地曰天都者，介五路間，羌人入寇，必先至彼點集，然後議所向，每至則五路皆竦。叔夜按其形勢，畫攻取之策，得之，建爲西安州，自是蘭無羌患。後死靖康之難。采《宋史》本傳。

种師道　字彝叔，諤從子。初爲熙州推官，後知西安州。夏人侵定邊，築佛口城，率師往夷之。始至渴甚，師道指山之西麓曰：「是當有水。」命工求之，果得水滿谷。

何灌　字仲原，祥符人。爲河東將，徙熙河都監，後知河州，提舉熙河蘭湟弓箭手。入言：「漢金城、湟中穀斛八錢，今西寧、湟、廓即其地也，漢、唐故渠尚可考。若葺渠引水，使田不病旱，則人樂應募，而射士之額足矣。」從之。甫半歲，得善田二萬六千頃，募士七千四百人，爲他路最。改知蘭州。攻仁多泉城，炮傷足不顧，卒拔城。靖康元年，金師叩京城。灌入衛拒戰，没於陣。

張浚　字德遠，漢州綿竹人。嘗爲熙河幕官，遍行邊壘，覽觀山川形勢，時時與舊戍守將握手飲酒，問祖宗以來守邊舊法，及軍陣方略之宜。故一旦起自疏遠，當樞筦之任，能通知邊事本末。俱同上。

劉惟輔　涇州人，爲熙河馬步軍副總管。金人既得秦州，前軍蹂鞏州，距熙才百里，惟輔以千八百騎夜趨新店，黎明軍進。惟輔舞稍刺其先鋒將孛堇黑鋒，洞胸墮馬死，敵爲奪氣退。後金人陷熙河，執

① 原刊「稽」，據《宋史》勘「嵇」。

惟輔，誘之百方，終不言。金人怒，捽以出，惟輔奮首曰：「死犬。斬即斬，吾頭豈汝捽也。」顧坐上客曰：「國家不負汝，一旦遽降敵耶？」即不復言而死。張浚聞之，承制贈昭化軍節度使，立廟成州，號忠烈。有熙河馬步軍第六將韓青，間行從惟輔，爲金所得，亦罵不絶口而死。采《宋史》忠義本傳。

鄭驤 字潛翁，玉山人。姚古奏爲熙河蘭廓路經略司屬官。地震，秦隴金城六城壞，驤言六城熙河重地，宜趣繕治，因自請董兵護築益機灘新堡六百步，以控西夏。堡成，以功遷官。高宗初，知同州。金將婁宿犯同州，城陷，驤赴井死。贈樞密直學士，謚「威愍」。驤在熙河，嘗摭熙寧迄政和攻取建置之迹爲《(招)〔拓〕①邊録》十卷，又爲《別録》八十卷、《河隴人物志》十卷、《蕃譜系》十卷。同上。

任安 熙河路部將。金欲犯秦川，吴玠遣諸校分道伺之，安與牛皓皆力戰死。金人相謂：「真健兒也！」後皓、安皆贈翊衛大夫，官其家五人。采《宋史·忠義》牛皓傳。

金

徒單合喜 上京人。皇統二年爲隴州防禦使，再徙臨洮尹。是時，關、陝以西初去兵革，百姓多失業，合喜守之以静，民多還歸者。采《金史》本傳。

楊仲武 字德威，保安人。皇統初，知寧州，遷同知臨洮尹。臨洮地接西羌，與木波雜居，邊將貪暴，木波苦之，遂相率寇掠。仲武從數騎入其營諭之曰：「此皆將校侵漁爾等，以至此。今懲治此輩，

① 原誤刊「招」，據《宋史》勘「拓」。

不復擾害汝也。」并以禍福曉之。羌人喜悦，寇掠遂息。改同知河中府。木波復掠熙河，主帥使人諭之，不肯去。曰：「楊總管來，我乃解去。」熙河具奏，詔復遣仲武。及至，與其酋帥相見，責以負約，乃舉酒酹天，折箭爲誓。羌人羅拜而去。俱同上。

龐迪　字仲由，延安人。天眷元年，知京兆府，徙臨洮尹，兼熙秦路兵馬都總管。陝右大飢，流民四集，迪開渠溉田，流民利其食，居民藉其力，各得其所。郡人立碑紀其政績。大定初，復爲臨洮尹。

陀滿胡土門　字子秀。貞祐三年知臨洮府，兼本路兵馬都總管。叛賊蘭州（極）〔程〕①陳僧等誘夏人入寇，圍臨洮凡半月，城中兵數千，粟不支，衆且危之。胡土門日爲開諭逆順禍福，皆自奮，因捕欲爲内應者二十人，斬之。賊四面來攻，乃夜出襲（城）〔賊〕②壘，夏兵大亂，遁去。正大三年七月，復爲臨洮府總管。四年五月，城破被執，誘之降不應，使之跪不從，以刀亂斫其膝脛，終不屈，遂殺之。妻烏古論氏亦死節。采《金史·忠義》本傳。

郭斌　爲金將。金亡，出保金、蘭、定、會四州。元按竺邇圍會州，食盡。兵入城，斌驅妻子聚一室，焚之。己自投火中。有女奴自火中抱兒出，泣授人曰：「將軍盡忠，忍使絶嗣，此其兒也，幸哀而

① 原刊「極」，據《金史》勘「程」。
② 原刊「城」，《金史》爲「賊」。

收之。」言畢，復赴火死。按竺邇聞之惻然，命保其孤。采《元史》按竺邇傳。【按】此與郭蝦蟆事同、時同、

地同，而姓亦同，惟多小婢保孤一事，疑斌即蝦蟆也。然舊《志》俱分載二處，姑仍之。

元

田濟順 泰定初，爲臨洮府同知，兼管本府諸軍奥魯①。勸農事，廉慎不欺，吏民畏服。卒官，喪不能歸，郡民感其德，葬之城北固關原。采《通志》。

着思吉巴 延祐初，爲河州吐蕃宣慰使。置田贍學，以養育人才爲務。

傅夢臣 至治二年，爲金州判官。下車首興學校，有治績。俱同上。

明

張温 不詳何許人。積功至天策衛指揮僉事。從大軍克陝西，攻下蘭州，守之。元將擴廓偵大將軍南還，帥步騎奄至。諸將請固守以待援。温曰：「彼遠來，未知我虚實，乘暮擊之，可挫其鋭。倘彼不退，固守未爲晚也。」於是整兵出戰，元兵少却。已而圍城數重，温斂兵固守，敵攻不能下，乃引去。太祖稱爲奇功。當受圍時，元兵乘夜梯城而登。千户郭佑被酒卧，他將巡城者擊退之。圍既解，温將斬佑，天策衛知事朱有聞争曰：「當賊犯城時，將軍斬佑以令衆，軍法也。賊既退，始追僇②之，無及於事，

① 奥魯，蒙古語，意出征時留在後方的家眷與輜重。
② 「僇」同「戮」。

且有擅殺名。」温謝曰：「非君，不聞是言。」遂杖佑釋之。帝聞而兩善焉。時，有鷹揚衛指揮于光，鎮鞏昌。赴援至馬蘭灘，戰敗被執。以徇城下。光大呼曰：「公等但堅守，徐將軍將大軍旦夕至矣。」敵怒，批其頰，遂被殺。光，字大用，都昌人。《明史》藍玉、濮英傳。

寧正 字正卿，壽州人。幼爲韋德成養子，冒韋姓。元末隨德成來歸，積功授鳳翔衛指揮副使。從大軍取陝西。馮勝克臨洮，留正守之。從鄧愈破定西，克河州。洪武三年，授河州衛指揮使。上言：「西民轉餉甚勞，而茶布可易粟。請以茶布給軍，令自相貿易，省挽運之苦。」詔從之。正初至衛，城邑空虛，勤於勞徠。不數年，河州遂爲樂土。璽書嘉勞，始復寧姓。《明史》本傳。

劉釗 【按】《明統志》及《河州志》①俱作昭。全椒人。洪武末，以陝西都指揮同知鎮河州，號令嚴明，番族畏服。永樂中，領兵往烏斯藏，賞諸國還，遇番賊劫掠，釗率衆破之。在鎮三十餘年，軍民安堵。晋都督同知。采《通志》。【按】《狄道州志》又有劉昭，潞城人。宣德中爲臨洮尹，多惠政。民歌曰：「野有流民，惟侯集之。邑有田疇，惟侯闢之。古人謹獄，惟侯哀之。有此三惠，孰不懷之。」見《明詩綜》。其爵里迥異，但昭在鎮三十餘年，則固已逮宣德時矣。殆即一人，而傳者互異歟。

張忠 字友直，河南太康人。永樂初，知蘭縣，撫良善，治奸慝。邑户不及千數，而遞送人役月以萬計，忠奏軍民協同，遞送遂減三分之二。黄河浮橋歲修，民多勞費，奏行府屬縣衛所同造，以紓民累。

① 指［康熙］《河州志》六卷，清王全臣纂修，康熙四十六年（一七〇七年）刻本。

民間水利多爲勢豪所奪，忠奏歸原主。在任六年，多遺惠。俱同上。

林宗德 山東掖縣人。永樂初，同知臨洮。值旱禱雨，三日不食，已而大雨霑足。

劉杰 字元望，四川梁山人。由鄉舉授國子博士，擢禮科給事中。洪武二十三年，京師飢，明年魚兒泊[1]飢，皆以杰言發廩賑濟。後官太常少卿兼侍讀學士，以議禮謫臨洮府教授。永樂初，署府事。會河西有剽掠者，官軍征勦，俘獲甚衆。杰認得無辜千餘人，悉縱遣之。致仕後，廷臣交薦不起，卒。子孫附籍狄道。采《狄道州志》。

劉櫝 定遠人。精騎射，襲父原指揮使職，調臨洮掌衛事。招募精銳，教以兵法，築堡寨，新城樓，與部下分勞苦，軍丁故多占役。櫝釐革宿弊，武弁畏服。孫清，襲職，調鎮番衛。采舊《府志》。

廖莊 字安止，吉水人。官南京大理少卿。景泰五年，上疏請帝同群臣朝見上皇，并宜令沂王親儒臣，習書策，以保人心。不報。明年，赴京。帝憶莊前疏，命廷杖八十，謫河州定羌驛丞。天順初，召還。州人重之，建碑刻像於定羌寺中。莊自爲贊，今石猶存。《明史》本傳兼采《通志》。

房貴 寧夏人。正統二年，爲靖虜衛守備，建置城垣、公廨、烽堠。三年，奏設學校、倉驛。景泰元年，奏取楚府牧軍七百，以資戰守。百務聿舉，事集而人不擾，歷二十年。都御史耿九疇薦擢署都指揮使。孫懷能，世其職。采《通志》。

① 魚兒泊，古驛站名，即今内蒙古自治區克什克騰旗達來諾爾。

李進 山西大同人。正統中，以山東都指揮僉事守備蘭州。廉能有爲，建哨馬營於河北大岔口外，築金城東、西三關及北水門，展東門外新關。造軍器，每成以鐵鋌試，視堅脆利鈍爲賞罰。又造兵車三百餘乘，上爲板屋，前後左右爲傍牌，圖狻猊形於上，而洞其口目，以出火器。每車神枪十、斬馬五、九龍筒一，五人一乘，行則衣糧附載之。他有利於地方者，罔不修舉。致仕歸，州人空城追送，至於隕涕。

熊概 字大節，商城人。成化間，任臨洮知府。地當寧夏、河西之衝，二鎮諸務皆取辦於郡，概悉心經畫，咸中機宜。俱同上。

黃琥 字瑩之，豐城人。成化間，同知臨洮府。嘗督賦平涼，以所得羨餘，代民逋租。岷州用兵，琥督餉數萬，區畫咸宜。洮水歲漲，民病涉，爲修浮梁以濟郡人，廟祀之。采《明一統志》。

黃嚅 河南項城人。成化中，始改蘭縣爲州，嚅知州事。公署、學校皆所創建，事集而人不告勞。采《通志》。

李昺 四川大足人。成化三年，知狄道縣。廉勤平恕，善作人。歲飢，設粥廠，全活無數，民爲建祠。任滿，囊橐蕭然，不能歸，遂僑居狄道。采《狄道州志》。

李士傑 山西清源人。成化初，知金縣，甫下車，首詢民隱。邑有見年例，民苦不堪，士傑請於上官罷之。邑學傾圮，捐俸督修。任五載，遷寧波府判。去之日，士民如失慈母然。采舊《府志》。

何信 字文實，信陽人。初爲布政司吏。成化中，關中大飢，信言於布政使吳節，畫策濟荒，全活甚衆。後爲渭源縣丞，會御史行縣，簿尉①以下皆跣足，逐輿馬輒數十里，信嘆曰：「可以去矣。」遂棄官歸。采《通志》。

車霆　山西石州人。（宏）〔弘〕治中，爲臨洮守。性直戇，不拘小節，多善政，與上官語是非利害。不少委曲。或檄取郡中土産，霆恐爲民累，拒不應，上官亦諒之。采舊《府志》。

李紀　潞州人。（宏）〔弘〕治中，以錦衣衛經歷晋臨洮知府。廉明恕慎，念邊民寒苦，加意噢咻。歲飢，捐俸以賑。教士子，先德行而後文藝。葺城堡延袤數十里，終紀任，敵不敢犯邊。去之日，橐篋蕭然，百姓攀送塞途。

李杲　洪洞人。（宏）〔弘〕治中，官臨洮同知，管蘭州倉場，收納不稽滯，出無浮耗，民作歌紀之。草場失火，民懼杲得罪，争爲償納，其得人心可知矣。

吴璇　字世美，高唐人。（宏）〔弘〕治中，知河州。以邊俗積玩，首鋤强暴，恩威并著，軍民畏服。俱同上。

党茂　忻州人。初官武功知縣，性淳篤質直而善緘默，御吏治民不責於人情之外，事完令行而已。中更剛正，不畏强御，譽來不喜，謗至不怒，有長者之道焉。當路者以爲才劣，於縣改渭源，檄至，嘅然委任以去。茂在渭源嘗增築月城，爲（宏）〔弘〕治十七年事。采《武功志》。【按】《志》稱：茂如是可

①簿尉，主簿和縣尉。泛指地方官府佐理官員。

謂賢矣。對山之書直而信，非末俗私濫者比也。顧茂在渭源，自《通志》載其修城外，他無所見，蓋不遇對山其人耳。故采而補録之。

薛謙　字益之。(宏)〔弘〕治間，知金縣，不携眷屬，從僕數人，常自執炊，日食不過百錢，衣無錦綺。人問之，曰：「我食肉，民餐風；我衣帛，民袒肉，何樂乎有我？」初至時，訟牘甚多，日爲剖决。三年後，訟庭寂然。重修文廟，常聚諸生講論，士子尊仰之。采《金縣志》①。

李録　臨邑人。嘉靖十一年，知臨洮府。清操勤政，喜作人。召諸生掣籤課藝，親爲評品，由是士勤問學，科第接踵。采舊《府志》。

吉陳　直隸開州人。嘉靖十四年，知河州。清介自持，請託不行。時，衛軍强横，陳繩以法，遠近凛然。當道獎云：「嚴明之政大讋豪强，清苦之操不殊寒士。」時論以爲實録。同上。

蘇志皋　固安人。嘉靖二十六年，知河州。雖由左遷，未嘗怠事。時方飢饉，盗賊蜂起，破格賑濟，多所全活。獲盗則重法治之，地方賴以安謐。卒，祠明宦。采《河州志》。

楊繼盛　字仲芳，容城人。嘉靖中，以兵部員外郎諫馬市劾仇鸞，貶狄道典史。地雜番俗，罕知詩書。繼盛簡子弟秀者百餘人，聘三經師教之。鬻所乘馬，出婦服裝，市田資諸生。縣有煤山，爲番人所據，民仰薪二百里外。繼盛召番人諭之，咸服曰：「楊公即須我曹穹帳亦舍之，况煤山耶？」番人信愛之，

①［康熙］《金縣志》二卷，清耿喻修、郭殿邦纂，康熙二十六年（一六八七年）刻本。

呼曰楊父。又疏洮水，清飛糧，禁止奉僧，舊習丕變。邊民以織褐爲生，每上官差人減價和買，或以雜物易換，民不得價，有號泣求死者。繼盛出示禁約公差買褐，適巡按差人至，乃拘其人，收其票，欲爲之申請，固求乃已，後遂無至者，民始得有其利。及鸞敗，帝思其言，稍遷諸城知縣，復遷至兵部。又上疏劾嚴嵩，死西市。穆宗立，贈太常少卿，謚「忠愍」。《明史》本傳兼采《椒山年譜》。

聶守中 三河人。隆慶中，知河州。初建南關新城，民稱不便者十九，竟力築之，後寇犯境，賴以保障。清土田，除豪滑，嚴考課，民久而思之。采舊《府志》。

張翼 莊浪人。隆慶初，官河州參將。治兵有紀律，尤重民事，與州守聶守中開渠灌田。復於水靈寺口黄河上建摺橋，以便往來。遍行河北諸堡，相地設險，修築邊墻，外寇不敢犯境。采《通志》。

暴孟奇 字純甫，屯留人。萬曆七年，官臨鞏兵備。剛直練達，蘭大猾十餘人冒餉金巨萬，事發，誣連百餘人，孟奇寘首惡於法，察其實無措者，出贖錢二千金代償，諸所染逮概讞釋之。往時實粟塞下，賤其入，商不前，孟奇爲平其值，倉廩始充。采舊《府志》。

夏鎧 字梅原，四川大足人。萬曆九年，知臨洮府。時，寇距河湟不遠，鎧慮河湟危則洮必擾，請於當途①糴糧三千石、草四萬束以備不虞。及十八年，虜警，賴以有濟，人皆服其先識。

岳維華 字三峰，曲周人。萬曆十八年，知臨洮府。性鯁介，不尚浮華，政務廉平而威足服衆。時，

① 當途，即當權者。

火酋入犯，人心危懼，維華旦暮登城，調度防守，撫恤士卒，不辭勞瘁，復督遣民兵相機擊之，斬首五十餘級，城賴以全。

孟孝臣　山西榆次人，蘭州參將。樸質有膽略，與士卒同甘苦。萬曆十八年，火落赤入寇，渡大夏，趨寧河，孝臣奉檄應援，大戰和政驛，殺酋子枹罕兔長及壻①拜言他卜囊。會霖雨浹旬，總兵劉承嗣與虜戰於朱家山，兵敗，游擊劉子都等皆死，承嗣被追急，孝臣力救得免。

耿德章　靈壽人。萬曆十四年，守河州，開濬水渠，民享其利。十八年，火酋入犯，率民守禦，賊知有備，三日斂兵去，市民安堵。

劉應聘　字嗣溪，翼城人。萬曆二十一年守臨洮。勤政勸學，捐俸購書三百餘部以給諸生。值歲飢，於城外設廠賑粥，日必親詣，粥必親嘗，歷五月，全活甚衆。俱同上。

劉綎　字省吾，南昌人。萬曆時，以青海寇數擾邊，特設臨洮總兵官，移綎任之。二十四年三月，火落赤、真相、昆都魯、歹成、他卜囊等掠番窺内地。綎部將周國柱等擊之莽剌川腦，斬首百三十有奇，獲馬牛雜畜二萬計。帝爲告郊廟宣捷。綎等進秩予蔭有差。後綎死遼疆之難。天啟初，贈少保。《明史》本傳。

荆州俊　字章甫，山西猗氏進士，萬曆時爲臨鞏兵備。風裁凜凜，墨吏解綬，平定松山，捕斬賊酋，

① 壻，古同「婿」。

招降部落，功績最多。詳兵事條。建設城堡，凡所籌畫，可垂永久，將吏無敢以虛文應者。税璫[1]趙欽妄報狄道、蓮花山等地産銀礦，歲派合縣里甲包納五千有奇，州俊極力請蠲，獲減四之三。有詐稱錦衣千户私抽木税者，白巡撫寘諸法。采皋蘭、狄道《志》。

王聘賢 字汝弼，雲南通海舉人，本至聖裔，入滇出嗣姑，後姓王。萬曆間，督儲於蘭。值歲飢，寬宿逋[2]賑窮民，修水車以授農，施藥餌以療病，尤加意學校，風化大行。采舊《府志》。

唐懋德 字世修，雲南晋寧人。萬曆三十三年，官臨洮同知。天資瀟灑，尤重文教。下車即闢學舊基，捐俸營繕，又立社學。貧民無告者，寒給以衣，死助棺槨焉。善大書，遺筆有存者，人恒弆之以爲重。同上。

陳文焯 江西臨川人。萬曆三十年，知河州。捐俸建社學，購腴田五百畝有奇，給民耕種，歲收其入以贍貧士。采《河州志》。

陳纘宗 石首人。萬曆三十二年，任臨洮推官。性至孝，以廬墓哭失聲，遂患口吃。及莅職以講學課士爲務，裁汰冗役，以其費助諸生學，官舍蕭然，若無仕宦之情者。采《狄道州志》。

王一之 肅寧人。萬曆間，知臨洮府事。莅官嚴正，奸儈斂手。時，民苦榷税及諸行役重，一之罷

---

① 税璫，指掌管税收的宦官。

② 宿逋，積欠税款。

税減役，民戴其恩。

冀楙中　河南上蔡人。天啟時，知臨洮府。時，郡旱艱食，楙中設法積穀，開水利，民食漸足；立學校，禁厚葬，毀淫祠，善政甚多。俱同上。

王淑曾　字永悔，長垣人。天啟五年，知渭源縣。崇文興教，經其指授皆蔚然可觀；民罹法者多所哀矜，獄無冤民；遷渭橋於城東五里，人不病涉。及署狄道篆，治行一如渭源，民多圖像祀之。采舊《府志》。

梁許　字帶川，河南孟津進士，官靖虜衛兵糧道。重修城垣、學宫，豐年糴粟五萬餘石，後壬午①歲飢，賴以全活者數萬人。采《靖遠衛志》。

邢玠　山東益都進士，官靖虜衛兵糧道。優卹軍屬，風裁峻厲。壬午飢，開倉賑濟，全活數萬人。晋山西副使。去，衛人繪像奉之。

王亮　浙江臨海進士，官靖虜衛兵糧道。閱邊，有防守官饋金，立斥之。衛屬七里口灘每遇冰結，虜入住牧，亮遣百户吴廷相諭之，即去。豐年儲粟三萬餘石，修置戰備，宣布恩威，夷虜接踵歸附。俱同上。

鍾萬璋　乳源人。崇禎九年，任臨洮府同知。時，屯田多冒濫，萬璋親履清查，除其弊。市有門攤

① 壬午，指明萬曆十年（一五八二年）。

税百餘金，貧民以爲苦，萬璋力請豁之。采《狄道州志》。

石應岷 丹陽人。崇禎十三年，知臨洮府。時，遭奇荒，盜賊蜂起，應岷特嚴其法，獲盜即戮於其地。寬徭息訟，賑飢濟貧，民賴以安。采舊《府志》。

崔俊 翼城人。崇禎中，知狄道縣。時，縣編櫃頭充其役者，多至破家，俊力革之。寬賦役，逃亡復歸，卒無逋賦，旋以艱去。采《狄道州志》。

薛一鶚 字百當，定興人，由貢生爲黃州通判，遷蘭州知州。州北有田没於番，吏派其賦於他户，後田歸，爲衛卒所據，而民出賦三十年，一鶚核除其害。後里居，大清兵攻定興，佐同里鹿善繼城守，遂同死。《明史·鹿善繼傳》。

張星 四川金堂人。知金縣，值流寇猖獗，據城堅守，賊數犯而城獲全。以其暇，建書院，講學課士。後晉深州知州。采《金縣志》。

田選 山西汾州人，由選貢任靖虜衛同知。下車值歲荒，勸民出粟，開倉煮粥，躬視給散。清勘屯地，豪猾兼并詭寄者悉爲厘正。采《通志》。

馬希周 崇禎時，以舉人官臨洮府監收同知。倜儻有治才，餉儲出納悉心籌計，雖凋敝之餘，軍國未嘗告匱。河州馬政多弊，番人病之，希周革陋例、去冗費，應者如響，公私俱便，御史薦之。采舊《府志》。

周璜 蘭州衛指揮同知。尊賢好學，在任二十餘年，清屯田，修衛局，建社學，奏免天下軍衛預備食糧，後以都指揮僉事致仕。采《皋蘭縣志》。【按】舊《志》不載璜何時任，姑附於末。

國朝

孟喬芳　字心亭，奉天人。順治二年，總督陝西。五年，□□米剌印等反，陷臨洮府屬州縣，喬芳選將調兵恢復，各城應時平定，民皆安堵。又請豁各府積年荒糧，招撫流移，厘驛弊，革冗役，士民戴之，立祠於蘭州西門外。采《通志》。

李渻　直隸定興人，任渭源縣。順治五年，回變，賊潛入城執渻，渻大罵不屈，死之。事聞，贈陝西按察司僉事，蔭一子。時以回變遇害者，有臨洮道李絜飛，臨洮府同知徐養奇，蘭州知州趙翀、學正白旂，河州游擊高、佚其名。學正王運熙。采《通志》。

李道昌　字匪莪，山東海豐人。順治丙戌進士，官河南道御史，以言事謫臨洮府經歷。踵明楊繼盛遺韻，集多士於傳習堂講學課藝，從者百餘人。采《狄道州志》。

岳峻極　字於天，澤州人。順治七年，任臨洮府推官。性和雅不立崖岸，而莅治精察，於刑獄多所平反，境内無冤民。重修學宫，愛養士子，政聲丕著。擢工部主事，瀕行，士民攀轅遮道，有泣下者。采舊《府志》。

劉斗　字耀薇，直隸清苑人，官甘肅巡撫。康熙五年，自凉駐蘭，爲政嚴肅，屢題請豁減臨洮府民荒糧。明季礦税，狄道尚歲征千餘金。至是，斗始疏請盡豁，民困以蘇。采舊《府志》及《狄道州志》。

許重華　字松牖，太康人。康熙二年，知臨洮府事。時，兵亂甫定，民多流亡，寨頭關通吏胥，寄甲欺隱，飛詭百出，存者益不能堪。又，歲發民挽運西寧兵糧，折色費幾三倍。重華詳請上官，將荒地概予查豁，俟民漸復業，再行報墾；并請移西寧鎮標一營於臨洮，以紓民力。詞極懇摯，分道招集，自他方還者千七百有奇，墾田三倍。舊訟牒出胥隸，爭賄勾票，兩造恒至破産，重華令訟者自喚，夙弊頓除。值歲祲，捐俸煮粥。次年復飢，乃請發帑賑濟，全活數萬。暇則課士於超然書院，人漸向學，自後守郡之賢者，莫不遵其遺法云。采舊《通志》。

陳景任 浙江山陰人，康熙九年以庶吉士簡守臨洮，重文學，勤訓課，士風爲振。其莅民察利病，均賦役，息訟禦灾，時推治行第一。卒於任，郡人立碑頌德。同上。

吴延壽 奉天人。康熙二年，知蘭州。民貧逋賦，嘗捐俸代完。後擢江西贛州府同知。采《皋蘭縣志》。

季佺 字子雙，真定人。初爲西寧鎮標游擊，吴逆變，提督張勇與總兵王進寶恢復臨洮，以佺有文武才，特題授臨洮知府。佺招集難民，流移漸復；調停挽運軍需無誤，而民不擾。當地方甫定之日，人皆服其幹濟。采《通志》。

王之鯨 黄岡人，任金縣。前令王鯤化以虧倉糧二千餘石係獄，逮役四十餘人追比待斃。之鯨查邑有逃亡荒地，捐備牛種給被逮諸役墾種，計歲所獲，除完糧外即以貯倉，三年盡償其數，廪儲無缺，鯤化得釋歸里，諸役免罪。時墾屯多捏報，民苦之，乃力請蠲免。歲飢，民鬻子女者，代贖之；死不能斂者，給以棺。善政最多，金人勒石頌之。

張宏斌 江南吴江人。康熙十四年，渭源遭變，廬舍焚毁，民皆逃竄。宏斌奉檄視縣事，携僕二人到任，日坐荒署，夜宿城樓，多方招徠，哀鴻漸集。時兵馬雲屯，往來絡繹，供輸日不暇給，而民無怨聲。在任十年，生養休息，百廢漸舉，始復稱樂郊焉。

高錫爵　字康侯，漢軍蔭生。康熙十八年，知臨洮府，令行禁止，郡境肅然。嘗兼攝狄道縣事，減除包賠等賦正耗銀五千一百有奇。又有本色豆糧，向爲有力者居奇，錫爵白於上官，許半入折色。縣産毛褐，吏私抽税每匹銀一分，錫爵罷之。在任歷年，築城垣，濬洮水，招徠安集，民感其德，立祠以祀。俱同上。

張丕猷　字允升，絳州武進士。康熙二十五年，任蘭州衛守備。灾荒之餘，勞心撫字，詳革攤派，悉得允行，清介自矢，聽訟明決。既去，士民立祠於城東門内。同時，有本州州判王國楧，字扶衮，奉天監生，嘗再署州事，潔己愛人，政平訟簡，所至人咸德之。采《皋蘭縣志》。

祖業宏　漢軍人。康熙三十二年守臨洮時，番漢雜處，多桀驁不馴，業宏治尚嚴明，善良以安。有巡撫親故，贖綿葛至狄道，囑守令銷售民間，業宏曰：「吾爲民牧，不能以上官故，而重累吾民。」將執以白，其人懼而遁。采《通志》。

齊式武　滿洲人。康熙四十年任甘肅巡撫，綱紀整肅，勤詢民瘼。采生員陳治世之議，除派夫巡更之役，厘包攬納糧之奸，剔陳茶變價之弊。清查蘭衛屯地匿糧四萬餘石，并河北新疆奸民隱占田地八百里，按畝起科，以爲荒政之備。善政甚多，後士民立祠於城東關内。

魏勷　字亮采，柏鄉人。康熙四十二年，任臨洮道。值灾祲後加意賑恤，全活甚多。道署日用向由州縣供給，勸造工價細册，由内發值，不受饋遺。修理學宫，月課士子，禁革驛遞私派車馬。卒官，士民公請入祀。

楊宗仁 字天爵，漢軍人。康熙中，任蘭州河橋同知，厘絶奸弊。嗣知臨洮府事，下車即革行户陋規，除火耗及里蠹包納①。狄道豆糧以市斗收納，民力爲困，宗仁令悉改倉斗。洮河浮橋，舊私抽木商税以爲修繕費，宗仁令動公項，商旅爲之輻輳。境内旱，捐穀千石，代貧民輸納。勤於聽斷，明决有爲，修文廟，重建超然書院，於士風尤加意，後官至湖廣總督。卒，謚「清端」。臨洮人因立報德祠，與前守高錫爵、祖業宏同祀之。俱同上。

游道亨 江西武進士，任河州衛守備。慈祥愷悌，遺惠在民，州人爲建生祠，塑像奉之。

王全臣 湖北鍾祥人。康熙四十一年，任河州。時河地糧畝不清，民多苦累，全臣按户清查，編立册籍，取里胥所執舊簿焚之，革除雜派，刊單給民，使各自知應納之數。請禁土司、番僧霸丁占地、派幫中馬之弊，以蘇民困。至興學校、崇廟祀、設津梁，凡有益於民者無不具舉，詳其所爲，蓋仁心爲質，而又有才以濟之者也。州人感其德，與游道亨、張永淑同祀之。

張永淑 直隸滿城人。任河州，折獄嚴明。乾隆十六七年，歲連稔，民有粟而無所易，相謂熟荒。永淑用古常平法斂之，積貯充盈，以備凶歉，遺澤無窮。

① 包納，指包苴納賄。

楊士璣　婁縣人，官蘭州知府。乾隆四十六年，□□□□，總督委士璣及副將新柱往循化查辦。□□既害新柱於白莊，聞士璣在起臺堡，次日遂圍堡，堡内兵僅百餘人。□……□城陷，投水死。

周植　江蘇上元人。嘗再署河州事，首捐千金創立鳳林書院。乾隆四十六年□□，城陷，投水死。

謝桓　浙江上虞人。□□，以通判奉檄往循化查辦，會河州城陷，知州周植死。桓同西寧總兵貢楚克達爾追捕逆黨，收復城池，遂以桓權州事。賊平，有慮回民復變欲盡剿之者，桓力保無虞，始得免，全活無算。傳其肩輿入城，回衆争舁送焉。

保興　滿洲人。乾隆四十六年，任河州副將。時兵燹甫息，人心惶惑，興撫綏有方，未期月而軍民咸定。五十五年，復任河州總兵，出征四川，死教匪之難。

朱爾漢　浙江山陰人，官靖遠縣典史。乾隆四十九年四月，鹽茶廳屬□□田五作亂，攻破西安州土堡，勾結靖遠糜子灘□□攻城。爾漢登陴守禦，□□田重交縋城欲入，獲之，白諸①知縣黄家駒，訊供密約本城□□内應，具得其姓名。爾漢以城内兵單，回民甚多，慮激衆變，乃佯諭回民協同守城，齊集聽點，按名拘獲凡一百三十餘人，賊聞遁去，旋敗死事。聞奉超擢知縣，後仕至按察使。

縱司焞　江南蕭縣人，以河州州判署州事。供應軍需，民不滋擾；歲荒，有攘奪者，嚴治之；懸瓦於衢，有訟者，擊瓦聲訴，立爲剖决，民稱頌之。

① 諸，猶「之」。《論語·學而》：「告諸往而知來者。」

閻重鑒 河南人，以寧夏府通判署河州。征收無浮取，民樂輸恐後。嘉慶四年，蜀匪竄入狄道之黄香溝，百姓惶懼，議欲閉城，重鑒力阻之，陰爲設備，而令民皆安業，賊諜知其調度有方，且地勢險阻有進無退，遂引去。

蘭州府志卷九

人物志上

賢達　忠節

《志》之必傳人物，猶史之必志地理也，顧其體各有所主，則其義各有所當。史主於記事，故其傳人也詳，而志地也約；志主於記地，則其詳與約亦宜易之。至於泛濫失實，牽引無當，其弊人所共知，特不察耳。郡自漢晋以來，惟狄道辛氏顯於史策，然其後多徙雍落，舊史或仍係其本望。要之，遷轉歷世，已非兹土所産，如孔子魯人不復冠之以宋，孟子鄒人不復繫之於魯矣。唐宋之世，入版圖者無幾，時故鮮有聞焉者，至明代始多可紀。我朝聲教四訖，邊隅士女蒸蒸向化，駸駸乎與中區同風則共生宇宙，而得隸屬大朝，永被聲明文物之澤，豈非幸歟？今志人物，自宋元以前，一以史爲斷而汰舊《志》之誤收者；明以後，則本《通志》及各舊《志》，惟削定其辭之蕪累，而不敢輒有刪除，以違善善從長之義。自「賢達」至「列女」，其目凡八，厘爲二卷，如左。

賢達

漢

辛慶忌 字子真。少以父武賢任爲右校丞，隨長羅侯常惠屯田烏孫赤谷城[1]，與歙侯戰，陷陳却敵。惠奏其功，拜爲侍郎。元帝初，補金城長史，遷張掖太守，徙酒泉，所在著名。成帝初，征爲光禄大夫，至執金吾。坐子殺趙氏，左遷。歲餘，大將軍王鳳薦慶忌：「前在兩郡著功迹，征入，歷位朝廷，莫不信鄉。質行正直，仁勇得衆心，通於兵事，明略威重，任國柱石。」乃復征爲光禄大夫、執金吾。數年，坐小法左遷，復征爲光禄勛。

時數有灾異，丞相司直何武上封事曰：「光禄勛慶忌行義修正，柔毅敦厚，謀慮深遠。前在邊郡，數破敵獲虜，外夷莫不聞。乃者大異并見，未有其應。加以兵革久寢。《春秋》大灾未至而豫禦之，慶忌宜在爪牙官以備不虞。」其後拜爲右將軍，徙爲左將軍。朱雲上書求見，願賜尚方斬馬劍，斷佞臣安昌侯張禹，上大怒，曰：「小臣居下訕上，廷辱師傅，罪死不赦！」御史將雲下，雲攀殿欄，欄折。慶忌免冠解印綬，叩頭殿下曰：「此臣素著狂直於世。使其言是，不可誅；其言非，固當容之。臣敢以死争。」叩頭流血。上意解，然後得已。劉輔諫立趙倢伃爲皇后，繫掖庭秘獄，慶忌復與右將軍廉褒等上

① 赤谷城，漢西域烏孫國都城。在今吉爾吉斯斯坦伊塞克湖東南伊什特克附近。

書論救，上乃徙繫輔共工獄，減死罪一等。慶忌居處恭儉，食飲被服尤節約，然性好輿馬，號爲鮮明，唯是爲奢。爲國虎臣，遭世承平，匈奴、西域内附，敬其威信。年老卒官。長子通爲護羌校尉，中子遵函谷關都尉，少子茂水衡都尉，皆有將帥之風。元始中，王莽秉政，見慶忌三子皆能，欲親厚之。莽用甄豐、甄邯以自助，威震朝廷。茂不甚詘事兩甄，通長子次兄①與平帝從舅衛子伯相善。及吕寬事起，莽誅衛氏。兩甄構言諸辛有背恩之謀。莽遂按通父子、遵、茂兄弟，皆誅殺之。慶忌本狄道人，爲將軍，徙昌陵②。昌陵罷，留長安。采《漢書》本傳及朱雲、劉輔傳。

北魏

辛紹先 狄道人，父淵。傳載「忠節門」。凉州平，紹先内徙，家於晋陽。明敏有識量，與廣平游明根等相友。有至性，丁父憂，三年口不甘味，頭不櫛沐，髮遂落盡。皇興中，爲下邳太守。爲政不甚皦察，舉其大綱而已，惟教人爲畜牧禦敵之備。及宋將蕭道成、蕭順之來侵，道成謂順之曰：「辛紹先未易侵也，宜共慎之。」於是不歷郡境。卒於郡，贈并州刺史、晋陽侯，謚曰「惠」。采《北史》本傳。【按】紹先傳尚有子鳳達、穆，孫祥、少雍、子馥，又曾孫德源别傳。然紹先既徙晋陽，其子孫當非隴産，而紹先故生長此地，自宜采入。《狄道州志》獨去辛祥，而具詳穆及少雍、子馥、德源事迹，轉以紹先與辛毗等同列舊籍，

① 顔師古《漢書注》：「次兄，其字也。」

② 昌陵，古縣名。西漢鴻嘉元年（前二〇年）置，治今陝西省西安市臨潼區，屬京兆尹。永始元年（前一六年）廢。

略載數語，不考之甚。

辛琛 字僧貴，狄道人。少孤，曾過友人，見其父母無恙，垂涕久之。釋褐奉朝請滎陽郡丞。太守元麗性頗使酒，琛每諫之。麗後醉，輒令閉閤，曰：「勿使丞入也。」孝文南征，麗從輿駕，詔琛曰：「委卿郡事，如太守也。」景明中，爲揚州征南府長史。刺史李崇，多事産業，琛每諫折，崇不從，遂相糾舉，詔并不問，後加龍驤將軍、南梁太守。崇因置酒語琛曰：「長史後必爲刺史，但不知得上佐何如人耳？」琛對曰：「若萬一叨忝得一方正長史，朝夕聞過，是所願也。」崇有慙色。琛寬雅有度量，涉獵經史，喜愠不形於色，當官奉法，所在有稱。長子悠，字元壽，爲侍御史，監揚州軍。賊平，録勳書，時李崇猶爲刺史，欲寄人名，悠不許。崇曰：「我昔逢其父，今復逢其子。」早卒。悠弟儁，字叔義，有文才。魏子建爲山南行臺，以爲郎中，有軍國機斷。同上。

辛纂 字伯將，雄從父兄。學涉文史，温良雅正。爲太尉騎兵參軍，每爲清河王懌所賞。至定考，懌曰：「辛騎兵有學有才，宜爲上第。」及梁將曹義宗攻新野，詔纂爲荆州軍司。纂善撫將士，人多用命，賊甚憚之。會孝明崩，諱至。咸以對敵，欲秘凶問。纂曰：「安危在人，豈關是也。」遂發喪號哭，三軍縞素。還入州城，中以盟約。尋爲義宗所圍，相率固守。後大都督費穆禽義宗。入城，因舉酒屬纂曰：「(徵)〔微〕①辛行臺之在斯，吾亦無由建此功也。」永安二年，爲元顥擒。及孝莊還宫，纂謝不守之罪。

① 原刊「徵」，據《北史·辛雄傳》勘「微」。

帝曰：「於時朕亦北巡，東軍不守，豈卿之過。」轉滎陽太守。姜洛生、康乞得豪猾偷竊，境内患之。纂伺捕禽獲，梟於郡市，百姓欣然。纂僑屬洛陽，太昌中，乃爲河南邑中正，後爲西荆州刺史。攻蠻酋樊大能，不尅而敗，爲西魏將獨孤信所害。贈司徒公。采《北史·辛雄傳》。

辛雄　字世賓，狄道人。有孝性，居父暢憂，哀毀異形，殆不可識。清河王懌爲司空，闢爲左曹。雄用心平直，加以閑明政事，經其斷割，莫不悦服。先是，御史中丞、東平王匡復欲輿棺諫諍，尚書令、任城王澄劾匡大不敬，詔恕死。雄爲奏理。未幾，匡除平州刺史。初，廷尉少卿袁翻以犯罪之人，經恩競訴，枉直難明，遂奏曾染風聞者，不問曲直，推爲獄成，悉不斷理。雄議曰：「《春秋》之義：不幸而失，寧僭不濫。僭則失罪人，濫則害善人。古人唯患察獄之不精，未聞知冤而不理。」詔從雄議，於是公能之名甚盛。後除司空長史。時諸方賊盛，孝明欲親討，以荆州爲先，詔雄爲行臺左丞，與臨淮王彧東趨葉城。雄以車駕將親伐，蠻夷必懷震動，乘彼離心，無往不破，遂符彧軍，令速赴擊。賊聞，果自走散。在軍上疏曰：「凡人所以臨堅陣而忘身者，一則求榮名，二則貪重賞，三則畏刑罰，四則避禍難。非此數事，雖聖王不能勸其臣，慈父不能厲其子。明主深知其情，故賞必行，罰必信。陛下欲天下之早平，乃降明詔，賞不移時。然兵將之勳，歷稔不决；亡軍之卒，晏然在家。致令節士無所勸慕，庸人無所畏懾。臣聞必不得已，去食就信，以此推之，信不可斯須廢也。賞罰，陛下之所易，尚不能全而行之；攻敵，士之所難，欲其必死，寧可得也？」及爾朱榮入洛，河陰之難，雄潛竄不出。孝莊除雄度支尚書。後以本官兼侍中、關西慰勞大使。將發，請事五條：「一逋懸租調，宜悉不征。二簡罷非時徭役，以紓人命。三課調之際，使豐儉有殊，令州郡量檢，不得均一。四兵起歷年，死亡者衆，或父或子，見存耆老，請假板職，悦生者之意，慰死者之魂。五喪亂既久，禮儀罕習，如有閨門和睦、孝悌卓然者，宜旌其門閭。」莊帝從之。永熙三年，兼吏部尚書。時近習專恣，雄懼其讒慝，不能守正，論者頗譏之。孝武南狩，雄留守京師。帝入關右，齊神武①至洛。殺之。采《北史》本傳。

念賢 字蓋盧，枹罕人。美容質，頗涉經史。爲兒童時，在學中讀書，有善相者過學，諸生競詣之，賢獨不往，曰：「男兒死生富貴，皆在天也，何相乎！」少遭父（求就）憂，〔居喪〕②有孝稱。後以破衛可瓌功，除別將。又以軍功封屯留縣伯。從爾朱榮入洛，兼尚書右僕射。大統三年，轉太師、都督、河州刺史。還朝，兼録尚書事。時行殿初成，未有題目，帝詔近侍各名之，莫允帝心。賢乃爲「圓極」，帝笑曰：「正與朕意同。」即名之。河橋之役，賢不力戰，乃先還，自是名頗減。五年，除都督、秦州刺史，薨於州。謚曰「昭定」。子華，性和厚，有長者風。官至合州刺史。

辛慶之 字餘慶，狄道人。少以文學征詣洛陽，對策第一，除秘書郎屬。爾朱氏作亂，孝莊帝令司空楊津討之。津啟慶之爲行臺左丞，與參謀議。至鄴，聞孝莊帝崩，遂出兖、冀間，謀結義徒，以赴國難。尋節閔帝立，乃還洛陽。

---

① 《魏書》爲「齊獻武王」，即東魏權臣高歡（四九六至五四七年）。高歡死後，其子高洋迫東魏孝静帝禪位登基，創立北齊。追尊高歡爲神武皇帝，廟號高祖。

② 刻本誤增「求就」二字，又佚「居喪」二字，今據以訂正。

大統九年，遷南荊州刺史，加儀同三司。慶之位遇雖隆，而率性儉素，志量淹和，有儒者風度，特爲當時所重。又以其經明行修，令與盧誕等教授諸王。廢帝二年，拜秘書監。卒官。【按】慶之，《北史》雖與周諸臣同編，然慶之卒於魏，廢帝時未入周代，仍當係魏。

北齊

辛術 字懷哲，琛子、俊弟。少明敏，有識度。魏時，爲清河太守，有能名。遭父憂去職，清河父老數百人詣闕上書請立碑頌德。侯景叛，除東南道行臺尚書，與高岳等破侯景，禽蕭明。齊天保元年，侯景征江西租稅，術率諸軍度淮斷之，燒其稻數百萬石。還鎮下邳，人隨術北度淮者三千餘家。睢州刺史及所部郡守俱犯大辟，朝廷以其奴婢百口及貲財盡賜術，三辭不見許，術乃送詣所司，不復以聞。及王僧（辨）〔辯〕①破侯景，術招携安撫，城鎮相繼款附，前後二十餘州。遷吏部尚書。取士以才以器，循名責實，新舊參舉，管庫必擢，門閥不遺。文宣嘗令選百員官，參選者二三千人，術題目士子，人無謗讟，其所旌擢，後亦皆致通顯。術清儉寡欲，勤於所職。臨軍以威嚴，牧人有惠政。少愛文史，晚更勤學，雖在戎旅，手不釋卷。凡諸貲物一毫無犯，唯大收典籍，多是宋、齊、梁時佳本。及還朝，頗以餉遺貴要，物議以此少之。十年卒，年六十。子衡卿，有識學，隋大業初，卒於太常丞。

---

① 原刊「辨」，勘「辯」。王僧辯（？至五五五年），字君才，祁縣（今山西省祁縣）人。初爲北魏將領，梁初隨父南渡，歷官湘東王繹左常侍、司馬，新蔡、競陵等郡太守。梁太清六年（五五二年）與陳霸先收復建康，平定「侯景之亂」。

後周

辛昂 字進君，慶之族子。數歲，便有成人志行。有善相人者謂其父仲略曰：「公家雖世載冠冕，然名德富貴莫有及此兒者。」年十八，侯景辟爲行臺郎中。景後來附，昂遂入朝，除丞相府行參軍。及尉遲迥伐蜀，昂從軍。蜀平，表昂爲龍州刺史。州帶山谷，舊俗生梗。昂威惠洽著，吏人畏而愛之。成都一方之會，風俗舛雜。迥復表昂行成都令。昂到縣，便與諸生祭文翁學堂，因共歡宴，謂諸生曰：「子孝臣忠，師嚴友信，立身之要，如斯而已。若不事斯語，何以成名。」言切理至，諸生等并深感悟，歸告其父老曰：「辛君教誡如此，不可違之。」於是井邑肅然，咸從其化。保定二年，爲小吏部。時益州殷阜，軍國所資，經途艱險，每苦劫盜。詔昂使於益、梁。昂撫導荒梗，頗得寧静。天和初，陸騰討信州蠻，詔昂於通、渠等州運糧餽乏。時諸州人庶多從逆，昂諭以禍福，赴者如歸。乃令老弱負糧，壯夫拒戰，莫有怨者。使還，屬巴州萬榮郡人反叛，昂募通、開二州，得三千人，倍道兼行，出其不意，直趣賊壘，賊望風瓦解。朝廷嘉其權以濟事，又以昂威信布於宕渠，遂以爲渠州刺史。轉通州。推誠佈信，甚得夷獠歡心。秩滿還京，首領皆隨昂詣闕朝覲。進位驃騎大將軍、開府儀同三司。時晋公護執政，昂稍被護親待，武帝頗銜之。及誅護，加之捶楚，因此遂卒。

辛威 隴西人。少慷慨，有志略。初從賀拔岳征討有功，假輔國將軍、都督。及周文①統岳衆，見

① 周文，指北周文皇帝宇文泰（五〇七至五五六年）。後梁大定二年（五五六年），其子宇文覺建北周，追尊爲文皇帝，廟號「太祖」。

威奇之，引爲帳内，封白土縣伯。後進爵爲公，賜姓普屯氏，出爲鄜州刺史。威時望既重，朝廷以桑梓榮之，遷河州刺史，本州大中正。頻領二鎮，頗得人和。周孝閔帝踐祚，拜大將軍，進爵枹罕郡公。大象二年，爲少傅。薨。威性持重，有威嚴。歷官數十年，未嘗有過，故得以身名終。兼其家友義，五世同居，時以此稱之。【按】庾信所作「神道碑」，雖以威爲洛陽人，蓋賜姓之後，始爲僑籍，故殁猶返葬苑川。而史仍稱隴西人，與辛穆等定居不返者異矣。《狄道州志》謂其祖父寄居於亳，誤也。碑内載祖大汗渭州刺史，考生河州總管，是皆世守鄉郡者，并未有先遷之文，當入「人物」爲允。

王傑　金城直城人，本名文達。少有壯志，每以功名自許。從孝武西遷，賜爵都昌縣子。周文奇其才，嘗謂諸將曰：「王文達萬人敵也，但恐勇決太過耳。」從復潼關，破沙苑，争河橋，戰（芒）〔邙〕山①，皆以勇敢聞。親待日隆，於是賜姓宇文氏，進爵爲公。恭帝元年，從于謹圍江陵。時柵内有人善用長矟，將士登者多爲所斃。謹令傑射之，應弦而倒，登者乃得入，遂拔之。周孝閔帝踐祚，進爵張掖郡公，爲河州刺史。朝廷以傑勛望俱重，故授以本州。建德初，除涇州總管，頗爲百姓所慕。宣帝即位，拜上柱國。薨，謚曰「威」。俱同上。

隋

辛公義　狄道人。早孤，爲母氏所養，親授書傳。周天和中，選良家子，任太學生。武帝②時，每

① 原刊「芒山」，勘「邙山」。
② 武帝，即北周武帝宇文邕（五四三至五七八年），在位十七年，即公元五六〇至五七八年。

月集御前令與大儒講論，上數嗟異，時輩慕之。建德初，授宣納中士。從平齊，累遷掌治上士。隋文帝作相，授内史上士。開皇元年，除主客侍郎，轉駕部侍郎。使勾檢諸馬牧，所獲十餘萬匹。上喜曰：「惟我公義，奉國罄心。」從平陳，以功除岷州刺史。土俗畏病，一人有疾，即合家避之，父子夫妻不相看養，病者多死。公義患之，欲變其俗，因分遣人巡檢部内，凡有疾病皆舉置聽事。暑月疫時，病人或至數百。公義親設一榻，終日連夕對之理事。所得秩俸盡用市藥，迎醫療之，於是悉差。方召其親戚而喻之曰：「死生由命，不關相染，前汝棄之，所以死耳。」諸病家子孫慚謝。後有遇疾者，争就使君，其家親屬固留之，始相慈愛，此風遂革，合境呼爲慈母。後遷（并）〔牟〕①州刺史，下車，先至獄中，因露坐牢側，親自驗問，十餘日間决斷咸盡。受領新訟，皆不立文案，遣佐寮②一人，側坐訊問。事若不盡，應須禁者，公義即宿聽事，終不還閤。人或諫之，答曰：「刺史無德可以導人，豈有禁人在獄而心自安乎？」罪人聞之，咸自款服。後有欲訟者，鄉閭父老遽相曉曰：「此小事，何忍勤勞使君。」多兩讓而止。時山東淫雨，自陳汝至於滄海，皆苦水灾。境内犬牙，獨無所損。仁壽元年，充揚州道黜陟大使。豫章王暕恐其部内官寮犯法，豫③使屬之。公義曰：「不敢有私。」至揚州，皆無所縱捨，暕銜之。及煬帝即

① 原誤刊「并」，據《隋書·辛公義傳》勘「牟」。牟州，隋開皇十六年（五九六年）置，治今山東省萊州市。大業初廢。

② 寮，古同「僚」。

③ 豫，同「預」。

位，王（宏）〔弘〕①言其短，竟去官。吏人守闕訴冤，相繼不絕。後數歲，帝悟，除内史侍郎。從征至柳城郡，卒。采《北史》循吏本傳。

唐

辛雲京　蘭州金城人，客籍京兆，世爲將家。雲京有膽决，以禽生斬馘常冠軍，積功遷特進、太常卿。史思明屯相州，雲京以鋭兵四千襲滏陽，追破其衆。授開府儀同三司，加代州都督、鎮北兵馬使。太原軍亂，帝惡鄧景山繩下無漸，以雲京性沈毅，故授太原尹，進封金城郡王。雲京治謹於法，下有犯，雖絲毫不肯貸，及賞功亦如之，故軍中畏而信。回紇恃舊勛，每入朝，所在暴鈔，至太原，雲京以戎狄待之，虜不敢動。數年，太原大治。加檢校尚書右僕射、同中書門下平章事。大歷三年，卒，年五十五，代宗爲發哀，贈太尉，謚「忠獻」。德宗時，第至德以來將相，雲京爲次。采《新唐書》本傳。

辛京杲　雲京從弟。信安王禕節度朔方，京杲與弟旻以策干説，禕咨異。後從李光弼出井陘，督趫蕩先驅，戰嘉山尤力，肅宗異之，召見曰：「黥、彭、關、張之流乎！」累遷鴻臚卿，召爲英武軍使。代宗立，封（庸）〔肅〕②國公，進晋昌郡王，後爲工部尚書致仕。朱泚盗京師，以老病不能從出，西嚮慟而卒，贈太子少保。旻（以）〔亦〕③從光弼定恒、趙，後署太原三城使。史思明屯相，軍及滏陽，旻

①原刊「宏」，清避「弘」諱。
②原刊「庸」，據《新唐書》勘「肅」。
③原刊「以」，據《新唐書》勘「亦」。

迎擊走之。東（郡）〔都〕[1]陷，退守河陽，卒於屯。采《新唐書·辛雲京傳》。

元

趙阿哥潘 土波思烏思臧掇族氏。始附宋，賜姓趙氏。世居臨洮。祖巴命，富甲諸羌。父阿哥昌，貌甚偉，有力兼人，金貞祐中，以軍功至熙河節度使。金亡，保蓮花山，以其衆來歸。皇子闊端鎮西土，承制以阿哥昌爲疊州安撫使。時兵興，城無居人，至則招逃亡，立城壘，課耕桑以安撫之。年八十，卒於官。阿哥潘事親以孝聞，從伐蜀，與宋都統制曹友聞屢戰，勝負略相當，以破大安功最，授同知臨洮府事。斬朝天關，乘嘉陵江至閬州，獲蜀船三百艘。敗宋師於潼川，進逼成都。大小五十餘戰，皆先陷陣，皇子賜以金甲、銀器。歲壬子[2]，世祖以皇弟南征大理，道出臨洮，見而奇之，命攝元帥，城益昌。時宋兵屯兩川，堡柵相望，矢石交擊，歷五年而城始完。憲宗出蜀，以爲選鋒，攻西安，下之，賜金符，授臨洮府元帥。帝駐釣魚山[3]，合州守將王堅夜斫營，阿哥潘率壯士逆戰，手殺數十百人，堅引去。帝喜，賜黄金五十兩，名曰拔都。中統建元，詔還鎮臨洮。歲飢，發私廪以賑貧乏。給民農種粟二千餘石、蕪菁子百石，人賴不飢。郡當孔道，傳置旁午，有司敝於供給。阿哥潘以私馬百匹充驛，羊千口代民輸。帝聞而嘉之，詔京兆行省酬其直。阿哥潘曰：「我豈以私惠而邀公賞耶！」卒不受。以軍事赴青居山，

① 原誤刊「郡」，據《新唐書·辛雲京傳》勘「都」。
② 壬子當爲一二五二年。
③ 釣魚山，在今重慶市合川區東，南據涪江，北據嘉陵江、渠江。山頂周圍十三里，海拔三百米。

道爲宋兵所邀，死於敵。阿哥潘好畜良馬，歲擇其上五駟貢於朝，子孫遵之不替。先是勛臣子孫爲祖父請謚者，帝每靳之，至是敕大臣以美謚謚之，謚曰「桓勇」。采《元史》本傳。

趙重喜　阿哥潘子，始給侍皇子闊端爲親衛。從世祖征哈剌章，數有功。中統元年，渾都海反，從總（師）〔帥〕（江）〔汪〕良臣[①]引兵逆戰，以功授征行元帥。四年，從討忽都、達吉、散竹台等，克之，襲父職爲元帥。入覲，賜金虎符，爲臨洮府達魯花赤。時解軍職而轉民官者，例納所佩符。有旨：「趙氏世世勤勞，其金符勿拘常例，使終佩之。」重喜在郡，勸農興學，省刑敦教，以善治聞。請致仕，不許，詔其長子官卓斯結襲爲達魯花赤。升重喜鞏昌二十四處宣慰使。卒，謚「桓襄」。官卓斯結性静退，辭官閑處二十餘年。仁宗聞其名，召不起。采《元史·趙阿哥潘傳》。

明

石執中　字惟一，蘭州人。舉永樂三年鄉試，任刑部主事，晋郎中，讞獄平允，擢山東右布政使，轉浙江左布政，致仕。平生廉介不阿，臨政勤慎，宣宗嘗記其姓名於御屏，賜誥褒之。采《通志》。

王伯敬　蘭州人。舉永樂九年鄉試，任户科給事中。鄉人有以事干之者，遺文綺數端，却之，其人曰：「縱不受，第[②]一視見意。」伯敬曰：「吾窮儒，見即愛之矣，不如不見之爲愈也。」其人愧服而去。

① 原誤刊「師」，勘「帥」；原誤刊「江良臣」，勘「汪良臣」。
② 第，連詞，猶「但」。

同上。

王竑　字公度，其先江夏人。祖俊卿，坐事戍河州，遂著籍。竑登正統四年進士。十一年授户科給事中。豪邁負氣節，正色敢言。英宗北狩，郕王攝朝午門，群臣劾王振誤國罪。讀彈文未起，王使出待命。衆皆伏地哭，請族振。錦衣指揮馬順者，振黨也，厲聲叱言者去。竑憤怒，奮臂起，捽順髮呼曰：「若曹奸黨，罪當誅，今尚敢爾！」且駡且齧其面，衆共擊之，立斃。王恐，遽起入，竑率群臣隨王後。王使中官金英問所欲言，曰：「内官毛貴、王長隨亦振黨，請寘諸法。」王命出二人，衆又捶殺之，血漬廷陛。當是時，竑名震天下，王亦以是深重竑。且召諸言官，慰諭甚至。王即帝位，也先犯京師，命竑與王通、楊善守禦京城，擢右僉都御史。寇退，詔偕都指揮夏忠等鎮守居庸。竑至，簡士馬，繕阨塞，劾將帥不職者，壁壘一新。景泰元年八月，竑以疾還朝。尋命督漕運，治通州至徐州運河。明年冬，敕竑兼巡撫淮、揚、廬三府，徐、和二州，又兼理兩淮鹽課。四年正月，以災傷疊見，方春盛寒，上言：「請敕責諸臣痛自修省，省刑薄斂，罷無益之工，嚴無功之賞，散財以收民心，愛民以植邦本。益親儒臣，講道論德，進君子，退小人，以回天意。」且引罪乞罷。帝納其言，遂下詔修省，求直言。先是，鳳陽、淮安、徐州大水，道殣相望。竑上疏奏，不待報，開倉賑之。至是山東、河南飢民就食者坌至，廩不能給。惟徐州廣運倉有餘積，竑欲盡發之，典守中官不可。竑往告曰：「民旦夕且爲盜。若不吾從，脱有變，當先斬若，然後自請死耳。」中官憚竑名，不得已從之。竑乃自劾專擅罪，因言：「廣運所儲僅支三月，請令死罪以下，得於被災所入粟自贖。」帝復命侍郎鄒幹齎帑金馳赴，聽便宜。竑乃躬自巡行散賑，不足，則令沿淮上下商舟，量大小出米。全活百八十五萬餘人。勸富民出米二十五萬餘石，給飢民五十五萬七千家。賦牛種七萬四千餘，復業者五千五百家，他境流移安輯者萬六百餘家。病者給藥，死者具槥，所鬻子女贖還之，歸者予道里費。人忘其飢，頌聲大作。初，帝聞淮、鳳飢，憂甚。及得竑發倉自劾疏，喜曰：「賢哉都御史！活我民矣。」是年十月，就進左副都御史。時濟寧亦飢，帝遣尚書沈翼齎帑金三萬兩往賑。翼散給僅五千兩，餘以歸京庫。竑劾翼奉使無狀，請仍易米備賑，從之。明年二月上言：「比年飢饉薦臻，人民重困。頃冬春之交，雪深數尺，淮河冰凍四十餘里，人畜僵死萬餘，弱者鬻妻子，强者肆劫敚①，衣食路絶，流離載途。陛下端居九重，無由得見。使目擊其狀，未有不爲之流涕者也。陛下嗣位以來，非不敬天愛民，而天變民窮特甚者，臣恐聖德雖修而未至，大倫雖正而未篤，賢才雖用而未收其效，邪佞雖屏而未盡其類，仁愛施而實惠未溥，財用省而上供未節，刑罰寬而冤獄未伸，工役停而匠力未息，法制頒而奉行或有更張，賦税免而有司或仍牽制。有一於此，皆足以干和召變。伏望陛下，欽天命，法祖宗，正倫理，篤恩義，戒逸樂，絶異端，斯修德有其誠矣。進忠良，遠邪佞，公賞罰，寬賦役，節財用，戒聚斂，却貢獻，罷工役，斯圖治有其實矣。如是而灾變不息，未之有也。」帝褒納之。六年，霍山民趙玉山自稱宋裔，以妖術惑衆爲亂，竑捕獲之。先後劾治貪濁吏，革糧長之蠹民者，民大稱便。英宗復辟，革巡撫官，改竑浙江參政。數日，石亨、張軏追論竑擊馬順事，除名，編

① 敚，古同「奪」。

管江夏。居半歲，帝於宫中得竑疏，見「正倫理，篤恩義」語，感悟，命遣官送歸田里，敕有司善視之。天順五年，孛來寇莊浪。用李賢薦，起竑故官，參贊軍務。明年正月，竑與都督馬宗擊退孛來於紅崖子川。明年春，復令督漕撫淮、揚。淮人聞竑再至，歡呼迎拜，數百里不絶。憲宗即位，給事中蕭斌等共薦竑，即召爲兵部尚書。命下，朝野相慶。時將用兵兩廣，竑舉韓雍爲總督。雍新得罪，衆難之。竑曰：「天子方棄瑕録用，雍有罪不當用，竑非罪廢者耶？」卒用雍。竑條上進剿事宜，且言將帥征討，毋得奏携私人，妄冒首功。又請復京營舊額，禁勢家豪帥擅役禁軍。於是命竑同給事中、御史六人簡閲十二營軍士。竑以擇兵不若擇將，共奏罷營職八十餘人，而慎簡材武補之。兵部清理貼黄缺官，竑偕諸大臣舉修撰岳正、都給事中張寧，爲李賢所沮，并罷會舉例。竑憤然曰：「吾尚可居此耶？」即引疾求退。帝優詔慰留，竑請益切。九月命致仕去。人以未竟其用爲惜。既去，中外薦章百十上，并報寢。初，竑號其室曰「戇庵」。既歸，改曰「休庵」。杜門謝客，鄉人希得見。居家二十年，卒，年七十五。正德間，贈太子少保，謚「莊毅」。淮人立祠祀之。《明史》本傳。

黄諫 字廷臣，蘭州人。登正統四年進士，歷官侍講學士兼尚寶卿。使安南議定迎詔坐次等儀，悉根據經史，且却其賮，交人稱之。嘗過河南澠池縣，以名儒曹正夫殁葬霍州，出金屬縣令歸葬澠池。石亭敗，諫以同鄉被累，謫廣州府判，廣人從學者甚衆，後立亭祀之。德性謙和，博學工書，所著有《詩經集解》《使南稿》《從古正文》《蘭坡集》行世。采《通志》。

聊讓 字公遜，蘭州人，肅府儀衛司餘丁也。好學有志尚，明習時務。景帝嗣位，徵王振蒙蔽，大辟言路，吏民皆得上書言事。景泰元年，讓詣闕陳數事，其略曰：「邇歲土木繁興，異端盛起，番僧絡繹，污吏縱橫，相臣不正其非，御史不劾其罪，上下蒙蔽，民生凋瘵。狡寇犯邊，上皇播越。陛下枕戈嘗膽之秋，可不拔賢舉能，一新政治乎？昔宗、岳爲將，敵國不敢呼名；韓、范鎮邊，西賊聞之破膽。今文武大臣之有威名德望者，宜使典樞要，且延訪智術才能之士，布滿朝廷，則也先必畏服，而上皇可指日還矣。大臣，陽也；宦寺，陰也。君子，陽也；小人，陰也。近日食地震，陰盛陽微，謫見天地。望陛下總攬乾綱，抑宦寺不得預政，遏小人不得居位，則陰陽順而天變弭矣。天下治亂，在君心邪正。田獵是娛，宮室是侈，宦寺是狎，三者有一，足蠱君心。願陛下涵養克治，多接賢士大夫，少親宦官宮妾，自能革奢靡，戒游佚，而心無不正矣。堯立謗木，恐人不言，所以聖；秦除《謚法》，恐人議己，所以亡。陛下廣從諫之量，旌直言之臣，則國家利弊，閭閻休戚，臣下無所顧忌，而言無不盡矣。」書奏，帝嘉納之。後四年，讓登進士。官南昌知縣，以不附權要被劾，罷歸。雖老且貧，而風采凛然，爲後學敬服。《明史》本傳，兼采《通志》。

段堅　字可大，蘭州人。早歲受書，即有志聖賢。舉於鄉，入國子監。景泰元年，上書請悉征還四方監軍，罷天下佛老宮。疏奏，不行。五年成進士，授福山知縣。刊布小學，俾士民講誦。俗素陋，至是一變，村落皆有弦誦聲。成化初，賜敕旌異，超擢萊州知府。期年，化大行。以憂去，服除，改知南陽。召州縣學官，具告以古人爲學之旨，使轉相勸誘。創志學書院，聚秀民講説《五經》要義，及濂、洛諸儒遺書。建節義祠，祀古今烈女。訟獄徭賦，務底於平。居數年，大治，引疾去。士民號泣送者，踰境不絶。及聞其卒，立祠祀之。堅之學，私淑河東薛瑄，務致知而踐其實，不以謏聞取譽，故能以儒術飾吏治。《明史·循吏》本傳。《通志》云：著有《容思集》《栢軒語録》行世。

滕佐 字良輔，蘭州人。少清介，刻志於學。登景泰五年進士，官監察御史，肅振紀綱。晋山西按察司副使，轉雲南，擢四川按察使。所至廉公有威，不避權要，以剛直忤物，改河間府知府。有惠政，卒於官。采《通志》。

朱紳 字大用，河州人。幼聰敏，從王竑學，登景泰五年進士，官監察御史。風采凛然，以勘問郡王事稱旨，景帝書其名於屏。擢浙江按察司副使。巡海有功，興學校，重名節，築海堤，立義冢，賑貧乏，百姓戴之。晋貴州左布政使。致仕歸。

汪鉅 字志方，蘭州人。舉景泰元年鄉試，任栢鄉知縣。撫字有方，持躬廉介。丁母憂歸，邑人合詞乞留。服闋，復任栢鄉。俱同上。

唐鼎 字廷器，蘭州人。舉景泰元年鄉試，官浮山知縣。以孤介忤當道，罷歸。躬耕五泉山麓，敝衣疏食，常至空乏，而非義一介不取。子供徭役，不干有司以免。及卒，至無以營葬具。采舊《府志》。

岳宗 狄道人。舉景泰四年鄉試，官江油知縣。清廉慈明，民愛而畏之。歸里後，爲學宫置祭器二百餘，舉宦餘俸資，悉均諸兄弟之子。采《通志》。

劉源 字大本，狄道人。舉景泰七年鄉試，【按】《通志》傳中作成化，今從選舉志正之。歷官至永平知府。張虎等作亂，源擒斬渠魁，而釋其脅從。造士愛民，敦風化，尚實行，人不敢干以私。調開封府，軍民奏留，加三品服俸。卒於官。源博通五經，工詩文書法，著有《翠屏集》。

文志貞　字正夫，蘭州人。登天順元年進士，官行人。建言以御史巡茶，民皆便之。擢至户部廣東司郎中。明敏練達，綽有能聲。蘭縣有《志》，自志貞始爲之。

杜榮　字景華，蘭州人。舉天順三年鄉試，官朔州知州。值歲荒，加意振恤，蠲徭役，募民開墾，流徙復業。稍定，即興學校，崇風化。公廉明恕，民懷吏畏。致政歸，州人攀泣走送，城里爲之一空。家居二十餘年，自處甚約，足迹未嘗至公門。

吴禘　字彦和，蘭州人。舉天順六年鄉試，歷官山東登州、河南閿鄉、陝西隆德縣學訓導。性耿介，與人寡合。鄉人有仕至御史者，人皆稱賀，禘獨遺書云：「當今言路久塞，吾方爲子憂之。」其侃直如此。

周鳳　狄道人。登天順四年進士，官兵部職方司主事，擢至浙江右參政。寬恕廉明，留心民瘼，衣食不異寒素。知太平府，時臨去，郡民遮道擁留有去思云。

曹英　字文華，臨洮衛人。登天順四年進士，官監察御史，巡按四川。歲大荒，有趙鐸者嘯聚爲盗，英擒首惡，寘大辟，餘悉解散歸業。後以言事忤旨，左遷邵陽知縣。甫二年，即引病歸。所著有《遺興集》《恒齋實録》《默翁集》。俱同上。【按】《通志》傳中作成化進士，今從選舉志。

趙英　字儲秀，蘭州人。成童日誦數千言，登成化八年進士，官宜陽知縣，擢監察御史，巡按山東，改保定知府。丁父憂，服闋，士民奏請再任，允之。晋山西參政，仍視府事。歲祲，太僕寺征草養馬方急，英以爲言并鄰郡得減免，民深德之。英博通五經，有才略。著《斐然稿》《防邊策》《修河類稿》《較庵集》。曾孫鵰，有孝行，事肅懿王甚忠，爲鄉里所重。采《通志》及《畿輔通志》《皋蘭縣志》。

姚誠 字通夫，蘭州人。舉成化元年鄉試，官聞喜知縣。值歲飢，省徭蠲賦，於鹽商過縣者，每引勸輸粟一升以備賑，後遂爲例。引縣東南泉水，灌民田若干頃。改任新鄭縣。奉公守法，不避權貴。素善飲，以居官絶口不嘗。及歸田，不事干謁，惟以詩書訓子孫，樸約如未遇時。卒年八十三。所著有《書經義》《休田集》。采《通志》。

任億 字克敬，蘭州人。舉成化三年鄉試，官贊皇知縣。秉公勤政，凡有所爲，事集而民不擾，邑民頌之。其敬兄睦族，尤可稱述。

陳祥 字吉夫，蘭州人。性孤介勤學，舉成化七年鄉試第一，十一年成進士，授刑部主事，擢至四川按察使。歷官三十餘年，檢身持法，久而不渝，所至奸貪屏迹。致仕歸，杜門謝客，惟以詩書自娱。著有《考庵集》。

高景 字必大，臨洮衛人。舉成化十年鄉試，授嵩縣知縣。興學造士，約己愛民。縣有二狼噬人，景詣獄神虔禱，越日，二狼俱至城，大吼而死。調懷仁。遇艱歸，服闋，授彰明〔縣〕，未久致仕。行李蕭然，三邑俱有遺愛云。俱同上。

禹祥 字廷珍，臨洮衛人。舉成化十三年鄉試。性至孝，家被火，惟抱先人木主出，餘悉不顧。後官劍州知州。清約如貧士，吕涇野稱其廉直。卒，祀劍州名宦。采《狄道志》。

耿瑄 字席珍，蘭州人。舉成化二十二年鄉試，官汲縣知縣。被誣免，既白，改知河陰〔縣〕。益盡心民事，加意學校，以忤劉瑾罷歸，瑾誅，復起，知青城縣。時，山東群盜起，破郡邑，青城獨完。後改知淄川〔縣〕。卒於官。素守廉介，歷宰四縣，囊無餘資。采《通志》。

彭錠 字世資，蘭州人。早喪父，事母盡孝。兄子少孤，撫育成立。初好佛，見胡致堂《崇正辨》即改之。喪祭悉遵禮制，嘗於外負友骨歸葬，人鮮知者。子澤，官徽州府，時將遣女，治漆器數十，使吏送其家。錠大怒，趣①焚之，徒步詣徽。澤驚出迓，目吏負其裝，錠怒曰：「吾負此數千里，汝不能負數步耶？」入，杖澤堂下。杖已，持裝徑去。澤益痛砥礪。以澤貴，贈如其官。《明史·彭澤傳》兼采《皋蘭縣志》。

苟鑑 字克明，狄道人。以歲貢官霑化〔縣〕主簿。境大飢，鑑爲請賑，上官弗許，民幾變，鑑仿汲黯故事②，竟發倉賑之，全活甚衆。人皆爲鑑危，既而主計者，亦察其賢，不之罪。采《通志》。

彭澤 字濟物，蘭州人。幼學於外祖段堅，《皋蘭縣志》：澤撰段堅墓表，自謂：「後學書文，則堅外孫陳範也。」史似因此而誤。有志節。會試二場畢，聞母病，徑歸，母病亦已。登（宏）〔弘〕治三年進士，授工部主事，歷刑部郎中。勢豪殺人，澤寘之辟，中貴爲祈免，執不聽。出爲徽州知府。政最，人以方前守孫遇。父喪歸。正德初，起知真定〔府〕。閹人數撓禁，澤治一棺於廳事，以死怵之，其人不敢逞。

① 趣，古同「促」。
② 漢武帝時，河内火灾，謁者汲黯奉命「持節往視」。經河南，見水旱重灾，遂假帝命，開倉放糧。後還朝請罪，上賢而釋之。

遷浙江副使，歷河南按察使，所至以威猛稱。擢右僉都御史，巡撫遼東。進右副都御史，改保定。未赴，而劉惠、趙鐩等亂河南，命澤與咸寧伯仇鉞討之。陳便宜十一事，厚賞峻罰，以激勸將吏。澤體幹修偉，腰帶十二圍，大音聲，與人語若叱咤。始至，大陳軍容，引見諸將校，責以畏縮當死，諸將校股栗服罪，良久乃釋。遂下令鼓行薄賊，大小數十戰，連破之。甫四月，賊盡平。録功，進右都御史、太子少保。尋總督川、陝諸軍，討四川賊廖麻子、喻思俸，數敗賊，部將閻勛禽麻子於劍州。思俸竄通、巴間，勢復振。澤督諸軍圍之，卒就禽。内江、榮昌賊復熾，澤又移師討平之。且平成都亂卒之執知州、指揮者。請班師，詔暫留保寧鎮撫。進左都御史、太子太保。會土魯番據哈密，執忠順王速檀拜牙郎，以其印去，投謾書甘肅，要索金幣。總制鄧璋、巡撫趙鑑以聞，請遣大臣經略。大學士楊廷和等共薦澤。澤久在兵間，厭之。以鄉土爲辭，且引疾。帝優詔慰勉，乃行。澤材武知兵，然性疏闊負氣。經略哈密事頗不當，錢寧、王瓊等交齮齕之，遂因此得罪，斥澤爲民。世宗入繼，錢寧敗，瓊亦得罪。御史楊秉中請召澤，遂即家起兵部尚書、太子太保。部事積壞久，澤覈功罪，杜干請，兵政一新。初，正德時，廷臣建白戎務奉俞旨者，多廢格。澤請臚列成書，次第修舉。又請敕九邊守臣，策防禦方略，毋畫境自保。鎮、巡居中調度，毋相牽制。諸邊各以農隙築墻濬壕，修墩臺，飭屯堡，爲經久計。内地盗甫息，敕守臣練卒伍，立保甲，懲匿盗不舉者。且撫西南諸苗蠻，申海禁，汰京軍老弱。帝咸嘉納。詔遣中官楊金等更代鎮守，復令張弼、劉瑶守凉州、居庸。澤持不可，罷弗遣。因請盡罷諸鎮守。時雖不從，其後竟罷。嘉靖元年，澤言天下軍，官部皆有帖黄籍，用以黜陟，錦衣獨無，於是置籍如諸衛。錦衣千户劉璜等黜汰，復求還官，司禮中官蕭敬請補監局工匠千五百人，澤皆持不可，帝并從之。帝將授外戚蔣泰等五人爲錦衣，澤争，不納。在部多所執持。會御史史道以訐楊廷和下獄，澤復劾道。帝因諭言官，惟大奸及機密事專疏奏，餘祇具公疏。詔下，給事御史交章劾澤阻言路，壞祖宗法。帝乃停前諭。澤不自安，累疏乞休。言者復交劾之，乃加少保，賜敕乘傳歸。錦衣百户王邦奇憾澤嘗抑己，上書言哈密失國由澤賂番求和所致。澤復奪官爲民，家居鬱鬱以卒。總制尚書唐龍言：「澤孝友廉直，先後討平群盗，功在盟府。陛下起之田間，俾掌邦政。澤孜孜奉國，復爲讒言構罷。今殁已五年，所遺二妾，衣食不給。請覈澤往勞，復官加恤，以作忠臣之氣。」不從。隆慶初，復官，謚「襄毅」。《明史》本傳。

高良弼 字夢説，臨洮衛人。登（宏）〔弘〕治十二年進士，官湖廣道御史。巡京倉，稽遼東邊儲。劾劉瑾、苗逵不法數事。題設三邊、宣大①總制，及京營兵十萬，恃以有備。巡按蘇松②，振綱紀，慎舉錯，風裁凛凛。卒於官，年三十七。詩文雅健，著有《西巖稿》及《奏議》若干卷。采《通志》。

田荆 字西泉，蘭州人。年十九，登正德六年進士，官兵科給事中。京都歲歉，疏請發太倉粟五千石賑濟。出爲四川按察司僉事。以贖鍰造木桶數萬，人笑爲迂，後遇水灾，緣桶活者數萬人。以不附權貴被誣，罷歸。温恭剛正，後學咸師之。

① 三邊，即明代北方榆林、甘肅、寧夏三個軍事重鎮的合稱。宣大，即宣府、大同府合稱。
② 蘇松，即蘇州、松江兩府合稱。

馬應龍 字公濟，河州人。幼穎敏，讀書過目成誦。登正德六年進士，授户部主事，歷官霸州兵備副使。持廉秉正，人不敢干以私。督餉燕、汴及總儲遼陽，所至著績。嘗佐彭澤平蜀賊有功，在霸州禽劇盜石袓等七百餘人，士民立祠祀之。擢四川按察使，命下遽卒。彭澤撰碑文，極稱其「忠清雅操」云。

殷承敘 字民化，蘭州人。少負奇志，登正德九年進士，授南陽府推官，嚴明有政體，晋刑部主事。會世宗欲追尊興獻帝，廷臣極諫，伏哭左順門，帝怒，悉予杖，承敘與編修王相等十八人被杖死。穆宗嗣位，贈光禄寺少卿，蔭一子。【按】承敘見《明史》附「張潔傳」以爲江夏人，然《皋蘭縣志》列其家世甚詳，當不至誤史，或稱其舊貫歟？

劉璋 字永濟，蘭州人。登正德十二年進士，授户部主事，歷官至開封知府。毁淫祠，折疑獄，比入覲，治爲天下第一。擢四川按察使、山東左布政使，所至貪吏望風解綬。晋副都御史，巡撫遼東。歲飢，發倉賑粥，全活數萬人。復有邊功，遼人立祠祀之。

陳範 字道宗，蘭州人。舉正德五年鄉試，授静海知縣。静海多貂璫，嘗奪民田不入税，範下令許自新，一時豪猾悉還民田，輸公賦。改郟縣，擢陝州知州，所至有治聲。

路瑛 靖虜人。官寧夏總兵。屢建大功，朔方肅静。正德十六年，聞本衛歲荒，運粟賑濟，全活甚衆。及致仕歸，值祖厲河水泛漲，勢將及城，瑛捐貲疏通，直入黄河，使無阻滯。合邑建祠，以報其功。俱同上。

朱冕 字冠奇，河州人。少好學。親病，侍湯藥，衣不解帶，祈以身代。以貢生官西城兵馬司。勢豪郭某犯法，託人饋酒，置金其中，冕正色斥之，其人赧而退。采舊《府志》。

段續　字紹先，堅曾孫。登嘉靖二年進士，官雲南道御史。會議大禮，續與同官陳相疏論張璁、桂萼罪，并及席書下詔獄，尋謫鄜城縣丞，遷杞縣知縣。均田革弊，卓有政聲，歷擢至湖廣參議。督修顯陵，節省巨萬計，工成，加三品俸，致仕。總督賈應春特疏薦之，未及起用，卒。采《通志》。

劉朝麒　字仁甫，臨洮衛人。舉嘉靖十三年鄉試，官真定府通判、權趙州事。富民王相讎其兄，密使傭火兄屋，傭弗從，相懼謀洩，縱火殺傭家七人以滅口，傭婦翁白冤，亦被謀死。相以賂啗朝麒，又援有勢者，以無證爲辭，朝麒弗爲動，竟寘諸法。擢知絳州。興學校，築汾堤，有藩封招納無賴，强糴爲民害，朝麒正其罪。遷德安府同知。值楚大飢，開廩振①給，全活甚衆。遭父艱歸，服闋，補大同府同知。墾荒田數千頃，籌邊折獄，聲績丕著。賜敕褒嘉，至再擢口北僉事，尋引疾歸。

楊啟允　字子大，狄道人。少穎敏，過目成誦，舉嘉靖十三年鄉試，官朔州知州。會俺答大入雲中②，啟允保城輓餉，卒解右衛之困。遷户部郎。時，南北用兵，司農金錢不足，啟允促漕運籌鹽，権事賴以濟。後督餉榆林，以侃直忤當路，注年老罷歸，時年尚五十二也。宦橐蕭然，無異諸生時。俱同上。

陸坤　字子厚，蘭州人。父爻，由選貢官和州訓導，有師範，著有《蘭野集》。坤少穎異，登嘉靖十四年進士，授刑部主事。清謹執法，隆平侯縱妾殺人，所司欲狥情引避，坤按之如法。恤刑四川，活

① 振，古同「賑」。
② 明萬曆《武功縣志》其《雲中考略》記：「今大同塞外虜俺答部竊焉，置土堡三十餘所，名之曰『板升』。圖史所載古豐州川也，實秦漢雲中郡地。」

冤獄百餘人。擢霸州道。白前守趙應式之冤，除判官孫文中之險，公論大快。河湮傷禾，坤濬之。令有田者均役，遂忤權璫，誣奏逮繫，謫浪穹〔縣〕典史。再起至青州知府。歲荒振給，活青民以萬計。晉薊州兵備副使。以勞瘁，卒於官。貧不能斂，巡撫厚賻，且歸其喪，霸人立「思功祠」祀之。坤著有《如樗子集》《雲思漫稿》。采《通志》及《畿輔通志》。

雍焯　字暗中，狄道人。祖謂，有高志，自號竹園散人。焯舉嘉靖十六年鄉試，授武鄉〔縣〕教諭。勤考課，獎德行，賙貧乏。擢交城知縣，移河津〔縣〕。捐俸新學，建大禹廟，葺子夏祠。邑俗婚娶重財，力正之。晉貴州道御史。條陳馬政，世宗可其奏，命刊行清軍。河南除影射弊，祥符令被藩王誣繫獄，力白其冤，得復官。又嘗劾嚴氏黨，及巡按山東，論提學梅某罪，卒以忤權貴，引疾歸。家居刊經籍，修城池，興義冢，置學田，鄉評翕然稱之。所著有《中州使餘集》《麓原文集》《内臺奏稿》。采《通志》。

葛廷章　字朝憲，蘭州人。嘉靖十七年進士，授行人，歷官至鳳陽知府。府舊駐中官，以屬視太守，廷章獨與抗禮，中官怒誣奏以他事，廷臣知其故不之罪，自是遂定爲敵體①禮。歲祲，盜起，衆議剿滅，廷章曰：「此良民迫於飢寒耳。」乃出示委曲曉諭禍福，盜悉散。旋發粟賑貸，多所全活，贖還民間所鬻子女。三載治行稱最，帑庫羡積一無所取。擢江西按察副使。簿牒填委，剖決詳慎，平反疑獄，人皆愛而畏之。既抱疾猶强起視事，一日正襟端坐而逝。采《通志》及《舊府志》。

① 敵體，謂彼此地位相等。

張萬紀 字舜卿，狄道人。嘉靖二十六年進士，授行人。奉命封襄陵王妃葬祭宏農郡王，力却饋遺。遷吏科給事中。劾嚴嵩黨僉事尹耕，帝可其奏，謫耕轉禮科。世宗建醮西苑，萬紀執不進香，被廷杖，既絶，復蘇，又疏陳信用方士之謬。後復具疏將救楊繼盛，嵩聞之，出爲廬州知府。抵郡，雪某指揮冤，察胥吏易換庫銀之奸。在任甫五月，嵩憾不已，以星變考察罷歸。撫按屢薦，不復起。著有《超然山人集》。

劉誼 字正卿，臨洮衛人。博學能文，善書法，由太學生仕平陸知縣。清慎勤敏，發奸摘伏，不避權貴，以憂歸。服闋，補費縣。平徭賦，勸農桑，置官莊，設義倉，鑿井泉，賢聲益著，以親老乞歸。采《通志》。

李自發 字伯生，狄道人。嘗學於楊繼盛，舉嘉靖三十四年鄉試，授稷山教諭。分校蜀闈，所得多知名士。擢垣曲知縣。平獄訟，均賦役，籌備磚石以固城垣，以不善事上官，挂議歸。同上。

鄒應龍 字雲卿，蘭州人。【按】《明史》作長安。《臯蘭縣志》言其世爲蘭州人，歿後藁葬淳化縣，故有長安之訛。且各《志》俱以屬蘭州，當非誤入，今從《志》。嘉靖三十五年進士，授行人，擢御史。嚴嵩擅政久，廷臣攻之者輒得禍，相戒莫敢言。而應龍知帝眷已移，其子世蕃益貪縱，可攻而去也，乃上疏曰：「工部侍郎嚴世蕃憑藉父權，專利無厭，私擅爵賞，廣致賂遺，使選法敗壞，市道公行。刑部主事項治元以萬三千金轉吏部，舉人潘鴻業以二千二百金得知州。夫司屬郡吏賂以千萬，則大而公卿方岳，安知紀極？平時交通贓賄，爲之居間者不下百十餘人，而其子錦衣嚴鵠、中書嚴鴻、家人嚴年、幕客中書羅龍文爲甚。年尤桀黠，士大夫無耻者至呼爲鶴山先生。遇嵩生日，年輒獻萬金爲壽。臧獲富侈若是，主人當何如?嵩父子故籍袁州，乃廣置良田美宅於南京、揚州，無慮數十所，以豪僕嚴冬主之。抑勒侵奪，民怨入骨。外地牟利若是，鄉里又何如?尤可異者，世蕃喪母，陛下以嵩年高，特留侍養，令鵠扶櫬南還。世蕃乃聚狎客，擁艷姬，恒舞酣歌，人紀滅絶。至鵠之無知，則以祖母喪爲奇貨，所至驛騷，要索百故。諸司承奉，郡邑爲空。今天下水旱頻仍，南北多警，而世蕃父子方日事掊克，内外百司莫不竭民脂膏，塞彼谿壑。民安得不貧?國安得不病?天人灾變安得不迭至也?臣請斬世蕃首懸之於市，以爲人臣凶横不忠之戒。苟臣一言失實，甘伏顯戮。嵩溺愛惡子，召賂市權，亦宜亟放歸田，用清政本。」帝頗知世蕃居喪淫縱，心惡之。奏入，遂勒嵩致仕，下世蕃等詔獄，擢應龍通政司參議。然帝雖罷嵩，念其贊修(元)〔玄〕①功，意忽忽不樂，手劄諭徐階:「嵩已退，其子已伏辜，敢再言者，當并應龍斬之。」應龍深自危，不敢履任，賴階調護始視事。久之，世蕃誅，乃自安。隆慶初，以副都御史總理江西、江南鹽屯。遷工部右侍郎。黔國公沐朝弼驕恣，廷議遣大臣有威望者鎮之，乃改應龍兵部侍郎兼右僉都御史巡撫雲南。至則發朝弼罪，朝弼被逮。萬曆改元，鐵索箐賊作亂，討平之。已，番人栂𤢺反，合土漢兵進討，斬獲各千餘人。應龍有才氣，初以劾嚴嵩得名，驟致通顯。及爲太常，省牲北郊，東廠太監馮保傳呼至，導者引入，正面爇香，儼若天子。應龍劾保僭肆，保深銜之。至是，京察自陳，保修郤，令致仕。臨安土官普崇明兄弟構争。崇明引廣南儂兵爲助，應龍命部將楊守(濂)〔廉〕②往剿。守廉掠村

① 原刊「元」，清多以「元」避「玄」諱。
② 原刊「濂」，據《明史》勘「廉」。

聚，殺人。儂賊乘之，再敗官軍，人以咎應龍。代者王凝力排之。給事中裴應章遂劾應龍僨事，巡按御史郭廷梧雅不善應龍，勘如凝言。遂削籍，卒於家。十六年，陝西巡撫王璇言應龍殁後，遺田不及數畝，遺址不過數楹，恤典未被，朝野所恨。帝命復應龍官，予祭葬。《明史》本傳。

胡執禮　字汝立，蘭州人。嘉靖三十八年進士，授保寧府推官。發奸摘伏，知府羅紳嘆爲「老吏不如」。擢刑部主事，改吏部。拔淹滯①，起遺佚，歷官至應天巡撫。飭江防，廣儲餉，更置守令，蠲恤煢黎糾債。帥肅軍伍，綱目悉舉。張居正當國，憾言官，余懋學、江文輝因絲絹鼓譟事移書執禮，欲將二人名入疏内，執禮不可止，擒首惡寘法。及吴仕期獄起讞者，復羅織二人以罪會稿於執禮，執禮曰：「殺人、媚人吾不爲也。」又特疏王錫爵之孝，以刺居正。改督倉場，以居正忌抗疏歸。後起户部左侍郎，卒。采《通志》。

高登　字東山，靖虜人，官屯留主簿。多惠政，人不敢干以私。遭母憂歸，邑人泣送之。服闋，補四川大竹。舊賦納松潘，登建議詳請，始允貯綿州，民勞稍紓。以父老乞養歸。值歲飢，出資周濟鄰里，咸被其惠。

段補　字希仲，續子。九歲能詩文，登隆慶五年進士，授曲周知縣。凡所厝注，行以實心。擢南京户部主事。監督糧儲出納，惟明奸弊悉除。居母憂，不飲酒、不茹葷者三年，哀毁骨立，尋以疾卒。

① 淹滯，謂人才埋没未顯，陸沈下僚。

王道成 蘭州人。博學有才，登萬曆二十九年進士，授華陽知縣。平傜賦，開水利，政聲大著。擢吏部郎。不通私謁，以「不愛錢」三字自矢。家居，輯《蘭州志》成書。

高冠 登子，官浮山知縣。潔己愛民，因註誤降判解州。議築城垣，民蒙其利。權夏縣事。值大荒，條畫賑粥事宜，民賴以活。又立慈幼局，收撫棄嬰。後復因事左遷，遂家居不出。《靖遠志》書自冠始爲之。

韓謙 蘭州人，天啟二年進士。微時，父歿揚州，萬里扶櫬還葬；母性嚴，謙怡愉色養，得其歡心；敬事二叔父如父。仕宿松知縣，革魚蘆諸税。調溧陽，除漕軍折乾①陋規，平反死罪二十餘人。擢户部主事，司餉寧遠。力除扣剋陋規，給發不稍稽，將士感頌。出知重慶府。厘剔征斂之弊，民咸戴之。

潘光祖 字義繩，狄道人。天啟五年進士，歷官至山西參議。性清介，執法不撓。巡按某有所屬，光祖不從，某銜之。會流賊入境，光祖親冒矢石督軍力拒，賊敗走，巡按以招降之誤，劾其縱賊，被逮。光祖自以無罪，耻對獄吏，絶食而死。晉民悲之，立祠以祀。俱同上。

周自新 臨洮衛人，以郡學生襲百户職。通經史，勤政恤民，兢兢有弗職之懼。時，衛所五屯分隸各百户，舊多厲民自養，自新集僚友曰：「吾儕有此，皆國恩也。奪公自利，重負朝廷矣，况殘民以逞乎？」遂以法自繩，秋毫無所妄取，自是衛政肅清，屯民咸蒙其休。官至參將。歸，二十餘年賦詩、鼓

① 折乾，指漕運中規定的糧食損耗。

琴以自娱。采舊《府志》。

李棟　字子才，靖虜衛人，世襲指揮僉事。將官欲侵軍糧，以百金遺棟，棟不受。屢立戰功，擢指揮同知。有暮夜饋金者，亦峻却之。後官平川守備。采《靖遠衛志》。

國朝

郝璧　字仲趙，蘭州人。舉明崇禎十二年鄉試。入本朝，官太常博士，擢給事中。章疏凡數十，上有漕運、鹽法、河道諸議。遷安徽按察副使。卒於廣陵。遺書數篋而已，著有《蘭石集》二十卷。采《通志》。

岳鎮邦　臨洮衛人，幼奇偉。明末，流寇充斥，散家貲，集義勇。入本朝，大破□□米剌印，生擒左王三。順治十二年，率族從軍，平逆賊刁爾吉。康熙十四年，靖逆侯張勇薦拔，補撫標中軍，以克復臨洮功擢洮岷副將。十八年，轉紹興副將。居鄉謙讓，和睦宗族，周濟困窮。弟鎮鰲死，撫其遺孤如己子。

王進寶　字顯吾，靖遠人。狀貌魁梧，精騎射。順治初，從總督孟喬芳討□□立功，授守備。李定國據滇、黔，從提督張勇進剿，師次萬谿，懸崖千仞，進寶攀援直上，搗其穴賊，衆奔潰。薦授游擊，又以功擢洪水營參將。青海酋輸款，乞住牧大草灘地，進寶力持不可，并議修治故單于城，遂改名「永固」，以進寶爲副將駐之，番人畏伏，無敢飲馬城窟者。晋西寧總兵。吴三桂反，王輔臣亦叛，陷蘭州。進寶即統兵抵黄河，夜以皮囊暗渡，連敗賊兵，遂拔安定，復金縣。乘雪夜破臨洮，復蘭州。奏聞，擢陝西提督，鎮秦州。隴右悉平。晋奮威將軍。賊犯寶鷄，復帥師進討，命長子用予潛襲利橋，遂取鳳縣抵武關。又遣用予潛出關，後夜半破關，直趨漢中，奪蜀朝天關，拔廣元、昭化，渡浮橋徑抵保寧。用予斬關而入，僞帥王屏藩縊死，吳之茂降，蜀平。賜彤弓駿馬，授用予爲四川松潘總兵，尋改固原。既而，蜀賊復叛，進寶復力疾馳赴，平之。卒，贈太子太保，謚「忠勇」。用予，字公安，後以終養致仕。

潘育龍 字飛天，靖遠人。效力陜西督標，從副將張自臣剿竹山、房縣賊，斬獲獨多；攻白巖寨，剿茅麓山餘寇，功俱最。賊既平，吳三桂反，秦隴地多陷，育龍克復涇州，斬賊首周養民等，歷官至參將。時，寧夏道阻，育龍奉命偵探，率數十人由紅河川與賊遇，連戰七晝夜，卒達寧夏，復還報命。從大將軍圖海討王輔臣，屢戰皆捷，恢復平凉、興安，斬僞游擊李景才等，降僞總兵王緒武。三秦既定，進剿蜀東，復大竹、渠縣等處，乘勢進取雲南，定曲靖。擢肅州副將，晋總兵。在肅八年，出師破敵者凡五，捐俸修築邊墻及嘉峪關城樓，番夷畏服。康熙三十五年，同振武將軍孫思克征噶爾旦，戰於昭磨多[1]，忽飛礮中右頤貫耳，後力戰不少衰，賊大敗，凱旋。調天津，戢士伍，嚴緝捕，勤訓練，屢蒙獎錫。擢固原提督，晋鎮綏將軍。在任十八年，卒。贈太子少保，謚「襄勇」。育龍所至，恤軍愛民，好文重士。靖遠衛學宫圮，獨捐千餘金修之。七十外，猶日與將士較射，矍鑠自喜，人比之馬伏波[2]云。俱同上。

朱承恩 字從詔，蘭州人。父廷理，善醫，明崇禎十三年大飢，出粟百石以賑。承恩入國朝，從王進寶平蜀，以功官射洪縣知縣。時瘡痍未復，承恩盡心撫字，慎刑薄賦，浚鹽井，捐驛馬，招徠逋亡而

---

① 昭莫多，蒙語意「大樹林」，位於今蒙古國烏蘭巴托南宗英德。「昭莫多之戰」是清軍擊敗噶爾丹軍的關鍵一戰。

② 馬伏波，即東漢「伏波將軍」馬援。

軍儲亦不缺供。以其暇葺城垣，修學校，百廢漸舉。卒於任，民悲思之。

岳昇龍　字見之，鎮邦長子。吴三桂反，升龍從王進寶克復臨洮，白主帥戢部卒，還所掠婦口，帥許之。游擊許進忠潛謀應賊，昇龍密訪得實，擒斬之。駐蘭州永秦堡，堡苦乏水，昇龍爲疏泉入城，民咸利之。歷官至參將。扈從北征，平定噶爾旦，後擢四川提督。征建昌、凉山諸夷，撫降十萬户。卒官。昇龍事母至孝，友愛昆弟。子鍾琪，官至川陜總督，封「威信公」，後籍四川成都。采《通志》。

李馨　字蘭谷，狄道人。以選貢官京山縣丞，署縣事。痛除積弊，減火耗之半，令回任嗛之潛賄，司李具劾，撫軍廉其實切，責令由是無敢短丞者。又署景陵。時縣逋糧數萬，馨知爲富豪欺隱及胥吏詭灑，盡心搜剔，積逋①咸清，懲革蠹吏百三十七人，究故宦叛僕二十餘人，頌聲大作。前令劉毓賓、陶襄坐逋糧羈候，馨設法代完，俱得還里。同縣李蓀，字桂海，由舉人官蘄水知縣。蘄水亦多逋租，前令率不二三載罷去，蓀履畝勘丈，清絶欺匿，自是無催科之累，民爲立祠頌德。采《狄道州志》。

崔岱　字方侯，渭源人。順治時，由拔貢官湖廣慈利知縣。時，兵革未息，縣近山隅，盜賊蟠踞，歲派民弓矢筋角費九百餘兩，官吏又從而侵漁，民苦之，逃入賊者日衆。岱爲剴切具詳請免，上官允之，民在賊者聞之漸就撫，賊勢少衰。僞總兵趙三才聚衆數千，屢討不克，岱單騎入賊巢，諭以禍福，即降。兵燹後民廬灰燼多露處，岱捐俸築堡，民稍得所。上官嘉其績，交章題薦，擢直隸深州知州。培學校，

① 積逋，指纍欠的賦稅。

修城郭，革冗費，撫軍委，鞫疑獄多所平反。再以薦擢山西平陽府同知。後以忤當路歸，兩袖清風，與寒素無異。

吴鎮　字信辰，狄道人。舉乾隆十五年鄉試。初官耀州學正，俸滿，保薦得山東陵縣。值壽張「王倫之亂」，大府①令凡有俘獲皆先刖其足。鎮時在軍營，謂同僚曰：「此中豈無愚民被脅者？宜白於大府，先訊而後罪之。」衆皆有難色，鎮獨以請大府，允之，所全凡三百餘人。擢興國知州。鄰邑有爲鄉豪所殺而以自縊立案者，其子久控不得直，上官以屬鎮檢驗得實，獄乃定。後擢沅州知府。以失察屬縣盜案罷歸，至不能具行李歸。後主講蘭山書院。時制府福康安素貴倨，鎮以賓師自處，每見長揖而已。鎮有文名，尤長於詩，所著有《松花庵詩草》《蘭山詩草》《松崖文稿》諸集行世。同里從其游者，皆競學爲詩，一時風雅稱盛。而李苞爲顯，苞字元方，亦由舉人授學官，歷擢至山東鹽〔運使司〕運同，著有《敏齋詩草》《巴塘詩鈔》。

忠節

漢

馮忠　金城人。漢末，金城人陽成遠殺太守以叛，忠赴尸號哭，嘔血而死。至晋惠帝時，張軌爲凉

① 大府，明清時指督撫。

州刺史，祭其墓，而旌其子孫。采《晉書·張軌傳》。

晉

麴允 金城人。與游氏世爲豪族。愍帝即尊位，以允爲尚書左僕射。時劉曜、殷凱、趙染數萬衆逼長安，允擊破之，擒凱於陣。曜圍北地，太守麴昌遣使求救，允率步騎赴之。去城數十里，群賊繞城放火，烟塵蔽天，縱反間詐允曰：「郡城已陷，焚燒向盡，無及矣。」允信之，衆懼而潰。後數日，麴昌突圍赴長安，北地遂陷。允性仁厚，無威斷。吴皮、王隱之徒無賴凶人，皆加重爵，欲以撫結衆心。然諸將驕恣，恩不及下，人情頗離，羌胡因此跋扈，關中淆亂。曜復攻長安，百姓飢甚，死者大半。久之，城中窘逼，帝將出降，嘆曰：「誤我事者，麴、索二公也。」帝至平陽，爲劉聰所幽辱，允伏地號哭不能起。聰大怒，幽之於獄，允發憤自殺。聰嘉其忠烈，贈車騎將軍，謚「節愍侯」。采《晉書·忠義》本傳。

辛勉 字伯力，狄道人。博學，有貞固之操。懷帝世，累遷爲侍中。及洛陽陷，隨帝至平陽。劉聰將署爲光禄大夫，勉固辭不受。聰遣其黄門侍郎喬度齎藥酒逼之，勉曰：「大丈夫豈以數年之命而虧高節、事二姓，下見武皇帝哉！」引藥將飲，度遽止之曰：「主上相試耳，君真高士也！」嘆息而去。聰嘉其貞節，深敬異之，爲築室於平陽西山，月致酒米，勉亦不受。年八十，卒。

辛賓 勉族弟。愍帝時，爲尚書郎。及帝蒙塵於平陽，劉聰使帝行酒洗爵，欲觀晉臣在朝者意。賓起而抱帝大哭，聰曰：「前殺庾珉輩，故不足爲戒耶！」引出，遂加害焉。俱同上。

辛謐 字叔重，狄道人。父怡，幽州刺史，世稱冠族。謐少有志尚，博學善屬文，工草隸書，爲時楷法。性恬静，不妄交游。累征不起。永嘉末，以謐兼散騎常侍，慰撫關中。謐以洛陽將敗，故應之。及長安陷没於劉聰，聰拜大中大夫，固辭不受。又歷石勒、石虎之世，并不應辟命。雖處喪亂之中，頽然高邁，視榮利蔑如也。及冉閔僭號，復備禮征爲太常，謐遺閔書曰：「昔許由辭堯，以天下讓之，全其清高之節。伯夷去國，子推逃賞，皆顯史牒，傳之無窮，此往而不反者也。然賢人君子雖居廟堂之上，無異於山林之中，斯窮理盡性之妙，豈有識之者耶！謐聞物極則變，冬夏是也；致高則危，累棊是也。君王功以成矣，而久處之，非所以顧萬全遠危亡之禍也。宜因兹大捷，歸身本朝，必有許由、伯夷之廉，享松喬之壽，永爲世輔，豈不美哉！」因不食而卒。采《晋書·隱逸》本傳。【按】謐初有撥亂之志，終以死拒僞命，乃全乎忠者。《晋史》不入忠義，而入隱逸，似爲未允。

辛憑 字士彦，狄道人，仕張茂爲燉煌太守。子鼍，歸狄道省葬，遇枹罕護軍辛晏反，爲晏所執。憑勸茂討晏，茂曰：「鼍在彼，如何憑？」曰：「人臣奉主，豈顧子乎？」茂曰：「子純臣也。」賜爵關内侯。采《前凉録》。

辛恭靖 狄道人。少有器幹，才量過人。隆安中，爲河南太守。會姚興來寇，恭靖固守百餘日，以無救而陷，被執至長安。興謂之曰：「朕將任卿以東南之事，可乎？」恭靖厲色曰：「我寧爲國家鬼，不作羌賊臣。」興怒，因之别室。經三年，詐守者，踰垣而遁，歸於江東，安帝嘉之。桓（元）〔玄〕①

① 原文爲「元」，清多避「玄」諱爲「元」。

請爲諮議參軍，置之朝首。尋病卒。采《晋書·忠義》本傳。

辛淵　狄道人，怡四世孫。仕西凉，爲驍騎將軍。凉後主歆與沮渠蒙遜戰於蓼泉①，軍敗失馬，淵以所乘授歆，而身死於難，以義烈見稱西土。采《北史·辛紹先傳》

後周

劉雄　字猛雀，臨洮子城人。少機辨，慷慨有大志。初爲周文親信，後拜中大夫，兼中書舍人，賜姓宇文氏。周孝閔帝踐阼，加大都督。天和中，封周昌侯。武帝嘗從容謂曰：「古人云：『富貴不歸故鄉，猶衣錦夜游。』」乃以雄爲河州刺史。雄先已爲本縣令，復有此授，鄉里榮之。及皇太子西征吐谷渾，雄自凉州從滕王逌先入，功居多，加上開府儀同三司。從平并州，拜上大將軍，進爵趙郡公。平鄴城，進柱國。宣政元年，突厥寇幽州，雄戰殁。贈亳州總管。采《北史》本傳。

唐

辛讜　太原尹雲京孫。學詩書，能擊劍，重然諾，走人所急。初事李嶧，主錢穀。性廉勁，遇事不處文法，皆與之合。罷居揚州，年五十，不肯仕，而慨然常有濟時意。龐勛反，攻杜慆於泗州。讜聞之，挐舟趨泗口，貫賊栅以入。慆素聞其名，握手曰：「吾僚李延樞嘗爲吾道夫子爲人，何意臨教？吾無憂矣！」讜亦謂慆可共事，乃請還與妻子訣，同慆生死。時賊張甚，衆皆南走，獨讜北行。讜未至，慆憂

① 蓼泉，古地名，今甘肅臨澤縣西北蓼泉鄉。

之，延樞知必來，曰：「讜至，可表爲判官。」惛許諾。俄而至，惛喜曰：「圍急，飛鳥不敢過，君乃冒白刃入危城，古人所不能。」乃勸解白衣被甲。賊將李圓焚淮口，讜曰：「事棘矣，獨出可以求援。」乃與楊文播、李行實夜踰淮，至洪澤，見戍將郭厚本告急。厚本許出兵，大將袁公弁等曰：「賊衆我寡，不可往。」讜拔劍瞋目呼曰：「泗州陷在旦夕，公等被詔來，乃逗遛不進，欲何爲？大丈夫孤國恩，雖生可羞。且失泗，則淮南爲寇場，君尚能獨存？吾今斷左臂殺君去。」推劍直前，厚本持之，公弁等僅免。讜望泗慟哭，帳下皆流涕。厚本許付兵五百，讜曰：「足矣！」遍問士曰：「能行乎？」皆曰「諾。」讜仆面於地，泣以謝。衆既濟淮，惛亦出兵，表裏擊，賊大敗。讜入，人心遂固。浙江杜審權遣將翟行約赴援，壁蓮塘，惛欲遣人延勞，諸吏憚不敢出，讜獨往犒而還。圍三月，救兵外敗，城益危。讜復請乞兵淮南，與壯士徐珍十人持斧夜斬賊柵出，見節度使令孤綯，復詣浙西見審權。時皆傳泗州已陷，疑讜爲賊計，囚之。讜引李嶧自明。嶧時爲大同防禦使，稱其忠可信。審權乃許救，合淮南兵五千，鹽粟具。路梗，不得進。讜引兵決戰，斬賊六百級，乃克入，城上（讙𠰌）〔歡叫〕①，惛與下迎泣，表其功於朝，授監察御史。圍凡十月乃解，卒完一州。初，讜求救也，過家十餘，未嘗見妻子。後以功第一，拜亳州刺史，徙曹、泗二州。乾符末，終嶺南節度使。方讜之少，耕於野，有牛鬥，衆畏牛踐，讜直前，兩持其角，牛不能動，久而引觸，竟折其角。里人駭異，屠牛以飯讜。然讜臞短，才及中人。後貴，力亦少

① 原刊「讙𠰌」。「讙」同「歡」；「𠰌」爲「叫」異體字。

衰云。采《新唐書·忠義》本傳。【按】雲京客籍京兆，讜未必生長金城，但史既未以讜爲京兆人，姑從《通志》存之。

宋

高子孺　狄道人。知蘭州龕谷砦。金人略熙河，子儒聞副總管劉惟輔尚存，固守以待，及城陷，先刃其家而後死。采《宋史·劉惟輔傳》。

金

楊珪　臨洮人。衛紹王大安元年，徐、沛界黄河清五百餘里，以其事詔中外。珪上書曰：「河性本濁，而今反清，是水失其性也。正猶天動地静，使當動者静，當静者動，其爲灾異明矣。且《傳》曰：『黄河清，聖人生。』假使聖人生，恐不在今日。又曰：『黄河清，諸侯爲天子。』正當戒懼，以銷灾變，而復誇示四方，臣所未喻。」宰相以爲妖言，議誅之，慮絶言路，即詔大興府，鎖還本管。采《金史·五行志》。

郭蝦蟆　會州人。世爲保甲射生手，與兄禄大俱以善射應募。興定初，禄大以功遷遥授同知平凉府事、兼會州刺史，賜姓顔盞。夏人攻會州，禄大遥見其主兵者人馬皆衣金，出入陣中，約二百餘步，一發中其吭，殪之。又射一人，矢貫兩手於樹，敵大駭。城破，禄大、蝦蟆俱被擒。夏人憐其技，因之，兄弟皆誓死不屈。朝廷聞之，議加優獎，而未知存殁，乃特遷禄大子伴牛官一階。其後兄弟謀奔會，自拔其鬚，事覺，禄大竟爲所殺，蝦蟆獨拔歸。上思禄大之忠，命復遷伴牛官一階。蝦蟆授同知蘭州軍州事。五年冬，夏人萬餘侵定西，蝦蟆敗之，斬首七百，獲馬五十匹，以功遷同知臨洮府事。元光二年，夏人步騎數十萬攻鳳翔甚急，元帥赤盞合喜以蝦蟆總領軍事。從巡城，濠外一人坐胡床，以箭力不及，氣貌若蔑視城守者。合喜指似蝦蟆云：「汝能射此人否？」蝦蟆曰：「可。」蝦蟆平時發矢，伺腋下甲不掩處射之無不中，即持弓矢伺坐者舉肘，一發而斃。兵退，升遥授静難軍節度使，尋改通遠軍節度使，仍遣使賞賚，遍諭諸郡。是年冬，蝦蟆與鞏州元帥田瑞攻取會州。蝦蟆率騎兵五百皆被赭衲，蔽州之南山而下，夏人猝望之以爲神。城上有舉手於懸風版者，蝦蟆射之，手與版俱貫。凡射死數百人。夏人震恐，乃出降。會州爲夏人所據近（十）〔四〕年①，至是復焉。正大初，田瑞據鞏昌叛，詔陝西兩行省并力擊之。蝦蟆率衆先登，瑞開門突出，爲其弟濟所殺，斬首五千餘級，以功遷遥授知鳳翔府事，本路兵馬都總管，元帥左都監，兼行蘭、會、洮、河元帥府事。六年九月，進西馬二匹，詔曰：「卿武藝超絶。此馬可充戰用。就以賜卿。」仍賜金鼎一、玉兔鶻一。天興二年，哀宗遷蔡州，慮孤城不能保，擬遷鞏昌，以粘葛完展爲鞏昌行省。三年春正月，蔡已破。綏德州帥汪世顯嫉完展制己，欲以兵圖之，然懼蝦蟆威望，遣使約并力。蝦蟆謂之曰：「汝帥若欲背國家，何及於我。」世顯即攻鞏昌，破之，劫殺完展，送款於元，復遣使者二十餘輩諭蝦蟆以禍福，不從。金國已亡，西州無不歸順者，獨蝦蟆堅守孤城。丙申冬十月，大兵併力攻之。蝦蟆度不能支，集州中金銀銅鐵，雜鑄爲礮以擊攻者，殺牛馬以食戰士，又自焚廬舍積聚，曰：「無至資兵。」日與血戰。及軍士死傷者衆，乃命積薪州廨，呼集家人及城中將校妻女，

① 原誤刊「十年」，據《金史》勘「四年」。

閉諸一室，將焚之。蝦蟆妾欲有所訴，立斬以徇。火既熾，率將士於火前持滿以待。城破，兵填委以入，鏖戰既久，士卒有弓盡矢絶者，挺身入火中。蝦蟆獨上大草積，以門扉自蔽，發二三百矢無不中者，矢盡，投弓劍於火自焚。城中無一人肯降者。蝦蟆死時年四十五。士人爲立祠。采《金史·忠義》本傳。

明

何銘　字德新。父鎖南，元末爲吐蕃宣慰使，洪武三年率衆歸附，授河州衛指揮同知，賜姓何，卒，銘襲職。永樂九年，領兵出凉州，遇賊沙金坡戰殁。采《河州志》。

毛忠　字允誠，初名哈喇，西陲人。曾祖哈喇歹，洪武初歸附，爲千户，戰殁。祖拜都，從征哈密，亦戰殁。父寶，以驍勇充總旗，至永昌百户。忠襲職時，年二十。膂力絶人，善騎射。宣德五年，征曲先叛寇有功。八年，征亦不剌山，禽僞少師知院。九年出脱歡山，十年征黑山寇，皆禽其酋。各進一官，歷指揮同知。正統三年，從都督蔣貴征朵兒只伯，先登陷陣，大獲，擢都指揮僉事。十年，以守邊勞進同知，始賜姓。明年，從總兵官任禮收捕沙州衛都督喃哥部落，徙之塞内，進都指揮使。十三年，率師至罕東，生縶喃哥弟僞祁王鎖南奔并其部衆，擢都督僉事，始賜名忠。尋充右參將，協守甘肅。景泰初，侍郎李實使漠北還，言忠數遣使通瓦剌。詔執赴京。既至，兵部請置大辟。景帝不許。發福建立功，官秩如故。令甘肅守臣徙其家屬京師。初，忠征沙漠，獲蕃僧加失領真以獻。英宗赦不誅。後逃之瓦剌，爲也先用。憾忠，欲陷之。遂宣言忠與也先交通，而朝廷不察也。英宗在塞外獨知之，比復辟，即召還。而忠在福建亦屢有功，乃擢都督同知，充左副總兵，鎮守甘肅。陛見，慰諭甚至，賜玉帶、織金蟒衣。

天順二年，寇大入甘肅，巡撫芮釗劾奏諸將失事罪。部議忠功足贖罪，置不問。三年，以鎮番破賊功進左都督。五年，孛來以數萬騎入涼州。忠鏖戰一日夜，矢盡力疲。賊來益衆，軍中皆失色。忠意氣彌厲，拊循將士，殊死鬥。賊見終不可勝，而援軍亦至，遂解去。忠竟全師還。七年，塞外諸番屢爲邊患，忠與總兵官衛穎分討之。忠先破巴哇諸大族。其昝咂、馬吉思諸族，他將不能下者，忠復擊破之。論功，忠止增禄百石，而穎乃得世券。忠以爲言，遂封伏羌伯。成化四年，固原賊滿四據石城反。詔忠移師討之，與總督項忠等夾攻賊巢。忠由木頭溝直抵礮架山下，多所斬獲，冒矢石連奪山西、山北兩峰，而項忠等軍亦克東峰。及石城東、西二門，賊大窘，相對哭。忽昏霧起，他哨舉烟掣軍，賊遂并力攻忠。忠力戰不已，爲流矢所中，卒，年七十五。從子海、孫鎧前救忠，亦死。忠爲將嚴紀律，善撫士。其卒也，西陲人吊哭者相望於道。事聞，贈侯，謚「武勇」，予世券。（宏）〔弘〕治中，從有司言，建忠義坊於蘭州，以表其里。又從巡撫許進言，建武勇祠於甘州城東，春秋致祭。《明史》本傳。【按】舊《府志》云：忠之先乃扒里扒沙①人。洪武初，自武威歸附，隸籍蘭州。故《通志》仍載於涼州，今觀史傳所云，則舊《府志》之言爲信。

周敖　河州衛軍家子也。正統末，聞英宗北狩，大哭，不食七日而死。子諸生路方讀書别墅，聞父死，慟哭奔歸，以頭觸庭槐亦死。鄉人異之，聞於州。知州躬臨其喪，賻麥四十斛、白金一斤。路妻方

① 扒里扒沙，即今甘肅省古浪縣東大靖鎮。

氏，厲志守節，撫子堂成立，後爲知縣。《明史·孝義》本傳。【按】史以孝義名編，可括敎父子事迹。今《志》既分孝友、行誼，故列諸忠節，以敎事爲主也。

陳鍾　蘭州人。本衛左所正千户。成化四年，從征滿四於石城，臨陣呼副千户李旺曰：「朝廷養育武臣，恩意至重。今不盡力，何以報國乎？」與旺及中護衛指揮申澄，俱力戰死。事聞，授子溥指揮僉事，旺子陽正千户。溥，字德源，孝友好學，掌衛事，明敏廉慎，蚤卒。弟清襲，亦以清勤聞。采《皋蘭縣志》。

陳琮　河州人，本衛指揮僉事；房鑒，靖虜人，本衛指揮使，俱死「石城之難」。鑒少孤，尚志節，通經史，著有《敬齋詩集》一卷。采河州及靖遠衛《志》。

妙齡　河州人，本衛正千户。(宏)〔弘〕治十四年，領兵赴固原，遇賊戰死。贈指揮僉事。采《通志》。

魏益　字本謙，其先三原人。祖爲軍卒，正統初，調靖虜衛。父載死成化時「滿四之難」①。益痛父之亡，精習騎射，屢從破賊，以功擢百户。正德四年，從征榆林，追賊至定邊營中，三矢陣亡。高陵吕柟爲撰墓志。采《靖遠衛志》。

姚震　河州人。本衛指揮同知，擢游擊將軍。正德六年，征四川流賊，力戰陣亡。采《通志》。

馮琦　河州人。本衛指揮僉事。正德八年，征四川流賊，戰死。子恩襲，嘉靖元年，與賊遇洮州，

① 滿四（？至一四六九年），本名滿俊，因家中行四，俗稱『滿四』。明寧夏固原開城土官，蒙古族。明成化三年（一四六七年）六月，滿四自稱「招賢王」聚衆起事，尋占石城。憲宗遣項忠等率兵鎮壓。五年，誘俘滿四，凌遲處死。後世稱「滿四之亂」或「滿四之難」。

亦戰死。

張瀛 字士元，蘭州人。本衛左所正千户。性孝友，遇事敢爲，擢指揮僉事。正德十二年秋，臨鞏參政張綸檄瀛從征，至安定，挺身出偵，遇賊衆寡不敵，戰死，賊剖其腹。事聞，贈指揮使，世襲，命有司致祭。

何勛 字朝用，銘孫，世襲指揮同知。正德九年征西寧，嘉靖五年征洮州，俱有功。九年戍甘州，與賊遇，同百户孫福力戰，陣亡。

朱輔 蘭州人，本衛右所正千户。性孝友，善撫士卒。守河北安寧堡，與賊戰，頗有斬獲。俄賊勢益衆，輔力戰，中流矢而死。事聞，贈指揮僉事，世襲。

蔣繼勛 河州人，本衛指揮使。嘉靖十一年，與賊戰甘州，死。贈都指揮僉事。俱同上。

漆堅 渭源人，官重慶府照磨。蜀賊反，堅率鄉兵扞禦，與戰死之。時死事者多邀贈恤，而堅獨不與。采舊《府志》。

李光啟 字顯之，靖虜衛人，世襲指揮僉事。貌魁梧，善騎射。以薦擢河州守備，晋固原游擊。御下過嚴，爲群小誣，罷。嘉靖二十九年，俺答犯京師，搜羅將才，起爲神樞營游擊。三十四年二月，授宣府參將，履任甫月餘，寇大至，出戰，衆寡不敵，被執，怒罵不屈，死之。事聞，贈都督同知，立祠死所。蔭一子，世襲正千户。采《靖遠衛志》。

褚凰 蘭州人。本衛百户，守一條城。嘉靖三十六年，賊犯境，凰領兵纔百餘，與戰，力疲被禽，破腹碎尸。事聞，恤贈如制。妻何氏，守節撫子成立，襲職。采《皋蘭縣志》。

張鵬 靖虜人，本衛指揮使。隆慶元年，丙兔①内侵，鵬率家衆禦於轉嘴山，衆寡不敵，與衛指揮僉事李文瑞、千户李得林、應襲千户魏印俱戰死。印乃益之五世孫也。采《靖遠衛志》。

于天福 靖虜人，本衛千户。父現陳亡，天福襲職。隆慶三年，守備李昫以五十騎屬天福，禦賊沙金坪，戰死。

李如玉 靖虜人。本衛指揮僉事；魏承勛，印子，本衛千户。萬曆十八年，火落赤犯洮、河，如玉等從總兵劉承嗣禦之，會大雨，參將鄧鳳潛與賊通，游擊郭有光擁兵别營，不相救應，承嗣大敗，如玉、承勛及游擊李芳等八人戰死。事聞，俱立祠，入祀。

吕夢麒 靖虜人，本衛千户。天啟六年正月，寇犯大廟，夢麒奮勇當先，子和陽見父深入，衝陳救援，俱戰死。時，同死者有兵丁楊璉、柳伯倉、張譽、高應科、岳天强、王維科六人。俱同上。

李承先 蘭州人，本衛百户。有勇略，善騎射。天啟間，以功擢至參將，殉節。采《通志》。

趙率教 靖虜衛人。中萬曆二十年武會試，【按】史止云陝西人，亦未詳其出身。今從《衛志》補書。歷官延綏參將，屢著戰功。已，劾罷。遼事急，詔廢將蓄家丁者赴軍前立功。率教受知於經略袁應泰，擢副總兵，典中軍事。天啟元年，遼陽破，率教潛逃，罪當死，倖免。明年，王化貞棄廣寧，關外諸城盡

① 丙兔（？至一五八八年）又作兵兔、賓兔。明代蒙古土默特部俺答汗第四子，右翼土默特屬部委兀慎領主，孛兒隻斤氏。

空。率教請於經略王在晉，願收復前屯衛城，率家丁三十八人以往。蒙古據其地，不敢進。其年，游擊魯之甲以樞輔孫承宗令，救難民六千口，至前屯，盡驅蒙古於郊外。率教乃得入，編次難民爲兵，繕雉堞，謹斥堠，軍府由是粗立。承宗令裨將陳練以川、湖土兵來助，守始固。而率教所招流亡至五六萬。擇其壯者從軍，悉加訓練。餘給牛種，大興屯田，身自督課，至手足胼胝。承宗出關閱視，大喜，以己所乘輿贈之。蒙古虎墩兔素爲總督王象乾所撫。其部下抽扣兒者，善爲盜，率教捕斬四人。象乾告兵部尚書董漢儒，將斬之，賴承宗貽書漢儒，得不死。四年九月，承宗暴其功於朝。擢署都督僉事，加銜總兵。六年二月，蒙古入犯平川、三山堡。率教禦之，斬首百餘級，奪馬二百匹，追至高臺堡乃還。捷聞，帝大喜，立擢都督同知，實授總兵官，代楊麒鎮山海關。再進右都督，世蔭本衛副千户。移鎮寧遠，盡統關内外兵。七年正月，大清兵南征朝鮮。率教督兵抵三岔河爲牽制，卒無功。三月，袁崇煥議修築錦州、大凌河、中左所三城，漸圖恢復。率教移鎮錦州護工，再加左都督。五月，大清兵圍錦州，率教嬰城固守。發大礮，頗多擊傷。相持二十四日，圍始解。加率教太子少傅，蔭錦衣千户，世襲。崇禎元年八月移鎮永平，兼轄薊鎮八路。踰月，掛平遼將軍印，再移至關門。明年，大清兵由大安口南下。率教馳援，三晝夜抵三屯營。總兵朱國彦不令入，遂策馬而西。十一月四日戰於遵化，中流矢陣亡，一軍盡殁。帝聞痛悼，賜恤典，立祠奉祀。率教爲將廉勇，待士有恩，勤身奉公，勞而不懈。既殁，益無能辦東事者。《明史》本傳。

房嘉寵　靖虜衛人。中萬曆二十年武會試，官四川綦江參將。楊應龍陷綦江，戰死。事聞，賜祭。采《靖遠衛志》。

朱家仕　字翼明，河州人。崇禎元年進士，官山西分巡副使。十七年三月朔，李自成犯大同，總兵官姜瓖開門迎賊，家仕望闕再拜，抱印投井而死。采《河州志》。【按】家仕，附《明史·衛景瑗傳》云：「盡驅妻妾子女入井，而已從之，死者十有六人。」今據《朱氏族譜》云：家仕聞賊將至，知不免，謂家人曰：「我食禄，義當死事，汝曹可不必也。」遣出，寓書吏温某家，故不及於難。又載，其妻黄氏至國朝康熙年間始卒。此其後人所記，當不至妄。「盡驅妻妾十六人」之説，殆不免傳聞之誤。《通志》及《河州志》俱無此語。史家所采者博，不能無異。附識於此。

石崇德　字峻吾。其先嵩縣人，始祖玉，洪武初以功授指揮僉事，後調臨洮衛，遂入衛籍。子泉，戰死階州，入傳。至崇德，早孤，母張氏殉節死。崇德寄養外家，及長襲職，以功擢金鎖關守備，晋固原鎮左營都司。崇禎七年，闖賊陷隆德，崇德從兵備道陸夢龍擊之，賊圍之數重，崇德突圍出，見夢龍尚在圍中，復奮勇馳入，與夢龍俱戰殁。事聞，贈副總兵。采《通志》及《狄道州志》。【按】《州志》有石寧涼州指揮同知，（宏）〔弘〕治五年剿賊陣亡，未知爲崇德之族與否？附載於此。

歐陽衮　狄道人，官副將。崇禎十六年冬十一月，李自成犯臨洮，總兵黄應選棄城遁，衮誓死守，奸弁有獻城者，衮閉妻孥十餘口於寓，縱火焚之。父子巷戰力竭，被禽，見賊首賀思賢等，其子有懼色，衮大呼曰：「吾兒不可爲賊屈！」因握其子手，駡賊不絶口，賊殺之。頸斷而手未分。采《狄道州志》。

黄命　河州降番，河太之子。崇禎十年，從參將費邑宰征四川流寇，於五丁峽力戰而死。采《通志》。

韓一麟 蘭州人。貢生，授寧羌州訓導。流賊破寧羌，一麟殉難。事聞，贈國子監學録。同上。

陸岱齡 蘭州人。貢生，授涇州訓導。路經六盤山，爲流賊所執，憤罵被殺。事聞，贈國子監學録。采《皋蘭縣志》。

蔣嘉印 蘭州人。弱冠善騎射，屢從剿寇有功，官至都司。流寇犯蘭州，嘉印扈肅王出城，爲土回所劫，拒敵河濱，矢盡被害，碎骨層冰中。采《通志》。

段字辛 堅之裔，庠生。流賊破蘭州，具衣冠再拜，自縊於祖祠。子婦王氏，亦自盡。同時蘭州殉難者，有肅藩侍書温榁合門八口，俱縊死。肅藩中涓趙三策爲賊所執，不屈，賊斷其頸，益怒罵，遂被殺。耆民朱文美同妻王氏并縊死。庠生林培櫟自縊死。采《皋蘭縣志》。

張行敏 字公儒，狄道人，舉天啟元年鄉試。每歲冬，煮粥以濟貧者。後官顴城知縣，以時事不可爲，棄而歸。聞「甲申之變」，不食死。采《狄道州志》。

王國興 靖虜衛人，由選貢官壽光縣丞權縣事。遭闖賊變，殉難死。采《通志》。

李躍龍 河州人，本衛指揮，擢副將。崇禎十五年，與闖賊戰於襄城縣，陣亡。采《河州志》。

閻錫 靖虜衛人，乾鹽池百户。崇禎十六年「李標之亂」，城破，賊縛錫柱上，燒鐵烙體，大罵不屈而死。又有民楊國祥者，亦大罵，被烙死。采《靖遠衛志》。

傅榜 靖虜衛人。「李標之亂」，榜同子崇經持挺逐賊，賊退走，一賊見後無繼者，呼其衆返，遂殺榜，碎尸。崇經頭被數刃，賊謂已死，舍去，已而復甦。

白坎　靖虜衛人，本營把總。流寇據會寧，坎領兵恢復，至青家驛，遇賊大戰，自辰至未，力屈而死。事聞，恤蔭如制。又有盧崇光者，小蘆塘伍卒，崇禎七年，寇犯邊，崇光奮勇争先，身被矢刃，寇退，創重而亡。俱同上。

國朝

王世德　河州衛人。博學多謀，以功授臨洮道中軍守備。順治五年，□□米剌印反，世德不屈而死。時，有臨洮營守備劉繼祖、生員李文煒，俱狄道人，戰死，至嘉慶十年，均補請蔭襲。而河州又有貢生張日興、戴守廉，生員龍自霄，皆以拒賊被害。

李邦棟　靖遠衛人，官四川成都府游擊。順治十八年，征茅蘆山，陣亡。又有白應舉者，亦衛人，官廣州水師游擊，康熙六年，巡洋遇海賊，戰死。

杜綵　字鳳山，河州人。歲貢生，乾隆四十六年，授南鄭縣訓導。未聞命，□□□□□之變，城陷，正衣冠，罵賊，被害。同時守城而死者廪生宋廣文、朱文遠。附生吕紹、文遠在南城樓，賊刺之未殊，罵愈厲，賊怒焚樓，投於火。家人驗其齒，獲燼骨以瘞。守城民人亦多被殺，而羅爾忠、羅爾孝、羅爾節、羅爾義兄弟四人，同時殞命爲最慘。事平，州人以綵等名上請優恤，署總督李侍堯靳之，故皆不獲褒贈。

劉尚傑、金毓彬、張從元、馬逢伯、張大受、周得禄，俱皋蘭人。尚傑爲縣陰陽學訓術，所居傍西關，撒拉回賊薄城，尚傑登屋大罵，賊射之死。毓彬嘗應童子試，得禄嘗爲兵，後辭退，與從元等皆居城外，率衆禦賊，俱被害。後惟尚傑家於嘉慶二十一年，以其事補請，得准入祠。

附歷年陣亡將士

自昔忠義之目，必臨危矢志，慷慨捐軀，始足當之，而死於兵者不與焉。我朝褒奬死事，凡歿於戰者，皆得入祠奉祀，蔭及子孫，其典至渥。故歷次陣亡將士，均得而述。今據各州縣《志》、册所載：

康熙五十七年，西藏之役陣亡者，有把總劉朝剛，狄道人，於嘉慶十年補請給蔭。

乾隆年間，金川之役陣亡者，皋蘭縣則有固原守備孟珏，把總吕渭師，寧夏守備史可久，督標把總巫泰、普仁，外委趙林、石茂；河州則有本營千總徐進寅，把總關信、郭進梅，廣武營把總馬登魁，延綏營把總耿顯，定邊營把總祁福，循化營外委李忠祥，西寧營外委王明。撒拉之變陣亡者，皋蘭縣有凉州都司王宗龍，督標把總惠君遴、張廷棟，固原把總程錕，肅州鎮把總蔡珏，督標外委宋廷才、張文斌，甘州外委馬士望，城守營外委魏永悦；河州有本營千總朱廷奇，外委楊天得、徐烈，循化營外委劉漢乾。

嘉慶年間，出征川、楚各省教匪陣亡者，皋蘭縣有巴里坤游擊李殿魁，寧夏鎮游擊吴璉，都司李懷玉，提標都司袁璋，凉州鎮守備常萬清、劉元勛、傅世雄，磚井堡守備孔琪，神道嶺守備宋顯王，督標把總杜豹、顔希章、馬得、顧林、袁秉父、袁銘、張成功，城守營把總王瑞圖、馬龍圖，寧夏把總何起蛟，凉州鎮把總戴伏、馬負圖，西寧鎮把總丁學詩，河州鎮把總張如龍，康寧寨把總周得勝，督標外委吕廷貴、魏朝奉、陳學進，凉州鎮外委張漢；河州有商州營游擊郭洪，肅州鎮游擊陳五輯，本鎮城守營千總周孝，定羌驛千總馬旺，左營把總丁爾表，城守營把總鄭天希，提標把總王孝忠，西寧鎮把總陳禄，本鎮外委左營鄧宣、徐達，右營秦敌城，守營徐士伏，循化營李景伯、陳宗順，保安營魏品魁，督標外委金海禮，縣外委喬祥。又有十七年，馬廠拒賊陣亡之本鎮外委陝有貴。

道光年間，出征喀什噶爾陣亡者，皋蘭縣有濟木薩守備宋華延，綏鎮千總楊烈，西寧鎮千總史可友，河州鎮把總黄奎、兵書蔣成基；河州有永固協守備蕭福祥，洮岷營千總周瑛，把總張宗伏，臨洮營把總穆升，循化營外委邵澤洪，本營外委鄭國棟，皆蒙恩恤，廕如制。

李殿元，皋蘭人。官千總，從征廓爾喀陣亡。奉旨入祠，世襲雲騎尉。殿元祖復興，亦官督標千總，撒拉回賊圍蘭州，復興守北門，賊乘雲梯登城，不及者纔一二級，復興急排女墻仆之，擊斃十餘人，賊始不敢復上，人謂其有神助。

劉廷佐，皋蘭人。舉乾隆己酉武鄉試，官城守營千總。嘉慶六年，從征川、楚教匪，力戰受重傷，留石泉縣養病。值賊圍石泉，廷佐聞攻戰聲，奮然起曰：「大丈夫安能卧死床上哉！」遂登陴，與官民共守，不數日傷發，遂殁。石泉人壯而悲之，惜未獲恤廕。

蘭州府志卷十

人物志下

孝友　行誼　文學　武略　流寓　列女

孝友

宋

程俊　會州人。紹興初，居栗亭之泥陽鎮。俊幼時，父母陷靈夏，常號泣自毁。迨長，捐家財數十萬以贖，未至，日北向號泣，寢食爲廢，夏人感動，乃還其母邵氏。俊日夕承順，奉養周備，事族兄恭謹，友愛諸弟，贍母黨百餘口，服食器用必與己同，鄉里稱至孝。采《明一統志》及《甘肅通志》。

明

段鳴鶴　蘭州人。性至孝，父疾，籲天祈以身代，刲臂肉燔爲灰和藥以進，疾尋愈。孫，即南陽知府堅也。采《通志》。

石恒　【按】《縣志》恒作亨。蘭州人。由貢生官真定府經歷。正統間，喪父，廬墓；母失明，恒籲天，舐之而愈。

趙奈　臨洮衛人，會川伯安之孫，府學生。父疾，晝夜祈禱，願以身代，及父没，哀毁而卒。又有曹邦豸者，知縣俊之孫，亦府學生，父没亦以毁卒。俱同上。

雍蘭　狄道人，府學生。母患瘡，蘭吮之，及卒，蘭廬墓三年。又有舉人蕭韶民、張全、石貞乾，皆親没廬墓三年。全有雙兔訓擾之異，貞乾辭旌不受云。采《通志》及《狄道州志》。

楊豸　狄道人。父桂戍貴州，豸從之戍所，竭力奉養。桂没，扶櫬歸。母病篤，豸侍湯藥，衣不解帶，及卒，號泣幾絶。同上。

唐泉　字本清，蘭州人。母蕭氏病篤，泉割股和藥，飲之而愈。與弟海友愛最篤，海卒，泉每食必哭，不一載亦得疾，卒。泉嘗赴京，有同衛汪某歿於逆旅，負其骨歸，葬之。采《通志》。

陳泰　字汝安；弟和，字汝諧，蘭州人，兄弟友愛。天順間，泰被選從征，和念泰年長乏嗣，請於總戎願代往，中流矢，官司給輿以歸，病十餘年，鏃始潰出，及卒，毫無怨悔。遺二子簡、策，泰撫之不啻己出。泰後生子範，舉人，官陝州知州。

周海　字克容，蘭州衛世襲千户。嘗師事段堅，篤學好禮，以古人自期，居官清慎，戎務修飭，尤至孝。母病，亟籲天，祈以身代；妻張氏割股肉，和藥以進，疾遂愈。人以海之孝能刑於其妻，爲尤不可及云。

殷富　字若無，蘭州人。舉成化十三年鄉試。弟實，舉成化十六年鄉試。實居父喪，三年不入私室；繼居母喪，寢苫枕塊，中寒疾而卒。富就教職，得欒平縣訓導，以資兩弟安、寧於學。安後亦領鄉薦。

寧卒，遺子承嗣，富撫之如己出。富子即刑部主事承敘也。

蕭憲　字孟章，蘭州人。性至孝，舉成化十三年鄉試，以親老不赴會試，後授中牟知縣，未仕而卒。

王麟　字廷瑞，蘭州人。事繼母以孝聞。成化間，父用以事繫獄，遘疾幾危，麟禱天願以身代，用疾尋愈。獄定謫戍廣西，麟復代行，踰二年中瘴癘，卒於戍所，僕負骨歸葬，士林稱之。

李鋭　字徐之，蘭州人。貢生，授四川簡縣訓導。好學甘貧，不苟取，事繼母盡孝，撫諸弟及弟之孤甚厚，性行純篤，有古人風。

蔣漢　蘭州人。性至孝，家雖貧，凡力所能及者必以奉親。歲時新味，親未嘗不先入口，或他適，必先具親所食酒肉而後往，鄉里稱之。

王純　字原誠，尚書竑仲子。以父蔭入監。肄業間，母病，乞歸侍疾，籲天祈以身代，未一月鬚髮盡白。母卒，三日不食，哀毀盡禮。事聞，旌表。俱同上。

趙昇　靖虜衛人。少孤，事母至孝。長襲本衙百户，屢立戰功，進指揮僉事。（宏）〔弘〕治十年，與敵戰，奮勇當先，身中三刃，母聞驚病而歿，昇至家哀痛，踰旬亦卒。采《靖遠衛志》。

段增　字志崇，堅孫。【按】段氏世系，增乃堅之兄孫。性耿介，刻志問學。親喪，三年不與燕會，居家絲粟不入私室。從妹適舉人孫芳，孀居，子女皆育於增家，撫愛周至。增子即御史續也。采《通志》。

任重　蘭州人。（宏）〔弘〕治初庠生。母卒，廬墓三年，有盜犯廬，欲劫其衣糧，重不避盜，感其孝，舍之去。同上。

雍大武　字政和，狄道人。正德間貢生。父病，剔臂肉炙以進，每歲廩穀所餘，恣諸弟取之。後官肅州衛教授。子即御史焯也。采《狄道志》。

金鐸　字文振，蘭州人。少孤好學，撫育諸弟成立，務農商之業，家道日裕，年七十餘終不析産。幼弟蚤亡，遺子瑞，撫之如己子。采《皋蘭志》。

高文　靖虜衛人。庠生。生父俊殁於陣，家貧，竭力奉母，承顔順志，友愛諸弟，擇配置産。嘉靖七年，赴中衛糴糧，忽心動，即馳歸，母果病，時弟武往河南經歲，亦適歸，三日母卒，人咸稱至孝所感。屢舉鄉飲賓①，堅辭不出。采《靖虜衛志》。

楊均誠　字元貞，蘭州人。庠生，從周蕙游，知務正學。父早卒，事母盡孝。有伯母亦孀居，奉之如母。撫姊遺孤，營舅氏喪，篤於恩義，人所難及。采《皋蘭志》。【按】《通志》均名下脱「誠」字。

李尚賓　靖虜衛人。增生。孩提喪父，事母至孝。萬曆十年，母卒，尚賓悲痛七日，不食亦死。少卿邢玠贈銀爲喪資，且旌其廬。采《靖虜志》。

李敦　渭源人。父早喪，事母盡孝。母殁，廬於墓側，朝夕哭奠。萬曆二十八年，直指表其門。采《通志》。

羅應詰　狄道人。府學生。事父孝，飲食起居必親執役。父年八十有五卒，應詰哀毁骨立，既葬，

① 鄉飲賓，鄉飲酒禮的賓介。周制，鄉飲酒禮舉鄉里處士之賢者爲賓，次爲介，又次爲衆賓。

廬墓三年，哀慕如一日。

劉雄 字士俊，蘭州人。力農養親，繼母韓，始遇之少恩，時被譴責，雄愈敬謹，韓亦感而慈焉。既長，父命與兄異爨[1]，力請不獲，乃以田園讓兄，而自取敝廬。葬舅氏喪，焚負者券，鄉人重之。

陳鑒 字克昭，蘭州人。以孝聞，母歿哀毁盡禮，不入私室者三年。業師孟某，臨歿子幼，寄金帛於鑒，及某子長，還之，封識宛然，人服其義。

李守文 蘭州人。幼有至性，母李氏蚤孀多病，守文躬侍湯藥，夜必數起視寒温，家貧竭力以供，甘旨奉母，五十餘年如一日，内外以「孝子」稱之。

駱興周 蘭州人。幼喪父，母郭氏孀居四十餘年，興周竭力奉養，微聞母愁戚聲，即至母側慰藉，恒竟夕不寐。友愛姊妹四人，恩義篤至。肅藩旌之。

廖恕 狄道人。性至孝，家貧葬母，自負土築墳，廬墓三年。

張漢俊 字今房，臨洮衛人。三歲喪父，祖母及其母俱孀，姑婦相守，撫之成立。稍長即知悲思其父，事祖母及母若。成人肆力經史，後舉天啟七年鄉試。與兄漢侠同居，友愛戚黨，貧者代爲婚嫁，義望重於一時。

袁應舉 臨洮衛人。幼讀《孝經》《小學》，即知嚮往事親色養。父母亡，既合葬，廬墓三年，朝夕

① 異爨，猶分家另竈。

悲號，未嘗還家，日手作三坯，及三年遂成大冢。

李一桂 臨洮衛人，增生。父柱材，天啟中官靖邊學正，卒。一桂奔喪扶櫬歸，中途遇盜，罄其資。時隆冬雨雪，一桂鬻身衣，傭人同舁柩行，衣盡，乃伏柩號泣仆地，值榆林巡撫路過見之，詢得其故，給以夫馬路費，巡按以下咸周助之，始得歸。俱同上。

柴蕙 字以仁，蘭州人。早喪母，事繼母衛氏、閻氏，以孝聞。人有勸與弟析產者，正色拒之。弟夭，復撫其子成立。采《皋蘭縣志》。

李東 字子震，蘭州人。蚤孤，母王氏守節撫之，東長，孝養不怠。母有解顱疾苦難療，東禱占得奇方而愈，人以爲孝感所致。少聰穎，十三爲諸生，後以貢授訓導。卒年八十八。同上。

吴瑛 靖虜衛人，世襲本衛指揮。少孤，事母馬氏至孝，所得俸資悉以奉母，與諸弟共之。母疾，醫曰：「人肉可療。」瑛割肉投粥中，母即愈。後官至遼東總兵。采《通志》。

路柯 靖虜衛人。挺身禦寇，救匿兄嫂及兄子，而己爲賊殺，甚慘。采《靖遠衛志》。

國朝

喬漢儒 渭源人。諸生。早孤，漢儒躬耕養母侯氏，極其孝敬。母歿，膝行負土成冢，廬墓三載。采《通志》。

吴成德 河州人。初喪父，哀毁骨立，葬之日即廬墓，母强之歸，踰歲始還。及母歿，遂廬墓三年，不御酒肉，人以爲難。

朱祚長 字敬符，金縣人。諸生。三歲喪父，祖父母撫之成立。祖國弼，官河内縣丞，卒於任，祚長聞訃，痛哭死，復蘇。及土寇破城，欲殺其祖母，祚長挺身請代，賊感其孝，俱釋之。順治十四年，巡按上其事，奉旨旌爲順孫。俱同上。

楊一桂 字月賓，狄道人。增生。康熙十三年，吴三桂反，僞將陷臨洮。一桂母曹氏年九十有三，負匿於萬壽觀，亂兵搜獲，問曰：「爾何爲在此？」一桂曰：「有老母不敢遠離。」皆曰孝子也，舍之。一桂足不履公府，時狄道有包荒①及驛站之累，逃亡過半，太守許重華召諸生問安民策，一桂以二事剴切直陳，太守嘉之，據情詳請禁，草民始復業。采《狄道州志》。

史旌忠 字紀節，狄道人。諸生。少孤，孝事孀母，宗族稱之。再從弟旌禮，孤貧無依，旌忠引與同爨，後爲授室分産。甥王士美亦無依，待亦如之。歲荒，嘗煮粥以食飢者，全活甚衆，道府旌之。

王大用 字特擢，狄道人。諸生。事繼母以孝聞。設帳授徒，貧者却其束脩；又善醫，貧者亦施藥與之。

吴伯裔 字次侯，狄道人。增生。與弟伯襲相友愛，伯裔家貧，力學。伯襲服賈，以贍其兄，至於没身，人以爲難。

岳含瑛 字君儒，狄道人。年二十四父母俱亡，弟含玫方十歲，含瑛鬻餅度日，嘗求助於舅氏，舅

① 包荒，指包納荒田米糧。

爲設粥，含瑛哽咽不食，曰：「弟飢甚。」舅曰：「汝獨不飢耶？」對曰：「瑛壯可耐，弟弱不支。」舅憐之，乃遺古畫二軸使易粟焉。弟嘗病篤，含瑛祝天願代，弟忽躍起而愈。嘗製一衣與弟，弟不肯服，次年春再成一衣，始俱服之。含瑛年五十始游泮，後兄弟同月卒。俱同上。

車萬庫 河州人。居景古里之安隆關，距城二百餘里，地雜羌番，俗習悍戾，而萬庫事繼母房氏，獨以孝聞。朝夕飲食、衣被必親執役；蔬果時物，母未嘗不先入口；或以事入城，必諄囑其妻子勿忤。母年八十，萬庫亦六十餘矣。每濁醪奉母，猶持鼗鼓，歌番調，作羌人舞，以爲歡。以極邊僻壤不識詩書之地，而孝愛之誠發於自然，人性皆善不益信歟。采《河州志》①。

葉聯科 靖遠衛人。貧無以爲生，母王氏病久不起，夜半囈語曰：「梁上懸肉，可煮以啖我？」聯科度無財，終不能得肉，即於是夜割左股肉煮以食母。後二日，王氏面忽起紅色，病漸愈，皆以爲至孝所感云。采《靖遠衛志》。

劉萬倉 字富宇，狄道人。事繼母以孝聞，母嘗病，或云：食貒猪肉可愈。萬倉行獵，忽得之，病果差。康熙四十年，歲大飢，族有賣身及遠徙者，萬倉贖而還之，使無失所。子漢彪，能承父志，遇凶歲嘗出粟減糶煮粥，以待餓者。漢彪子烔，復以孝顯，父没，廬墓三年，乾隆間旌表。采《狄道續志》。

①［康熙］《河州志》六卷，清王全臣纂修，康熙四十六年（一七一七年）刻本。

陳經文 字子訓，皋蘭人。拔貢生。居親喪，三年不入内室，授徒束脩所入，與諸兄均之。再從子[1]篤，三歲失父母，經文收撫之，爲授室、給産。及卒，篤服喪三年。郡守歐陽永裿旌之。

崔琪 渭源人。諸生。從祖崔岱鄉試，中途岱得疾甚劇，琪取糞嘗之告醫，以味苦可治，醫感其孝，盡心療治而愈。後祖卒，父拱辰亦相繼亡，琪廬墓三年未嘗還家。乾隆七年奉旨旌表。

張問仁 字子未，靖遠人。太學生。性至孝，執親喪，哭至嘔血。好善樂施，乾隆三十年歲飢，出粟煮粥，所居大蘆塘之民，賴以活者甚衆。采《靖遠續志》。

吴世廣 皋蘭人。叔父桐峯世無嗣，以世廣爲後，事所後母孫氏盡孝，家貧，肩負營生，以供菽水，母病湯藥必親進，及没，哀毁盡禮。縣人公舉孝行，奉旨旌表。

潘性敏 狄道人。增生。家貧，事父母得歡心。父疾，爲嘗糞。母疾，禱於神，願減己算以延母年一日，母忽曰：「吾已夢得延壽十年矣。」果遂愈，又十年而没。嘗於路拾遺金三十餘兩，俟失者還之，不受報。從子爲繼母所逐，性敏收撫之，爲授室、置産，終不言德。道光五年，奉旨旌表。壽九十一而卒。

陳翰獻 狄道人。少奇貧，遇俗節至，不能爲親具一臠。後父没，而家漸康，遂終身不御酒肉。學使楊嗣曾手書旌其閭。嘗建祖祠，修宗譜，周給族之孤貧者。卒後，家仍蕭然。采《狄道續志》。

田錫齡 狄道人。府學增生。少失怙，事父克孝，父卒，哭泣盡哀，終喪不御酒肉。好學敦品，潛

① 再從子，即祖父親兄弟曾孫、父親堂兄弟孫、己從兄弟子。

心宋儒之書。著有《蠡言》及《府志稿》。嘉慶二年，公舉孝廉方正，以目疾未赴都。

王守官、陳琦、黄元，俱靖遠人。守官，蚤喪父母，事祖父賓十餘年，孝養備至，祖没哀毁，廬墓三年。琦，母蚤卒，事父良善盡孝，家貧，竭力以供甘旨，父没，廬墓終身。叔良謀蚤亡，撫其子玠成立，友愛無間。元，監生，父靈運病篤，侍奉不懈，夜焚香禱天祈以身代，父病旋愈，事繼母如所生。俱於嘉慶年間題請旌表。

行誼

晋

辛理 狄道人。美容貌，張軌欲奪其妻，以寡妹妻之。理割鼻自誓。軌大怒，徙爲燉煌太守、護羌校尉。遂以憂死。采《前凉録》。

北魏

趙柔 字元順，金城人。少以德行才學知名河右。沮渠牧犍時，爲金部郎。太武平凉州，内徙京師。歷著作郎、河内太守，甚著信惠。初，柔嘗在路得人所遺金珠一貫，價值數百縑，柔呼主還之。後有人遺柔鏵數百枚，柔與子善明鬻之市。有人從柔買，柔索絹二十疋。有商人知其賤，與三十疋，善明欲取之，柔曰：「與人交易，一言便定，豈可以利動心。」遂與之。縉紳之流，聞而敬服。子默，字冲明，武威太守。

采《北史》本傳。

明

張旺 狄道人。好義尚德，一日平旦入城，拾遺金三百五十兩，【按】兩舊作鍰，考字書鍰六兩也，三百五十鍰，則二千一百兩矣。豈一人所能拾哉？密藏僧舍，候至午，見二人號泣而來，旺詢得其實，悉還之，不受謝。曾孫即廬州知府萬紀也。采《通志》。

顧敬 字允恭，蘭州人。少聰穎，通涉經史，與段堅、聊讓友善，言動有則。晚年好學彌篤，壽八十卒。

顔宗魯 蘭州人。性坦直不阿，善書，能詩文，鄉里重之。

周詢 金縣人。廩生。善詩文，議論慷慨，而操守謹飭，非公事未嘗謁有司，常施藥餌濟人。著有《醫要》行世。

馮庸 字定之，蘭州人。恬静自守，言行必循禮度，通《春秋》，博涉子史，尤留心明代典章，一一手録成帙，人咸推爲博古君子。

漢德 金縣人。太學生。嘗辭薦舉，遠絶名利，鄉人稱其高致。年九十卒。

張九疇 字天錫，狄道人。器宇恢偉，動循矩矱，登天順七年進士。以罣誤①除籍還家，杜門足迹，

① 罣誤，謂因過失或牽連而受到處分。

不至公府，探討經史，從學甚衆。著有《五經考》《拙齋文集》。

王伯良　字志善，蘭州人。潛心義理之學，言動不苟，取與以義，不妄交人，不干謁貴顯。著有《準庵集》《東山樵唱》。俱同上。【按】自顧敬以下七人，《通志》皆入隱逸，然隱逸之稱必堅志高尚，屢辭征辟始以加之，非未登仕版遂可概施也。以皆韋布①自好之士，列諸行誼爲允。

王中　字仲可，狄道人。世耕讀，不求仕進，以詩文自娱。肅王辟爲教授，時賜金帛，却之。著有《井天詩草》及《臨洮府志》。府之有《志》，自中始。後居玉井峰下，人或傳以爲仙。采《狄道州志》。

陳錫　字本誠，蘭州人。嘉靖八年，州大飢，餓殍載道，錫倡衆捐貲，募人於四郊外分掩之，閲數月所瘞尸凡萬餘。尚書彭澤言於有司，旌其門。十六年，州復飢，錫復倡衆掩之，功倍於昔，當道再表其閭。采《應綸記文》。

王朝相　狄道人。諸生。從游楊繼盛之門，一日於市拾遺金，廉得遺者還之，繼盛手書額聯，以贈其家，至今寶之。采《通志》。

楊啟蒙　狄道人。爲郡推官掾吏，有五廪生得罪推官，欲以行劣黜之，命啟蒙具牒，啟蒙固請曰：「五生半世寒帷，休之一旦，小人弗忍也。」推官怒笞之，啟蒙叩頭流血，卒辭而出，曰：「吾不以刀筆殺子孫。」次早，推官呼啟蒙至前，曰：「余夜思汝言而悔，今免五生矣。嘗聞有陰德者必大其門，爾

① 韋布，猶布衣。

子孫其有顯者乎？」後其子行恕，登天啟二年進士。

趙重琮 臨洮衛人。世襲指揮使。屯政舊有陋規病民，重琮力裁之。萬曆中，歲飢，捐粟千餘石以賑，全活甚衆。通經史，雅意文學，每出所餘以禮士，屢有戰功受上賞。俱同上。

曹守忠 蘭州人。性慷慨，兩遇奇荒，煮粥以賑，出積粟以平市價，流離者資助還鄉，貧病者施藥療治，全活甚衆。當道以義民旌之。采《皋蘭縣志》。

張總 靖虜衛人。崇禎十三年，大飢，餓死者不可勝計，總捐貲募人收瘞骸骼三千有餘。先時，萬曆四十六年大飢，衛民梁聰賑粥施棺，鄉里均稱善人。采《通志》及《衛志》。

王歷元 字燮之，狄道人。郡諸生。幼時即有志聖賢之學，雖習舉業，每取宋五子①書以爲誦法，一言一動必以古人爲準，一時郡士多出門下。采舊《府志》。

袁養浩 字義生，狄道人。諸生。幼有大志，下帷發憤，闖賊之亂，遂棄衣冠，躬耕養親。壽八十餘卒。采《狄道州志》。

國朝

張經綸 狄道人。精醫術，與郡人許虎臣爲莫逆交，虎臣夫婦俱亡，家貧子幼，經綸爲營葬，撫其子於家，既長以女妻之，傳以醫術，與己子均分其産，郡人皆高其義。采《通志》。

① 北宋五子指周敦頤、程顥、程頤、張載、邵雍。

劉焕然　字文甫，金縣人。諸生。清潔自守，順治七年於路得銀百兩，俄縣役李通本呼號尋覓，蓋遺失領解餉銀也，焕然立還之。

吴元孝　靖遠人。家貧，偶見道有小封，啟視之，乃黄金一兩九錢，俟至晚不見有尋者。次日潛至南街市肆，見失金者與肆客相争，元孝詢其數相符，即與還之。俱同上。

蕭光漢　字功一，皋蘭人。歲貢生。學以段堅爲宗，擇言而發，審步而行，爲塾師，雖盛夏不釋衣冠。嘗論馮從吾《關學編》，謂先聖無二傳，後賢無二學，關學之名是啟門户之争也，聞者韙之。弟子數十人多敦品，概而同里梁檜爲最著。檜，字泗選，亦歲貢生。采《皋蘭縣志》。

董天佑　狄道人。豐於財，每積錢至數萬，悉取以濟貧乏。嘗於除夕行古寺，遇有窘困而將自縊者，天佑周而活之。采《狄道州志》。

孫淑　字永善，狄道人。貢生。幼學於王歷元，奉爲步趨，器度冲和，不爲峭厲。人有過必致箴規，初無所忤，故人皆樂從焉。

劉紹卿　字贊之，狄道人。嘗捐製文廟兩廡木主。康熙四十年，郡大飢，紹卿出粟以賑，又代贖人已質子女，人多稱之。

吴秉謙　字子益，狄道人。童年游庠，非禮義之書不讀，性剛直，好施與，鄉人敬之。有無賴者，酗酒狠鬥不可解，聞秉謙至，則惶愧而退，其感人如此。

李焕章　字唐文，狄道人。諸生。輕財好施，每冬月製毡衣數百，以給丐者。嘗捐數百金，質市肆一區，以資書院膏火。臨終屬其子翼林、含芬曰：「是不可久也，汝能買而歸諸書院，吾志乃成矣。」二子後如其言。乾隆二十二年，督撫旌其門。俱同上。

劉維灝 字文漪，狄道人。增生。性果敏、急公。雍正十二年，具呈縣令劉鶴鳴，詳免缺額銀二千餘兩。又條陳北鄉水利，迄今通灌者八渠。至復學田、修《州志》，悉自維灝發之。采《狄道續志》。

任宰 字尚志，靖遠人。雍正六年，行賈凉州，夜宿旅邸，晨起見槽底有布囊，貯金二百餘兩，知爲同宿者所遺，因留候之。次日，遺金者倉皇而來，詢其數符，即付與之。采《靖遠續志》。

郭彦聖 字太化，靖遠人。雍正年間，荒疫并作，死者載路，彦聖躬率僕夫收瘞，三年不輟，鄉閭稱之。又有路斌生者，乾隆三十一年，連歲荒疫，亦募人收掩莩骼。又乾隆初年，河水泛漲，近河墳墓將圮，縣人劉浩、房丕耀、許臣、趙世範競出貲財，遷移義冢數十所，人至今稱道焉。

倪正宗 靖遠人。乾隆二十三年，連歲大荒，出粟以食餓者，蘭州知府增福旌其閭。俱同上。

孫德 字克明，皋蘭人。武生。事繼母以孝聞，慷慨樂施，嘗監修三公橋，捐助興文社，族有貧者，量力資給。晚乃置祭田若干畝，供先祖春秋祀事，以其餘歲助族人婚喪之費及鄉會試資斧。弟本亦武生，少好任俠，父切誡之，乃折節改行，事親恭兄，人咸稱之。

文學

晋

辛攀 字懷遠。父（鍑）〔奭〕①，尚書郎；兄鑒曠，弟寶迅，皆以才識著名。秦雍爲之諺曰：「三龍一門，金友玉昆。」攀年七歲隨父在京師，北地程曉攀之親友，目攀而笑曰：「犁牛騂犢，孺子之謂。」攀曰：「戲及人親，非雅訓也。」曉及賓客大異之。建安三年，爲大鴻臚，使凉，遂留，仕張軌。采《前凉録》。

北魏

宗欽 字景若，金城人。少好學，有儒者風。仕沮渠蒙遜爲中書郎、世子洗馬。上《東宮侍臣箴》。太武平凉州，入魏，賜爵卧樹男，拜著作郎。與高允書，贈詩，允答書并詩，甚相褒美。崔浩誅，欽與段承根等俱死。采《北史》本傳。【按】同時又有宗舒亦金城人，與安定胡叟友，文成嘗召叟及舒作檄，檄宋、蠕蠕。舒文劣於叟。見《北史·胡叟傳》，附識於此。

隋

辛彦之 狄道人。父靈輔，周渭州刺史。彦之九歲而孤，不交非類，博涉經文，與天水牛（宏）〔

① 原刊「鍑」，據《太平御覽》（人事部卷一百三十六）勘「奭」。

弘〕同志好學。後入關，遂家京兆。周文見而器之，引爲中外府禮曹，賜以衣馬珠玉。時國家草創，朝貴多出武人，修定儀注，唯彦之而已。尋拜中書侍郎。及周閔帝受禪，彦之與小宗伯盧辯，專掌儀制。宣帝即位，拜小宗伯。帝立五皇后，彦之切諫，由是忤旨，免官。隋文帝受禪，除太常少卿，歷國子祭酒、禮部尚書。與牛（宏）〔弘〕撰《新禮》。帝嘗令彦之與沈重論議，重不能抗，避席謝曰：「辛君所謂金城湯池，無可攻之勢。」帝大悦。後除隋州刺史。時州牧多貢珍玩，惟彦之所貢，并共祭之類。上謂朝臣曰：「人安得無學！彦之所貢，稽古之力也。」遷潞州刺史，前後俱有惠政。開皇十一年卒，謚曰「宣」。彦之撰《墳典》一部、《六官》一部、《祝文》一部、《禮要》一部、《新禮》一部、《五經異義》一部，并行於世。子孝舒、仲龕，并早有令譽。同上。

元

雍勛　字復先，狄道人。大德間，任本府教授，學行著聞，闢别墅於郡南，聚書千卷。次子德純，字秉直，至大間，以諸生授本縣教諭，召修《成宗實録》，及歸，賜予甚厚。采舊《府志》。

明

何賢　字彦哲，狄道人。登永樂十年進士，授中書舍人。資稟穎異，學問博洽，精傳譯工詞翰，居館閣二十年，官至太常寺少卿。卒，贈禮部右侍郎，謚「文敏」。著有《五經集解》《續古樂章》《東麓文集》。采《通志》。

張鐸 字孟宣，蘭州人。舉景泰七年鄉試，官嵐縣訓導。學問該①博，尤長詩詞，後爲韓王府教授。老年步履艱難，王命扶掖上殿，宗室士有不率教者，以王命撻之，不少貸。王重之，以女妻其次子。後多貴顯。

杜宣 字宏化，蘭州人。舉天順三年鄉試，官汾州學正。學問博洽，善詩文，造士有方，其所識拔，

梁翰 字文苑，臨洮衛人。登天順七年進士，官翰林檢討。充丙戌會試同考官，所得多名士。擢崇府長史。嘗列十事以諫，多所補益。性端静，言笑不苟，詩文醇實典雅。公餘閉門讀書，鼓琴悠然自得。

邵宗 字以道，蘭州人。登成化五年進士，官户部主事。博通經史，才氣優贍，詩文不煩繩削而自合矩度，所交海内士大夫甚多，莫不推服。俱同上。

吴禎 字從善，河州人。八歲能詩，長以蔭當補千户，棄不就，篤志儒業。舉成化十年鄉試，官梓潼縣教諭，聘充河南考官，所得多名士。晋山海衛教授。乞養歸。家居垂三十年，著有《亦樂稿》六卷、《郡志稿》二卷。采舊《府志》。

張文泰 渭源人。登嘉靖二年進士。少穎悟，善詩文，學行端方，言切世務。著有《五竹遺稿》。采《通志》。

何永達 河州人。幼穎敏，博極群書，嘗從三原馬理受業，後仕清豐縣丞，纔五月即辭歸。著有《春

① 該，古同「賅」。

秋井鑒》《林泉偶得》。年九十五卒。裔孫湧，以武生入伍，官至臨洮營都司長，身多力，善騎射，能撫馭士卒，喜與文士游，後從征葉爾羌，病卒。

楊行恕 字本忠，狄道人。登天啟二年進士，改翰林院庶吉士。生而穎異，丰標俊逸，喜交游。著有《温玉亭詩草》，蚤卒。采舊《府志》。

袁珍 字玉卿，應舉孫。應舉傳見「孝友」。英敏好學，每爲詩多警句。著有《卧雪吟》。弟珍①，亦著有《奚囊學海》。采《狄道州志》。

國朝

張晋 字康侯，觀城知縣，行敏子。登順治九年進士。博學能詩，與三原孫枝蔚友善。官丹徒知縣。勸農桑，興學校，裁火耗，罷諸不急之務，民咸德之。充鄉試同考官，得張相國玉書，即縣試童子所拔第一人也。會主司以賄敗，晋亦罣誤死，時年三十一。死後，虧帑千三百兩，士民於城隅設匭，募錢代贖，雖婦女亦脱簪珥助之，不數日即盈其數，人以是知晋之廉而有遺愛也。晋詩思如雲蒸泉湧，嘗於獄中「集杜」作《琵琶十七變》，抑揚頓挫，感動人心，聞者無不憐其才，而悲其不幸云。弟謙，字牧公，年十四即有詩成帙，著有《得樹齋集》，後以選貢，早卒。【按】《州志》載有晋舅晏御賜，著《夢夢軒詩草》一卷，附識於此。

① 疑原刊誤。清乾隆《狄道州志》無載。

王維新 字衍周，狄道人。穎敏工詩，凡漢魏六朝、唐宋諸家無不研究，而尤深於陶、杜。著有《亦樂亭詩草》六卷。後以歲貢任淳化訓導。卒於官。

亢英才 字鴻儒，狄道人。歲貢生，少工帖括，晚喜爲詩，與同里王綬、張翥諸人聯洮陽詩社。著有《東園詩草》。

張樂賢 字賓野，狄道人。諸生。好讀書，尤深於《周易》《老子》，彈琴賦詩，悠然自得。著有《西峰集》。又有張逢壬者，亦州諸生，喜吟咏，著有《世耕堂詩草》。其孫克念，屬舉人吴鎮選而梓之。俱同上。

武略

漢

辛武賢 狄道人。官酒泉太守。宣帝元康三年，先零羌謀叛，舉可行羌者，趙充國舉武賢。兩府白遣義渠安國，竟沮敗。帝發兵討羌，武賢奏欲分兵并出合擊，罕、幵與充國議不合，帝拜武賢爲破羌將軍，出擊先零，斬首二千級。後卒用充國計，罷武賢歸酒泉，武賢深恨，上書告充國子卬泄省中語。卬下吏，自殺。後七年，武賢復爲破羌將軍，征烏孫至燉煌。後病卒。兄臨衆，亦有將才。【按】《唐書·宰相世系表》，以臨衆爲武賢兄，然表敘其兄弟四人，乃無湯名，恐未足據。姑從之。初置金城屬國以處降羌，詔舉可護羌校尉者，四府舉武賢小弟湯，充國奏：「湯使酒，不可典蠻夷。不如湯兄臨衆。」時，湯已拜受節，有詔更用臨衆。後臨衆病免，五府復舉湯，湯數醉酗羌人，羌人反畔，卒如充國之言。采《漢書·趙充國傳》。

魏

成公英 金城人。漢中平末，隨韓遂爲腹心。建安中，遂從華陰破走，還湟中，部黨散去，唯英獨從。遂壻閻行欲殺遂以降，遂謂英曰：「今親戚離叛，人衆轉少。吾年老矣，子欲何施？」英曰：「曹公不能遠來，獨夏侯耳。且息肩於羌中。招呼故人，綏會羌、胡，猶可以有爲也。」遂從其計。會遂死，英降太祖。太祖見英甚喜，以爲軍師，封列侯。從行出獵，有三鹿走過前，命英射之，三發皆應弦而倒。公抵掌謂之曰：「但韓文約可爲盡節，而孤獨不可乎？」英下馬跪曰：「不欺明公，假使英本主人在，實不來在此也。」遂流涕哽噎。公嘉其敦舊，遂親敬之。延康、黄初之際，河西有逆謀。詔遣英佐張既平隴右，既夜藏精卒三千人爲伏，使英督千餘騎挑戰，敕使陽退。胡果争奔之，因發伏截其後，首尾進擊，大破之。

閻行 亦金城人，後名艷，字彦明。少有健名，始爲小將，隨韓（遂）〔約〕①。建安初，（遂）〔約〕與馬騰相攻擊。騰子超亦號爲健。行嘗刺超，矛折，因以折矛撾超項，幾殺之。十四年，（遂）〔約〕使詣太祖，太祖厚遇之，表拜犍爲太守。行因請令其父入宿衛。馬超反謀，舉（遂）〔約〕爲都督。行諫（遂）〔約〕，不欲令與超合。太祖聞行意，故但誅（遂）〔約〕子孫在京師者。（遂）〔約〕聞行父獨在，欲使

① 原刊「遂」，據《三國志·張既傳》勘「約」。下同，略。

并遇害，以一其心，乃强以少女妻行，行不獲已。太祖果疑行。會（遂）〔約〕使行别領西平郡。遂勒其部曲，與（遂）〔約〕相攻擊。不勝，乃將家人東詣太祖。太祖表拜列侯。采《三國志·張既傳》及注。

晋

翟瑥 武始人。仕乞伏乾歸爲冠軍。氐王楊定率步騎四萬來伐，乾歸遣乞伏軻殫、乞伏益州、詰歸距之。定敗益州於平川，軻殫、詰歸引衆而退。瑥奮劍諫曰：「將軍以維城之重，受閫外之寄，宜宣力致命，輔安〔家國〕。秦州雖敗，二軍猶全，奈何不思赴救，便逆奔散，何面目以見王乎？昔項羽斬卿子，胡建戮監軍。瑥誠才非古人，敢忘項氏之義乎？」軻殫乃率騎赴之，益州、詰歸亦勒衆而進，斬定及首虜萬七千級。於是盡有隴西、巴西之地。乾歸以瑥爲吏部尚書，後又遣益州與瑥伐吐谷渾視羆，至度周川，大破之。采《晋書》載記及《前凉録》。

北魏

梁覽 字景叡，金城人。其先出自安定，避難走西羌，世爲部落酋帥。曾祖穆，以枹罕城歸魏，封臨洮公。祖顗，爲尚書。父釗，河、華二州刺史。覽家世豪富，貲累千金。孝昌初，秦州莫折念生、胡琛等反，散財招募，有三千人，鎮河州。從大軍平賊，歷凉、河二州刺史，封安德縣侯。盛修甲仗，人馬精鋭。吐谷渾憚不敢出，皆曰：「梁公在，未可行也。」永安中，詔授世爲河州刺史。永熙中，改封郡公。大統二年，加太尉。其年覽從弟企定反，欲圖覽，與數戰未能平，王師至，始破之。四年，遷太傅。及河橋之役，王師敗，時病留長安，趙青雀反北城，覽爲之謀主。事平，乃見殺。采《北史》本傳。

宋

王淵 字幾道，熙州人，後徙環州。善騎射。應募擊夏，屢有功，權知鞏州寧遠砦。諸羌入寇，經略司討之，表淵總領岷山蕃兵將，興師城澤州。羌悉衆來争，淵奮擊，大破之，追至邈（州）〔川〕城①。宣和五年，劉延慶討方臘，以淵爲先鋒。賊將據錢塘，勢張甚。淵諭小校韓世忠曰：「賊謂我遠來，必易我。明日爾逆戰而僞遁，我以彊弩伏數百步外，必可得志。」世忠如其言，賊果追之，伏弩卒發，應弦而倒。逐北至淳安，賊據幫源峒，遂圍而平之。授閤門宣贊舍人。繼從延慶攻契丹，戰敗爲敵所獲。已而逃歸，猶以出塞遷武功大夫、果州團諫使。又從楊惟忠、辛興宗破群盗高托山等，遷拱衛大夫、寧州觀察史。靖康元年，爲真定府總管，就遷都統制。吴湛據趙州叛，淵討平之。金人攻汴京，范訥統勤王兵屯雍邱②，以淵爲先鋒。尋以所部歸康王。明年，張邦昌僭立，康王如濟州，命淵以三千人入衛宗廟。淵至汴都，見邦昌，納謁曰：「參冢宰相公。」邦昌始易紫袍延之政事堂，淵慟哭宣教。康王即皇帝位，以淵爲都統制，扈從累月不釋甲。時群盗蜂起，以淵爲制置使，提兵四出，所向皆捷。平軍賊趙萬於鎮江，誅杭賊陳通於杭州，降張遇於揚子橋。期年，群盗略盡。遷嚮德軍節度使。建炎三年二月，金人攻揚州，帝倉卒渡江，淵從至鎮江。劉光世見帝泣告：「淵專管江上海船，今臣所部數萬，二千餘騎，皆不能濟。」

① 原刊「邈州城」，據《宋史·王淵傳》勘「邈川城」。
② 雍邱，《宋史》爲「雍丘」，即今河南省杞縣。

淵忿其言，斬江北都巡檢皇甫佐以自解。朱勝非馳見淵督之，乃始經畫，已無所及，自是失諸將心。帝欲如鎮江以援江北，群臣亦固請。淵獨言：「鎮江止可捍一面，若金人自通川渡，先據姑蘇，將若之何？不如錢塘有重江之險。」議遂決。命淵守姑蘇。尋自平江赴行在，拜僉書樞密院事。先是，統制官苗傅自負世將，以淵驟用，頗觖望；劉正彦嘗招巨盜丁進，亦以賞薄怨淵。而内侍康履頗用事，淵入樞府，傅、世彦以其由宦官薦，愈不平。俟淵入朝，伏兵殺之，遂成「明受之變」。淵爲將輕財好義，家無宿儲，每言：「朝廷官人以爵禄足代耕，若事錐刀，曷若爲富商大賈邪？」初，帝在南京，聞淵疾，遣中使曾澤問疾。澤還，言其帷幔茵褥皆不具，帝輟所御紫茸茵以賜。然其平群盜多殺降，與康履深交，故及於禍。贈開府儀同三司，累加少保。乾道六年，謚「襄愍」。采《宋史》本傳。

金

烏古論長壽　臨洮府第五將突門族人，本姓包氏。襲父永本族都管。泰和伐宋，充緋翮翅軍千户，以功進官二階。貞佑初，夏人攻會州，統軍使署征行萬户，升副統，與夏人戰於窄土峽，先登陷陣，賞銀五十兩。戰東關堡，以功署都統。詔録前後功，遥授同知隴州防禦使，世襲本族都巡檢。三年，賜今姓。夏人圍臨洮，扼渭堡，内外不通。統軍司募人偵候臨洮消息，長壽應募，馘二人，擒一人，問得臨洮及夏兵事勢。以勞遷宣武將軍，遥授通遠軍節度副使。招降諸番族及熟羊寨秦州逋亡者。復遷懷遠大將軍，升提控。興定元年，夏人大入隴西，長壽拒戰，遷平凉府治中，兼節度副使。二年，遷同知臨洮府事。與提控洮州刺史納蘭記僧分兵伐宋。長壽由鹽川鎮進兵，宋人走保馬頭山，合諸部族兵來拒。長壽擊敗之，復破其援兵四千於荔川寨。即趨宕昌縣，破宋兵二千於八斜谷，拔宕昌，進攻西和州，敗其州兵。明日，木波兵三千與宋兵合，依川爲陳，長壽奮擊，宋兵入保城，堅壁不復出，長壽乃還。凡斬馘八千，獲馬二百餘、牛羊三萬，器械軍實甚多。詔升總領都提控，改通遠軍節度使。夏人攻定西，是時弟世顯已降夏，夏人執世顯至城下，謂長壽曰：「若不速降，即殺汝弟。」長壽不顧，奮戰。夏兵退，加榮禄大夫，賜金二十五兩、重幣五端。世顯既降，二子公政、重壽當緣坐。宣宗嘉長壽守定西功，釋公政兄弟，有司廩給之。未幾，夏人復攻會州，移兵臨洮，長壽伏精兵五千於定西險要間，敗夏兵三萬騎，殺千餘人，獲馬數百。夏人已破西寧，乃犯定西，長壽擊却之，斬首三百級。既而復至，攻城甚急。長壽乘城拒戰，矢石如雨，夏兵死者數千，乃解去。是歲卒。采《金史》本傳。

明

趙安　字仲磐，狄道人。阿哥昌八世孫。從兄琦，土指揮同知，坐罪死，安謫戍甘州。永樂元年進馬，除臨洮百户，使西域。從北征有功，累進都指揮同知。宣德二年，松潘番叛，充左參將，從總兵陳懷討平之，進都督僉事。使烏思藏，四年還。明年，復以左參將從史昭討曲先，斬獲多。九年，中官宋成等使烏思藏，命安帥兵千五百人送之畢力（木）〔朮〕江①。尋與侍郎徐晞出塞討阿台、朵兒只伯，敗之。正統元年，進都督同知，充右副總兵官，協任禮鎮甘肅。明年，與蔣貴出塞，剿寇無功。三年，復與王

① 原刊「畢力木江」，據《明史》勘「畢力朮江」。

驥、任禮、蔣貴分道進師，至刁力溝執右丞、達魯花赤等三十人。以功封會川伯，禄千石。明年，移鎮涼州。安家臨洮，姻家厮養多爲盗，副使陳斌以聞。在涼州又多招無賴爲僮奴，擾民，復爲御史孫毓所劾。詔皆不問。安勇敢有將略，與貴、禮并稱西邊良將。九年十二月卒。子英爲指揮使，立功，進都督同知，卒。子鉉襲指揮，亦以立功進游擊，鎮永昌，卒。子濟襲，好儒學，嘗撰述《郡志》。《明史》本傳，兼采舊《府志》。【按】舊《志》又有臨洮衛指揮趙昆，温雅通書，史有儒將風。

李奉朝　靖虜衛人。本衛百户。嘉靖三十一年，浮圖峪寇入攻，奉朝一矢殪其酋長，寇遂北。擢副千户。四十二年，定邊清水營大將郭振失利，奉朝與百户莫惟賢奮勇拒戰，自辰至申，有二酋督戰甚力，奉朝連發二矢殪之，寇始退。奉朝歸營，解甲死，復蘇。其勇烈如此，而卒不顯用。初建永安堡，多出其所規畫。采《靖遠衛志》。

何奮武　臨洮衛人。本衛百户，才勇過人。萬曆中，總兵劉綎闢新疆，得紅水、永泰等地千餘里，奮武功居多，擢至右軍都督僉事。采《通志》。

國朝

周化鳳　字功麟，狄道人。康熙十四年，吴三桂反，化鳳從奮威將軍王進寶復天水，後又復岳州，進取辰龍關，復偏橋、興隆等處，奪沙子哨，拔臘茄坡，所向有功。賊平，歷擢至湖廣襄陽鎮總兵，調雲南永順鎮。整部伍，覈軍實，威德并著，軍民悦服。

王潮海　狄道人。智勇絶倫。康熙十四年，黄河以東悉爲賊有，潮海先鋒破敵，夜渡黄河，克復臨洮、蘭州。進剿寶鷄連雲棧，生擒賊將三百餘名，遂取漢中。又進剿四川廣元縣、朝天關、蟠龍山等處。凡數百戰，大破逆賊。擢至重慶鎮總兵，調貴州威寧鎮。征蠻賊，生擒賊首王成龍等，降其餘衆。晉貴州提督。

張憲載 字仰厚，狄道人。父學詩，官臨洮游擊，素習邊事，民夷悦服，興設義學，以教郡中子弟，卒，郡人立碑頌德。憲載以武生効力，官千總。康熙十四年，賊圍寧遠甚急，憲載奮力堵禦，城賴以全。後從寧夏提督趙良棟進剿四川，克成都，解永寧圍，復越巂，直抵建昌。擢至興安鎮總兵。俱同上。

董錦 字燦素，狄道人。舉康熙十一年武鄉試。吴逆之變，錦杖策謁靖逆侯張勇，授千總。既而洛門、天水寇賊竊發，錦隨副將岳昇龍出征有功，擢河州守備。時撒剌回夷不靖，錦單騎往諭，遂定。遷西寧都司，總督佛倫、題升、巴暖三川營游擊。巴暖有水利未興，錦鼓勵居民開渠溉田，人咸賴之。采《狄道州志》。

張玉 字珏軒。其先晉陽人，祖以商僑狄道，遂家焉。興安總兵張憲載，其祖姑之夫也，官鎮番參將，時玉從之，因嫻騎射。康熙十九年，夏包子①反，玉從征，奮勇争先，有功，歷官至四川建昌游擊。越巂夷加巴貫子等肆掠，玉統兵會剿，斬獲甚多。擢遵義副將。逾年，視重慶鎮事。雍正元年，諸番悖

① 夏包子，原名夏逢龍，清湖北景陵人。以慷慨稱，人謂「夏包子」。清康熙二十七年（一六八八年）偕衆嘩變，據守武昌，尋爲清兵所滅，被俘死。

逆，玉由黄勝關出□直抵熱當，夜出奇兵，克復東、車兩堡，旋駐歸德。二年，進征卓子山，冒矢石連破三寨，主將奇其才，即令總統川陝漢土官兵。招撫寫爾素錢朵諸番，皆不血刃而降。六年，黄鄜逆蠻德昌煽動苗民，玉生擒之，招安餘黨，事平。授川北鎮總兵。九年，以老乞休歸，篤於宗族。年七十三卒。同上。

薛大烈　字丕承，皋蘭人。少入伍，從征臺灣、廓爾喀等處，積功至固原守備。嘉慶初年，從征川楚教匪，大小數百戰，殺賊無算，生擒首逆多名。歷擢至四川川北鎮總兵。九年，晋直隸提督，調陝西、江南，又調廣東。以事左遷陝西漢中鎮總兵，調河北鎮。卒於任。奉旨照提督例賜恤予葬祭及建碑銀，賜謚「襄恪」。大烈好讀古兵書，手纂《訓兵輯要》一書，精於選練，故能所至有功。弟丕烈，由武舉亦官至鎮番游擊。

蕭福禄　字壽山，河州人。始從軍金川有功，後平川楚教匪。嘉慶六年，歷擢至巴里坤總兵。道光四年，晋浙江提督。勤儉樸誠，有古良將風。旋以老乞歸。九年卒，年七十六。恪恤贈如制。

李逢春　字芳辰，皋蘭人。少入伍從征金川，平撒拉及鹽茶廳□□有功，歷擢至游擊。嘉慶初，從征川陝教匪，戰益力，嘗以數百兵猝遇賊二萬，爲所圍，逢春倚山列栅，激厲士卒，誓以死報，衆皆感奮，莫不一當百，礮矢無虚發，賊大驚竟引去。復擢至副將。聞母訃，以金革方殷不得奔喪，請於大帥乞假，百日亦不許，遂哀痛成疾，乃乞休歸。善撫士，歸之日，軍中出送至有垂泣者。及凱旋兵過蘭州，猶相率至其廬修禮焉。

姜得仁 字居寛，皋蘭人。舉乾隆五十九年武鄉試，入營從征川楚及南山教匪，有功，歷官至陜西提標後營游擊。曉暢軍務，善撫士卒，性孝友好學，蘭士鄉會試至關中者多主之。晚置祭田，以其餘給族中貧者婚喪及讀書之費。

流寓

唐

褚亮 字希明，錢塘人。仕隋，爲東宫學士，遷太常博士。坐與楊（元）〔玄〕感①善，貶西海司户。時博士潘徽貶威定主簿，亮與俱至隴山。徽死，爲斂瘞，人皆義之。後爲薛舉黄門侍郎。舉滅，秦王謂曰：「寡人受命而來，嘉於得賢。」即授王府文學。預瀛州之選，在軍中，有裨補之益。貞觀中，累遷散騎常侍，封陽翟縣侯，老於家。采《新唐書》本傳。

明

徐蘭 字與善，開化人。洪武初，官部陽知縣，謫戍蘭州衛，復舉國子助教，調崇仁縣丞。永樂元年，聘典京闈鄉試。致仕，復歸於蘭，尋又南還。著有《書經體要》。采《通志》。【按】《通志》又有董可善，

① 原刊「楊元感」，「元」清避「玄」諱。

四明人，敦德力學，教人有法。徐蘭爲記城南書塾，不詳其流寓之由，姑附於此。

解縉　字大紳，吉水人。洪武二十一年進士，授中書庶吉士。上封事萬言，帝稱其才，謂其父開曰：「大器晚成，若以而子歸，益令進學，後十年來，大用未晚也。」歸八年，太祖崩，縉入臨京師。有司劾縉違詔旨，且母喪未葬，父年九十，不當舍以行。謫河州衛吏。時禮部侍郎董倫方爲惠帝所信任，縉因寓書於倫，倫乃薦縉，召爲翰林待詔。《明史》本傳。

耿復初　字明善，合肥人。性聰敏，博通經史，尤敦孝友。元末，李文忠廉其賢，授中書省使，居於杭。洪武間，謫戍蘭州衛，母尚留杭，不遠萬里迎母就養。讀書課子，造次必於禮義，嘗玩《易》至節之六四，嘆曰：「宜退而進，殃也；可止而止，無咎。」自號安節老人。年八十卒。采《通志》。

謝圓　字文規，四明人。洪武中，以事謫臨洮，爲府學掾。學富才敏，郡諸生多從之，登第者甚衆。尋釋歸。

丁晋　字希敏，昆山人。洪武中，謫戍莊浪衛。永樂中，被選爲肅府儀衛司校尉。沈繹，字成章，吴縣人。洪武中，謫戍蘭州衛。二人皆尚志節，明醫術，善吟咏。晋著有《樵雲集》，繹著有《醫方集要》《平治活法》《繪素集》《芝軒餘興》。楊志善，杭州人。洪武間，以河東鹽運使謫戍蘭州衛，善屬文。三人相善，時稱「金城三老」。又有潘若水者，江西人，爲翰林待詔，以事充吏於西寧，往來於蘭，與晋、繹等游，亦善詩，爲士大夫所重。

田中　蠡縣人。由進士任錢塘知縣。洪武間，謫爲肅府儀衛司校尉。性敦樸，治家嚴肅，人皆稱之。

陳質　字太素，廣信人。洪武間，謫戍蘭州衛。精醫術，善吟咏，自少至老，好學不倦。著有《瓦甋集》。俱同上。

河西傭　不知何許人。建文四年冬，披葛衣行乞金城市中。已，至河西，爲傭於莊浪魯氏。取直買羊裘，而以故葛衣覆其上，破縷縷不肯棄。力作倦，輒自吟哦，或夜聞其哭聲。久之，有京朝官至，識傭，欲與語，走南山避之。或問京朝官：「傭何人？」官亦不答。在莊浪數年，病且死，呼主人屬曰：「我死勿殮。西北風起，火我，勿埋我骨。」魯家從其言。《明史》本傳。

王佐　字良輔，江夏人。隨父俊卿戍河州。博學能詩，嘗與解縉游。居家一遵朱子禮制，人多化之。子即尚書竑也。采《河州志》。

周蕙　字廷芳，泰州人。【按】《通志》作秦州，又謂蕙本山丹衛人。爲臨洮衛卒，戍蘭州。年二十，聽人講《大學》首章，惕然感動，遂讀書。州人段堅，薛瑄門人也，時方講學於里，蕙往聽之，與辨析，堅大服。誨以聖學，蕙乃研究《五經》。又從學安邑李昶。昶，亦瑄門人。蕙從之久，學益邃。恭順侯吴瑾鎮陝西，欲聘爲子師，固辭不赴。或問之，蕙曰：「吾軍士也，召役則可。若以爲師，師豈可召哉？」瑾躬送二子於其家，蕙始納贄焉。後還居泰州之小泉，以父久游江南不返，渡揚子江求父，舟覆溺死。《明史·儒林·薛瑄傳》。

郭宗皋　字君弼，福山人。嘉靖八年進士。選庶吉士，尋改刑部主事。擢御史。十二年十月，星隕如雨。未幾，哀冲太子薨，大同兵亂。宗皋勸帝惇崇寬厚，察納忠言，勿專以嚴明爲治。帝大怒，下詔獄，杖四十釋之。歷按蘇、松、順天，行部乘馬，不御肩輿。歷官至兵部右侍郎，總督宣、大、山西軍務。俺答犯大同，總兵官張達、副總兵林椿皆戰死，宗皋坐奪俸。給事中唐禹追論死事狀，因言全軍悉陷，乃數十年未有之大衄。帝乃逮宗皋杖一百，戍陝西靖虜衛。在戍所著有《易書禮記釋義》，日進衛士劉騰霄、高冠、房鳳時等講説。隆慶改元，起刑部右侍郎，改兵部。《明史》本傳，兼采《靖遠衛志》。

列女

晋

散騎常侍梁緯妻辛氏，狄道人。西都陷没，緯爲劉曜所害。辛氏有殊色，曜將妻之。辛氏據地大哭，仰謂曜曰：「妾聞男以義，女以烈。妾夫已死，理無獨全。且婦人再辱，明公亦安用之，乞就死，下事舅姑。」遂號哭不止。曜曰：「貞婦也，任之。」乃縊而死。曜以禮葬之。采《晋書》本傳。

西凉

武昭王李暠妻辛氏，狄道人。辛納女，貞順有婦儀，先卒，暠親爲之誄。采《晋書·李暠傳》。

元

李茂德妻張氏，狄道人。少穎異，父楙奇之，長而擇配。時，里人結詩社，茂德以童子與焉，有「笋抽過舊竹，梅落剩閑枝」之句，楙大喜，遂以女妻之。生子庸，甫六歲而茂德卒。舅姑憐氏少，令改適，氏題詩壁上曰：「挺志青松操，持身白玉姿。天如憐薄命，此去變男兒。」書罷欲自殺，舅姑涕泣止之，乃引刀截髮，以矢靡他。有司以事聞，詔旌之。庸，至正間，官至同知濟南總管府事，封母隴西郡夫人。采《狄道州志》。

明

瓊山縣丞曹友妻王氏，狄道人。友卒於官，一子復夭，氏撫育幼孫，始終完節。洪武中旌表。采《通志》。

四川布政司都事董守中妻毛氏，狄道人。守中卒於官，氏聞訃慟哭，自縊而死。視其衾，有「涇渭難分濁與清，妾身端不墮風塵」之句，蓋所自繡者也。

王紹春妻魏氏，狄道人。年十九紹春卒，家貧，自負土築夫墳，奉姑撫子，守節五十餘年。永樂中旌表。俱同上。

史應明妻嚴氏，本山東人，其家隨肅莊王遷於蘭。年二十三應明卒，子國光甫五歲。氏紡績自給，守節終身。肅藩上聞旌表。采《皋蘭縣志》。

陳中甫妻丁氏，崑山人。洪武中，隨父晋戍河湟，年二十五贅中甫於家，甫八月夫卒，遺腹生女，守節以終。同上，亦見《河州志》。

徐仁得妻孟氏，蘭州人。年二十九仁得卒，子思温甫八歲，氏紡績教養。思温後以鄉舉，官湖廣藍山縣丞，卒。遺子友諒，氏又撫之成立。永樂中旌表。采《通志》。

鐘昇妻邢氏，蘭州人。年二十九昇亡，姑陳氏性嚴，氏承顔順志，四十餘年不懈，後享壽八十九而卒。

吴彦高妻萬氏，蘭州人。姑病劇，氏稽首北辰，割股作羹以進，尋愈。後彦高卒，氏哀毁盡禮，孀居六十年，壽九十三而卒。

吴華妻熊氏，河州人。年二十四華亡，遺孤方七歲。家貧，以死自誓，守節五十餘年。正統間旌表。

吴昺妻倪氏、朱顯妻張氏，俱河州人。倪年二十夫亡，子幼；張年十九夫亡。兩家舅姑皆勸其再醮，二氏以死自誓，守節各數十年。俱天順間旌表。

蔡寧妻于氏，蘭州人。天順間，寧從征傷斷左股，輿至家卒。母老子幼，氏紡績以給。孀居五十年，鄉人未嘗覩面。

曹洪妻吴氏、金鐄妻馮氏、郭盛妻相氏，俱蘭州人。洪商游蜀，病卒，吴年二十七，孝事翁姑，守節終生。鐄亡，馮年二十二，遺孤瑞甫月餘，氏孝事孀姑，撫子成立，守節七十餘年。盛亡，相年二十三，撫子守節四十五年。

譚宗良妻粱氏，蘭州人。於歸二載，宗良出賈，三十餘年不歸，别娶生子，氏紡績自甘，操守不渝。宗良旅卒，氏取庶子歸，撫之成立，内外肅然。年六十卒。俱同上

千户李旺妻段氏，蘭州人，南陽知府堅之妹。旺死「石城之難」，氏年三十，孀居。值歲飢，日食糠粃。守節三十七年。采《皋蘭縣志》。

指揮陳溥妻滕氏，蘭州人。按察使佐女，幼貞淑，寡言笑。年三十溥卒，無子女，氏以女紅自給，

守節四十餘年。其妹適狄道人趙鏜，年二十一鏜卒。姑又亡。氏曰：「未亡人所以苟延歲月者，爲養姑計耳。姑亡，我安忍獨存？」自是哭不絶聲，水漿不入口，浹旬亦卒。同上。

監生李達妻高氏，蘭州人。年三十達卒，遺孤芝甫四歲，有通媒妁者，氏斥之。守節終身，教子成立，後入郡庠。采《通志》。

黄珍妻楊氏，蘭州人。年十七許字珍，未婚。珍商游江南不歸，氏父母相繼殁，貧苦無依，紡績自給，不出閨門。後三十年，珍始歸，以禮迎娶。甫二載，氏遂卒，鄉人皆重其志節。

高英妻樹氏，蘭州人。年二十七英亡，遺孤源四歲。家貧，舅姑屢欲奪其志，氏度不能抗，乃自陳於官，誓死固守，始得免。後七十有七而終。

監生金志妻劉氏，蘭州人。年二十七志亡，無子，姻戚憫之，勸其再適，氏不從。奉養舅姑，竭力盡禮，舅姑俱殁，始返依母家，守節四十年而卒。

滕倫妻宋氏，蘭州人。年二十四倫亡，遺孤連七歲。家貧，紡績撫子，守節五十七年。（宏）〔弘〕治間旌表。俱同上。

生員劉奎妻宋氏，狄道人。年二十餘，奎以鄉試中暑，卒。氏紡績撫孤，備歷艱苦。子長又先卒，氏復撫孫成立，守節六十餘年。（宏）〔弘〕治十八年旌表。采《狄道志》。

生員王約妻李氏，河州人，尚書竑之子婦也。年二十七夫卒，守節三十八年。竑孫甃亦早故，妻楊氏年二十六，守節四十七年。采《河州志》。

蔡瑄妻滕氏，蘭州人。嫁甫五月，瑄出賈，旅卒。遺腹生子諒，氏苦至撫育。諒長，生子蘭，亦蚤卒，諒妻冒氏復立志撫子。姑婦皆守節以終。采《通志》。

貢生蘇源妻石氏，蘭州人。源入監，旅卒。無子，惟有四女，氏紡績撫育，以次畢嫁。三女皆相繼先没，惟季女適沈訓者，迎氏以養。氏獨居小樓，無異處子，雖壻亦罕見其面。壽七十四而終。

龔振妻顧氏，蘭州人。以孝聞。姑病，氏割股和藥以進，病遂愈。及氏卒，里人聊讓爲銘其墓。

趙剛妻戴氏，蘭州人。年二十剛亡，氏事孀姑盡禮，撫子成立，守節四十三年。尚書彭澤爲書「雙節」以表之。

王寧妻馮氏，蘭州人。年二十四夫亡，子衡生甫數月，氏矢志撫子，守節終生。衡長，補州學生。

文晋妻陳氏，蘭州人。晋以郡吏給由赴京，陳從之，晋卒，氏自縊柩側。郡人官京都者，爲治棺購地，合葬。亦載《狄道志》，故《通志》重出。

指揮劉麟妻吴氏，蘭州人。性至孝。年十四，父淑乾病，割股和藥以進，創重危甚，有老人遺藥傳之，遂愈，竟不知其何人也。後歸於麟。

生員甄鼒妻韓氏，渭源人。正德中，寇亂，執鼒及氏欲辱之，氏拒賊大罵不屈，遂遇害。鼒因得脱。

張斌妻朱氏，渭源人。斌亡於京，氏聞哭泣不食，數日而卒。廵按表其間。

生員張通妻王氏，狄道人。年二十六通卒，子世安甫一歲。氏奉姑撫子，備歷艱辛。有富豪聞其賢，欲謀娶之，氏憤駡以砒霜自隨，人莫敢犯，守節四十餘年。嘉靖間旌表，同時名人多贈詩文，楊繼盛爲之序。

魏大信妻任氏，狄道人。大信病革，氏泣告諸親曰：「吾必與夫俱死。」及大信卒，遂自縊以殉。

張賓妻王氏，臨洮衛人。年二十七賓亡，無子，紡績養姑，取夫從子爲後，守節終生。

司偉妻王氏、張銓妻司氏、張紀妻王氏，俱狄道人。偉亡，王年十六，舅姑尚存，遺腹生子；銓亡，司年二十三，二子俱在繈褓；紀病篤，王焚香籲天，願以身代，及卒，哀毁幾絶。皆家貧，紡績撫子，守節各數十餘年。

省祭官文載道妻魏氏，狄道人。年二十六隨夫赴選，至京，夫卒，子來鳳甫七歲。貧不能歸櫬，稱貸於鄉人之寓京者，挈子扶柩而歸，守節終生。來鳳後爲學官。

劉澤妻曹氏，狄道人。年二十澤卒，氏奉事舅姑，喪葬盡禮，守節四十六年。

張喜英，狄道人。許字同縣李奉元，未婚，而奉元没。訃聞，父母往吊，喜英悲痛縊於家。巡方上其事，奉旨立祠旌表。

張侃妻李氏，河州人。有姿色，侃卒，父母欲奪其志，氏以藥瞽其一目。後年五十卒。嘉靖間旌表。

生員李時郁妻陳氏，河州人。年二十四時郁卒，氏次日自縊死。

雷玘妻邱氏、王錦繡妻謝氏、徐理妻王氏，皆河州人。玘亡，邱年三十，守節四十五年；錦繡亡，謝年二十六，守節五十年；理亡，王年二十二，姑欲奪其志，氏不從，守節五十五年。俱嘉靖間旌表。

指揮姚寧妻金氏，河州人。年二十二夫故，撫子長，襲父職。守節六十一年。寧弟憲，娶妻雷氏，甫年餘，生子始數月，憲病篤，語氏曰：「我死，願汝善撫孤子。」氏聞之哀痛幾絶，及憲卒，以艾自灸其面，杜門堅守。嘉靖三十九年，以其娣姒事并聞，旌曰「雙節」。

雷得時妻楊氏、監生金昆妻黄氏，俱河州人。楊年二十四夫故，守節五十一年；黄年二十夫故，子樸尚在繈褓，撫之長，守節五十年。

馬廷鳳妻羅氏，河州人。年二十五，生子未周晬①而廷鳳歿，氏屏服飾，撫孤子，守節四十餘年。

生員劉濂妻周氏，河州人。年二十五濂故，氏號泣不絶聲，七日而亡。

劉秋喜，河州人。年十七許字任國卿，未婚，而國卿歿。秋喜欲往吊，母不允，遂痛哭不食。次日，平旦整衣裳出，投井死。事聞，奉旨旌表，給塋地，與國卿合葬。

朱麟妻李氏，河州人。年二十八夫亡，母舅欲奪其志，氏於夫死三周日，祭畢，托二子於夫兄，飲藥而亡。

捏貞女，河州指揮某女。未嫁而夫亡，女自縊死，有墓在河灘小橋。見「冢墓」條下。

生員張建中妻趙氏，狄道人。夫死，一女方在繈褓，氏顧之曰：「我無復存之理，但爲汝勉活耳。」

---

① 周晬，即週歲。

撫之長，及適人，餪女①畢，即鍵户焚香再拜，自縊。女發嫁時，衣有齊衰一襲，始知其矢志未嘗一日忘也。萬曆間旌表。

田俊妻尚氏，狄道人。年二十八夫亡，孀姑垂老，家貧無可依者，氏勤女紅，奉姑撫子，兼撫夫二侄俱成立，守節終身。

趙鶴齡妻王氏，狄道人。嫁四年夫死，有惜其年少，勸之再醮者，氏以死自誓，守節三十餘年。

方瑄妻袁氏，狄道人。亦見《河州志》。年二十四夫卒，哀毀幾絶，撫一子將成立，復夭。有勸其再醮者，氏翦髮自誓，取瑄從子爲後，守節三十八年。

雍不敏妻魏氏、陳楙妻楊氏，俱狄道人。魏年二十九夫卒，守節四十餘年；楊年二十三夫亡，有三子無可依者，氏奉姑撫子，備嘗艱辛，守節六十四年。

百户蔣汝勤妻李氏，狄道人。年二十四夫卒，守節四十年。子長，襲父職。亦《皋蘭縣志》。

百户潘榮妻趙氏，狄道人。榮卒，氏甘貧苦節，撫子長，襲父職，旋逝。婦劉氏，年二十五，有勸之再醮者，劉叱之曰：「上有孀姑，孰與事下？有遺孤，孰與撫乎？」亦守節終身。

邢福妻閔氏，狄道人。福病，氏脱簪珥延醫，百計調理。福疾革，令其再適，氏以死自誓。撫二子成立，孀居五十年。

①餪，女嫁三日送食曰「餪」。

王守山妻魯氏，狄道人。年二十九夫卒，氏紡績課子宗舜讀書，補郡庠生。守節三十四年。

姚登明妻郝氏，狄道人。年二十四夫亡，氏撫二子成立，勉以讀書。長子俊，餼滿充貢，孫之珵登鄉薦。氏壽九十有七而卒。

鉛山王繼妃楊氏，蘭州人，省祭官楊桐女。年十六選爲王繼妃，未婚，王薨，妃欲往吊，父母不允，乃求死，始許之。既至撫柩號慟，遂留府不歸，撫庶子如己出。巡按吴楷上其事，萬曆二十八年建坊旌表，敕封「繼妃」。庶子紳鄅，得襲王爵。

高懷義妻陶氏，蘭州人。年十七夫亡，無子女，氏坐卧一小樓，以女紅自養者五十餘年。肅王聞而旌之，且歲給薪米、布帛以贍。

劉應舉妻高氏，蘭州人。年二十夫亡，無子女，守節七十年。

生員陸永福妻唐氏，蘭州人。年二十九夫亡，氏孝事孀姑，撫二子長，俱游庠。巡按具題旌表。

生員楊名顯妻朱氏，蘭州人。年二十夫亡，撫子成立，又撫夫之從子如己子，守節終身。

戴文光妻楊氏，蘭州人。夫亡，泣血三年，服闋之日，絶食自盡。肅王旌表，賜祭。

生員楊鴻妻鍾氏，金縣人。年二十夫卒，舅姑欲奪其志，氏痛哭自縊，侍女救之復活。守節七十年。

生員陳師夔妻邵氏，金縣人。寡言笑，善治家。師夔殁二日，氏縊死柩前，鄉人莫不哀痛。

金鰲妻漢室，金縣人。年二十夫卒，守節七十年，萬曆中旌表。

金國宗妻陳氏，金縣人。年十八夫卒，氏絶食七日，以首觸柱，不死，薄暮復自縊而絶。俱同上。

蘭州舉人段鍠妻楊氏，安定人。時病疫，鍠日療治家人疾，染病亦卒。氏慨然曰：「撫藐孤，則有諸叔在矣。」自縊而死。采《皋蘭縣志》。

生員劉遷妻王氏，狄道人。崇禎末，遷爲流寇所執，不屈而死。二子尚幼，氏撫孤成立，苦節終身。采《通志》。

肅王嬪楊氏、田氏，俱蘭州人。流寇陷蘭州，二嬪盥沐具衣服，從容投繯，宫人從死者二百餘人。田烈女，靖虜衛人。許字生員張廷表，未婚，廷表卒，女悲泣欲奔喪，父母阻之，遂抑鬱不食而死。俱同上。

生員袁夢良妻劉氏，狄道人。夢良疾革，謂氏曰：「我死，汝年少無嗣，可更適人。」氏泣誓不二，夢良卒，遂自縊以殉。采舊《府志》。

楊碩芳妻雍氏，狄道人。年二十七芳亡，氏紡績自給，撫子日亨，長爲諸生。守節五十二年。

史簡妻王氏，臨洮衛人。孝事翁姑，姑病篤，氏籲天哀，禱願以身代，夜夢神人語曰：「爾孝婦也，當生爾姑，以全爾孝。」不數日姑病果愈。中年夫卒，子旌忠尚幼，氏撫育成立，長入邑庠。氏年八十有七而卒。俱同上。

陳璽妻王氏，蘭州人。夫卒，氏勤女紅，撫子成立，雖至親不得一面。守節五十餘年。采《皋蘭縣志》。

顧讓妻王氏、李章妻徐氏、党文得妻閻氏，皆蘭州人。夫早卒，俱撫育孤子，守節終身。

趙海妻彭氏、曹轍妻傅氏，俱蘭州人。夫卒，皆紡績撫孤。彭守節五十餘年，傅守節六十年。

孫謀遴妻博氏，蘭州人。夫以兵亡，氏翦髮自誓，紡績奉姑，守節終身。子顯，性至孝，母卒，哀痛不食，氣絶數次，吊者皆爲嘆息。俱同上。

張燦妻李氏，臨洮衛人。年二十五夫卒，撫五子成立，守節六十年，足未嘗踰户外。采《狄道州志》。

生員石朝用妻張氏，狄道人。年二十二夫卒，生子懷德甫九日，即欲自盡，父母防之，暗解護心帕，縊死。

楊才妻趙氏，狄道人。夫亡守節四十年，題請旌表。

生員袁暹妻王氏，狄道人。夫亡，長子亦夭，次子養浩甫一歲，氏耕織教子，入邑庠，有文名。養浩傳入「行誼」。又石貞乾妻邢氏，夫亡，食貧，撫孤苦節四十餘年。俱同上。

生員衛賓妻徐氏，河州人。年二十八賓亡，家貧，守節三十五年。采《河州志》。

杜士梅妻宋氏，河州人。夫亡，守節三十餘年。又，潘希雍妻姚氏，河州人。年二十六夫亡，子梯甫六歲，氏撫之成立，守節終身。梯長，以孝聞。同上。

生員薛龍妻馮氏，靖虜衛人。龍卒，氏號泣不食三日，姑力勸之，乃强起撫孤，守節六十年。采《靖遠衛志》。

李源妻薛氏、杜世昌妻雷氏，俱靖虜衛人。夫亡，守節各數十餘年。

指揮裴佐妻劉氏，靖虜衛人。年二十四夫亡，止遺一女，守節五十餘年。又有都指揮吴崇光妻裴氏，「節婦坊」在衛城南街，不詳其事。

盧葦妻于氏，靖虜衛人。夫亡，守節終身，題請旌表。又馬相妻閻氏，夫亡，守節終身，崇禎末旌表。潘玉妻閻氏，靖虜衛人。年二十七夫亡，撫子月階成立，守節終身。又張甲選妻黄氏，年三十夫亡，家貧，氏撫三子成立，守節三十四年。

王可久妻閻氏，靖虜衛人。年二十九夫亡，家貧，氏績毛爲活，撫子廸祥成立。未幾，子、媳復相繼亡，氏復撫孫天佑。天佑年未冠，能傭力以養祖母，士林稱之。

張烈女，靖虜衛人。許字生員陳加賓，未婚，加賓亡。女悲泣數日不食，父母慰以將别擇良配，女曰：「即許陳家，又將許誰？」遂自縊死。

生員秦述古妻王氏、李成茂妻韓氏，俱靖虜衛人。述古病故，王即日自刎死。成茂以經催錢糧受刑自縊，韓方歸母家，聞之，即自刎死。俱題請旌表。

千户吕夢麒妻董氏，靖虜衛人。夢麒與子和陽同死「大廟之難」。崇禎十六年「李標之亂」，城破，氏爲賊執，欲褫其衣，氏厲聲曰：「殺我任爾。」脱去，賊遂殺之一門。父子、夫婦先後死於忠烈，聞者莫不嗟嘆。俱同上。

國朝

王登元妻劉氏，靖遠人。年二十三夫亡，撫孤守節。子道昌，長亦早逝。有孫五人，氏復撫之，享年百有二歲，曾孫林立。程翱妻李氏，蘭州人。年二十九夫亡，守節撫孤，壽百有一歲，召親族訣别，沐浴端坐而逝。雍正三年旌表，建坊。二氏皆以貞節享期頤之算，洵興朝人瑞也。采《通志》。

百户范涓妻吴氏，蘭州人。年二十七涓陣亡，遺腹生子。家貧，衆勸其再醮，氏毁容矢死，守節四十餘年。

張友科妻駱氏，蘭州人。科早亡，順治五年□□，氏携其子雲同婦及孫，并已嫁女張氏與外孫俱投河而殁，闔門殉難，聞者驚異。

周烈女，蘭州人，周國璧女。年十四，□□變，避難東灘，爲賊所掠，女泣謂母曰：「母無憂，我誓不辱也。」渡至黄河中流，猝躍赴水，拉賊俱下。賊緣馬尾以出，女竟溺死。

張希堯妻顔氏，蘭州人。希堯爲戍卒，□□據河州攻城，中礮而亡。氏聞痛哭，自縊死。時，蘭州生員王學文被害，其妻韓氏即日自縊死，其翁收尸合葬焉。遺子譽甫四歲。

生員韓陛寵妻周氏，蘭州人。年十九夫亡，氏即絶食，衆以遺腹爲勸，始少進食，及産弗存，遂不食死。

武舉楊智妻李氏，蘭州人。智會試卒於道，櫬歸，先一日氏始知，夜半整衣自縊死，遂與夫合葬。

楊鍾淑妻陳氏、生員方策妻陳氏，俱蘭州人。鍾淑亡，陳年十七，遺腹生子倫；策亡，陳年二十六，有三子。後皆蚤卒，二氏復撫其孫，備歷艱辛。一守節六十年，一〔守節〕五十二年。又，王承禮妻周氏，年二十夫亡，家貧，撫子亦先殁，復撫其孫，守節七十年。

于養鯤妻陳氏，蘭州人。年二十二夫亡。氏勺水不下咽者三日，一夕自縊柩旁。

王三問妻張氏，蘭州人。年二十二夫亡，氏對尸哭曰：「俟我同去。」日暮，潛投黄河死。

孔啟忠妻楊氏，蘭州人。夫亡，伯叔逼嫁，氏自矢撫孤無二志，後復遭族人逼，遂自縊死。

生員侯天錫妻杜氏，靖遠人。年二十七夫亡，家貧，撫三子成立。康熙三十二年旌表。

馬海妻楊氏、陳啟堯妻王氏，俱靖遠人。海亡，楊年二十，自縊死。啟堯亡，王引刀自刎，家人持之，復吞金簪頭不死，號泣絶食，衆勸慰防護之。啟堯葬後二日，守者稍懈，乘間自縊死。俱於康熙間旌表。【按】《衛志》有賀福《挽烈婦王氏詩序》，言其爲節婦劉氏次女，是其母亦節婦也。

副將趙率倫繼妻王氏，靖遠人。年二十七率倫卒，氏撫前妻子光瑞如己出，守節四十六年。光瑞官至總兵，封氏太夫人。又，武舉趙率泰妻葉氏，年二十九夫亡，無子，撫夫從子光璧爲後，守節五十餘年。

生員雷從龍妻趙氏，狄道人。康熙十三年吴逆之變，郡城陷，氏年方二十，以刀自刎，不死。越九年，從龍故，子嗚夏甫五歲，氏奉姑撫子，守節終身。嗚夏後爲貢生。

把總周文禮妻沈氏，狄道人。年二十九，文禮從征四川陣亡，子甫二歲，氏矢志撫孤，守節三十二年。俱同上。

陳選妻趙氏，狄道人。吴逆變時，爲亂兵擁去，至一井前，適髮散，因紿之曰：「爾暫釋吾手，待整髮當同行。」兵信之，遂投井死，腦血所漬，歷三日井水猶赤。采《狄道州志》。

楊宏業妻王氏，狄道人。康熙十四年，兵變被掠，氏投井三日不死，人聞其聲援出之，後生三子。年三十，夫亡，守節終身。

張某妻黄氏，狄道人。康熙十四年兵變，氏與夫倉皇走避，至永寧橋，遇兵欲辱之，氏怒詈，遂見殺。其夫懼兵嗔，委其尸於洮水。聞者傷之。俱同上。

生員朱衡妻楊氏，河州人，明山西副使家仕之仲子婦也。年二十九夫亡，氏孝事姑嫜，撫育二子元翀、元愷，後同時游庠。守節五十五年。采《河州志》。

田啟蘭妻趙氏，狄道人。年二十二夫亡，號泣，數自縊，以生母救解，復蘇。家貧，奉舅姑，撫二子成立，守節四十三年。采《通志》。

杜尚智妻寇氏，狄道人。年二十七夫故，子幼家貧，姑憐之，欲令他適，氏聞自縊，賴救得活，紡績賣餅爲生，守節三十年。又，盧蔚妻王氏，年二十六夫亡，守節四十八年。

生員牟采妻張氏、弟穉妻蘇氏，俱狄道人。康熙四十一年，采、穉同故。張時年二十八，子繼祖方二歲；蘇少張四歲，方有娠。張謂蘇曰：「汝若生男，與吾同守後。」果生男。二氏親操農業，協力苦作。繼祖讀書，後魁鄉薦。蘇氏先卒，子亦成立。

生員王宏祚妻盧氏，狄道人。年二十三夫故，子方二歲，舅姑憐其少，欲嫁之，氏痛哭自矢，孝養盡禮，撫孤長成，守節三十一年。

回民馬有驥繼妻張氏，狄道人。年二十二夫故，遺前妻子一，氏生子女各一，撫之無二。姑以家貧屢勸嫁，氏不從。閱一載，姑暗通媒妁，約日强娶，及期，氏晨起聞之，紿前妻子出扃户，自縊死。

翟麒妻王氏，渭源人。年十九夫亡，遺腹生子芾，矢志撫之，守節終身。芾後爲諸生。

張善猷妻張氏，渭源人。夫亡，氏矢志持家，每自食粗糲，而以甘旨養姑，守節終身。

周宏祚妻安氏，金縣人。年二十四夫亡，夫從弟某欲奪其志，潛約人强娶，氏聞越嶺數十里，逃歸母家，告其父，控諸官法懲之，乃免。家貧，與二子居故窑中，偶鋤地得金，藉以漸裕，守節五十九年。雍正十年，旌表其耳。孫婦康氏，年二十夫亡，守節二十年，卒。

生員王顯猷妻陳氏，金縣人。年二十一夫亡，無子，氏撫夫弟顯謨子爲後，矢志守節。越數載，嗣子又殤，復以顯謨次子承繼，撫育長成。

楊兆奎妻梁氏，河州人。年二十二夫亡，矢志撫孤。舅姑或感傷，則抱遺孤以慰之，孝養盡禮。又張起鳳妻王氏，年二十八夫亡，氏矢志撫孤，亦以孝聞。俱守節終身。

韓萬才妻辛氏，河州人。夫病，家貧，竭力以供藥餌。及夫亡，氏即日投井死。

柴門興妻吴氏，河州人。門興爲東房吏，迎新知州至華陰，中暑死。氏聞，哭不食者數日，衆勸慰之，乃强起脱衣飾爲歸柩計。至九月，柩歸停山莊，是夜，氏縊死柩前。

賈興祖妻朱氏，河州人。年十九夫亡，撫育二子，守節終身。長子麟俊，後爲諸生。

王大元妻何氏，河州人。年二十五夫亡，氏不茹葷酒，不御環珥，閉户教子，守節五十五年。

路守愈妻陳氏，靖遠人。年二十七夫亡，家貧，晝夜績紡，教子屆遠讀書。值飢饉，以食食子，而自啗糠粃，後面浮腫，子疑之，每食必欲與母俱，母紿使先食，子堅不肯，遂相抱而泣。屆遠後爲監生，克盡孝道。

生員盧潢妻張氏，靖遠人。年二十三夫亡，守節五十五年。又，鄭治安妻席氏，年二十七夫亡，遺腹生男。張成妻占氏，年十九夫亡，子生僅三月。俱守節終身。

馬興妻馮氏，靖遠人。年二十二夫亡，撫子長，又亡。復撫孫，長成。守節六十餘年。

韓有德妻楊氏、韓育惠妻黑氏、王天水妻張氏，俱靖遠人。楊年二十夫亡，黑年二十三夫亡，張年十八夫亡，俱守節終身。

杜槐妻劉氏，靖遠人。年二十八夫亡，遺腹生子，矢志撫孤，事翁姑以孝聞。又，張寀妻王氏，年二十夫亡，舅老失明，奉侍維謹，矢志撫孤。

陳文耀妻張氏，年二十三夫亡，事翁與繼姑亦盡孝。俱守節終身。

路寅妻郭氏，靖遠人。事翁姑孝謹，夫亡四日，自縊死。楊暢茂妻展氏、李國昺妻張氏、劉爵妻馬氏，俱靖遠人。暢茂、國昺、爵皆爲營兵，從征四川陣亡。展氏年二十八，撫孤守節終身；張氏年十九，有二子，守節五十二年；馬氏年十八，無子女，績毛自給，亦守節以終。

傅良楝妻左氏，靖遠人。年二十七夫亡，撫孤子光俊，長爲諸生。又，豆生桂妻盧氏，年二十一夫亡，家貧，積毛自給，撫二子長成。俱守節終身。俱同上。

盧楧妻張氏，皋蘭人。年二十四夫亡，無子，氏撫尸痛哭，觸棺而死。采《皋蘭縣志》。

智文耀妻宋氏，狄道人。年二十四夫亡，姑憐其少，欲嫁之，氏投井，急救得生，由是無敢言者。文耀伯父卒，家貧，遺子九歲，氏撫之長成，守節三十年。康熙中旌表。采《狄道州志》。

生員祁貞吉妻孫氏，狄道人。年二十五夫亡，三子皆幼，氏矢志撫孤。有本族兄弟欲强嫁之，氏訴郡太守以重法懲之而止。後享年八十有餘，有孫二十餘人。知縣婁玠旌其門。

狄道廩生張璠妻劉氏，皋蘭人。性貞静，善事翁姑。乾隆十六年，隨夫探親臨汾，夫病卒，扶櫬歸葬。後吞金不死，家人防護之，乃强言笑，乘間投繯死。二十一年旌表。

張某妻王氏，狄道人。年二十二夫亡，紡績撫子。未幾，二子相繼夭歿。夫從子、歲貢生張繼良奉養之，以成其志，守節四十五年。鄉人兩義之。

王進美妻萬氏，狄道人。年二十八夫夜行墮崖死，氏五日不食，衆以翁老子幼勸諭之，乃强起，事翁盡禮，撫子長成，守節四十六年。

生員劉建基妻楊氏，狄道人。年二十八夫亡，氏自縊，衆救之甦，姑曹氏泣諭之，乃不死。守節三十五年。

劉根大妻孫氏，狄道人。年二十八夫亡，以首觸棺，不死，復自縊而絶，知縣婁玠親率僚屬吊奠。其族同時有梁氏、毛氏，夫皆早亡，均逸其名。梁有子曰珩，守節四十餘年；毛有子曰端祖，守節三十年。鄉人稱：「一門三賢婦」。

師聖傳妻孫氏，狄道人。年二十七夫亡，事翁撫子，皆盡其道。雍正八年，歲大飢，孫出粟數十石，以濟族之貧者，守節四十六年。

馬璜妻李氏，狄道人。年十八夫亡，葬後數日自縊死，署知州唐喀率屬致祭。又有武生趙鼎妻徐氏、生員周建極妻史氏，夫亡皆自縊死。監生朱惡紫妻馮氏，年二十二夫亡，矢志撫孤，十餘年後，其家欲嫁之，乃自縊死。盧有福妻吴氏，夫亡，投河死。張益納妻許氏，夫亡，吞灰水裂腸死。陳可眷妻牟氏，夫亡，痛哭墜崖死。吴、許死時年皆十七，牟氏年十八。

周應朝妻王氏，狄道人。年二十三夫亡，矢志撫二子，俱長成。應朝從伯加禄，貧無子，氏養而葬之。從子鼎、易，俱少失怙恃，氏撫育之。守節五十年。

馬有立妻黄氏，狄道人。嫁一年夫亡，即欲自盡，以孀母趙氏方病，恐益傷其心。俟母病愈，訣别姑姊，乘間投繯死。

田之蓬妻劉氏，狄道人。年二十九夫亡，子亦尋夭，貧困無依，苦節終身，鄉人哀之。

生員黄鐸妻趙氏，狄道人。年二十七夫亡，守節四十一年，撫二子，長俱爲諸生。鐸妹適里民郭爲甸，早寡，亦以節著。俱同上。

郭嘉石妻金氏，金縣人。少好讀書，每見古節烈事，就父講解，愛聽其義。嫁六年夫亡，矢志撫子。目昏不治，或問之，曰：「古有剔目自誓者，我何醫爲？」貧困自甘，守節三十餘年。采《金縣志》。

生員許汝弼妻李氏，河州人。夫亡，無子，次日赴井死。采《河州志》。

路和生妻吴氏，靖遠人。性端静，事姑孝謹。姑失明，氏周旋左右，非整衣不敢見人，問之，曰：「吾心自難欺耳。」聞者嘆服，以爲名言。采《靖遠衛志》。

房嗣齡妻閻氏、弟生員妙齡妻吴氏，俱靖遠人。嗣齡兄弟皆早故，閻年二十三，守節四十五年；吴年二十二，守節四十四年。娣姒雙貞，鄉人稱之。

靖遠陳謨妻王氏，會寧人。年二十七夫亡，家貧，有勸之再醮者，氏囓指自誓，撫育三子，守節終身。俱同上。

蔡其昌妻陳氏，皋蘭人。年二十夫亡，越日縊死。又，張啟賓妻楊氏，夫亡守節，一子復夭，遂自縊死。邵士達妻李氏，夫亡，絶食四日而死。采《皋蘭縣志》。

朱榮昌妻彭氏，皋蘭人。年二十三夫亡，前妻子瑋、己生子璠，氏撫之如一。家貧，二子復相繼殁，遺孫六人，皆撫育長成。守節五十一年。璠殁時，妻謝氏年二十七，姑謂之曰：「守節最難，不必效我。」謝以死自誓，亦守節四十年。

顔鳳羽妻程氏，皋蘭人。嫁時姑已亡，事舅二十五年，敬謹不懈。舅有疾，鳳羽侍卧榻前，氏每夜必數起至窗外問安否，至疾愈乃已。舅殁，哀毁盡禮，鄉黨皆稱「顔孝婦」。

岳某妻劉氏，皋蘭人。乾隆三十五年，蘭大飢，其翁姑與夫挈氏，自所居赴城求食，氏年十九，容色端麗，恐遭辱，至桑園峽之橋頭灣，投崖死。每夜有聲，或哭或笑，邑人黄建中、江得符哀其義烈，共爲立碑道旁，記其事，聲遂寂。俱同上。

劉伉妻沈氏，狄道人。年十九夫亡，即日投繯死。乾隆三十九年，倖旨旌表。又，張錫爵妻閻氏、王鹿妻閻氏，皆夫亡，無子，自縊以殉，俱未請旌表。采《狄道州續志》。

吏員趙守典妻李氏，狄道人。年二十夫亡，守節三十年。子琮妻宋氏，二十三夫亡，守節三十六年。孫耀祖妻李氏，年二十一夫亡，守節四十三年。三世全貞，俱於嘉慶二十年，奉旨旌表。又有一門三節者，張氏則維烈妻陳、愛妻李、繼孔妻高，馬氏則忠漢妻趙、廷蘭妻趙、廷猷妻趙，據《州册》，有武生馬廷獻妻趙氏，於道光二年請旌。「猷」「獻」字似，當即一人。蕭氏則協律妻周、遺律妻杜、天德妻張也。有一族五節者，生員岳毓秀妻劉氏、生員岳凝秀妻魏氏、生員岳巍秀妻張氏、岳蔚妻張氏、岳漢妻何氏也。同上。據《州册》，有岳巍秀妻姚氏及岳壘妻何氏，俱於嘉慶二十二年請旌。一婦氏不符，一夫名不符，當有誤字。

常懷寶妻楊氏，靖遠人。夫亡二十一，家貧，夫兄逼嫁，氏剪髮毀面者屢矣。遺腹生子興家，撫教之，長爲諸生。守節六十餘年。俸旨旌表。采《靖遠續志》。

李宰順妻張氏，靖遠人。宰順幼失明，氏事之無怨意。及夫亡，年二十五，孝事翁姑，守節四十餘年。

牧體仁妻張氏，靖遠人。體仁爲兵，乾隆三十八年，從征金川，陣亡。氏聞之，晝夜哀號。及柩歸，葬日暗服毒，家人覺，救之不及既，死，面色如生。俱同上。

陳邦孚妻竇氏，皋蘭人。年二十一夫亡，姑憐其少，勸其他適，氏涕泣矢志，撫二子，守節終身。其妹適劉大鱗，年二十三夫亡，無子，或勸其嫁，氏曰：「爾知在陳門守節者乎？吾姊也！我豈不能效之以節終？」

武生劉承昭妻段氏、弟生員承烈妻戴氏，俱皋蘭人。承昭兄弟早故，段年二十八，戴年三十，俱矢志撫孤，娣姒雙節，鄉人稱之。

蔣行周妻周氏，皋蘭人。行周爲兵，從征金川，陣亡。氏年二十九，矢志撫子桂，守節三十四年。桂亦早歿，其妻周氏年二十七，事孀姑撫孤子，亦守節終身。

蔡紹祖妻張氏、談尚仁妻冒氏，俱臯蘭人。紹祖亡，張乘間自縊死。尚仁亡，冒於撤奠日投水死。均題請旌表。

蕭文美妻陳氏，渭源人。文美爲兵，從征陣亡，氏年二十二，矢志守節。子璠，長娶閻氏，甫二載，璠亡，其父母欲嫁之，閻以死自誓。姑媳同貞，俱於乾隆七年，奉旨旌表。

陳貎妻劉氏，狄道人。夫亡，自縊死。道光三年，奉旨旌表。

生員魯學桂妻何氏，河州人。夫亡守節，子長亦早故，其妻王氏亦矢志撫孤。姑媳完節，俱於道光八年，奉旨旌表。

生員吕和元妻王氏，河州人。年二十二夫亡，矢志撫孤。□□□□，氏舉火自焚，若有人自火中拔出者，又投於井，三日不死，人援出之時，長子生員紹及次子統俱遇害。氏無依，乃依其夫之從子，從子亡，復依從孫，年七十九卒。其苦節，尤堪愍惻。

監生方居中妻江氏，河州人。年二十四夫亡，欲自盡，家人共防護之，卒哭，後母弟來迎其歸，氏佯諾曰：「俟稍理衣物。」衆以爲然，既入户，久不出，覓之，則縊死矣。遺子穎，長娶妻郭氏，穎出賈於蜀，病死。越六年訊始至，郭聞之，即托子女於其姒，至夜縊死，時年二十八。兩世殉夫，人咸異之。

指揮韓成璘妻黎氏，河州人。成璘死□□□□之難，氏年二十九，撫孤，守節四十年。子蔭恩騎尉翔鳳，又早故，其妻金氏，年二十，奉姑矢志，今尚存。

王環妻李氏，河州人。環爲兵，病死，其父母哭泣不見其婦，怪而迹之厨下，則已服毒死矣。

良國連妻梁氏、楊生蓮妻唐氏，俱皋蘭人。楊噶三妻張氏，狄道人。杜哈哇妻王氏，渭源人。張某妻趙氏，金縣人。黄見仁妻黎氏，靖遠人。國連早亡，梁孀居，因羊娃子强奸不從被殺死。唐氏因鄰人劉李氏妄疑其與夫兄楊生元有奸，與房主私論，氏聞不甘被污，自以翦刀刺心死。張氏、王氏均因其翁圖奸不從，忿而自盡。趙氏、黎氏均因聞穢語污衊，憤激捐軀。獄上，俱循例旌表。

張福母彭氏，皋蘭人。年二十九夫亡，福方三歲，次子禄始生，氏針黹度日，以撫遺孤，年四十矣。值歲飢，饔飧不繼，弟勸其改嫁，氏恐强娶被辱，遂閉户不出，凍餒而死。

裴保泰妻馬氏，靖遠人。年二十一夫亡，越二日，乘間自縊柩旁死。題請旌表。

千總李殿元妻劉氏，皋蘭人。殿元陣亡，氏年十九，家貧，矢志撫孤。子秀，長襲職，補烏魯木齊守備，旋殁。其妻趙氏，年二十四，遺腹生子永泰，趙亦矢志撫之。姑媳雙節，里人稱焉。

已上《通志》所載及事迹各異者，皆條次如右。我朝化行俗美，窮簷婦女皆知砥節自奮。兹考各州縣《志》，及據現在采訪詳册，無慮千百人，編輯之下不容有遺。但其辭事多同，難以更端紀敘，今就其行實撮舉而類書之，仿《明史·孝義傳》例，以彰風教之隆，超越前古爲不可及云。

夫亡無子，矢志守節，撫繼嗣長成以續宗祧。

其獲請旌表者：皋蘭則有楊爾楠妻張氏、生員唐永盛妻劉氏、生員孫訓庭妻劉氏、張其孝妻劉氏、黃佩蘭妻呂氏、張啟貞妻王氏、嗣子森亡，復撫其孫。鄭漢妻王氏、嗣子亡，復撫（子）〔孫〕①承繼。王汶妻劉氏、楊生珠妻劉氏、張材妻吳氏、段殿仁妻邵氏、吏員楊綷妻林氏、姑目昏，事之維謹。陳瑗妻楊氏、姑久病，事之不懈。武舉李元愷妻張氏、鮑升龍妻王氏、蔣玉妻王氏。狄道則有張端妻吳氏、許遇妻孫氏。

其未請旌表者：皋蘭則有生員孫九成妻李氏、生員林浩妻王氏、戴志禮妻王氏。狄道則有潘朝泗妻師氏、趙敦德妻樊氏。金縣則有生員吳之奇妻李氏。河州則有馮元妻傅氏。靖遠則有葉泌英妻王氏、奮威將軍進寶女孫。化鴻遠妻武氏。與金縣吳李氏，《縣志》皆不載有繼嗣。

已無子守節，而能撫夫前妻之子若己出。

其已旌者則有：皋蘭姚誥妻楊氏、邱永正妻陳氏、劉鶴妻徐氏。

未旌者則有：皋蘭彭國禄妻劉氏、王一言妻崔氏、金文益繼母張氏。

夫亡，家貧或至絕食，而矢志撫孤，辛苦耕織，終全節操。

其已旌者：皋蘭則有高得鳳妻海氏、王國器妻鄭氏、陳懍妻劉氏、生員沈琳妻朱氏、劉時和妻王氏、親友有周之者，却不受。劉成妻陳氏、鍾林妻蔡氏、吳國遴妻趙氏、顏文説妻楊氏、張邦俊妻陸氏、賈維章妻李氏、生員徐順義妻林氏、吳子能妻王氏、祁有士妻李氏、邵國伯妻杜氏、范學仁妻王氏、呂裕源妻周氏、金彩妻黃氏、張爾能妻章氏、秦基會妻沈氏、王建奎妻侯氏、劉超祖妻趙氏、段安仁妻蘇氏、

① 原刊「子」，按文意勘「孫」。

崔爾果妻董氏、周榮聖妻鄭氏、鄧延蔚妻鄒氏、劉萬鎰妻王氏、柴易傑妻黄氏、陣亡兵丁袁鋭妻劉氏、邵英妻范氏、王安平妻耿氏、劉光璽妻陳氏、雷緒妻蘇氏、史鑒妻徐氏。狄道則有黄養存妻魏氏、線國林妻趙氏、楊文元妻趙氏、孫錞妻桑氏、王文鎮妻司氏、武生馬興祖妻劉氏。

其未旌者：皋蘭則有生員陳書妻田氏、李國明妻楊氏、崔悦妻盧氏、田啟蔭妻張氏、張如明妻張氏、生員劉順妻張氏、劉全業妻陶氏、王景妻周氏、徐備善妻祁氏。狄道則有張楙賢妻王氏、魏良輔妻趙氏、孫耀儒妻王氏、張桂妻章氏、李可達妻石氏、尹宗禹妻黄氏、王之境妻李氏、白萬齡妻楊氏、竇中來妻秦氏、杜守規妻趙氏、生員劉偉哲妻于氏、張鏡妻常氏、張克良妻章氏、廖嶙妻張氏、劉啟敬妻李氏、牟永昌妻宋氏、廩生晏毓桂妻陸氏、監生馬禮妻廖氏、劉毅妻何氏、張柏妻章氏。河州則有李心强妻何氏、嚴守林妻方氏。靖遠則有周光榮妻王氏、孟福相妻張氏。

夫亡撫子，子亡復撫其孫，一綫之緒，屢關絶續，艱愍尤深。

其已旌者：皋蘭則有羅文成妻賈氏、顏偲如妻徐氏、方洛妻金氏、楊爾權妻徐氏、生員黄廷獻妻陳氏、陶成璽妻李氏、李蒼妻范氏、張奮基妻成氏、二子亡，俱無後，乃擇族孫以繼。孔佐妻劉氏、劉生綱妻楊氏、馬國良妻盧氏。河州則有監生陳所達妻何氏。

其未旌者：皋蘭則有蕭秀妻牛氏、王朝桂妻楊氏、王君義妻徐氏、沈廣顯妻閻氏、張九如妻徐氏、壽九十一，守節六十七年。廩生史鏵妻王氏。狄道則有生員張璣妻李氏及其孫慧妻章氏、李唐衛妻許氏、張文英妻閻氏。靖遠則有監生李光烈妻吴氏。

矢志撫孤，兼以孝著。其已旌者：則有皋蘭胡延壽妻李氏、顏鳳朝妻唐氏。未旌者：狄道則有廩生吴秉元妻魏氏、劉起彪妻李氏、繆富妻張氏、趙廷相妻張氏、文錠妻張氏、張漢妻魏氏。河州則有陳廣新妻王氏。靖遠則有廩生何名世妻霍氏。

撫孤而兼能撫夫之弟侄。其已旌者：則有皋蘭史瑜妻徐氏、張永亨妻盧氏、徐鏸妻王氏。未旌者：則有皋蘭李守祥妻孔氏。狄道黄命猷妻楊氏、李峋妻馬氏。

青年守志，皓首完貞，雖境遇稍泰，而堅白同歸。

其已旌者：皋蘭則有牟元妻廖氏、唐祚堯妻張氏、張從發妻許氏、生員方毓賢妻王氏、劉恒妻張氏、高峋妻吕氏、陳棟妻王氏、孫爾楙妻賈氏、石琦妻岳氏、武生高玉成妻陸氏、陳忠長妻孫氏、王者權妻孔氏、守備邸連捷妻張氏、王見龍妻陳氏、李文選妻胡氏、崔萬峰妻楊氏、顏鳳文妻崔氏、金探妻王氏、子遺腹生。靳登策妻馬氏、楊積榮妻安氏、武舉楊振關妻鄭氏、劉珠妻王氏、曾欽妻顏氏、孫惠妻吴氏、駱宏基妻劉氏、匡九成妻韓氏、劉芃妻宋氏、徐光義妻邢氏、劉登高妻陳氏、邢貞文妻侯氏、生員王藴珍妻任氏、武舉耿澤渭妻楊氏、孫嗣鳳妻徐氏、楊福生妻喬氏、基緒妻徐氏、徐秉義妻石氏、田錫爵妻趙氏、彭翏鳳妻王氏、生員陳玠妻王氏、吕周儒妻宋氏、劉奉瑲妻柴氏、吴昌妻王氏、陳秉忠妻段氏、閻琛妻楊氏、閻勷龍妻張氏、張象祖妻陳氏、子遺腹生。陳登科妻蔣氏、李葶妻王氏、張申妻牟氏、張俊妻徐氏、吕周謙妻侯氏、李蔭妻段氏、范珄妻劉氏、徐英妻談氏、朱國伯妻楊氏、徐登邦妻黄氏、耿

〔清〕蘭州府志校釋

鋭妻張氏、趙爾明妻江氏、王運成妻顔氏、李積福妻陶氏、張廷相妻駱氏、楊生林妻段氏、第五①文璨妻王氏、毛傑妻石氏、任世隆妻孫氏、劉于孝妻李氏、守備毛明妻葉氏、鍾世俊妻王氏、生員吴國寶妻史氏、外委張得妻張氏、楊若松妻馬氏、錢尚臧妻陸氏、生員羅爾英妻王氏、許克敬妻王氏、劉得權妻陳氏、雷守體妻安氏、李滲妻王氏、賈正元妻魏氏、生員張俊士妻王氏、李元慶妻王氏、金毓彬妻陳氏、王則陽妻邢氏、蒲漢有妻王氏、陶德妻李氏、馮仲儉妻李氏、劉嘉才妻柳氏、金福謙妻竇氏、蔣朝宰妻齊氏、郭尚清妻宋氏、吕致中妻馬氏、金爐妻岳氏、陳壁妻王氏、把總袁銘妻段氏。狄道則有于志公妻陳氏、黄其榮妻趙氏、監生師聖璽妻潘氏、監生魏徽妻吴氏、張國寶妻魏氏、劉瑜妻楊氏、任正譚妻仁氏、徐懷麟妻魏氏、劉啟鞏妻林氏、生員張紹良妻劉氏、回民馬朝卿妻王氏、監生張可選妻許氏、亢棟妻羅氏、文環妻孫氏、黎爲霖妻張氏、韓學賢妻苟氏、生員張汝荃妻史氏、趙天相妻楊氏、劉加明妻留氏、楊文選妻蘇氏、生員黄世清妻趙氏、牛昭妻江氏、牛顯堯妻裴氏、楊進爵妻羊氏、王世隆妻李氏、王章妻田氏、生員魏榮妻張氏、石荆璽妻楊氏、袁世雄妻于氏、生員黄鋭妻李氏、文天達妻朱氏、生員許奮鰲妻石氏、王成總妻陳氏、楊生華妻孫氏、生員于寧廷妻杜氏、周良妻王氏、趙涵鼎妻周氏、袁文炤妻李氏、張仲魁妻章氏、羅文華妻包氏、馬元魁妻晏氏、監生文翥妻趙氏、張應闈妻趙氏、李蕙妻劉氏、閻恭妻党氏、王之端妻汪氏、安文華妻趙氏、漆毓棟妻沈氏、周延元妻馬氏、雍中行妻邊氏、梁定

① 第五，復姓。東漢時有第五倫。

妻賈氏、閻國英妻袁氏、劉緒妻趙氏、馬振融妻王氏、姜世臣妻史氏、劉應舉妻王氏、監生李步雲妻史氏、張克儉妻任氏、黎文生妻黄氏、李正乾妻梁氏、韋學琴妻趙氏、梁璞妻黎氏、梁文焕妻毛氏、王錫齡妻楚氏、陳宗福妻張氏、李登科妻王氏、田城妻祁氏、陳思仲妻張氏、許廷杰妻曹氏、王玿妻李氏、任樞妻郭氏、楊珠元妻李氏、孫三才妻趙氏、孫建中妻王氏、舉人王者蘭繼妻張氏、王煜妻張氏、張法妻劉氏、劉材妻白氏、桑在汶妻劉氏、李曾妻里氏、張啟鵬妻李氏、李璉妻張氏、陳聯科妻張氏、張鳳妻丁氏、監生張桐妻楊氏、漆毓蘋妻李氏、漆毓芝妻羅氏、羅世章妻曹氏、劉環妻黄氏、魏培蘭妻王氏、單瑛妻帥氏、趙正儒妻裴氏、何如柄妻王氏、潘助泗妻黄氏、魯仲元妻石氏、李志孝妻宋氏、王學文妻趙氏、何讓妻楊氏、曹秉義妻趙氏、孫順妻張氏、閻威妻孫氏、馬應祥妻牟氏、邊三晋妻王氏、劉啟輔妻苟氏、趙伸妻司氏、劉仞妻柳氏、監生李永安妻來氏。渭源則有監生朱顯祖妻金氏、鄭鑑妻張氏、魏大宅妻毛氏、姚光增妻劉氏、丁紹尹妻朱氏、監生崔雲瑞妻魏氏、武生張瑜妻田氏、吴建功妻張氏。金縣則有張榮妻章氏、韋可覲妻高氏、監生周易妻祁氏、魏明相妻邸氏、金喆妻白氏。河州則有杜文綸妻羅氏、張淑鄘妻王氏、張素妻朱氏、盧宗世妻耿氏、范仲魁妻楊氏、生員黄通妻朱氏、何閏妻蒲氏、侯封功妻王氏、生員何廷魁妻牟氏、鄧熙學妻石氏、楊發明妻戚氏、賀海籌妻宋氏、席中德妻王氏。靖遠則有劉滚妻陳氏、白作璽妻王氏、生員劉光琮妻徐氏、楊存儒妻眥氏、焦瑋妻石氏、趙國璽妻師氏、宋品妻吴氏、生員焦穎妻張氏、郭應貴妻吴氏、李若芝妻杜氏、陣亡兵丁張可權妻楊氏、焦育聰妻張氏、王得禄妻王氏、張維翰妻王氏、胡有得妻馮氏、孟敏妻趙氏、劉朝維妻白氏、劉建統妻姚氏、高科妻杜氏、張譽妻章氏、黑有璉妻侯氏、劉宜浩妻董氏、生員任士錦妻葛氏、劉如楓妻田氏、趙龍妻閻氏、高岱妻問氏、李發斌妻杜氏、黄浩妻李氏、葉起蔚妻苟氏、李名靖妻陳氏、鄭邦盈妻吴氏、芮成全妻羅氏、吕璉妻昝氏、劉應琪妻師氏、劉霞妻楊氏、畢達妻吴氏、姚三級妻黄氏、馮尚友妻楊氏、劉偉妻吴氏、陳禮妻賀氏、蘇啟貴妻張氏、監生吕作義妻張氏、李世爵妻楊氏、生員李養韡妻張氏、監生李敷穠妻任氏、王廷翰妻李氏、生員王廷祐妻曹氏、楊京倉妻吴氏、張守儒妻石氏、王一滿妻張氏、蘇友悌妻蓟氏、張忠妻房氏、魏天佑妻丁氏、彭自福妻來氏、劉續功妻師氏、高鉞妻葉氏、武生王夢熊妻趙氏、李榮貞妻詹氏、生員王樹槐妻楊氏、許兆鵬妻來氏、武舉牛大知妻常氏、吏員師維翰妻張氏、蘇魁妻雷氏、楊保妻馬氏、胡文焰妻王氏、牛中騂妻張氏、張得法妻師氏、單泰妻牛氏、王世守妻武氏、湯俊華妻房氏、常可輔妻王氏、李公雪妻馬氏、金世泰妻李氏、路登秀妻張氏。

其年已及格，而未請表者：皋蘭則有張淑妻張氏、王惠通妻寇氏、俱遺腹生子。丁某妻邱氏、嫁甫八月，遺腹生子蓮。劉登第妻柴氏、劉世勛妻劉氏、張紹妻吕氏、張璝妻王氏、陳嘉桂妻史氏、徐璉妻李氏、孔得訓妻張氏、孔啟元妻王氏、生員朱進聰妻羅氏、王基倫妻翟氏、李寬妻孔氏、任某妻党氏、生員彭好商妻石氏、暢文彩妻蔡氏、邵士謙妻王氏、龔某妻孫氏、陳焆妻石氏、陳秉仁妻封氏、生員毛翥妻王氏、王德俊妻于氏、吉芳妻李氏、趙光敘妻張氏、黄錫妻彭氏、匡寅妻喬氏、楊自材妻海氏、王竪積妻孟氏、何天祥妻馬氏、王澤補妻李氏、牟元喜妻湯氏、王繼蘭妻楊氏、王元妻宋氏、史紹智妻劉氏、史鎔妻顔氏、段世重妻楊氏、彭述賢妻沈氏、傅瑄妻劉氏、陸潤妻楊氏、崔伏朝妻杜氏、陳桂妻王氏、曹成德妻梁氏、陳嘉棟妻顏氏、生員高其閥妻葉氏、彭登龍妻李氏、嫁甫踰月，遺腹生子。趙國泰妻吴氏、戴文科妻朱氏、張明倫妻達氏、史謀妻楊氏。狄道則有劉令德妻趙氏、白萬紫妻趙氏、劉維基妻張氏、王建侯妻姜氏、吴伯襲妻趙氏、生員黄越妻師氏、許大臣妻苟氏、劉用轉妻高氏、陳萬象妻黎氏、于廷蘭妻祁氏、王克家妻趙氏、陸宏英妻李氏、王禄妻楊氏、郭愛妻高氏、田滿妻文氏、李相妻羅氏、武舉董桓妻魏氏、楊朝萬妻繆氏。河州則有妙訓妻何氏、牟桂妻張氏。靖遠則有生員吴錫深妻李氏、楊萬國妻白氏、郝卷才妻趙氏、田福妻張氏、韋進正妻蔣氏、韋有倉妻李氏、景長泰妻雷氏、武舉王挺妻樊氏、劉佩璘妻王氏、白化龍妻李氏、趙光宗妻楊氏、常碩妻王氏、雷輝乾妻薛氏、房世康妻侯氏、劉映瑞妻路氏、馮喜春妻郭氏、生員劉從仁妻姚氏、廪生武述陸妻李氏、秦良卿妻魏氏、王起乾妻高氏、年十九夫亡，撫子桐，長爲兵，征金川陣亡。柴維屏妻張氏、廪生房作翰妻劉氏、徐鳴瑀妻吕氏、都司王心妻吴氏、秦鎮西妻王氏、党寒士妻焦氏、屈林妻馬氏、黄帝卿妻戴氏、呰信人妻房氏、職員王涵妻吴氏、董大魁妻吴氏。而《狄道續志》又載有潘俊侯妻何氏、潘時敏妻張氏、雷繼祖妻冉氏，皆盛年夫遠游不歸，獨居至老，其事亦人情所難，亦附録焉。嗚呼！可謂盛矣。

蘭州府志卷十一

選舉志　薦辟　進士　舉人　貢生　武進士

選舉之法，古重薦辟，自科目盛而薦辟微矣。明初貢生猶多通籍至大官者，中葉以後則寥寥焉。蘭郡科目，宋元以前無可紀者，斷自明始。今具列如左，其略有事迹者附見於下，仿《武功志》之意，亦史家舊法也。

薦辟

晉

李含　狄道人，舉孝廉，官至河南尹。

北魏

辛雄　狄道人，以清河王辟爲左曹。有傳。

辛慶之　狄道人，以文學征，對策第一。有傳。

後周

辛　昂　慶之族子，以侯景辟爲行臺郎中。有傳。

辛公義　狄道人，選任太學生，後仕隋。有傳。

明

張　諤　蘭州人，薦授盧龍知縣。

耿　拙　本南直隸合肥人，隨父復初戍蘭州，遂籍於蘭。宣德時，以賢良薦，官督察院都事。

鄧　玉　狄道人，以賢良薦，官至柳州知府。

黄守中　狄道人，以賢良薦，官布政司都事。

國朝

朱　奎　河州生員，乾隆元年舉孝廉方正，給六品頂戴。

田錫齡　狄道增生，嘉慶元年舉孝廉方正，給六品頂戴。有傳。

單鴻儒　渭源生員，嘉慶元年舉孝廉方正，給六品頂戴。

李汝楷　皋蘭人，府學廩生，嘉慶元年舉孝廉方正，官江西東鄉縣丞。

王鍾靈　皋蘭生員，道光元年舉孝廉方正，給六品頂戴。

進士

明永樂十年壬辰科

何　賢　狄道人，有傳。

永樂十六年戊戌科

王　宏①　河州人，官無錫知縣。【按】《狄道州志》：是科有張綸，又有宣德十一年張昇②。《通志》及舊《府志》俱無。

正統四年（壬戌）〔己未〕③科

黃　諫　蘭州人，一甲第三名④。有傳。

王　竑　河州人，有傳。

---

① 王宏，《明清进士題名碑録》爲王弘，明永樂十六年（一四一八年戊戌科）三甲第一百一十名。

② 張綸、張昇，《明清進士題名碑録索引》無載。查《狄道州志》，張綸爲永樂十六年，張昇爲宣德十一年（丙辰）進士。言：正德己巳知府孫傑立石學府題名。

③ 原誤刊「壬戌」，勘「己未」。

④ 原刊誤。《明清進士題名碑録》載，黃諫爲明正統七年（一四四二年）壬戌科一甲第三名。

景泰五年甲戌科

滕　佐　蘭州人，有傳。

段　堅　蘭州人，有傳。

聊　讓　蘭州人，有傳。

朱　紳　河州人，有傳。

天順元年丁丑科

文志貞　蘭州人，有傳。

天順四年庚辰科

周　鳳　狄道人，有傳。

曹　英　臨洮衛人，有傳。

天順七年癸未科

【按】是年，試日場屋火，改期八月會試。至八年甲申三月始廷試。

梁　翰　狄道人，有傳。

張九疇　狄道人，有傳。

成化二年丙戌科

羅　睿　蘭州人，官至山東按察司僉事，以清嚴著。

成化五年己丑科

邵　宗　蘭州人，有傳。

成化八年壬辰科

趙　英　蘭州人，有傳。

李　寬　蘭州人，官刑部主事。

成化十一年乙未科

陳　祥　蘭州人，有傳。

（宏）〔弘〕治三年庚戌科

彭　澤　蘭州人，有傳。

羅　璋　睿子，官御史。

趙士元　河州人，官至漢州知州。

（宏）〔弘〕治十（一）〔二〕年①己未科

高良弼　臨洮衛人，有傳。

（宏）〔弘〕治十八年乙丑科

---

① 原刊「十一年」，勘「十二年」。

段　炅　堅子，官翰林院檢討。

正德六年辛未科

田　荆　蘭州人，有傳。

馬應龍　河州人，有傳。

正德九年甲戌科

殷承敘　蘭州人，有傳。

正德十二年丁丑科

劉　漳　蘭州人，有傳。

嘉靖二年癸未科

劉　耕　蘭州人，官至河南按察司僉事。

張文泰　渭源人，有傳。

段　續　堅曾孫，有傳。

嘉靖十一年壬辰科

吴伯亨　蘭州人，官至文選司員外郎。

嘉靖十四年乙未科

陸　坤　蘭州人，有傳。

許登瀛　蘭州人，官至襄陽知府。

嘉靖十七年戊戌科

葛廷章　蘭州人，有傳。

嘉靖二十年辛丑科

周　鎬　狄道人，官至四川按察司副使。

嘉靖二十六年丁未科

張萬紀　狄道人，有傳。

嘉靖三十五年丙辰科

鄒應龍　蘭州人，有傳。

嘉靖三十八年己未科

胡執禮　蘭州人，有傳。【按】《通志》作永昌衛人。

隆慶五年辛未科

段　補　續子，有傳。

萬曆二十九年辛丑科

王道成　蘭州人，有傳。

天啟二年壬戌科

楊行恕　狄道人，有傳。

天啟五年乙丑科

潘光祖　臨洮衛人，有傳。

楊泰昇　蘭州人，官寶坻知縣。

崇禎元年戊辰科

朱家仕　河州人，有傳。

國朝順治九年壬辰科

張　晋　狄道人，有傳。

康熙十五年丙辰科

劉芳世　蘭州人，寄籍江南江都縣。見《陝西歷科進士録》。

康熙四十八年己丑科

劉雲鶴　蘭州人，官江南知縣，以倉穀靡腐解任。貧甚，士民感其慈和代償之，乃得歸。

康熙五十一年壬辰科

潘　祥　靖遠人，由翰林院庶吉士授檢討，官至順慶府知府。

乾隆十年乙丑科

梁濟灃　皋蘭人，由翰林院庶吉士改主事，官至刑部雲南司郎中。

乾隆五十五年庚戌科

秦維岳　皋蘭人，由翰林院庶吉士授編修，官至湖北鹽法道。

嘉慶七年壬戌科

關元儒　皋蘭人，官温縣知縣。

嘉慶十年乙丑科

白鍾岳　靖遠人，官江川知縣。

嘉慶十四年己巳恩科

黄在中　皋蘭人，官清流知縣。

嘉慶二十二年丁丑科

巫　揆　皋蘭人，官鳳翔府教授。

嘉慶二十五年庚辰科

顧　銘　金縣人。

道光六年丙戌科

徐　檀　皋蘭人。

舉人

明洪武三年庚戌科

喬　擢　臨洮衛人，官西華知縣。

洪武十七年甲子科

賀崇德　臨洮衛人，官至福建右布政使。

蘇　熠　臨洮衛人，官訓導。

雷鳴春　狄道人，官至四川道監察御史。

洪武二十年丁卯科

王道亨　狄道人，官刑部主事，與弟道隆有「雙鳳」之稱。

王　樸　狄道人，官教諭。

孟　豫　狄道人。

張　敏　狄道人，官至右通政。

趙景芳　蘭州人，官内黄知縣。

洪武二十三年庚午科

夢　麟　臨洮衛人，官至鹽運使。

鞏師古　狄道人，官主簿。

洪武二十六年癸酉科

梁　德　蘭州人。

唐　信　蘭州人，官東安〔縣〕教諭。

永樂三年乙酉科

葛堯興　臨洮衛人，官東昌府通判。

王　寶　臨洮衛人，官山東道監察御史。

王　赫　狄道人，官常州府推官。

何　賢　見進士。

敖三樂　狄道人。

石執中　蘭州人，有傳。

劉　澄　金縣人。

永樂六年戊子科

宋　濟　狄道人，官南京户部主事。

王　麟　狄道人，官應天府治中。

雒觀光　狄道人，官東平府通判。

毛　貫　狄道人，官浙江道監察御史。

永樂九年辛卯科

王道隆　道亨弟，官内江知縣，有政績，擢大理寺評事。

葉　楝　狄道人，官右春紡右庶子。

謝　嘉　蘭州人。

王伯敬　蘭州人，有傳。

永樂十二年甲午科

孫　晟　狄道人，官至太僕寺少卿。

范　衡　狄道人，官至苑馬寺卿。

曹　朋　渭源人，官河津知縣。

王　宏　見進士。

劉　鉉　河州人，官日照知縣。

永樂十五年丁酉科

及　第　狄道人，官兵部司務。

駱爾中　狄道人，官訓導。

支廷晃　狄道人。

張　綸　狄道人，官學正。

李　本　狄道人，官至廣西右參政。

張　剛　蘭州人。

李　讓　狄道人，一作蘭州。

永樂十八年庚子科

錢夢麒　夢麟弟，官縣丞。

商之賢　狄道人，官吏部員外郎。

曹　謙　狄道人，官知州。

李　壽　狄道人，官按察司照磨。

永樂二十一年癸卯科

郭　鏞　狄道人，官福建道監察御史。

申萬言　狄道人，官太常寺丞。

張　善　渭源人。

董　茂　蘭州人，官文水知縣。

周　謹　蘭州人，官真定府檢校。

楊　麟　蘭州人，官大同府推官。

張鼎　蘭州人。

張肅　河州人。

郭懋　河州人，官余姚縣丞。

劉冕　河州人。

宣德元年丙午科

金延康　狄道人，官教諭。

梁博　狄道人，官至江西按察司副使。

婁國寶　狄道人，官南陽府通判。

盧麟　狄道人，官經歷。

漆正　渭源人。

宣德四年己酉科

席珍　狄道人，官司經局洗馬。

杜威　狄道人，官兵部主事。【按】一作渭源。

鈕恢祖　狄道人，官太谷知縣。

王臣　河州人，官保寧府教授。

宣德七年壬子科

冬　瓚　狄道人，官至浙江布政司參政。

王　慶　河州人，官大同府教授。

宣德十年乙卯科

宋景夔　狄道人，官至雲南按察使。

段　錦　狄道人。

華　褒　狄道人，官順德府通判。

黄　諫　見進士。

正統三年戊午科

張　安　狄道人，官灌縣訓導。

王　竑　見進士。

正統六年辛酉科

明　熇　狄道人，官監丞。

正統九年甲子科

梁　昺　狄道人，官彰德府推官。

張　安　渭源人，官至太僕寺少卿。

滕　佐　見進士。

段　堅　見進士。

王克修　蘭州人，官吉安府教授。

正統十二年丁卯科

年孟容　狄道人，官紹興府同知。

連　登　狄道人。

殷　壽　蘭州人，官太平縣訓導。

朱　紳　見進士。

景泰元年庚午科

劉　景　狄道人。

周　鳳　見進士。

曹　英　見進士。

唐　鼎　蘭州人，有傳。

聊　讓　見進士。

邢　真　蘭州人。

汪　鉅　蘭州人，有傳。

盧　中　河州人，官禮部司務。
孫　英　金縣人，文水知縣。

景泰四年癸酉科

張　元　狄道人，官國子監博士。
岳　宗　狄道人，有傳。
王　政　狄道人，官刑部主事。
竇　禮　蘭州人。
邵　宗　見進士。
倪　端　河州人，官新樂縣訓導。
楊　訓　河州人，官壺關知縣。
王　鉞　河州人，官遼州知州。

景泰七年丙子科

劉　源　狄道人，有傳。
張　鐸　蘭州人，有傳。
文志貞　見進士。
趙　英　見進士。

顧忠　蘭州人，官博野縣訓導。和厚謙謹，友於兄姊。

王經　河州人，官至山東按察司僉事。

天順三年己卯科

張繼誠　狄道人，官丹陽知縣。【按】《通志》作張誠。

唐佑　蘭州人，官齊東知縣。法前令姚顯之善政，盡心民事，清操自矢。

杜榮　蘭州人，有傳。

董芳　茂弟，官石樓〔縣〕教諭。

張諒　蘭州人，官西充知縣。

杜宣　蘭州人，有傳。

田疇　河州人。

天順六年壬午科

張九疇　見進士。

梁翰　見進士。

劉朝宗　狄道人，官户部郎中。

趙維貞　狄道人，官仁和知縣。

趙珩　狄道人。

曹　俊　狄道人，官翼城知縣。
羅　睿　見進士。
郭　徵　蘭州人，官杞縣知縣。
吴　禴　蘭州人，有傳。

成化元年乙酉科

王　道　狄道人，官樂至知縣。
楊　芳　狄道人，官榆次知縣。
曹　傑　狄道人。
宋　通　狄道人，官常州府教授。
姚　誠　蘭州人，有傳。
任　僖　蘭州人，有傳。
孫　懋　蘭州人，官衛輝府通判，擢劍州知州。莅政公勤，周知民隱。
何　銘　金縣人，官至石州知州。

成化四年戊子科

劉　塘　狄道人，一作河州，官温州府通判。
李　寬　蘭州人。

馬瓛　蘭州人，官翼城知縣。

彭佑　蘭州人，官梓潼知縣。

王贇　河州人，官猗氏縣教諭。

成化七年辛卯科

陳祥　解元，見進士。

劉璽　狄道人，官南充知縣。

文儀　狄道人，官保寧府推官。

張政　蘭州人，官德平縣丞。

聊堂　讓子。

成化十年甲午科

吴禎　河州人，有傳。

高景　臨洮衛人，有傳。

高智　狄道人，官登州府通判。

王濬　蘭州人，官茂州知州。

顧九成　蘭州人。

成化十三年丁酉科

單　威　臨洮衛人，官崇寧知縣。有德政。

禹　祥　臨洮衛人，有傳。

王　廷　狄道人，官主簿。

王　纓　狄道人，官山陰知縣。

蕭　憲　蘭州人，有傳。

石　濬　蘭州人。【按】《皋蘭縣志》作石清。

殷　富　蘭州人，有傳。

張　蕙　蘭州人，官邢臺縣教諭。

成化十六年庚子科

曹　寶　狄道人，官景州知州。

蕭　韶　狄道人。

殷　實　富弟，有傳。

成化十九年癸卯科

周　弼　狄道人，官教諭。

周　敏　臨洮衛人，官仁壽知縣。居官清約。

彭　澤　見進士。

趙　經　河州人，官至開封府同知。

成化二十二年丙午科

劉永成　狄道人，官安樂知州。

王　英　狄道人，官射洪知縣。以文章、政事名。

冒　材　蘭州人，官巴縣知縣。

耿　瑄　蘭州人，有傳。

（宏）〔弘〕治二年己酉科

張　標　狄道人。

殷　安　富弟。

趙士元　見進士。

任　良　金縣人。

（宏）〔弘〕治五年壬子科

孫　芳　蘭州人。

孫　篚　蘭州人。

張文錦　河州人，官富順知縣。

李　繡　河州人，官遼州學正。

（宏）〔弘〕治八年乙卯科

蕭鳳岐　蘭州人。

段　炅　見進士。

張　儒　蘭州人，官新繁知縣。

李　寧　靖虜衛人，官鹽城知縣。

（宏）〔弘〕治十一年戊午科

邵　履　蘭州人，官上思知州。

田　英　蘭州人。

熊子英　狄道人，官西充知縣。

魏文政　狄道人，官泰興知縣。輕徭省賦，流亡復業。

高良弼　見進士。舊《志》鄉科遺載，姑附於此。

（宏）〔弘〕治十四年辛酉科

馬應龍　見進士。

（宏）〔弘〕治十七年甲子科

杜大江　渭源人，官成都府推官。

王道　蘭州人，官馬湖府同知。

田荆　見進士。

王龍山　靖虜衛人，官平湖知縣。莅任三日，案驗舞文吏寘之法，一邑稱快。著有《村居詩集》。

正德二年丁卯科

周璽　狄道人，官石州學正。

朱遜　蘭州人，官淅川知縣。

陳鎬　蘭州人，官德陽知縣。

李材　蘭州人。

薛定　蘭州人，官兖州府通判。

馬濬　蘭州人。【按】《皋蘭縣志》作馮濬。

陳紳　靖虜衛人，事母至孝。

正德五年庚午科

張文泰　見進士。

陳範　蘭州人，有傳。

練鋭　蘭州人。

揑經　河州人，官知縣。

正德八年癸酉科

劉　耕　見進士。

唐時和　蘭州人，官定州學正。

殷承敘　見進士。

于茂林　濬子，官中牟知縣。

劉　漳　見進士。

正德十一年丙子科

吴　山　狄道人。

朱　憲　蘭州人，官陽武知縣。

盧　曉　蘭州人，官曲沃教諭。

段　續　見進士。

正德十四年己卯科

田　卿　狄道人。

王　洲　蘭州人。

林　朝　蘭州人，官工部主事。

鄧　琇　蘭州人。

嘉靖元年壬午科

王　彤　狄道人，官武鄉知縣。

蔡　疇　蘭州人。

段　在　堅孫，官寧波府通判。

嘉靖四年乙酉科

宋　淮　狄道人，官高唐知州。

邊永寧　狄道人。

賈正已　蘭州人，官保寧府推官。

張　鉉　蘭州人，官項城知縣。

陳養正　範子，官長子知縣。

嘉靖七年戊子科

李永祥　狄道人，官永城知縣。

曹　壁　狄道人，官河南府推官。

康從吉　狄道人，官保定府通判。

葉　保　蘭州人，官秦府長吏。

吴伯亨　見進士。

高　潮　蘭州人，官賓縣知縣。

嘉靖十三年甲午科

楊啟充　狄道人，有傳。
劉朝麒　臨洮衛人，有傳。
蔣嘉猷　狄道人，官成都府通判。
周　鎬　見進士。
陸　坤　見進士。
許登瀛　見進士。

嘉靖十六年丁酉科

祁　珖　狄道人，官平陽府通判。
花　山　狄道人，官威遠知縣。
雍　焯　狄道人，有傳。
劉　涇　漳弟，官華陽知縣。
王仲輔　蘭州人，官潼川州學正。
葛廷章　見進士。
李光祖　蘭州人，官知州。

嘉靖十九年庚子科

段　綏　績弟。

王良賓　蘭州人，官平度知州。

嘉靖二十二年癸卯科

張萬紀　見進士。

趙　本　狄道人，官武清知縣。

徐　耕　蘭州人，官順慶府通判。

葛永泰　蘭州人，官邢臺知縣。

嘉靖二十五年丙午科

曹可登　狄道人。

苟文奎　狄道人，官大同府同知。

嘉靖二十八年己酉科

陳大夏　蘭州人，官永和知縣。

張近思　金縣人，官靈寶知縣。

嘉靖三十一年壬子科

段　補　見進士。

朱　璉　河州人，官蘇州府通判。

嘉靖三十四年乙卯科

李自發　狄道人，官垣曲知縣。

鄒應龍　見進士。

白崇文　河州人，官知縣。

李　璉　狄道人，官同知。

胡執禮　見進士。

嘉靖三十七年戊午科

江　櫓　蘭州人，官代府長史。

石　麒　蘭州人。

嘉靖四十三年甲子科

張若愚　蘭州人，官蔚州知州。

隆慶元年丁卯科

李　緊　蘭州人。

馬　怡　蘭州人。

隆慶四年庚午科

戴廷禮　蘭州人。

萬曆元年癸酉科

楊登雲　蘭州人，官長治知縣。

文　穎　蘭州人，官澄城教諭。

萬曆四年丙子科

王　化　蘭州人，官蒲縣知縣。

萬曆十三年乙酉科

王三錫　蘭州人，官徐溝知縣。

江一龍　櫓子。

萬曆十六年戊子科

楊師震　蘭州人，官鄜城知縣。

劉世裕　河州人。

萬曆二十五年丁酉科

雷鳴春　狄道人。

萬曆二十八年庚子科

王道成　見進士。

萬曆三十一年癸卯科

朱　書　蘭州人。

段　鍠　補子。

萬曆三十四年丙午科

段　欽　補子，官公安知縣。

萬曆三十七年己酉科

楊行恕　見進士。

段　銓　補子，官定邊知縣。以廉稱。

萬曆四十年壬子科

韓　謙　見進士。

王世楠　三錫子，官永興知縣。

萬曆四十三年乙卯科

單　濬　蘭州人，官饒陽知縣。

萬曆四十六年戊午科

傅　楫　狄道人。

楊泰昇　見進士。

段　鏘　補子。

天啓元年辛酉科

張行敏　狄道人，有傳。

司文穎　狄道人。

朱家仕　見進士。

天啓四年甲子科

潘光祖　解元，見進士。

張　傑　狄道人。

天啓七年丁卯科

張漢俊　狄道人，有傳。

張文熙　狄道人，官同官教諭。

張　略　蘭州人，官獻縣知縣。

朱長治　蘭州人。

崇禎九年丙子科

段應甲　蘭州人，官嶧縣知縣。

崇禎十二年己卯科

郝　璧　蘭州人，有傳。

王　皚　靖虜衛人。

崇禎十五年壬午科

姚之珵　狄道人，官同官教諭。以孝友稱。

國朝順治二年乙酉科

李　蓀　狄道人，官蘄水知縣。

順治三年丙戌科

方象圻　蘭州人。

順治五年戊子科

陳一貫　靖遠人，官國子監武學教授。

順治八年辛卯科

張　晉　見進士。

順治十七年庚子科

高　璇　蘭州人，官乾州學正。

康熙二年癸卯科

王汝明　狄道人。

楊景運　金縣人，官知縣。

康熙八年己酉科

石中琳　狄道人，官翰林院典簿。

劉芳世　見進士。

康熙二十年辛酉科

劉雲翼　蘭州人。

康熙二十三年甲子科

王　綬　蘭州人，官遼州知州。

康熙四十一年壬午科

吴　郡　蘭州人，官靈州學正。

潘　祥　見進士。

康熙四十七年戊子科

劉雲鶴　見進士。

康熙五十年辛卯科

孫進德　蘭州人。

侯　屏　蘭州人，官興平縣教諭。

潘　祄　祥弟。

潘　禕　祄弟，官思恩府同知。

康熙五十二年癸巳恩科

劉竹勛　蘭州人，官南鄭縣教諭。

康熙五十三年甲午科

潘　祺　祥弟。

乾隆元年丙辰恩科

牟繼祖　狄道人。

乾隆六年辛酉科

梁濟瀍　解元，見進士。

劉耀文　皋蘭人。

乾隆九年甲子科

朱孔陽　河州人。

乾隆十五年庚午科

吴　鎮　狄道人，有傳。

乾隆十八年癸酉科

江爲式　皋蘭人，官邠州學正。

齊文淮　皋蘭人。

乾隆二十一年丙子科

蔡晞朱　皋蘭人，官耀州訓導。

周贊元　皋蘭人。

乾隆二十四年己卯科

顧永中　皋蘭人，官寧晋知縣。

乾隆二十五年庚辰恩科

江得符　皋蘭人，官華陰訓導。

黄建中　皋蘭人。

喬巨觀　渭源人。

乾隆二十七年壬午科

仲　價　皋蘭人，官蕭縣知縣。

乾隆三十年乙酉科

張　桓　皋蘭人，事繼母以孝聞。

賈希適　靖遠人。

乾隆三十三年戊子科

楊　綎　皋蘭人，官平番縣訓導。

魏韶振　皋蘭人，官韓城縣教諭。

魏學文　狄道人。

乾隆三十五年庚寅恩科

邵榮清　皋蘭人。

乾隆三十九年甲午科

張繹武　皋蘭人，解元，官蒲城縣教諭。

乾隆四十二年丁酉科

高　佩　皋蘭人，官麟游知縣。

李華春　狄道人，官清澗縣訓導。

王者蘭　狄道人。

崔象衡　渭源人。

陳　夾　靖遠人。

乾隆四十四年己亥恩科

李　珽　皋蘭人。

李遇春　狄道人。

乾隆四十五年庚子科

李存中　皋蘭人，官浪穹知縣。

陳　誨　皋蘭人，官蒲城縣教諭。

乾隆四十八年癸卯科

朱國權　皋蘭人，官中衛縣教諭。

秦維岳　見進士。

翟敏政　皋蘭人，官鳳翔縣同知。

李　苞　狄道人，官至山東鹽運同。

乾隆五十一年丙午科

耿　楝　皋蘭人。

徐懋增　皋蘭人，官郿縣教諭。後改名晋。

楊　潤　皋蘭人。

乾隆五十三年戊申科

秦維峻　維岳弟，官陽城知縣。

乾隆五十四年己酉恩科

張文衡　皋蘭人，官迪化州學正。

乾隆五十七年壬子科

邵華清　皋蘭人，官朝邑縣教諭。

巫景咸　皋蘭人，官醴泉縣訓導。

乾隆五十九年甲寅恩科

俞衡文　皋蘭人，官海陽知縣。

武安邦　狄道人，中順天榜。

乾隆六十年乙卯科

關元儒　見進士。

黄在中　見進士。

嘉慶三年戊午科

張西銘　皋蘭人，官鎮番縣教諭。

楊泰瑞　皋蘭人，官西寧府教授。

白鍾岳　見進士。

嘉慶五年庚申恩科

龔　潤　皋蘭人。

石兆麓　皋蘭人，官馬平知縣。

李維寧　靖遠人，大挑①知縣分發廣西。

嘉慶六年辛酉科

牟　洪　皋蘭人。

楊廷秀　皋蘭人，大挑知縣分發直隸。

高鴻奎　皋蘭人，官鳳翔縣教諭。

陸芝田　狄道人，官蒲城縣教諭。

---

①大挑，清代會試之外的入宦方式之一。商衍鎏著《清代科舉考試述録》：「舉人於會試外，尚有入宦之途，爲揀選、大挑、截取三項。」大挑之制源自唐時銓選制度，至乾隆十七年（一七五二年）成爲定制，每隔六年一次，於會試榜後舉行，從三科以上會試不中的舉人中挑取任職。

嘉慶九年甲子科

黄育楩　狄道人，官廣平知縣。

許賡陛　狄道人，官伏羌縣訓導。

崔希曙　金縣人。

嘉慶十二年丁卯科

張錦芳　皋蘭人，官華州學正。

李穎發　狄道人，官安康縣教諭。

嘉慶十三年戊辰恩科

徐　檀　見進士晋子出後惠增。

馬　樸　皋蘭人。

曹映甲　狄道人。

顧　銘　見進士。

牟從哲　河州人，官延川縣訓導。

楊得質　靖遠人，官安縣知縣。

嘉慶十五年庚午科

李　芍　狄道人。

趙連魁　金縣人，官平凉縣教諭。

王毓秀　靖遠人，大挑知縣分發直隸。

嘉慶十八年癸酉科

陳　筠　皋蘭人。

田毓采　皋蘭人。

王樹槐　皋蘭人，官城固縣教諭。

張振濯　皋蘭人，官盩厔縣教諭。

馬遇樂　河州人，官甘州府訓導。

牛中選　靖遠人，知縣借補直隸清河縣丞。

嘉慶二十一年丙子科

巫　揆　見進士，景咸子。

朱慶元　皋蘭人，後改名炳烈。

嘉慶二十三年戊寅恩科

王者佐　金縣人。

嘉慶二十四年己卯科

焦國標　皋蘭人，官寧遠縣訓導。

于俊英　狄道人。

道光元年辛巳恩科

李玉林　皋蘭人。
秦勛嘉　維峻子。
段仿仁　皋蘭人。
張映奎　皋蘭人。
王式鈺　皋蘭人。
張　炳　皋蘭人。
金　相　金縣人。
趙　瑛　河州人。

道光二年壬午科

趙鵬九　皋蘭人。
鄧廷樞　皋蘭人。
陸　彬　芝田子。
石鍾英

道光五年乙酉科

苟毓材　皋蘭人。

張廷選　狄道人。

李玉臺　狄道人。

劉世保　金縣人。

雍維南　狄道人，中順天榜。

道光八年戊子科

張獻玉　皋蘭人。

劉四達　皋蘭人。

孟星河　皋蘭人。

于世卿　狄道人。

王家督　靖遠人。

道光十一年辛卯恩科

張　和　河州人。

戚維禮　靖遠人。

道光十二年壬辰科　是年補行正科

巫　淳　揆弟。

金玉音　皋蘭人。

張兆熊　皋蘭人。

姬　芳　河州人。

何　愈　靖遠人。

拔貢

明

陸　爻　蘭州人，官和州訓導。

方　隆　蘭州人，官邢臺知縣。俱（宏）〔弘〕治。

陳　訪　蘭州人，官彰德府同知。

宋維清　狄道人，官府經歷。

廖養家　狄道人。

王應鳳　靖虜衛人。以上俱嘉靖時。

楊應棟　狄道人。
盧　儀　狄道人。
趙自得　狄道人，俱隆慶时。
趙宗道　狄道人。
段　欽　見舉人。
江騰龍　蘭州人，官大同府通判。
焦光裕　靖虜衛人，官臨漳縣丞。
趙國仕　靖虜衛人，官州判。以上俱萬曆時。
陳宗器　靖虜衛人，官保德知州。
傅　霖　狄道人。
張　璉　靖虜衛人。以上俱崇禎時。
張四友　金縣人，以孝聞。

國朝

王同春　蘭州人，官淮安府同知。
李基隆　蘭州人。
李　馨　狄道人，有傳。

朱元正　河州人。
張　烈　靖遠人，七歲能文，有神童稱。
崔　岱　渭源人，有傳。以上俱順治時。
孫　琦　蘭州人。
楊起蘷　蘭州人，官三水縣教諭。
張　琮　蘭州人。
喬　俊　蘭州人。
楊起蓉　蘭州人。
張　謙　狄道人。
羅異秀　狄道人，官新昌知縣。
趙穀璧　狄道人。
張浩然　渭源人，官雲南廣西府通判。兄斐然，以歲貢亦官安寧知州，滇人有「二張佛」之稱。
張源俊　渭源人。
郭之健　金縣人。
張維城　金縣人。
金愈瑶　金縣人。

吴之彬　靖遠人。
牛輔國　靖遠人。
王重仁　靖遠人。以上俱康熙時。
牟我貯　蘭州人，官沔縣教諭。
陳經文　蘭州人，有傳。
孟法孔　蘭州人。
馮嗣昌　狄道人。
史　謙　狄道人，官寧朔教諭。
黄　鎮　狄道人，官鉛山縣丞。
朱　鎮　河州人。以上俱雍正時。
黄健中　見舉人。
陶成德　皋蘭人。
吴　鎮　見舉人。
司　綬　狄道人。
趙孟英　靖遠人。以上乾隆辛酉。
李　炳　皋蘭人，官至順天北路同知。

陸久恭　皋蘭人。

牟實頎　皋蘭人，官府谷縣訓導。

賈希适　見舉人。以上乾隆癸酉。

劉士忠　皋蘭人。

陳華齡　皋蘭人。

楊　綎　見舉人。

陸　慶　狄道人，官寧化縣丞。

王弼臣　靖遠人。以上乾隆乙酉。

朱國權　見舉人。

萬介石　皋蘭人。

王　梁　皋蘭人，官洵陽縣教諭。

白種得　靖遠人。

李　苞　見舉人。以上乾隆丁酉。

甘元昌　皋蘭人。

孫志仁　皋蘭人，官府谷縣教諭。

劉士元　狄道人。

李　芬　狄道人。
王夢魁　金縣人，官高陵縣教諭。
李榮梓　靖遠人。以上乾隆己酉。
崔振嶧　皋蘭人。
李致中　皋蘭人，官工部營繕①司主事。
陳兆鵬　皋蘭人。
李振新　狄道人。
盧　鋌　靖遠人。以上嘉慶辛酉。
陳　筠　見舉人。
張應蘭　狄道人。
于俊英　見舉人。
王者佐　見舉人。
楊魁元　河州人。
滕之麒　靖遠人。以上嘉慶癸酉。

① 原刊「膳」，勘「繕」。

董寶善　皋蘭人，官西安府訓導。
楊應信　皋蘭人。
苟毓材　見舉人。
張廷選　見舉人。
劉挺三　金縣人。
張　和　見舉人。
馮獻治　靖遠人。以上道光乙酉。

副榜貢生

國朝

种廷璋　靖遠人。康熙甲子。
郭　欽　蘭州人，官淳化縣教諭。康熙時。
閻　璧　皋蘭人。乾隆癸酉。
楊　縉　皋蘭人，官醴泉縣訓導。乾隆癸卯。
段殿公　皋蘭人，官膚施縣教諭。

劉尚志　皋蘭人，官洮州廳教授。俱乾隆丙午。
徐惠增　皋蘭人，晋兄。
劉文元　皋蘭人，俱嘉慶戊午。
陸芝田　皋蘭人，嘉慶庚申。
朱慶元　見舉人。
史　寶　皋蘭人。俱嘉慶庚午。
王永年　皋蘭人。嘉慶癸酉。
李天祚　皋蘭人。嘉慶己卯。
于　升　狄道人。
雍維南　見舉人。
顏應第　皋蘭人。
張兆熊　皋蘭人。俱道光壬午。
徐一奎　皋蘭人。
魏　昌　金縣人。俱道光戊子。
邢　蘭　靖遠人。道光辛卯。
王永安　皋蘭人。

王　錫　河州人。俱道光壬辰。

優　貢

國朝

陳鶴齡　皋蘭人，官凉州府訓導。

楊　縉　見副榜。

高　佩　見舉人。

齊艮生　皋蘭人，官兵馬司吏目。

武安邦　見舉人。

徐惠增　見副榜。

程　錦　皋蘭人，官都昌縣丞。

司　烈　狄道人。

翟敏德　皋蘭人，官平利縣訓導。

張　炳　見舉人。

孫定鄢　皋蘭人。

楊毓蘭　皋蘭人。

朱克敏　皋蘭人。

恩、歲貢人數，至多不勝載，其卓卓可稱道者已見「人物志」。其事迹無多，而舊《志》有述者，略摭於此，以存其概。

明時，蘭州有閻莊，官崞縣丞，公清自矢，加意學校，崞民懷之；劉玉，官平定州同，以廉介稱；黎獻，官陝州學正，有師範；顏鋭，官新鄭知縣，剖决如流，奸豪斂迹；江躍龍，嘗廬母墓，後官汝州訓導；張毓德，國變時遇害都中。狄道有李弼，官至南康知府，所至有善政，致仕歸，囊橐蕭然；魏賓，博學能詩。渭源有任瑀，官南部知縣，正直厚重，壽至期頤。金縣有劉漸，官陳留縣教諭，課士有方，嘗兩權縣事，吏畏民懷；張峰，官甘州府教授，勤於課士；漢繼業，官至東川同知，監軍貴州，能肅紀律，夷酋懷之。靖虜衛有張英，官平陽縣丞，折獄平允，以禮正俗；房鎬，博古好學，居喪遵朱子家禮；馮禧，孝友重氣誼，與蘭州彭澤交善；房愷，官鄧州同知，以清介聞；焦正，官浮山知縣，不徇請託；張天敘，官臨清州提舉司正，革冒役，釐侵漁，有剛介之稱。

國朝，皋蘭有陳如稷，嘗修《州志》；陳炷，教授生徒，正襟終日，動必以禮。狄道有魏宗諫，嘗率郡人修超然臺、摺橋及岳麓山石經，後銓授略陽訓導，以母老不赴。河州有王文繡，官清澗訓導，砥德礪行，著有《前車遺鑒》二集。靖遠有展譽美，官朝邑訓導，性耿介，有教澤。

武進士

明

萬曆二十年壬辰科

趙率教　靖虜衛人，有傳。

房加寵　靖虜衛人，有傳。

天啟二年壬戌科

焦光祚　靖虜衛人，官都司僉書。

崇禎十年丁丑科

馮凌漢　靖虜衛人，官肅州金佛寺都司。

國朝

順治十二年乙未科

祁冲漢　靖遠人，官山東任城衛守備。

黨宗聖　靖遠人，官綏德州守備。

順治十五年戊戌科

劉建伯　靖遠人，由侍衛官至鎮番參將。

竇五桂　靖遠人，官廣東香山游擊。

鄧國珍　靖遠人，官山東濟寧都司。

順治十八年辛丑科

樊述英　靖遠人，官江南徐州守備。

路之嵩　靖遠人，官四川川北鎮守備。

康熙六年丁未科

曹爾懋　蘭州人。

康熙九年庚戌科

趙率恕　靖遠人。

吳　垚　靖遠人，官洮州衛守備。能詩書。

康熙二十四年乙丑科

馬　迅　靖遠人，官貴州鎮遠游擊。

康熙二十七年戊辰科

陳祖虞　蘭州人，官四川川北鎮游擊。

康熙三十年辛未科

吳丕列　靖遠人，官湖廣平西衛守備。

康熙三十九年庚辰科

李愈隆　靖遠人。

康熙四十二年癸未科

盧　坰　靖遠人。

康熙四十五年丙戌科

李光輔　靖遠人。

康熙五十六年戊戌科

馬元勛　靖遠人。

雍正元年癸卯科恩科

宋　愛　靖遠人，由侍衛官至貴州提督。

雍正二年甲辰科

邸得綬　蘭州人，官侍衛。

雍正十一年癸丑科

石廷顯　靖遠人，官山東文登協都司。

乾隆四年己未科

党　玟　皋蘭人，官江南廬州衛守備。

乾隆十六年辛未科

王化行　皋蘭人，官江南廬州營都司。

乾隆三十六年辛卯科

沙懋功　皋蘭人。

嘉慶元年丙辰科

王化鳳　皋蘭人，由藍翎侍衛官至湖南綏寧營游擊。

武舉郡屬至盛，具詳各州縣《志》，不備載。

蘭州府志卷十二

雜紀

祥異　軼事　辨訛

自地理至選舉，《志》之體備矣，曷取於雜焉者而紀之？然如灾祥之征，係於天人相與之際，雖事屬一隅，而識者必致，其謹附於各門則義無所歸，故宜別著之焉。若夫賢人、君子之遺風餘韻，有正傳之體所不及載，而存其事亦足以興人思慕者，與夫匹夫匹婦、方外雜流，一行一技之美，或義關①勸懲，或詞希風雅，類萃而掇拾之，固亦《志》之餘也，其或荒誕猥鄙於義無當者，則君子弗取焉。末附《辨訛》十數則，蓋以《通志》及府州縣各《志》中訛誤之顯然者，往往相仍不改，既一一訂正之矣。慮後之人以爲有所遺而復拾之，故不可以不辨，非敢掎摭前人自矜博核也。其已見各條下者，不復贅。

① 義關，謂通向義理的門户。

祥異

漢

惠帝二年春正月，隴西地震。

元帝初元二年春二月戊午，地震隴西郡。

和帝永元五年春二月戊午，隴西地震。九年春三月庚辰，隴西地震。

順帝永和三年春二月乙亥，金城、隴西地震，山岸崩、地陷。夏四月戊戌，遣光禄大夫案行金城、隴西，賜壓死者年七歲以上錢人二千，一家皆被害爲收斂之，除今年田租，尤甚者勿收口賦。

桓帝元嘉二年秋八月，金城言黄龍見允街。

靈帝光和六年秋，金城河水溢。

晋

武帝太康九年夏四月，隴西隕霜。

惠帝元康五年夏六月，金城地震。

懷帝永嘉四年夏五月，枹罕羌妓産蛇。

帝晋海西公奕太和元年夏四月，浩亹山隤。

隋

文帝仁壽元年冬十月，蘭州楊樹生松。二年夏四月，隴西地震。

唐

玄宗開元時，黄河水溢，逼會州城。

宋

神宗熙寧七年夏六月，熙州大雨，洮河泛溢。又熙寧時，河州雨雹，大者如鵝卵，小者如蓮子、芡實，像人頭，有耳目。

哲宗元祐七年秋九月，蘭州地震。

徽宗崇寧元年，熙河旱。徽宗政和七年夏六月，熙河地震經旬，城、砦、關、堡官私廬舍皆摧塌，居民被壓死傷者甚衆。徽宗宣和六年春閏三月，蘭州地震，諸山草木盡没山下，麥苗反在山上。宣和七年秋七月己亥，熙河路地震，有裂數十丈者，蘭州尤甚，倉庫皆没。

金

熙宗天眷元年夏，有龍見於熙州野水，凡三日。初於水面見一蒼龍，良久而没。次日見金龍一爪承一嬰兒，兒爲龍所戲略無懼色，三日如故。又見一人乘白馬、紅袍玉帶如少年官狀，馬前有六蟾蜍，凡三時乃没，郡人競往觀之。皇統二年春二月，熙河路饑，甲戌賑熙河路。

元

世祖至元八年夏六月，河州蝗。秋七月乙亥，臨洮府會州隕霜殺禾。

成宗元貞元年夏閏四月，蘭州上下三百餘里河清三日。五月金州、會州雨雹，無麥禾。

泰定帝泰定元年春二月，河州饑，發粟賑之。三月狄道縣旱，饑，賑米兩月。二年夏五月，臨洮府饑，賑鈔五萬五千錠。

文宗天曆三年春三月，蘭州大旱，饑。

順帝至元三年春三月，河州大雪十日，深八尺，馬駝牛羊凍死者十九，民大饑。〔至正〕十二年春三月，會州地震百餘日，公宇中墻崩，獲弩五百餘張，長者丈餘，短者九尺，人莫能挽，改會州爲會寧州。十三年，會州復地震。

明

太祖洪武四年正月己丑，臨洮地震。八年四月，臨洮、河州雹傷麥，免被灾田租。十三年十二月甲戌，河州地震。十四年七月己酉，臨洮大雨雹，傷稼。

英宗正統五年十月庚午朔，蘭州地震十日。十月、十一月屢震，壞城堡廬舍，壓死人畜。

天順五年七月，蘭州河水溢，河州南山崩，壅大夏河，水數日不流。

憲宗成化三年四月，狄道、河州大旱，饑，人相食。【按】《明史·五行志》載，景泰二年，臨洮饑。舊《志》未載。十年春三月，臯蘭山麓地陷，坑没人畜甚多。是年靖虜衛北碾子灣黄河中有水獸出，形若黑驢，其秋大熟。後至嘉靖三十八年冬十二月復出，直抵蘭州，次年亦大熟，因名其地爲黑驢漩。後或見於一條城。二十三年，黄河清。

孝宗弘治三年六月壬午朔，靖虜衛大風，天地昏暗，變爲紅光，久之乃息；乙巳，河州山崩地陷。十四年秋七月，蘭州大風拔木，至起人於城東三十里外。十八年，金縣産瑞麥，一莖兩穗者十餘本。

武宗正德元年秋，臨洮桃李華。六年春三月，蘭州軍器庫大銅礮鳴。八年夏四月，蘭州雨槐豆。十年夏五月，夜有火光起，自東南至西北，明如晝。十二年，金縣白燕遍於城野。十四年秋八月，臨洮大雨雹，桃李華。十五年，臨洮旱。

世宗嘉靖三年秋九月，河州地震。四年，臨洮獲兔二首四目；普覺寺鷄生子，四足。八年，飛蝗蔽天，臨洮旱，大饑。十四年夏六月，河州大雨洪水，河溢十數丈，東西六十里，渰溺人畜、房屋無數。十八年，臨洮饑，餓殍甚衆。二十七年，靖虜衛大饑。四十年六月，靖虜衛地震二十餘日。四十二年秋七月，靖虜衛隕霜殺稼。

穆宗隆慶二年，靖虜衛舍人李鳴九妻葛氏一産四男。四年，靖虜衛雨，莞豆食之味苦。六年，蘭州民家牝鷄化爲雄。

神宗萬曆十年，臨洮府靖虜衛大旱，饑。十六年秋八月十九日，靖虜衛雷鳴地震，雨雪尺餘。十七年夏五月，祖厲河水溢，逕靖虜衛城北東流入黄河；冬，蘭州李華。十八年夏六月初六日，靖虜衛雨雪、地震；狄道地亦震，壞城郭、盧舍，壓死人畜。七月初七日，夜星隕如雨，踰時方止。十九年，蘭州河北土塊化爲田鼠，食苗。春三月，靖虜衛煤洞火出，觸死者三人，其一人衝起數十丈墮地，首足俱碎。夏四月十五日，隕霜殺稼。五月初七日，衛百户牛魯家有水半甕，忽泛湧如泉，溢白沫滿地，令婦、女汲之，乃漩下，水面有一「籌」字，明朗可覩。二十七年秋八月甲午，狄道城東山崩，其下衝成一溝，山南耕地湧出大小山五，高二十餘丈。三十年春閏二月戊午，河州蓮花寨黄河涸，大夏河水渾黑，凡二十餘日。三十一年夏，河州大稔，麥穗有一本五十莖，一莖三四穗者。四十六年，靖虜衛大饑。四十七年夏五月，狄道地震，聲如雷。冬十月，蘭州樹花盡開。

光宗泰昌元年秋八月庚申，蘭州黄河清，凡三日。

莊烈帝崇禎二年春二月，蘭州地震。四年夏六月乙丑，狄道地震，壞廬舍，損人畜。八年夏，饑。十三年春正月至夏六月，不雨，大饑，人相食。十四年，大疫。十五年冬十月，蘭州桃李華。

國朝

順治十年夏五月，臨洮雨雹。十一年夏五月，蘭州地震，有聲。

康熙三年秋七月，河州雷雨大作，井溝山崩，陷没村莊，壓死居民二十餘人。四年秋八月，河州大雷雹，千頭溝二山相合，壓死居民七十一人、牲畜無數。六年，臨洮夏旱秋潦，饑。十六年秋八月，臨洮天鼓鳴，聲如雷；河州大夏河溢，衝没民廬、田産無數，經月始消。十九年十一月朔，臨洮見白氣自西指東，後漸高，下有小星，月餘乃滅。二十九年，靖遠衛饑。四十年，臨洮府靖遠衛旱，饑。四十二年，靖遠衛鎖黄川麥秀兩岐。四十四年夏六月，狄道隕霜殺禾。四十八年冬十二月，靖遠衛地屢震，有聲，摧塌邊墻一千六百六十丈七尺、墩臺二十座、民房二千餘間，壓死男、婦三十二人。至四十九年正月朔復震。五十四年，臨洮府靖遠衛旱。五十七年夏五月，臨洮地震。五十八年，蘭州黄河清。五十九年，臨洮旱，至六十年夏五月乃雨。

雍正二年，狄道民祁增願年一百二歲，劉守舉母韓氏年一百七歲，臨洮衛民周隨安年一百歲，俱奉旨旌賞。四年冬十二月，黄河清二千里。五年，蘭州藉田產瑞穀，自三穗至六穗共十三莖。七年，蘭州靖遠衛大有年①。八年夏五月，狄道鳳臺山崩。六月壬寅，河州慶雲②見，歷午、未、申三時。七月壬申，積石關上下黄河清三日，是歲大有年。

乾隆三年冬十一月，靖遠縣地屢震，有聲，一月方止。十二年，皋蘭縣旱。十五年，皋蘭大有年。十八年，黄河水溢，漂没皋蘭廬舍、田禾甚多。二十二年，雨雹，皋蘭被災二十七村莊。二十四年，蘭州府大旱，米麥每倉石至銀五六兩。二十五年，靖遠大疫。三十三年秋七月，靖遠隕霜殺稼。三十五年，皋蘭人饑、疫死者衆。四十六年，皋蘭民范維生年一百一歲，奉旨旌賞。

嘉慶元年，狄道民楊正年一百歲，奉旨旌賞。九年，皋蘭民海三魁年一百十三歲，五世同堂，奉旨旌賞，倍給銀緞。十五年，皋蘭、靖遠、金縣大饑。十八年，靖遠田土化爲鼠，食苗過半。十九年，靖

① 大有年，即大豐年。
② 慶雲，即五色雲。古人謂喜慶、吉祥、祥瑞之氣，亦作「景雲」「卿雲」。

遠民張守和妻王氏一産三男。二十年冬十月二十日，府城西南門火藥焚，轟壞樓堞、廬舍，死者數十人。二十二年，洮水溢，衝没狄道田地一百四十三頃餘，溺死男、婦六十餘人。知州陳沅捐廉銀三百餘兩賑恤。二十三年秋七月初五日，狄道州東山崩，壓陷田地三十餘畝。二十四年，靖遠大有年。

道光四年，靖遠黄河清，自夏徂冬。五年夏五月，皋蘭大雨雹。七年，狄道民潘永周妻薛氏一産三男。十年春三月二十八日，午時大風，晝晦。十一年春正月十三日，狄道天鼓鳴，既止，有火光大如斗，照耀村郭同白晝。六月，州南黎家窪山崩，壓死男、婦二十五人。

軼事

漢光武帝即位，命有司設壇場於鄗南千秋亭五成陌。《水經注》曰：「亭有石壇，壇有圭頭碑，其陰云：『常山相隴西狄道馮龍所造。』」采《後漢書》及注。

晋時，金城太守胡暠叛凉，張軌遣都護宋毅、治中令狐瀏討之，濟河中流，白魚入船。瀏曰：「魚鱗物，敵必解甲歸我矣。」暠請降，軌宥之。采《十六國春秋》。

視羆，性英果，有雄略，嘗從容謂博士金城騫苞曰：「《易》云：『動静有常，剛柔斷矣。』今將秣馬厲兵，争衡中國，先生以爲何如？」苞曰：「大王之言高世之略，秦隴英豪所願聞也。」於是虚襟撫納，衆赴如歸。采《晋書・吐谷渾傳》。

臨洮人鄧千江，詞爲金朝第一。今傳其《獻張六太尉·望海潮》一首，陶九成所謂「近世之大典」也。其詞曰：「雲雷天塹，金湯地險，名藩自古皋蘭。營屯繡錯，山形米聚，襟喉百二秦關。鏖戰血猶殷。見陳雲冷落，時有鵰盤。静塞樓頭曉月，依舊月弓彎。看看定遠西還，有元戎閫令，上將齋壇。區脱晝空，兜鈴夕解，甘泉又報平安。吹笛虎牙間。且宴陪珠履，歌按雲鬟。招取英靈毅魄，長繞賀蘭山。」采《草堂詩餘》。

狄道九華觀，相傳明張赤脚脱化處。有石刻詩云：「薰風勃襟懷，我静艮其背。稽首九華仙，焚香候芝蓋。」又，築關時，土中得二詩，云：「價重篇篇玉，聲傳字字金。江山爲我助，無日不高吟。」「一夕玉皇詔，爲君功行成。分明五雲裏，拔宅上三清。」不載名氏。采《狄道州志》。

狄道慈陰寺有石笋一株，上鐫詩云：「何年古樹倒，化作瑯玕玉。神工解天倪，遠致出窮谷。園亭春晝長，相娱饒卉木。娉婷立瘦姿，日暮倚修竹。空翠帶晴嵐，秀色真可掬。會有賞心人，忘言對幽獨。」末書「東禁」二字，其陰鐫「來風亭清玩」五字。「禁」古麓字，蓋明太常卿何賢作也。同上。

明正統時，寇入靖虜衛境，操守官牛魯禦敵陳亡，平灘堡民韋繼善適飲於遠村，及歸聞之，攘臂嘆曰：「酋奴殺我長官，要我等百姓何爲？」遂獨乘皮袋渡河，追殺數人，割其首而還。采《靖遠衛志》。

段容思成進士後，差纂《山西志》，明年《志》成，移疾歸。讀書於五泉小圃，依巖作洞，有得即形於詩，有云：「風清雲淨雨初晴，南畝東阡策杖行。幽鳥似知行樂意，緑楊烟外兩三聲。」論者謂：

宛然有浴沂[1]氣象。性孝友，最篤分義[2]。友人唐廷器，貧甚，其没也，爲具棺歛。布政使石執中曾孫，以貧鬻於人，爲捐貲贖還。業師周麟没，撫其後，每至其家，坐必避席。仕宦雖未居言路而屢有建白，如請修龍逢、比干祠墓，請從祀元儒劉因，請旌孝行節義，開言路諸封事，皆有關國體風化。采《關學編》[3]。

勒士敏，狄道人，官曹縣主簿。政尚慈祥，民多懷之。任滿，遂籍於曹，祀名宦孫璽登，成化（乙）〔己〕[4]丑進士，見《曹縣志》。采舊《府志》。

肅靖王真淤，博雅好文，善爲詩，有盛唐風格，言邊塞事尤感慨有意。采《説郛·藩獻記》。

何大復景明，年十二，以父任臨洮府驛丞，隨侍至臨洮。太守李紀聞其奇，召置門下，爲延師授《春秋》。采《狄道州志》。

李永寧，明臨洮諸生也。母孕十二月而生，嘗游磻溪[5]，遇異人授以辟穀之術，因自號「磨月子」。後至嘉靖初，遺詩别其門人昆明趙鳴鵠等，遂采芝終南，終身不返。

---

① 浴沂，喻一種怡然處世的高尚情操。
② 分義，謂遵守名分，爲得所宜。
③ 《關學編》，明王心敬撰。
④ 原誤刊「乙」，勘「己」。明成化己丑，即成化五年（一四六九年）。
⑤ 磻溪，在今陝西寶鷄市東南，相傳爲姜太公釣魚處。

楊椒山，尉狄道時門生五十人，姓名具存兑换黎氏地券中，今具録之：李自發、舉人。杜臻泰、楊凌奎、馮大賢、陳汝聽、陳情、田東曉、劉從議、魏大振、袁鯤田、邵耕、劉繼紳、張儒茂、楊啟元、王綸、陳恂、李維芳、余濟川、苟文選、張燧、張問仁、李梁、李廷瑞、郭永吉、張文曜、文來鳳、陳怡、楊應棟、以上俱貢生。王朝相、趙璧、宋誥、莊宗禹、郭啟、蔣汝廉、馬遷、李大學、王楠、孫學詩、趙任聞、善言、劉大壯、李尚忠、李承璧、單宗敬、李應箕、李維芬、李東、許尚賢、雍不敏、劉完。以上俱諸生。開煤山時，同往者四人，指揮使李子節，門人則李維芳、陳恂、宋誥。其先以煤利白府縣者，則諸生張汝言也。又指揮陸恩，朝夕請益，并捐銀米助書院工。

張兑溪，出都，鄉人牟僧以一箱託寄。牟道卒，兑溪至里，召牟族及寶塔寺僧衆焚香啟箱，則白金三百兩，袈裟數領。兑溪爲營其葬事，餘悉散於牟族，衆皆驚歎。斛山楊爵以直諫長繫，出獄時，縉紳餽問，一切謝却。兑溪具一茗儀，斛山喜曰：「此吾同志人也。」受之。赴廬州時，楊椒山贈詩云：「我期元素回天力，何事亦符此日行。幾度爲親焚諫草，百僚忌爾著時名。鶯啼秦樹晴烟暮，旌拂廬雲曙色明。若遇超然同志問，爲言終不負平生。」俱同上。

靖虜衛指揮李寵，嘗攝監收同知，廉介不擾。有殺人者逃匿不獲，寵牒諸城隍。後一年，蘭州獲一人，自認其事，即移解成獄。按寵即參將光啟子。又嘉靖初，衛有殺人者，獄累月不決，鎮撫牛奎光亦禱諸城隍，夜夢一鴿飛集鄰人屋上，奎光寤曰：「賊其在葛氏乎？」訪之，得其僕名安慶子者，一訊即明，株連盡釋。二事人皆以爲神感。采《靖遠衛志》。

潘海虞光祖①，嘗參議山右，時撫軍則蔡忠襄公懋德也。潘嘗輯《廣輿通志》，後忠襄子方炳增補而另梓之，遂攘爲己書，今海内盛行，無知九霞之爲齊邱者矣。采《狄道志》。【按】攘人之書以爲己作，乃無耻者之所爲。九霞名士何至於此。且《廣輿志》自序謂本陸伯生書，而增輯之，固未嘗諱所自來也。《州志》此條謂出河州朱孔陽《雜記·鄉曲傳聞》，殆未足信。

明（未）〔末〕②，狄道民有依南山居者，婦有孝行，失其姓氏。一日有虎入室瞰其姑，時婦方作食，急執麵杖趨衛之，虎逸去，姑得免。

狄道州北石井峽山日龍塹上有姬娘娘廟。相傳爲明季姬氏女，許字里民某，未嫁，某卒。父母復以許人，及將醮，女潛逸，父母踵之至山前，見女趺坐大石而亡，容色如生。父母異之，各以所執木杖植其旁，祝曰：「爾果有靈，以此杖爲驗，若能成蔭，當爲立祠。」已而，果然遂，即其地爲廟，有禱輒應。俱同上。

武敏，字志學，明時人。少孤，能自立，業醫養母，不遠千里求教名醫，活人甚衆，不責其報。好書史，能詩善琴，蘭之善醫者多出其門。采《皋蘭縣志》。

張牧公，初至其兄丹徒縣署，以能詩聞江南，人以其年少未之許也。會春日，諸名士邀飲板橋，請

① 潘光祖，字義繩，號海虞，狄道人。明天啟四年（一六二四年）中解元，連捷進士。官户、吏二部郎中、山西參議道。殁後，晋民立祠以祀。
② 原刊「未」，按文意勘「末」。

爲詩，牧公即口占二絶，云：「晴烟遠接瓜洲渡，細雨低迷揚子橋。薄暮孤舟下春水，鐘聲間落大江潮。」「板橋東去是青溪，無數春鶯坐樹啼。欲聽江南楊柳曲，美人遥在杏花西。」衆乃服。牧公有《寄白石圃訊南郊舊居詩》云：「南郊棲息地，百畝帶荒園。亂後知誰主，天邊愧我存。雜花多傍舍，高柳定成村。君每騎驢過，何人爲應門。」辭意真古，居然陶、杜。又，孫豹人《贈别牧公詩》云：「作客相寬賴酒卮，把君詩句淚交頤。廣陵閒續蕪城賦，春日苦吟棠棣詩。拔劍出門年正少，馱書歸里馬難騎。何時携手蓮花岳，高咏還看謝朓奇。」亦可想見其境遇氣概。采《狄道州志》。

閩南許天玉珌，由安定令罷官，嘗僑寓狄道，娶一老嫗。王漁洋詩「許生潦倒作秦贅」是也。吴孝廉鎮曾於一舊家鈔得其遺詩八卷，皆漁洋《感舊集》中所未載者，因鐫以行世云。

順治時，狄道有鐵工文石哥者，家甚貧，三十未娶，其母恒以爲憂。石哥日市酒肉以供，母復歌舞以娱其憂。後有人以古鋌金狀如鐵託造器物，金留而人不至，石哥遂以饒裕，意神憐其孝而貺之乎。

傭工雷某，賦質襏襫①，人呼爲「大孩保」，每得肉食、果餌，輒裹以遺其母。傭主義之，特厚其食，與他傭異。

狄道王希舜，業醫，娶妻吴氏，生一子而妻亡，希舜遂不再娶。後其子娶妻盧氏未半載，爲匪類所誘，不知所往。希舜憐盧年少欲嫁之，其父母亦勸其改適，盧曰：「孰操井臼，以事我翁。從一而終，不願

① 襏襫，指衣着粗重寬大，喻不曉事。

嫁也。」康熙四十年希舜卒，年八十餘，鰥居凡六十年。後盧卒，年亦七十七。翁真義夫，而媳真節婦也。

康泰，狄道西坪里人，性友愛，嘗以所置厚產讓其幼弟豫。康熙辛巳，歲大饑，泰出粟賑濟族黨，人皆義之。

楊澤玉，素不知書，其母年九十患目疾，飲食動履需人，澤玉日奉母食畢，始入市貿易，凡厠牏垢穢躬自滌濯，未嘗委諸家人。家不甚饒，而性好施。後，年八十將卒，戒其子孫曰：「衣食須儉省、愛惜，凡親友困迫，不可漠不相關也。」

狄道趙援，由增生充内閣供事，授上海縣巡檢。嘗有句云：「柳鎖鶯魂烟萬井，花翻蝶夢鼓三更。」人謂其凄艷欲絶。後以補官歿於山西泰安驛，旅櫬蕭然，竟成詩讖。同時有武生樊必遴，老而好吟，嘗游蓮花山，有「鐘聲風上下，塔影月東西」之句，人多稱之。俱同上。

僧鐵壁，能詩，熟内典。靖遠侯張勇延至甘州，居署内。一日，登座説法，忽大哭而下，侯詰其故，曰：「僧母即世矣。」即日辭歸。後使至，果如其言。及没，預知死期，自題七言一絶，贊其豫①。采《皋蘭縣志》。

楊星海，善醫，根柢内經，宗仲景，嘗言景岳易六味、八味爲左歸、右歸，施之太虚，固神效少實，久服必有壅滯之患，無丹澤之妙運也。醫家皆信其言。同上。

①《説文》：「豫，象之大者。」

打虎任四者，渭源農夫也，而家實，居狄道。父死於虎，四乃習爲鳥枪，誓殺百虎以報父讐。凡捕虎必結隊，枪發則二人持義以禦或連發，否則能隨烟起處攫人也。四初與人偕，後則只身往迹虎，每遇之，則一枪立斃，蓋得其要害云。四本殺虎以復讐，久而成業，秦隴獵人争師之。每隣邑有虎暴必迎四，四偕其徒往，無不得者，收其牙皮，歲足代耕，而厚謝者或一虎至錢數十緡，諸獵徒無不求假焉。四自少至老，計所殺已九十九虎而不能滿百，乃裹糧入深山，結茅以俟。忽一虎咆哮至，枪不及發，幾爲所噬，俄雲霧晦冥，若有神人呵虎去，兼責四過殺者。乃歸，而焚香瀝酒告其父靈，并戒兒孫弟子世世勿復與虎讐也，遂溘然寢虎皮而逝。事在康熙、雍正間。采《松崖文稿》①。

皋蘭王君順，名鴻孝。少以家貧學賈，暇輒就人問字，遂博覽群書。性勤儉，凡經營三十餘年，始有田數十畝、梨棗數百株。子長，遂盡舉家事付之。於是登華岳、上嵾山，屐迹遍南北。嘗獨游河濱，見一他鄉少年將投水者，急止而詢之，則爲主庫者收得債百金而不幸遺失，君順惻然良久，曰：「勿憂也。」遂引至酒肆，自爲立百金券授之，曰：「我家在某處，明日持券來吾償汝矣。」少年愕然，不敢受，喻之意乃涕泣而袖之。詰旦，少年至，君順持券示諸子，曰：「此吾故人子也，久負其債，當速償。」諸子皆奉命唯唯。少年遂受金拜謝而去。及君順没後數年，前少年復至，則泣拜祠堂，倍還前金，而具

① 《松崖文稿》，清吴鎮撰。吴鎮（一七二一至一七九七年），字信辰，一字士安，號松崖，别號松花道人。今甘肅省臨洮縣人。乾隆三十四年（一七六九年）舉人，歷任山東陵縣知縣，纍官湖北興國州知府、湖南沅州知府。主講蘭山書院，教授八年。

言其故，諸子恍然，乃知向券之所由來也。

張建瑶，字西池，狄道人。少服賈以養其親，既而父卒，母猶健，求所以娱母者無不至，母年九十卒，建瑶哀毁不支，既葬北郊，因廬其旁。逾三月，忽心動，乃留傭助者三人守墓，而身暫還家。迨夜半，三人者皆鼾睡矣，建瑶忽至廬，蹴三人曰：「起起，爾等寒乎？吾甚感也。」三人者怪而問之曰：「城門未啟，來何早耶？」建瑶不答，長吁出廬外，忽不知所往。三人者毛髮俱竪，且驚且懼且疑之。詰旦，使一人進城告建瑶，比入門，聞號咷，則建瑶已卒矣。蓋建瑶歸家後，即設酒脯以祭其母，已與其子同飯，忽困頓，遂不起，問其屬纊①之時，正墓門慰勞三人之時也。乾隆五十四年十一月十六日事。

金城、允吾之界，有曠野焉，周圍約八百里，其名曰：秦王川。川名不可考，或曰薛舉竊據時所名也，或曰秦王平仁杲後遣兵略地至此，故名之。川有洞，砑然窪然，内産石青，居人呼爲「石青洞」。川敞洞幽，時形靈怪。每清曉，輒見城郭樓臺人馬旌旗之狀若海市，然土著者不以爲異也。俱同上。【按】《靖遠衛志》載：衛東九十里渦兒川北青崖亦有此景。

狄道民魏國才，有田數畝，與其從兄國旺分爨久矣。及國旺卒，遺三子，一啞、一瞽、一甚幼，國才復引與同居，後瞽、啞皆授室，而幼者亦成立，鄉人義之。采《狄道州續志》。

張守曾，瞽者也。通詩法，著有《蘭阿草》，如「漏催心曲裏，春到淚痕邊」「歸雲連雁影，落葉帶

①屬纊，古喪俗。人瀕亡，置新棉於臨亡者口鼻之上，以驗呼吸，稱之爲「屬纊」。

蟬聲」「杵冷山村月，鐘沉野寺烟」等句，皆清婉可誦。使斯人而生於東南，則唐仲言[①]之流亞矣。

馬紹融，櫛工[②]也。酷耽吟咏，其詩如「江上楓疏人欲散，籬邊菊冷雁將歸。」「稽琴待月横床冷，江管飛花落硯香。」皆有風致。俱同上。紹融子士俊，爲府禮房吏，亦能爲詩。

皋蘭縣陰陽學訓術劉士延，前訓術尚傑之孫也。祖爲賊所殺，父亦繼亡。（世）〔士〕[③]延年尚幼，惟祖母白氏、母王氏撫之。無親屬可依，士延賣餅以養，克盡孝道，及長襲祖職。道光元年，縣人公舉爲孝子，奉旨旌表。尚傑既以忠義蒙旌，而其孫復克以孝顯，殆所謂墨名儒行者歟？新《志》例不及現存者，故附於此。

王良佐妻劉氏，屢生子皆以難産不育。道光九年，氏年三十一矣，復有孕，慮絶夫嗣，度産期將近，自用刀剖腹取子出，家人覺而救之無及，逾時氣絶，十二月二十四日事也。其子既出，覓人哺養，越數日始死。縣人哀之以狀白郡，請紀其事。古稱生子如瓜熟蒂落，故或期尚未至，催逼而生，子必不育，未有殺其身而子猶能活者，氏誠愚矣，然其志亦可憫也。

狄道生員祁珩妻田氏，孝廉方正錫齡女，曉詩書、知大義。年二十二珩亡，一子復殤，舅姑亦相繼

① 唐仲言，名汝詢，華亭（今甘肅省華亭市）人。仲言五歲而瞽，未瞽即能識字，讀《孝經》成誦。及瞽，但默坐，聽諸兄呫嗶而暗識之，積久遂淹貫。遂善屬文，尤工於詩。海内人士，踵門造謁。著有《偏蓬集》《姑篋集》《唐詩解》。

② 櫛工，舊時專指替人梳頭理髮的人。

③ 原刊「世」，據前文勘「士」。

卒。家人欲奪其志，氏毁容自誓，今守節二十餘年矣。新《志》例「節婦」年限已符，無論存没均得登載。氏年例雖尚未及，而其《志》早定，故録於此，以俟後之采擇。

黄河冰結時，可通車馬，其狀如積雪填於巨壑，嶙峋參差，不復知有河形，信奇觀也。《臯蘭縣志》載有陳繩祖《冰橋行》云：「嶙峋冰柱昆仑尻，神鵰坐嘯仙狼嘷。西域人云：『彼處有冰山，山有冰柱，長數十丈、圍數丈，山神爲二老鵰，大雪迷路，輒有仙狼引道，循其迹而行。』星源滃渤勢難遏，浮凌直下金天高。金天高高風凛冽，竹箭奔騰有時結。崦嵫落日炫迴光，燭龍夭矯銀潢裂。貝闕珠宫徹夜明，捲起千堆萬堆雪。臯蘭河橋天下無，中原珠玉走名都。横開鐵鎖聯檣碇，直跨金城散雁梟。霜嚴十月寒威動，漸蹶明瀾如煉汞。乍似浮漚萬點飄，泛玉溶銀已無空。尋行抵隙劃方舟，如劍如戈下急流。震蕩魚龍然夜火，低迷旌旆駭鳴騶。輪蹄得得無時已，鮫人暗泣馮夷起。忽訝如山水底横，撇捩艨艟縻碎矣。砉然一聲諸絙斷，河東連舫東西散。大峽陰森積氣寒，澤腹初堅流轉緩。鱗鱗直次水車園，萬派無聲息夜喧。但有雪峰填亂壑，更無波瀾與飛翻。老狐未聽行人渡，蟻穿九曲明珠路。佶屈崎嶇蹇步難，車馬雲屯愁去住。傳聞漲水復漫漫，此水何來漲轉寬。盡平蹊谷安如砥，世上何曾行路難。冰橋自昔聞天造，朝來驚喜家童告。應候年年不易方，循名核實非虛冒。蒼茫此意想神靈，報德無辭白馬刑。竚看二月桃花冰，冰泮河橋柳色青。」

謝天錦，字漢襄，蘭州人，僑居廣陵。嘗游京師，與三原孫豹人、狄道張康侯兄弟友善，其後不知旋里與否，蘭人無知之者。楊明經元勛，偶於市上見其《燕游近草》一帙，首載孫豹人一序，始知其爲此地人，亟購以歸。其詩雅鍊雄俊，不落凡近，如《渡黄河》云：「日落長河渡，天風下大荒。彤雲連斷岸，野火出枯桑。浪播古今怒，沙飛天地黄。乘時惟在德，設險説金湯。」《夜發郯城迷道》云：「五夜行來郯子國，驅車南北欲何憑。天連奎宿分東魯，地迴黄河入廣陵。風氣遠從江上變，日光平向海門生。征鞭猶在荆蓁内，古木牽衣落野藤。」風格俱力追少陵。他如「鴻雁不來江國信，茱萸遥接隴雲愁。」《九日集鄭中翰齋中話别》「山山來暮笛，寺寺老霜楓。」《晚渡淇河》「蓁蕪滿縣惟衙署，風雨窮簷半老翁。」《蒙陰縣》「蒼烟封鳥道，曲水隔人家。」《汀花嶺》「碑斷六朝存古篆，花飛三月换新詩。」《洛陽懷古》「飛鳥掩雲氣，朝烟罩酒旗。」《鞏縣道中》等句，皆清新可誦，乃似續無聞鄉里之間，至不能舉其姓字，古今才人之湮没者可勝道哉！

辨訛

《通志》謂「金城郡，後漢建武十三年省入隴西郡」，舊《府志》云「東漢省入，魏復置金城郡」者皆誤也。考《後漢書·光武紀》，建武十二年，省金城郡，屬隴西。十三年復置。金城郡省纔一年耳。又按《郡國志》金城郡十城，惟枹罕、河關改屬隴西，餘皆仍舊，而《後漢書》中所載金城郡事不一而足。今既訛其年分，又若終東漢之代未嘗復置者，讀史亦太疏矣。

《狄道州志》辨長城不在狄道，其説甚明。蓋以狄道爲臨洮，始自金時，以前固無以狄道爲臨洮者，乃復存舊説，謂在州城北三十五里。又取唐人詩中之及臨洮者悉載焉，何耶？蓋《州志》創於沈觀察青崖者，頗有别擇，沈書雖成未及刊布，後之纂修者又附益之故，一書之中，往往自相矛盾也。《皋蘭縣志》又以皋蘭河南邊城爲長城，更無據，今徑删之爲允。

漢章帝建初四年，甘露降泉陵、洮陽二縣，《狄道州志》采入祥異條。按章懷太子注云，二縣屬零陵郡，洮陽故城在今湘源縣西北，此在《後漢書·郡國志》荆州刺史部内，與狄道何涉？夫古地名、水名之以「洮」稱者不一也，見一「洮」字遂指爲此地，典故傎①矣。

舊《志》「名宦」首載秦蒙恬、漢霍去病。夫謂之名宦，必有功德於斯土者，恬等不官此地，徒以行師所經，豈有惠澤及人。若謂其開疆闢境，使隴外之民始通聲教，則秦漢之舉，正孟子所謂「争地以戰，殺人盈野；争城以戰，殺人盈城」者，其功罪豈足相掩。惟宋代王韶諸人，皆即官此地，其事迹有不容略者，然其行事甚悖者，亦不濫載。

《後漢書·安帝紀》：元初元年，先零羌敗凉州刺史皮陽於狄道。《西羌傳》則云：「陽大敗，死者八百餘人，陽坐征免。」《狄道州志》乃云：「羌爲陽所敗，羌死者八百餘人」，又安增「得駝馬無數」「隴右獲安」等語，而入陽於「名宦」。嗚呼，陽何幸而得遇此種讀史之人也！

① 傎，同「顛」。

《靖遠志》列漢張繡於「人物」。考繡傳，雖有爲祖厲長報仇事，然從張濟與李、郭[1]作亂，乃大盜之侣也，後歸曹操亦無可稱。宜削。

舊《志》載辛氏諸人物，如辛穆、辛祥等，既附辨於辛紹先條下矣。此外，尚有魏辛毗，其先自漢建武中已徙陽翟，唐《辛秘傳》止云「係出隴西」，而牛僧孺所作《神道碑》，已明載其遷徙，傳世益遠更難牽入，均宜删去。惟如慶之、公義等，史雖仍係舊籍，而揣其居處，恐亦不在此地，但史無明文，又鮮他證，故姑存之。或謂《唐書·宰相世系表》慶之、公義等皆慶忌之後，慶忌既留長安，則其後裔不得仍返狄道明矣。然《世系表》言，慶忌生子産，豫章太守云云，與《漢書》所載慶忌三子名爵絶不相符，恐亦未足據也。

舊《志》「人物」多載李氏，以李氏郡望悉係隴西故也。然隴西一郡，在秦漢時地最廣，狄道特其治所爾。言狄道者，蓋本《北史》序傳云：李信孫仲翔，位漢太尉，「討叛羌於素昌，臨陳殞命，葬狄道川，因家焉」。而《唐書·宗室世系表》又謂：「仲翔生伯考，伯考生尚，成紀令，因居成紀，尚生廣」，則其居狄道者僅二代耳，故《史記》遂以廣爲成紀人也。《史記》止言：「故槐里，徙成紀」，無狄道之説。又止云：「廣之先曰李信」，而《北史》則具詳信至廣世數。夫信於秦始皇二十一年伐楚，始皇老王翦而不用，則信年固甚壯也。廣於漢文帝十四年從軍，擊匈奴，則其生固當孝惠、吕后時矣。自秦始皇二十一年至漢孝惠、吕

① 李、郭，指李傕、郭汜。

后時，中間纔三四十年，而信至廣已歷六代傳世，必無若是之速，况《漢書·百官公卿表》并無所謂太尉李仲翔者，則其里居、世次、名位，恐俱不免傅會，昔人皆不察耳。廣之後應留關中，即至晋時，李弇仕凉，亦不聞仍居狄道，而自凉武昭王之孫歸魏以後，則未有更返隴外者矣。今作《志》者，既以《史記》有明文不敢上溯及廣，而轉自武昭王以下多采入狄道，不知唐以前史多書郡望，要其生長之地，固已久不相涉也。且李氏之見於史册者，不可勝録，掛一漏萬，又何所取乎？故凡舊《志》所收李氏人物，今皆不入。或曰如李含、李安之類，史明載爲狄道人，奈何遺之，曰：史言含僑居始平，其初嘗居狄道與否，雖難臆斷，然其汙趙王倫，僞命交構河間，謀害長沙，非正人也，削之宜矣。若安則唐太祖之孫，而高祖之從父昆弟也。太祖八子蕃衍不億①，而獨以安爲狄道人可乎？且安懷私背公，畏身禍而戕其叔父，又何所取於是入而録之乎？

舊《志》以李晟、渾瑊均列此地人物。晟爲洮州臨潭人，《通志》改載鞏昌，既正其誤矣。而仍列瑊於蘭州，不知瑊更不得爲此地人也。《瑊傳》言本鐵勒九姓渾部，世爲皋蘭都督。考《唐書·回鶻傳》鐵勒十一部請置唐官，乃以渾爲皋蘭州。此《地理志》羈縻州内之東皋蘭州，隸靈州都督府，本回紇地，在今榆林塞外，非蘭州金城郡也，視西平之鄉相去益遠矣。又《李素立傳》：貞觀時，爲燕然都護，統翰海等六府、皋蘭等七州，亦即其地。舊《志》及《通志》載素立於「名宦」，均誤。

① 蕃衍不億，謂繁盛衆多，不臆測。「億」通「臆」。

唐時，京兆府亦有金城縣，本曰始平。中宗送金城公主下嫁吐蕃至此，因改名焉，後復改「興平」。又大同應州亦爲金城縣，後唐明宗所生之地，因置縣爲州治。狄道田錫齡所輯《府志稿》具列唐竇群兄弟，是誤采京兆之金城也。《通志》載金高汝礪於「選舉」及田稿，録宋郭后事，是誤采應州之金城也。史文分別甚明，作《志》者自不審耳。

《宋史・忠義傳》有弓門砦巡檢王琦。考弓門砦在秦州清水縣地，史言金人還自熙河云云，非即禦戰於熙河之地也。狄道、河州《志》俱誤列琦於「名宦」，乃改「弓門」爲「石門」，以遷就之誤，又甚矣。《通志》及舊《志》「人物」内載金馬慶祥，元馬正卿、馬祖常。考《元史・馬正卿傳》，其先居臨洮、狄道，金略宋地時，盡室徙遼東，在慶祥之祖帖木爾越哥仕金，以馬爲氏之前，慶祥父又徙静州天山，是慶祥已不得爲狄道人，況其子正卿乎？況正卿之曾孫祖常乎？又如，唐李襲志兄弟，五世祖已遷金州、安康，均不得仍載狄道。

《狄道州志》元代「職官」内有判官劉因。考《元史・劉因傳》，金時，爲臨洮府録事判官者，因之高祖昉也。舊《府志》稱昉有能名，他無所考。因官贊善，未幾辭歸，遂不復出，何嘗爲此職乎？《州志》録金時臨洮府尹，如蕭恭等，誤入甚多，皆由讀史略看數句，而不細閲上下文之故，不及悉辨，略舉於此。

已上皆就見聞所及，而人所習焉不察者辨之。他如金縣姚谷依託大舜、狄道北巖傳會扶蘇，及「名宦」首列阮翁仲、「人物」有王曼之類，則稍通古今者皆知其謬，删而去之，不待辨矣。